혜련에게.

길고 긴 투병의 시간,

조금만 더 힘을 냅시다.

당신은 제법 괜찮은 교사입니다

흔들리는 선생님을 위한 70개의 길라잡이

엄재민 지음

책장속 BOOKS

프롤로그

선생님은 더 이상 외롭지 않습니다

얼마 전에 안타까운 일이 일어났습니다. 학부모의 갑질에 시달리던 젊은 교사 한 분이 세상을 떠난 사건입니다. 그 전후로도 그런 비극은 반복되었습니다. 개인이 누릴 권리가 너무나 당연시되는 세상입니다. 아이를 학교에 보내는 학부모의 입장에서는 제대로 된 서비스를 받아야 하고, 그런 와중에 교사를 아이의 미래를 위해서 함께해야 할 교육 동반자가 아니라 내 아이만을 위한 존재로 쉽게 생각하는 것 같습니다. 교직이란 곳에 처음 들어온 선생님들은 외롭습니다. 혼자 알아서 해야 하고, 나는 실수투성인데도 옆의 선생님들은 모든 일을 척척 알아서 해내는 것만 같아 스스로에 대한 자괴감에 빠지게도 됩니다. 내가 이러지 않았는데, 그래도 뭐든지 잘했고, 잘할 수 있다고 믿었는데…. 이런 마음이 스스로를 흔들기 시작하면 쉽게 버티기가 어려워집니다. 수업하는 것 말고는 배운 게 없는데, 적응해야 할 학교 환경에서는 모든 게 낯설기만 합니다. 수업을 제외한 것들이 나를 힘들게 합니다. 그래서 요즘 교단을 떠나는 선생님도 많아지고 있습니다. 불쑥불쑥 찾아오는 낯선 경험은 어찌 보면 태어나서 처음 맞이하는 것이기에 당황할 수밖에 없습니다. 노하우가 쌓이면 조금씩 여유가 생기고, 그 안에서 성장하겠지만, 그러기까지 오롯이 이 어려운 것을 알아서 헤쳐 나가야 합니다.

함께할 수만 있다면, 어떻게 하면 좋겠는지 한마디라도 들을 수 있다면, 그저 기대어서 펑펑 우는 내 울음을 받아줄 옆 사람이라도 있으면 선생님들이 가는 길이 덜 힘들지 않을까요? 모든 선생님이 함께, 자부심과 자신감이 넘치는 교사로서 생활할 수 있는 방법을 찾는 것이 무엇보다 시급합니다.

비교하지 마, 상관하지 마. 누가 그게 옳은 길이래.*
옳은 길 따위는 없는 걸. 내가 걷는 이곳이 나의 길.

교사의 길도 그렇습니다. 옳은 길이란 걸 찾기는 불가능합니다. 멋진 수업을 하고, 아이들을 보면 늘 반갑고, 가르친다는 게 보람 있고, 내가 선한 영향력을 끼칠 수 있다는 건 멋진 일이지만 그게 옳은 길인지는 아무도 모릅니다. 다양한 학생들을 여러 방식으로 키워내면서, 나름대로 마음속에서 기쁨과 보람을 느끼는 것이 교사의 행복일지도 모릅니다. 구체적인 방법이 어떤 건지는 아무도 모릅니다. 그래서 무언가를 찾아 떠나는 여행길과도 교사의 길은 닮았습니다.

---

* 윤종신 작사, 『지친 하루』, 2015.

교사라는 사람들을 일반화하기는 참 어렵습니다. 20대부터 60대까지 다양한 연령대의 사람들이 함께하고 있고, 그들은 모두 학생 교육이라는 목표 하에 가르치는 일을 하고 있습니다. 하지만 교실에서 어떤 식으로 수업하고 학생들을 대하는지는 모두 다릅니다. 교사란 이래야 한다는 막연한 상식이 있기는 합니다. 사명감이 있고, 적극적이고, 아이들을 사랑하고, 도덕적이고, 모범적으로 살아야 한다는 것이죠. 그러나 그런 교사는 선언적인 의미에서만 존재합니다. 현실로 돌아가 보면 좀 다릅니다. 어떤 교사가 훌륭한 교사인지, 어떤 지향점을 갖고 있어야 하는지에 대해서는 아무도 일관적인 답변을 내놓지 못합니다. 수익을 내고 고객을 확보하고 조직을 알리는 등 일반 회사 조직이라면 어느 정도의 방향성이란 게 있겠지만, 교사는 그렇지 않습니다. 그래서 교직에 들어온 많은 선생님들이 혼란을 겪고 있기도 합니다. 청소년기를 거치면서 늘 교사를 만났고 저마다의 이유로 사범대나 교육대에 진학했고 어려운 관문을 통과해서 진짜 교사가 되었지만, 교사로서의 삶은 쉽지 않습니다. 수업은 어떻게 해야 하고 학생들은 어떻게 대해야 하고, 자기 발전을 위해 어떤 노력을 해야 한다는 것이 참 막연할 수밖에 없습니다. 학교에서 배워온 교사로서의 삶에 대한 배움은 있었지만, 정작 교육 현장에서 맞닥뜨리는 상황은 내가 생각하던 것과 다르기 때문입니다.

갑질을 하는 직장 상사도 만나야 하고, 전혀 생각지 못했던 학생과 학부모를 만나서 속을 끓여야 합니다. 내 자존심을 꺾어야 하는 일도 많습니다. 나는 열심히 한다고 하는데 나를 바라보는 차가운 시선을 느낄 때도 있습니다. 이래도 문제, 저래도 문제입니다. 그렇다고 내가 원하는 쪽으로, 내 영혼이 부르는 쪽으로 나는 달려갈 거야 하는 것도 쉽지 않습니다. 개인으로서의 내가 존재하지만 조직 구성원으로서의 나도 존재하기에 함께 움직여야 하는 일도 많이 벌어집니다. 내 교실에서, 내 학생들과 함께 하는 수업은 내가 알아서 하면 되는 줄 알았는데 그렇지 않다는 것을 알았을 때의 혼란 또한 이겨내기가 쉽지 않습니다. 그래서 25년이나 학교 현장에 있었던 저로서도 매일매일 낯선 경험을 하게 됩니다. 늘 하는 일이기는 하지만 늘 새롭습니다. 이 새롭다는 느낌이 신선함과 동기를 부여하는 쪽으로 나를 적응시킨다면 괜찮겠지만 그렇지 않으니 문제입니다. 학생들과의 갈등이라도 벌어지면 복잡해집니다. 그 갈등이 봉합되었다고 끝이 아닙니다. 모든 과정이 복기의 연속입니다. 늘 고민합니다.

"내가 왜 이런 갈등이 일어나도록 했지?"

"내가 부족한 걸까?"

"내가 우리 조직에 민폐를 끼치는 게 아닐까?"

"열심히 하노라고 했는데, 왜 난 매번 이렇지?"

점점 아래로 떨어지는 내 마음을 건져 올리느라 온몸과 마음을 써도 감당하기 어렵습니다. 지인들에게 이런 이야기를 하면 그들은 쉽게 말합니다. 수업이란 게 늘 하는 것이고, 문제 학생이 있으면 규정대로 처리하면 되고, 정해진 시간만큼 일하면 되지, 매출을 올리라고 하냐, 잘릴 걱정이 있냐, 도대체 뭐가 고민이냐고 합니다. 게다가 방학이라는 게 있어서 여유 있게 쉴 수도 있는데 너무 복에 겨운 소리를 한다는 말도 듣게 됩니다. 이런 얘기를 들으면 또 스스로 고개를 갸우뚱하지만, 어쩐지 이게 아닌데 하는 생각이 듭니다.

요즘 신규 선생님 중에 정신적으로 흔들리는 분들이 많습니다. 이런 분들이 교직에 처음 들어왔을 때를 회상해보면 참 당당했습니다. 자기 할 말은 분명하게 표현하는 걸 보면서 요즘 세대가 이렇구나 하는 그들 나름의 특성을 발견하기도 했습니다. 수업하는 걸 보면 부러울 때도 많았습니다. 컴퓨터나 각종 기자재를 잘 다루고, 아이들 앞에서 혹은 다른 선생님들 앞에서도 주눅 들지 않고 완벽하게 수업하는 것을 보면서 아직도 수업을 힘들어하는 나와 비교해 보기도 했습니다. 그런데 겉으로는 당당하고 멋져 보이는 그분들이 오히려 시간이 흐르면서 힘들어하는 경우가 많았습니다. 작은 실수와 쉽게 넘길 수 있는 말에도 흔들리곤 했습니다. 수업 잘하고 경쾌한, 너무나 괜찮은 젊은 선생님들을 힘들게 하는 원인이 무엇일까요?

결국 교사로서의 정체성은 꼭 수업만이 아니라는 사실을 알게 되었습니다. 교사가 하는 일 중에 가장 대표적인 일이 수업입니다. 하지만 많은 선생님은 수업 때문에 힘들어하지는 않습니다. 내 공간에서 내 아이들과의 수업은 누구나 해냅니다. 그들의 고민은 다른 곳에 있었습니다. 학생들과 관계 맺기 어려워하고, 동료들과 함께하는 직장생활을 힘들어했습니다. 학부모의 말 한마디에 우울해지기도 했습니다. 돌발 상황이라도 벌어지면 자기중심을 잡지 못하는 경우도 많이 보았습니다.

제가 처음으로 '학교'라는 직장에 출근하던 날들이 생각납니다. 많은 것들이 낯설었고 이상하게 보이는 것도 많았습니다. 5년 동안 회사 생활을 하다가 교사라는 직업을 갖게 되어서 그런지도 모르겠습니다. 일주일에 두세 번씩 출근 시간 이전에 직원회의라는 것을 했고, 퇴근 후에 남아서 일하는 것도 아주 자연스러웠습니다. 초과근무라는 개념이 있기는 했지만, 이것을 활용하는 동료들도 없었습니다. 퇴근 후에도 수시로 사고 치는 녀석들을 찾아다녀야 했고, 경찰서에서 아이들을 빼내온 적도 많았습니다. 학교 행사라도 있으면 당연한 듯 주말에도 출근했습니다. 밤늦은 시간까지 학부모를 만나면서 내 직업이 교사라는 것을 자연스럽게 받아들였습니다. 하지만 세월이 지나면서 젊은이들이 동료 교사가 되었고, 그들은 이런 생활을 힘들어했습니다.

사회에서도 워라밸이 당연해졌고, 개인의 권리가 침해당하면 안 된다는 것에 대한 공감대가 형성되었습니다. 하지만 그것과 사회에서 원하는 교사에 대한 기대치 간에 차이가 자리했습니다. 타 직종보다 교사에게는 유독 높은 사회적 기대치를 유지해야 한다는 무언의 압력이 있었습니다. 교사가 받아들이는 세상과 교사를 바라보는 세상의 거리가 점점 멀어진 것이죠. 게다가 교사에 대한 높은 직업 선호도 또한 교사가 이래야 한다는 고정관념에서 한 발짝도 더 나아가지 못하도록 발목을 움켜쥐었습니다. 방학도 있고 연금도 빵빵한 데, 이 정도는 해야 하지 않느냐는 것입니다. 교사 내부와 외부의 온도가 현실과 기대치 사이의 차이를 충분히 반영하지 못하고 있는데 현 사태의 원인이 있습니다. 학부모로서의 권리는 당연하지만 교사의 권리는 당연하지 않고, 학생의 학습권은 존중하지만 교사의 수업권은 존중을 받지 못하는 세상이 된 것입니다. 게다가 극히 일부인 이기적인 학부모들의 그릇된 행태는 현재 사회를 뒤흔들어 놓고 있습니다. 교권 추락에 대한 위기의식은 교사들 스스로 어떤 방향성을 가져야 하나를 고민하게 만듭니다.

제 주변에서도 스트레스로 인해 병원을 들락날락하거나 학부모와의 갈등에 이직을 고민하는 동료가 늘어갔습니다. 또한 가장 중요한 교실 수업은 점점 어지러워지기 시작했습니다. 복도와 화장실을 배회하는 학생들도 많이 늘었고, 교사의 말에 고개를 흔드는 학부모님이 늘어났습니다. 선생님의 행동 하나하나가 마치 감시의 대상처럼 보여 그나마 남아있던 교사의 자존감마저 조금씩 주저앉혔습니다. 점점 교사를 지탱하던 사명감이 의무감으로, 의무감이 건조한 직장인의 하루살이로 바뀌어갔습니다. 그러면서 교사들이 점점 제자리를 못 찾고 흔들리는 것이 보였습니다.

이대로는 안 되겠다는 생각이 들었습니다. 흔들리는 후배 교사들의 어깨를 조금이나마 잡아주고 싶었습니다. 뒤처지는 교사들과 함께하고 싶었습니다. 그래서 몇 년 전부터 교사 공동체를 꾸려서 젊은 선생님들과 함께하는 자리를 만들고 다양한 활동을 했습니다. 그러면서 선생님들이 왜 힘을 내야 하고, 어떻게 하면 교사로서 더 아름답게 살 수 있을지를 나름의 경험으로 알려주고 싶었습니다.

대학을 갓 졸업한 교사는 수업을 준비하고 아이들 앞에서 그것을 펼치는 교사로서의 자세는 익혔지만, 대학에서 그들이 배운 것은 이론에 불과합니다. 교육 실습을 하긴 했지만 너무 짧았기에 결국 신규 선생님들이 만나는 학교 현장은 배운 것과는 다른 것투성이일 것입니다. 인풋과 아웃풋은 서로 연결되는 게 당연하지만, 학교에서는 그런 논리가 적용되지 않을 때가 많습니다. 분명히 교육 이론에 나와 있는 대로, 전문가들이 알려주는 대로 했지만, 상황이 해결되기는커녕 더 곪아서 터지기 일보 직전까지 가는 경우가 많다는 것입니다. 정해진 규정과 규칙대로 처리하면 해결되어야 마땅한 일이 오히려 편법과 의외의 말 한마디로 해결되는 이상한 일을 경험하게 됩니다. 소위 말하는 멘붕이 일어나기 딱 좋은 조건입니다. 그래서 모든 교사에게 적용되는 교육 모델이라는 것은 아예 존재하지 않는다는 것을 알아가게 됩니다.

선배 교사로서 내가 할 일은 사례를 제시해 주고 이렇게 하니까 조금은 개선이 되더라 하는 것을 알려주는 것밖에는 없었습니다. 그런데 이런 사소한 시도에 신기하게도 젊은 선생님들이 살아났습니다. 그렇다고 "이렇게 해보니 좋더라" 하는 것을 정답처럼 제시할 수는 없었습니다. 때와 장소가 다르고 분위기와 상대가 다르기에 다른 결과가 나올 수밖에 없고, 오히려 안 하느니만 못한 일이 벌어질 수도 있기 때문입니다. 똑같은 말과 행동이라도 어떤 분위기에서 누구와 함께하는지에 따라, 맥락에 따라서 극과 극으로 전해지게 됩니다. 그러니 언제나 옳은 정답은 없는 것이죠. 이 책은 교사로서 한번 제대로 살아보자고 열심히 몸과 마음을 나누었던 지난 5년 동안 고민의 기록입니다. 5년이라는 시간을 넘어 이제야 세상 밖으로 형체를 갖추게 되었습니다. 흔하게 말하는 '그래도 괜찮아'라는 공허한 위로가 아니라, 교직에 먼저 들어온 선배 교사의 '근거 있는 괜찮아'로 후배 교사들에게 버팀목이 되어드리고 싶었습니다.

모든 것은 결국 대화와 소통을 통해서 해결될 수 있습니다. 학생과도 대화가 잘 이루어지면 관계는 좋아집니다. 소통을 많이 하면 학부모를 설득하는 일이 어렵지 않습니다. 그 사람의 생각을 이해할 수 있다면 학교 관리자의 마음도 사로잡을 수가 있습니다. 그러니 오히려 이렇게 이야기하는 것이 좋았습니다. 가볍게, 무심하게, 지나가는 말처럼 하는 것이죠.

"이런 방법도 있더군요."

"이렇게 해보니 좀 더 쉽게 해결되었어요."

"이건 어때요? 한번 참고해 보세요."

사례 제시를 통해 가볍게 툭 던지는 말들로 인해 신규 선생님들의 눈이 더 반짝거렸고, 자신감이 살아났습니다. 그래서 용기를 내게 되었습니다. 허접하고 어디 내놓기도 주저하게 되는 아주 사소한 것들이라도 그 누군가에게는 힘이 될 수 있다는 것을 알기에 얼굴이 빨개지는 것을 두려워하지 않기로 했습니다.

훌륭한 교사의 조건이 따로 있는 것이 아닙니다. 교사가 이렇게 해야 한다는 것은 고정관념일 수가 있습니다. 시대에 따라서만 교사가 규정되는 게 아니라 사람에 따라서도 교사에 대한 개념은 달라질 수 있습니다. 그 말은 누구나 내가 가는 길이 괜찮은 교사가 되는 길임을 뜻하기도 합니다. 정말 괜찮은 교사가 되는 길은 다양합니다. 그리고 그 방법은 다들 내 안에 가지고 있습니다. 그런 교사가 되는 과정에서 다른 사람들이 경험했던 것을 나누고 모방해 보는 것이 도움이 될 수 있습니다. 나와 어울리는 사례가 나올 수 있기 때문입니다. 함께 사례를 나누고 공유하는 과정에서 교사들은 더 단단해질 수 있습니다. 직업 만족도가 높아지면 업무 능력도 함께 상승하게 되어 있습니다.

우리 교육은 오랫동안 교사를 국가가 정한 지식을 잘 전달하는 자로 규정하는 대신 교실 안에서 그 누구의 통제와 간섭도 받지 않는 권한을 보장해 주었다. 하지만 이러한 교사 1인 왕국으로서의 닫혀진 교실은 교사를 고립시키고 성장을 막는 부메랑이 되어 돌아왔다. 자신의 교육에 대해 성찰하고 이를 동료 교사들과 함께 나누며 성장하는 문화가 형성될 수 없었다.*

---

* 김종훈 지음, 『교사, 함께 할수록 빛나는』, 템북, 2020.

이 책은 동료 교사들과 함께 나누며 성장하기 위한 사례들의 기록입니다. 보편적보다는 특수함에 가깝습니다. 그래도 이렇게 하면서 성장하는 교사가 있구나 하는 정도만 보여주더라도 충분하리라 생각합니다. 책은 총 4개의 부분으로 나누었습니다. 제가 경험한 사례들을 위주로 펼쳐 보았습니다. 제1장은 교사 편입니다. 교사로서 어떤 마음과 태도로 지내야 하는지를 적어 보았습니다. 제2장은 업무 편입니다. 교사라는 직업을 나는 어떻게 봐야 하는지, 직업인으로서 힘들 때는 어떻게 헤쳐가야 할지에 대한 내용입니다. 제3장은 수업 편입니다. 수업 중에 벌어지는 일들에 대한 대처법과 수업 시간에서의 노하우에 대해 다룹니다. 제4장은 학생과 학부모 편입니다. 교사의 가장 큰 파트너는 학생과 학부모입니다. 그들로 인해 울고 웃습니다. 어떻게 하면 그들에게 더 가까이 갈 수 있을지에 대한 내용입니다.

많은 선생님이 이 책을 통해 교사로서의 자신에 대해 함께 생각하는 기회를 가지면 좋겠습니다. 나아가 선생님이 되기를 꿈꾸는 분들이 그 꿈을 계속 이어가는 데에도 도움이 되었으면 합니다. 선생님들의 세계를 엿보는 학부모님들이 조금이라도 교사라는 존재에 대해 더 잘 이해할 수 있는 계기를 제공한다면 더할 나위 없는 기쁨으로 알겠습니다. 내 아이의 올바른 성장을 위해 함께 달려가는 교사들의 이야기를 만나며, 그래도 믿고 맡길 수 있는 학교가 내 곁에 있다는 생각을 공유했으면 좋겠습니다.

학생의 권리, 학부모의 권리, 교사의 권리 모두가 소중합니다.

누구든 최선을 다할 수 있게 위로해 주고, 격려해 주는 게 필요하지 않을까 합니다. 교육 3주체 모두가 믿음으로 함께 가지 않는다면 제아무리 좋은 법과 제도를 만든다고 하더라도 교육은 무너질 수밖에 없기 때문입니다. 요즘 벌어지는 교권과 학습권에 대한 논란을 보며 마음이 착잡해지는 이유이기도 합니다.

책을 쓰면서 거창한 꿈을 꾸지는 않았습니다. 오히려 저의 글이 일부 선생님께 누가 되지나 않을까 걱정스러움도 있습니다. 다만 내가 처한 현실이 갑갑한 선생님들에게 잠깐의 휴식이라도 되어줄 수 있기를 바랍니다. 이럴 수도 있겠구나 하는 정도면 충분합니다. 망망대해에서 작은 불빛이라도 보이면 반가운 법, 잠깐의 반가움이라도 선사할 수 있었으면 좋겠습니다. '그런 고민을 나만 하는 게 아니구나' 하는 공감의 경험을 함께 나누면서 모든 선생님이 교사로서의 의미를 알아갔으면 합니다. 내가 혼자서 고민한다고 해결되지 않는다는 것을, 아주 사소한 변화의 시도가 나와 아이들을 바꿀 수 있다는 생각을 했으면 좋겠습니다. 그리고 교사로서 함께 하는 과정에서의 행복한 일상을 맞이하기를 바랍니다. 흔들리지 않는 교사가 되기를 기원합니다.

목차

1장. 선생님으로 산다는 것 _ 교사 편

2장. 학교라는 직장에서 일 잘하는 사람 되기 _ 업무 편

3장. 교사의 기본은 수업에서부터 _ 수업 편

4장. 함께 가는 파트너 _ 학생과 학부모 편

1장.

선생님으로 산다는 것
— 교사 편

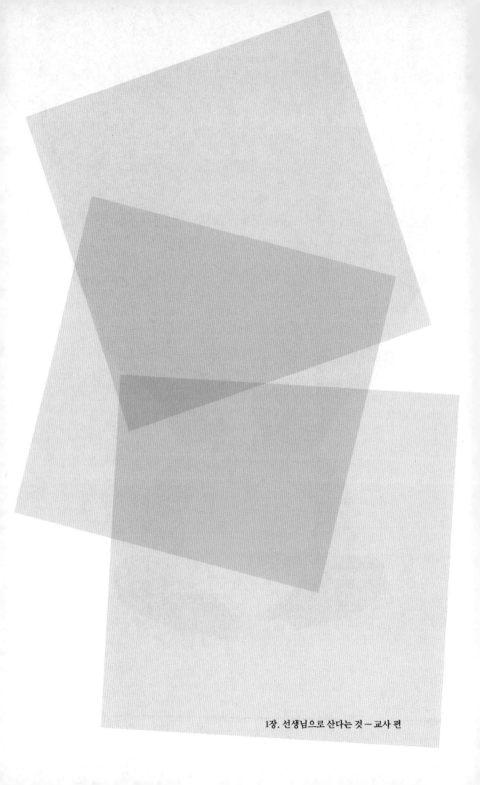

1장. 선생님으로 산다는 것 — 교사 편

1

교실에 들어올 때의 마음가짐

⋯› 교실에 들어오니 아이들은 시끌벅적, 분위기는 난장판, 답이 안 나올 때

⋯› 눈에 보이는 시빗거리는 많은데, 아침부터 잔소리해야 하나 난감할 때

⋯› 교실에서 누워있고, 소리 지르고, 선생님을 보고 인사도 안 하는 녀석들을 볼 때

교실은 신성한 공간? 떠들거나 뛰어다니면 안 되고, 진지하고 차분하게 공부하거나 수업을 준비하는 곳? 정말 그럴까요? 교실에서는 놀거나 시끄럽게 하면 안 되고 언제나 평정심을 유지해야 하는 곳일까요? 꼭 그렇지는 않다고 생각합니다.

그렇게 정신없는 아이들이 내게 주는 것이 있습니다. 내 앞에 걸어가는 세 명 중 한 명은 나의 스승이라고 했습니다. 내게 무엇인가를 가르쳐주면 선생님이죠. 아이들이 교실에 대한 나의 고정관념을 깨주는 존재일 수도 있습니다. 교실은 근엄한 곳이니 이곳에서는 진지하게 학업에 전념해야 한다는 명제는 옳지 않을 수도 있습니다. 아이들이 학교에 오는 이유는, 아니 학부모가 아이를 학교에 보내는 이유는 수업 시간 때문만은 아닙니다. 아이들은 학교에서 수업을 통해서만 배우는 게 아닙니다. 자기네들끼리 모여있는 시간에 아이들끼리 놀고 게임을 하고 떠드는 것도 다 형태만 다른 배움의 장면일 수 있습니다. 그런 점에서 교실에서도 위험한 행동이나 비도덕적인 행위만 이루어지지 않는다면 다 허용할 수 있는 것입니다. 교사들은 학생들에게 이렇게 말합니다.

"놀 때는 놀고, 공부할 때는 공부해야지. 상황에 맞춰서 행동하는 게 올바른 것이란다."

아이들의 실수는 노느라 수업 종이 울리는 것을 파악하지 못했다는 것입니다. 이런 경우 나무라고 소리 지르는 것이 교사가 해야 할 일은 아닙니다. 지금이 어떤 상황이고, 지금 상황에 어울리는 행동은 어떤 것인가를 아이들이 알고 움직이게 해야 합니다. 시도 때도 없이 마음 내키는 대로 하면 안 된다는 것을 알게 해주는 게 필요하겠죠. 쉬는 시간에 노느라고 화장실을 다녀오지 못한 학생도 있고, 교과서를 사물함에서 꺼내오지 못한 학생도 있을 것입니다. 이런 일이 반복된다면 제대로 된 수업을 진행하지 못한다는 것을 설득하고 알려야 합니다. 그래서 다음 시간은 조금씩이라도 좋아지게 만드는 것. 그게 교사의 올바른 모습입니다.

교실에 들어올 때는 몇 가지 원칙을 갖고 있어야 합니다.

1. 이 한 시간은 해당 교사가 전적으로 책임을 져야 하는 시간입니다. 1시간의 수업을 완성하기 위해서 다양한 수업 활동이 이루어지겠지만 어떤 것이 되었든 벌어지는 모든 것은 온전히 담당 교사의 것입니다. 당연히 아이들을 한 손에, 혹은 한 눈에 두어야 하고 전체적으로 파악을 해두어야 합니다. 교사가 교실로 들어왔음에도 아이들의 수업 준비가 되지 않았다면 정상적인 수업 진행을 할 수가 없습니다. 조회나 종례 때도 마찬가지. 아이들에게 교사로서의 존재감을 확실히 인지하게 해야 합니다. 시작과 끝이라는 무기를 갖고 있는 한, 교사의 능력은 학생들에게 절대적일 수 있습니다.

2. 하지만 옆의 학급에 대한 배려는 절대적으로 필요합니다. 너무 시끄러워서 옆 반의 활동을 방해한다거나, 그 학급만 도드라지는 활동을 하는 것은 바람직하지 않습니다. 학급의 개성은 충분히 발휘하되 학교 전체의 분위기가 수업 활동과 잘 어울릴 수 있도록 하면 됩니다. 그러기 위해서 교사는 흥분보다는 차분함으로, 즉흥보다는 계획적으로 학생들을 응대하는 것이 좋습니다. '선생님이 다 생각이 있구나.' 하는 것을 학생들이 공감하는 순간, 교사의 모든 말과 행동은 의미를 지니게 됩니다.

3. 교사와 학생은 끊임없이 서로를 탐색하게 되는데, 그 방법은 정답

이 없을 정도로 다양합니다. 가끔 아이들에게 세상에서 가장 편한 자세로 마음대로 책을 읽으라고 말합니다. 그래봐야 마룻바닥에 눕는 것밖에 없습니다. 그런데도 선생님이 자기들을 무척 대우해 준다고 생각하고 좋아합니다. 밖에서 지나가면서 이상하다는 생각이 들 정도로 책상 위에 드러눕는 것 정도만 통제를 해주면 됩니다. 내 교실에서, 내 수업에서 나만의 주관을 갖고 알아서 할 수 있다는 자신이 있을 때 아이들과의 다양한 경험은 만들어집니다. 아이마다 온도에 대해 느끼는 편차도 각각 다릅니다. 30명 가까이 되는 아이들 중에 교실이 춥다고 느끼기도 하지만 의외로 덥다고 불평하는 아이도 있습니다. 내 수업 시간은 옷을 가볍게 입든, 무겁게 입든 공부하기에 최대한 편한 복장으로 있어도 괜찮다고 말해주면 이 또한 학생들은 잘 받아들입니다. 그리고 선생님이 자신들을 이해해 주고 배려해 준다고 생각합니다. 수업에 지장이 없는 한, 함께한다는 느낌을 사전에 갖도록 해준다면 그 수업은 성공할 확률이 높아집니다.

4. 교사가 되었을 때 초반에는 교사가 좋지 않은 직업이라고 생각했습니다. 아침부터 소리 지르고 잔소리해야 한다는 것 때문입니다. 하지만 시간이 흐를수록 아침부터 문 닫을 때까지 내가 누군가를 변화하도록 이끌 수 있는 힘이 있다는 것을 알게 되면서 이 직업은 좋은 것으로 변했습니다.

◌ 꿀팁 ◌ 한 번 더, 이건 꼭 기억하세요.

1. 건방진 얘기일지 모르지만 내가 교실에서는 왕입니다. 자신감을 가져야 합니다.
2. 수업이든 조회든 어떻게 하는 것이 최고라는 정답은 없습니다. 다양한 경험을 통해 내 것을 만들면 됩니다.
3. 아이들과의 기 싸움에서만 이기면, 초반에만 밀리지 않으면 그다음은 무조건 편해집니다. 선생님의 철학이 있고, 만만하지 않다는 것을 느끼게 해주는 것만으로도 충분합니다.

#관계

2

교사와 학생 사이는?
친구? 멘토? 스승?

···› 학생과의 거리가 가까워지지 않아서 데면데면할 때

···› 아이들과 친해지려고 스스럼없이 대했더니 이제는 통제가 어려워서 후회될 때

···› 어떨 때는 친하게, 어떨 때는 엄하게 조정해 내는 동료 선생님들이 부러울 때

하나를 버리면 하나를 잃어야 한다는 건 진리입니다. 한쪽 면을 집중해서 보면 다른 면이 어떻게 생겼는지 알 수가 없습니다. 아이들과의 관계도 그러합니다. 장난도 치고 농담도 하는 친구 같은 사이가 좋기는 하지만 그러다 보면 아이들이 교사를 너무 우습게 보는 것 같습니다. 말도 잘 안 먹히고 이 녀석들이 나를 선생님으로 생각은 하고 있나 하고 약이 오를 때도 있습니다. 그렇다고 다소 무섭게 대하고 혼내는 일이 많으면 괜한 거리감에 불편감이 들기도 합니

다. 가르칠 때는 윗사람으로서, 대화할 때는 친구처럼, 존경심과 편안함이 반쯤 골고루 섞여 있는 사이가 이상적이긴 하지만 그것을 강요할 수는 없는 법. 어떻게 관계를 맺어야 할까요?

1. 아이들은 잡았다가 풀어주는 게 훨씬 효과적입니다. 3월 초의 첫 만남은 서먹서먹하고 낯설게 마련입니다. 그래서 많은 선생님들이 아이들과의 말문을 쉽게 트기 위해서 장벽을 낮추고 대하는 경우가 많이 있습니다. 그렇게 해서 무디어진 교사와 학생 사이에 나중에 벽을 치려고 하면 무리수가 발생하는 경우가 많습니다. 차라리 아이들과의 관계가 더 천천히 가까워지더라도 초반에는 다소 엄하게 해서 학생들을 장악한 후에 서서히 분위기를 봐가면서 풀어주는 게 낫습니다. "저 선생님은 무서워. 지킬 건 지켜야 해."라는 생각을 아이들이 갖게 해야 합니다. 선생님이 단호하고 무섭다고 아이들이 옆에 안 오는 건 아닙니다. 학창 시절에 야단을 많이 맞던 아이들이 오히려 "선생님, 고맙습니다."를 더 많이 하거나 나중에 더 반갑게 대하는 경우가 많이 있습니다. 중요한 건 원칙입니다. 그 틀 안에서 유연성이 발휘되면 아이들도 자연스럽게 교사의 의도에 따라오게 됩니다. 적어도 아이들은 자신이 학생이고 상대방이 선생님이라는 기본 의식은 가지고 있습니다.

2. 초반에는 조작된 나의 모습을 보여주고, 시간이 갈수록 나의 원래 모습을 보여주어야 합니다. 나의 포지셔닝이 중요합니다. 처음 만

나는 사람끼리는 당연히 신비감이라는 게 있습니다. 저 사람은 어떨까? 무엇을 좋아하고, 무슨 장점이 있을까? 그 호기심이 처음부터 여러 방향으로 뻗어나가 버리면 교사로서는 아주 피곤해집니다. 30개의 서로 다른 호기심이 나를 둘러싸고 있으면 한 방향으로 끌어가려는 교사의 마음을 곳곳에서 침범할 수도 있습니다. 이상적인 나의 모습을 만들고, 서서히 인간적인 모습으로 변모하는 것이 자연스럽습니다. 그게 더 가까워질 수 있는 방법입니다.

3. 일부러 그러는 건 아니지만 수시로 다른 반을 넘겨보게 됩니다. 대범한 척, '나는 내 방식대로 할 거야'라고 하지만 학교의 울타리 안에 있는 한 비교를 할 수밖에 없습니다. 그런데 비교 후에는 꼭 후회와 자책이 따라옵니다. 다른 선생님들은 아이들과 잘 어울리고 관계도 무척 좋아 보이는데 나는 왜 이렇지? 결론은 다른 교사와 나를 비교하지 말라는 것입니다. 남의 떡이 커 보이는 법입니다. 나에게 가장 잘 들어맞는 방식은 내가 알고 있습니다. 설명은 못하더라도 적어도 내 몸으로 체득하고 있습니다. 그러니 내가 잘할 수 있는 방법으로 아이들과 관계를 쌓으면 됩니다. 지나가면서 가볍게 터치를 해도 되고, 과장된 몸짓을 해도 됩니다. 실없는 농담에는 한숨과 함께 어퍼컷을 날리는 시늉을 해도 됩니다. 가벼운 대화 속에 나타나는 친구 관계를 미리 파악해 두었다가 그걸 빌미로 아이에게 접근할 수도 있지요. 중요한 건 아이들을 놀라게 해야 한다는 것입니다. '우리 선생님이 이걸 어떻게 알고 있지?' 바로 그 순간

그 아이는 내게 순종하게 됩니다. 그 다음에 가까이 가는 것은 식은 죽 먹기입니다.

4. 아이들과의 관계 설정(유지)이 잘 안되어서 짜증을 내는 사람들을 가끔 보게 됩니다. 이건 절대 금물입니다. 부드러움이 날카로움을 이기는 법입니다. 형식이 아니라 내용이 중요합니다. 말투와 표정보다 그 속에 숨어있는 감정이 사람을 기쁘게도 만들고 슬프게도 만듭니다. 부드러운 말 속에 단호함이 있으면 그건 원칙이 되고, 장난스러움이 있으면 편안함이 되고, 의미가 있으면 평생의 멘토가 될 수 있습니다.

5. 아이들이 기분 나빠하지 않는다면 친함을 나타내는 나만의 표지를 사용해도 됩니다. 홈베이스에 아이들이 눕거나 엎드려 있을 때 그 위에서 한 번쯤 굴러주기도 하고, 지나가는 아이 뒤에서 어깨를 주물러 주기도 하고, 시끄럽게 떠드는 녀석의 뒤로 몰래 가서 깜짝 놀라게 해줄 수도 있습니다. 아침에 교실에서 제티를 타서 우유를 먹고 있으면 그것을 하나 빼앗아 먹을 수도 있습니다. 매점을 지나다가 빵을 먹고 있는 아이에게 "선생님도 한입 먹자."라고 말하면서 함께 어울릴 수 있습니다. 일부러 아이들이 쓰는 유행어를 잠깐씩 섞어서 사용할 수도 있고, 뻔한 아재개그를 써서 웃음을 유도할 수도 있습니다. 다 뜻만 통한다면 그 진정성을 아이들은 알아봐 줍니다. 중학생 이상이면 아이들이 선생님의 실수를 적당히 눈감아 주

기도 하고, 일대일의 인간 대 인간으로 대하길 원하기도 합니다. 그 심리를 이용하면 됩니다. 교사가 나이를 먹으면서 사실 감이 떨어질 수밖에 없습니다. 그렇더라도 아이들 가까이에 가는 것을 게을리하면 그 거리감을 영원히 극복할 수 없습니다.

6. 긍정과 칭찬을 최선의 가치라고는 하지만 가끔은 그 반대의 경우도 효과를 발휘할 수 있습니다. 정색하고 말하는 게 아니라 농담 투로 말하는 가벼운 말이 분위기를 좋게 만듭니다. 밤새 게임하고 눈이 충혈된 아이한테는 그 집중력을 수업 시간에 발휘하자고 하고, 머리를 안 깎아 부스스한 아이에게는 머리가 너무 커서 부담스럽다고 할 수도 있습니다. 못 알아보는 글씨를 쓰는 아이에게는 예술가의 영혼이 있다고 말해줍니다. 그런 건 아이들에 대해서뿐 아니라 나의 경우에도 통합니다. 교사로서 나의 단점을 이야기하고 너희들이 인간적으로 선생님을 이해해 주었으면 좋겠다는 감정 표현은 아이들의 감정과 나의 감정을 동일시하게 하는 긍정적인 작용을 합니다. 그러나 언제나 정답은 없습니다. 칭찬도 좋고 존댓말도 좋고 웃음도 좋습니다. 하지만 그 반대가 좋을 때도 많이 있습니다. 이래야 한다는 강박관념에서 벗어나는 것, 그것이 관계의 기본이 아닐까요?

◌ 꿀팁 ◌ 한 번 더, 이건 꼭 기억하세요.

1. 내가 잘할 수 있는 방법으로 관계를 맺어야 합니다. 다른 선생님들이 재미있게 한 방법이라고 내가 했을 때도 재미있는 것은 아닙니다.
2. 잘난 척하는 것은 무조건 금물. 겸손한 척 가장을 하면 정말로 아이들은 겸손하게 봅니다. 적어도 겸손한 교사에 대해 아이들은 겸손하게 대합니다.
3. 교육적인 목적의 '뻥'은 괜찮습니다. 아이들이 교사를 더 크게 보게 될 수도 있습니다.

#책임

3

훌륭한 교사란
어떤 교사일까?

···› 수업을 잘 못하는 것 같아서 스스로에 대해 불만스러울 때

···› 학급 관리가 잘 안되고 아이들을 통제하는 게 힘에 부칠 때

···› 아이들을 만나는 게 힘이 들어 수시로 교사로서의 나를 고민해 볼 때

직업 선택의 기준은 내가 좋아하는 것이 아니라 내가 잘하는 것이어야 한다고 말합니다. 내가 좋아하는 것을 취미로 삼고 잘하는 것을 업으로 삼는 것이 가장 이상적이라는 말도 합니다. 그럼 내 주변의 교사는 교사로서의 일을 잘하는 사람일까요? 꼭 그렇지는 않습니다. 한국교원단체총연합회의 '교권 보호 활동 보고서'를 보면, 접수된 교권 침해 상담 건수가 520건으로 2016년 이후 가장 많았다고 합니다. 이것을 근거로 보면 가장 잘하는 것이 가르치는 일이 아닌 교사가 주변에 많다는 것입니다. 또한 교사노동조합이 2023년 4월

교사 11,377명을 대상으로 한 온라인 설문조사에서 무려 87%가 최근 1년 사이에 이직이나 사직을 고민한 것으로 조사되었습니다. 교사라는 직업을 갖기 위해서 4년의 대학 생활을 마치고, 기간제 등 몇 년의 실무 경험을 거친 많은 이들이 학교 현장에 있습니다. 이들이 힘들어하고 있다는 것을 이 결과는 말해 줍니다.

직업적인 안정성 때문이든, 가르친다는 숭고함 때문이든 치열한 경쟁을 뚫고 교사가 된 사람들이 우리 곁에 있습니다. 이 중에 아이들과 함께 있는 것을 좋아하고, 수업을 통해서 무언가를 전달하거나 아이들의 바람직한 성장을 이루는 데 기여하는 보람을 늘 느끼는 사람이 얼마나 있을까요? 그런 사람은 훌륭한 교사가 될 수 있는 충분한 자격이 있을 것입니다. 이상적인 판단을 떠나서 현실로 내려와서 생각해 봅시다. 우리가 생각하는 훌륭한 교사의 기준은 무엇일까요? 교단을 떠나고자 하는 교사들은 대개 자신이 훌륭한 교사가 아니거나, 될 자격이 없거나, 이곳은 내가 생각한 곳이 아니라고 생각할 것입니다.

그럼 훌륭한 교사의 기준은 무엇일까요?

- 수업 시간에 아이들이 한눈팔지 않고 끝까지 집중하게 만드는 교사
- 교과와 관련된 지식이 많아 수업 그 자체가 훌륭한 교사
- 창의력을 발휘하여 수업을 재구성하고 매번 변화를 추구하려는 교사
- 아이들이 쉽게 마음을 주고 의지할 수 있도록 편하게 해주는 교사
- 업무 능력이 뛰어나 주어진 시간 내에 확실하게 업무를 처리하는 교사

- 갈등 상황이 벌어졌을 때 유연하게 대처하고 부드럽게 넘어갈 수 있는 여유 있는 교사
- 학생 상담과 생활지도를 잘해서 아무런 문제 없이 학생들을 진급시킬 수 있는 교사
- 졸업 후에도 학생들이 찾아오고 싶어 하는 교사
- 학부모가 믿고 맡길 수 있도록 소통을 잘하는 교사
- 다양한 체험을 할 수 있도록 끊임없이 궁리하고 외부 자원을 적절하게 활용하는 교사
- 큰 그림으로 수업을 설계하고 자발적인 학생의 성장을 지원하는 교사
- 학부모가 할 일을 대신하고 학생과의 밀접한 부대낌을 감수하는 교사
- 학생들을 위해 자기 지갑을 기꺼이 열고 아이들이 좋아하는 것을 해주는 교사

교사가 갖추어야 할 덕목은 여러 가지입니다. 이는 교사에게 주어진 일이 무척 많다는 것을 의미하기도 합니다. 수업도 해야 하고, 업무 처리도 해야 하고, 학생들에 대한 진학 지도도 해야 하고, 바르게 클 수 있도록 인성 교육도 해야 하고, 민주시민 의식을 지닌 미래형 인재를 만드는 지도를 해야 합니다. 또한 건강한 사회인으로 성장하는 기반을 닦아 주어야 하기도 합니다. 직장인으로서 다른 교사들과 소통도 잘해야 하고 학부모와의 관계도 잘 유지해야 합니다.

이 많은 것들을 제대로, 정말 잘 해낼 수 있는 교사가 과연 있을까요? 실력은 좋은데 너무 편협되어 있다거나, 수업은 잘하는데 소

통이 부족하다거나, 인간성은 좋은데 성실함이 다소 떨어진다거나 하는 장단점을 모두들 갖고 있게 마련입니다. 관계만 중시하면 공부할 시간이 없고, 공부만 하면 관계를 갖기 어려운 법입니다. 지식 전달에 강한 이는 모둠 활동 지도에서는 다소 부족할 수 있습니다. 치밀한 수업 계획은 자칫 학생들에게 답답함을 줄 수 있습니다. 초창기에 컴퓨터를 이용해서 수업을 하던 선생님들의 수업을 보면 모니터만을 쳐다보고 아이들과 눈을 마주치지 않아서 지금 보기에는 참 어색합니다. 모든 것을 잘 해내는 선생님들은 없습니다. 슈퍼맨은 영화에나 있는 것이지, 학교 현장에는 없습니다.

뒤집어서 생각해 보면, 자신의 장점을 최대한 발굴해서 그에 맞는 능력을 발휘하도록 하는 게 최선이라고 생각합니다. 아이들을 예뻐하는 사람은 사랑을 듬뿍 주고, 바른 아이들로 키우는 게 좋으면 그러기 위해 노력을 하고, 수업 능력이 있는 사람은 그 능력을 더욱 갈고 닦기 위해 노력을 하면 되겠죠. 창의성이 있는 사람은 새로운 교육에 대해 도전하고 시도해 보는 활동을 하면 됩니다. 이렇게 지금 학교는 젊은 선생님들의 다양한 활동과 창의적인 시도로 점점 영역이 넓어지고 있습니다. 전에는 상상하지도 못한 활동들을 하고 있고, 다양한 방법을 이용해서 학생들을 키워내고 있습니다. 그러니 내가 부족하다는 것에 대해 자책할 필요는 없다고 생각합니다. 우리는 아이들에게 말합니다. 너만이 잘할 수 있는 한 가지를 발견하면 된다고. 공부는 못하더라도 너만의 가능성을 발견하라고. 세상은 모든 것을 잘하는 사람을 요구하지 않는다고. 리더가 있으면 그를 뒷받침하는 사람이 있는 법이고, 따라가기만 하는 사람들도 꼭 필요하다고. 이렇듯 이 세상에서 꼭 필요한 사람이 바로 '나'일 수 있습니다. 적어도 학교에서는 말입니다.

내가 학생들과의 갈등에서 상처를 받았다고, 내 수업이 마음에 들지 않아도, 아이들과 함께하는 것이 부담되고 힘들어도, 동료 교사들과의 관계 맺기가 어려워도 걱정하지 마세요. 나는 내가 가진 최대한의 능력을 적재적소에 발휘할 준비가 되어 있는 대한민국의 교사이니까요.

꿀팁 한 번 더, 이건 꼭 기억하세요.

---

1. 구체적인 사안이 벌어지기 전에 미리 고민하지 마세요. 고민은 사건이 발생한 후에 시작해도 됩니다. 방법은 어떻게든 생기는 법이니까요. 대신 미리 다양한 경험을 하고, 동료들과 많은 것을 나눠보는 것이 좋습니다. 생각을 넓게 할 수 있으면 닥친 일을 풀어가는 능력도 더 커집니다.
2. 교사로서 고민한 경험이 없는 사람은 하나도 없습니다. 나도 그 중의 하나라는 생각을 가져야 합니다. 그리고 내 주변에서도 의외로 내 편이 되어주는 이가 많습니다.

#자세

4

매번 바뀌는 마음, 그래도 흔들리지 말자

- ··· 시험 결과, 반별 차이가 크게 나서 그 이유 및 해결책을 서면으로 제출해야 할 때
- ··· 업무상의 실수로 관리자들에 의해 사유서나 경위서의 제출을 요구받았을 때
- ··· 늦게 오거나 조금 일찍 나간 것이 걸려서 아무 대꾸도 못 하고 훈계를 들었을 때

난감한 때가 이렇게 가끔 있습니다. 나도 나이를 먹었는데, 한 학급을 책임지고 있는 교사로서 질책을 당하고 눈치를 봐야 한다는 사실이 나를 참 슬프게 합니다. 사람이 실수할 수도 있고, 살다 보면 이런 일 저런 일 경험하는 법. 그래서 아이들이 실수할 때도 그냥 말로만 하고 봐주는 경우가 많은데 반성문 같은 느낌으로 글을 써야 하니 참 안타까워집니다. 반성문 쓰는 아이들의 심정을 알 것 같기

는 하지만 어쨌든 소심함에 빠질 수밖에 없습니다. 내가 잘못한 것을 써서 낸다는 행위 자체에 대한 것도 그렇고 나 스스로의 모자람에 대한 생각들이 다양한 방향으로 널뛰기를 하게 됩니다. 그래서 정신적인 충격을 받게 되는 것이죠.

머리로는 충분히 이해하고 합리화할 수도 있습니다. 세상에 완벽한 사람은 없습니다. 세계적인 과학자 아인슈타인도 어릴 때 낙제 점수를 받는 등, 남들보다 한참 떨어지는 아이였고, 창의적 아이콘의 대명사 스티브 잡스는 어렵게 들어간 대학을 제대로 마치지도 못한 일종의 루저였습니다. 교사로서의 나는 그럭저럭 공부도 잘했고 모범적인 학창 시절을 보냈을 확률이 높습니다. 이런 내가 사소한 것에 지적이나 받고 일 처리를 제대로 못하는 사람으로 치부된다는 것은 자존심 상하는 일입니다. 지금이야 관리자로서 교장, 교감이지만 예전에 내가 알았던 그분은 평소 수업 연구도 별로 하지 않고 별생각 없는 교사였는데, 지금은 교사로서의 기본 운운하면서 나를 나무라고 있으니, 화가 날 수밖에 없습니다.

현실적인 위계가 있으니, 내가 실수한 부분이 뚜렷하니 이것을 부정할 수도 없는 노릇입니다. 이런 상황에 놓인 것이 못마땅하기는 하지만 한번 상한 마음이 다시 돌아오기도 어렵습니다. 이럴 때 어떤 마음을 가져야 할까요?

사유서 한번 쓴다고 내 자존심이 무척 상처받는다는 생각을 버려야 합니다. 그럴 수도 있습니다. 내가 지금까지 완벽하게 살아오지 않았습니다. 학창 시절에 아무리 공부를 해도 따라잡지 못하는 친구를 보면서 부러워도 했고, 각종 시험에서 떨어져 본 경험도 한두 번씩은 있을 것입니다. 내가 결벽증 환자도 아니고 실수를 통해서 거듭나는 사람이라는 걸 인정해야 합니다. 그래야 실수투성이인 아이들도 이해할 수 있고 웃음으로 받아들일 수도 있습니다. 아이들이 실수했다고 해서 그것을 언제까지나 마음에 담아두고 있는 교사는 없습니다. 지속적으로 사고를 치더라도 조금씩 나아지는 모습을 보이거나 달라지는 것을 보면 예쁘게 보이는 법입니다. 아이들을 대할 때는 관대한데, 왜 스스로에 대해서는 못마땅하다고 생각할까요? 괜찮습니다. 그냥 관리자가 요구하는 대로 사유서를 쓰면 됩니다. 어차피 관리자로서 잘못된 일에 대한 사유서를 받고 그것을 근거로 확보하려는 의도입니다. 내 신상에 미치는 영향은 거의 없습니다. 그러니 그렇게 마음 상할 일도 아닙니다.

한번 쓴 반성문(?)이 잘못되었다고 다시 쓰는 것을 요구받을 수 있습니다. 이때도 마찬가지입니다. 구체적으로 물어봐야 합니다. 어떤 것을, 어떤 문체로, 어떤 이유로, 어떤 태도로 써야 하는지 공감하는 태도로 물어보고 지시하는 사람의 의도에 맞추겠다는 의사표시를 하는 게 더 유리합니다. 그리고 관리자의 입맛대로 써주면 됩니다. 대개의 경우 이런 서류는 나중에 나의 발목을 잡을 근거로 삼기보다는 통제와 관리 목적에서 받아두게 됩니다. 괜히 이런 것에 마음을 낭비할 필요는 없습니다. 오히려 "더 해야 할 것이 뭐가 있을까요?" 하는 질문을 하면서 한 번 더 적극적으로 나가는 것도 좋습니다. 교사가 그렇게 적극적으로 자신의 실수에 대해 인정하고 잘하려는 모습을 보이면 관리자도 더는 채근하지 않게 됩니다. 미안하다고, 잘못했다고, 앞으로 잘하겠다고 하는데 그걸 계속해서 따질 사람은 아무도 없습니다.

감성과 이성 중에 어떤 것이 더 우위에 있을까요? 이성이 부르는 대로 따라가면 중간은 갑니다. 절대 무시당하지는 않습니다. 감성이 부르는 대로 따라가면? 최상이 아니면 최악일 수 있습니다. 관리자와 갈등이 생기거나 직접적으로 꾸중을 듣는 경우 즉석에서 대응하고 적극적으로 항변을 하는 것이 어쩌면 독이 될 가능성이 큽니다. 누구에게든 싫은 소리를 하는 것은 여러 차례의 고민 끝에 나온 행동입니다. 내 나름의 정당성이 있다고 판단하였기에 그런 상황을 만들게 됩니다. 그것에 대한 적극적 대응은 자칫 돌이킬 수 없는 상황을 만들 수도 있습니다. 직접적으로 맞닥뜨리는 것보다 일단은 피해 가는 것, 한번 쉬었다가 다음 기회에 반격을 도모하는 것이 더 나을 수 있습니다.

나의 의도적인 잘못이든, 실수든 어쨌든 나로부터 오류가 시작되었다면 쿨하게 인정하는 모습을 보여야 그다음 번에 똑같은 일을 당하지 않게 됩니다. 내 잘못을 인정하는 게 기분 나쁜 한 절대 나를 바꾸는 것은 불가능해집니다. 학생으로서의 기간은 짧지만, 교사로서 근무하는 기간은 무척 깁니다. 내가 스트레스를 받고 힘들어하는 것을 줄이려는 노력이 필요합니다. 그래야 오랜 기간 교사로서 행복할 수 있습니다.

◌꿀팁◌ 한 번 더, 이건 꼭 기억하세요.

---

1. 마인드 콘트롤을 해야 합니다. 그래야 내 마음이 편해집니다. 아이들에게는 다들 이렇게 말합니다. 잘못을 인정하고, 앞으로 이러지 않겠다는 태도가 중요하다고. 교사도 마찬가지입니다. 앞으로 잘하면 됩니다.
2. 잘못을 지적하는 사람도 다소 주저함이 없을 수 없습니다. 내가 적극적으로 받아들인다면 오히려 이런 나에 대해서 고마움을 갖게 됩니다. 한발 더 나아가서 말하십시오. 지적해 주셔서 고맙다고.

#행복

5

교사가 행복해야 학생이 행복해진다

- 아이들을 위해 대신 희생을 당한 교사들을 언론 보도에서 볼 때
- 언제나 웃고 즐기는 아이들을 보면서 나와 비교해 보게 될 때
- 사건이 터졌을 때, 과연 내가 아이들을 위해 나설 수 있을까 생각하게 될 때

사회에서는 학생들을 보호받아야 할 대상으로 생각합니다. 그래서 학생들에게는 관대합니다. 아이들과 밥을 먹으러 가면 많이 먹으라고 공깃밥을 무료로 주기도 하고, 예뻐 죽겠다는 표정으로 아이들과 대화를 나누려 합니다. 그럴 때 보면 제 스스로 천사들을 데리고 다니는 선지자 같다는 생각이 들기도 합니다. 학생들을 위해 사회에서 지원하는 것도 많습니다. 우리나라가 점점 잘살게 되면서 교육에 투자하는 것들이 많아졌습니다. 교과서, 교복 등을 무료로 주는 것을 넘어 방과후수업도 대부분 무료로 해줍니다. 심지어는 한

두 명을 데리고 교사가 수업을 개설하는 것까지도 지원을 해줍니다. 공교육이 제대로 해보자고 마음이라도 먹으면 사교육과의 전면전도 가능할 수 있습니다. 만약 그런 게 실제로 일어난다면 저는 공교육에 한 표를 던지겠습니다. 공교육을 담당하는 선생님들의 수준이 절대 떨어지지 않을뿐더러, 교육 재정의 지원이 막강해서 다양한 시도를 해볼 수 있는 밑천이 충분하기 때문에 가능할 수도 있습니다. 물론 그게 현실화되는 것은 불가능에 가깝고 올바른 접근 방법도 아닙니다. 다만 공교육에서 선생님들이 한번 해보겠다고 하면 다양한 성취를 이루어 낼 수 있는 지원책이 계속해서 만들어지고 있다는 겁니다. 그건 긍정적인 변화입니다. 교사가 시도해 볼 수 있는 공간이 열린다면 그것을 해내는 과정에서 성취감 또한 맛볼 수 있는 것입니다.

그런데 가끔은 이런 생각을 합니다. 자라나는 학생들이 안전한 환경에서 최대한의 보호를 받으며, 인간다운 권리를 누리고, 사회의 다양한 지원을 받아야 하고, 자신을 마음껏 표현해야 하고, 권리를 침해받지 말아야 하는 것은 맞습니다. 그러면 선생님들은 모든 것에서 학생 다음 순번이 되어야 하는 걸까? 요즘은 부쩍 그렇게 되어가고 있습니다. 수학여행과 같은 체험학습을 떠나도 학생들이 먼저 배식 받고 먹도록 합니다. 그리고 남은 음식을 선생님들이 식판에 담아 먹습니다. 소규모로 떠났다면 같은 식탁에서 같이 먹습니다. 아이들이 고기류를 좋아하기 때문에 선생님들의 젓가락은 그리로 향하지 않습니다. 가장 늦게 시작했기에 늦게 식사를 마칠 수밖에 없지만 아이들이 다 먹고 기다리고 있으니 얼른 숟가락을 놓아야 합니다. 학교에서 받아온 식비가 부족해서 학교 카드로 일부를 결제한 다음 교사 본인의 카드로 차액분을 결제한 적도 많습니다. 정해진 예산 범위를 초과하면 그건 교사가 알아서 해야 하는 부분이죠. 그래서 학생들을 데리고 외부 활동을 한다는 것 자체가 교사들에게 스트레스가 되곤 합니다. 자칫 안전사고라도 난다면 그 부담을 온전하게 짊어져야 하기에 동료들에게 이런 활동을 권하는 것도 미안할 정도입니다.

내 자식 입에 밥 들어가는 게 가장 보기 좋다는 어른들의 말씀이 있습니다. 자식이 커나가는 걸 보는 게 부모로서 가장 보람 있는 일이라는 뜻이겠지요. 아이들을 우선시하는 어른의 마음에서 애틋함이 느껴집니다. 부모의 마음과 선생의 마음은 그런 면에서 비슷한 측면이 많은 것 같습니다. 그런데 좀 길게 보면 어떨까요? 선생님이 학생들에게 최대한의 열성을 다하고 모든 것을 베풀어 주는 바람에 힘이 다 빠져 버렸다면? 새끼를 낳고 보살피느라, 심지어는 새끼의 영양분이 되어주기 위해 남은 생명을 온전히 바치는 몇몇 동물들까지는 아니겠지만, 선생님의 남은 힘이 닳아 없어졌다면 그다음은 어떻게 될까요?

아마도 선생님이 아이들에게 줄 수 있는 것이 더는 없게 될 것입니다. 내가 힘들고 고달픈데 남을 챙길 수는 없습니다. 내가 줄 게 많은데 힘이 없어서 전하지를 못한다면 그건 나뿐 아니라 상대방에게도 손해입니다. 그러니 무조건 아이 먼저가 아니라 선생님이 먼저일 수도 있다는 겁니다. 우리네 옛날 어머니들이 아버지를 우선시하고, 좋은 것은 아버지의 몫으로 돌리던 시절이 있었습니다. 가부장적인 시대였다고는 하지만, 꼭 그래서만은 아니었을 겁니다. 아버지가 건강하게 일할 수 있어야 자식들을 제대로 돌볼 수 있기에 그랬을 것입니다. 아버지가 몸에 좋은 것을 잡수시고 잠을 푹 자야 생산성 있는 일을 하고, 이것이 자식들을 꾸준히 키워갈 수 있는 바탕이 되었기 때문이었을 겁니다. 그런 점에서 보더라도 선생님의 행복은 참 중요합니다. 아이들의 행복과 우선순위를 비교할 대상이 아닙니다.

물건을 제조하고 판매하는 회사에서 가장 우선적인 고객이 직원이라고 하는 어느 회사 경영자의 말이 떠오릅니다. 직원 마음이 편안하고 생활이 안정되어야 좋은 제품을 만들 수 있고, 제품도 잘 팔아서 혁신적인 다음 상품을 만드는 것으로 연결됩니다. 선생님도 똑같습니다. 학교에서 스트레스와는 멀리해야 하고, 퇴근 후까지 업무에 눌려 있지는 말아야 합니다. 책임 범위를 넘어서는 것은 없어야 하고, 꼭 해야 할 일이 아니면 당당하게 거부할 수도 있어야 합니다. 그래서 행복하게 학교생활을 할 수 있다면 학생들이 올바르게 성장할 수 있는 조건이 만들어집니다. 그러니 선생님의 행복을 먼저 찾았으면 좋겠습니다. 아이들 못지않게 나도 밥을 잘 먹어야 하고 아이들의 권리만큼이나 내 권리도 찾아야 합니다. 학교를 벗어난 아이들의 행동을 교칙으로 좌우할 수 없는 것처럼 오롯이 내게 주어진 시간 동안 그 누구도 나를 방해해서는 안 됩니다. 선생님들에게는 그럴 권리가 있습니다.

학생들에게도 모두가 동등하게 행복을 추구할 권리가 있다는 것을 알게 해야 합니다. 그 속에서 바람직한 교육이 이루어질 수 있습니다. 예를 들어 아이들과 함께 밥을 먹을 때면 "선생님이 먼저 드세요."라는 말이 나와야 하고, 버스나 지하철을 타면 빈자리를 보고 "선생님이 앉으세요."라는 말을 하도록 해야 합니다. 만나고 헤어질 때는 꼭 서로 인사를 하고, 집에 돌아가서는 무사히 집에 왔다는 것을 문자로 알리게 합니다. 나를 칭찬하기는 부끄럽지만, 함께한 다른 선생님을 위해서 손뼉을 쳐주고 고맙다는 말을 학생들이 할 수 있게 해야 합니다. 학습 과정 후에는 "선생님, 감사합니다."라는 말을 아이들에게서 들어야 합니다. 내가 가르치는 학생들이 예절을 알고 상식에 맞게 행동한다면 이는 선생님의 자부심으로 이어집니다. 그런 자부심과 자존감이 강한 선생님은 역시 자존감이 강하고 흔들리지 않는 아이들을 키워 냅니다.

'학생들만 잘 챙기면 다들 선생님을 알아서 대우해 주겠지' 하는 시대는 이미 지나갔습니다. 선생님이 찾아야 합니다. 아이들이 선생님을 위하는 말과 행동을 할 수 있어야 하고, 그러기 위해서 다소의 부끄러움과 민망함 정도는 감수해야 합니다. 그런 과정을 거치면서 아이들은 반듯해지고 선생님은 행복해집니다. 선생님의 행복 뒤에는 아이들의 행복이 있습니다.

꿀팁 한 번 더, 이건 꼭 기억하세요.

1. 아이를 키울 때 엄마가 수시로 "사랑한다."는 말을 해줍니다. 그러면 아이는 그 말을 따라서 하게 됩니다. 아이의 사랑한다는 말을 들으면 엄마는 행복합니다. 내가 가르쳐준 것을 따라서 하는 것을 보고도 행복해집니다. 행복한 그 말을 어디에서 배웠는지가 중요한 게 아니라, 그 말을 할 줄 안다는 게 중요합니다. 아이의 예쁜 말은 교사를 행복하게 합니다.
2. 내 행복을 방해하는 요인은 과감하게 버릴 수 있어야 합니다. 그렇다고 할 일을 안 하고 내 것만 챙기는 교사는 아마도 없을 것입니다. 교사가 편안하고 아늑함을 느끼면 이 느낌은 아이들에게도 무조건 전해집니다. 아이들의 행복이 교사를 밟고 생겨나는 것은 아닙니다.

#태도

6

학생들의 활동에 같이 참여해라. 그러면 더 선생님이 된다

- ⋯› 외부 강사가 내 수업을 가져가면 나는 뭐하지 하는 생각이 들 때
- ⋯› 학교 행사로 내가 수업하지 않아도 될 때
- ⋯› 가까이 다가가고 싶은데 곁을 내어주지 않는 아이와 친해지고자 할 때

아이들은 가까이할 수 있는 선생님을 좋아합니다. 아이들과 가까이 하는 선생님은 자기네들과 수준이 비슷한 선생님입니다. 아이들의 용어를 쓰고, 아이들이 좋아하는 게임을 할 줄 알고, 좋아하는 아이돌 그룹의 노래를 흥얼거리고, 아이들의 말에 직접적으로 혹은 걸러서 반응할 줄 아는 선생님이 인기가 좋습니다. 너무 진지해도 문제고 가벼워도 문제입니다. 이래저래 사람 사는 게 쉽지 않은데 아이들도 사람인지라 잘 맞춰야 합니다. 맞춰주는 게 때와 장소 등 상황에 따라 다르기 때문에 이래야 한다는 원칙은 없습니다. 하지만

사람들 누구나 생각하는 것이 여기에도 통용됩니다. 적어도 선생님이 나와 함께 같은 활동을 한다면 그 자체가 학생들에게 신뢰를 줄 수 있습니다. 학생들이 책을 읽으면 선생님도 읽고, 학생들이 토론을 하면 선생님도 거기에 참여하고, 학생들이 그림을 그리면 선생님도 그리기를 하면 됩니다. 강연도 함께 듣고, 질문도 같이 하고, 같은 학생의 입장에서 발표에도 참여한다면 학생들은 동질감을 느낍니다. 그러면서 점점 더 가까워지는 듯한 느낌을 갖게 됩니다. 수준이 똑같아지는 게 아니라 공감하는 능력이 서로 닮아갑니다. 잘하든 못하든 상관없습니다. 같은 것을 한다는 자체만으로도 학생들은 선생님을 동일한 인간으로 바라보게 됩니다.

학교에서는 정해진 대로 수업이 진행되지 않는 경우가 많습니다. 학교 행사가 있으면 교과 수업을 할 수가 없습니다. 입학식이나 졸업식 등의 행사, 수학여행이나 야영 수련활동 같은 체험학습, 기초학력 진단평가나 시험 등이 종종 있어서 내 수업 시간을 사라지게 합니다. 이뿐 아니라 요즘은 교육 예산이 늘어나서 외부 강사를 초빙하는 경우도 많습니다. 그래서 지역의 전문가나 직업인, 졸업생 등이 일일 교사로 학교에서 수업할 때가 있습니다. 수업 시간을 할애해 독서토론을 하거나 머그컵을 만들고 꽃꽂이 장식을 하기도 합니다. 졸업 앨범에 들어갈 사진을 찍거나 심리검사, 성격유형 검사 등을 위해 수업 시간을 할애하기도 합니다. 특히 행사가 많은 5월은 거의 실질적인 수업이 이루어지지 않아서 은근히 그달을 기다린 적도 있습니다. 학교에서 학생들이 있는 모든 시간에 수업이 배정되기 때문에 특별한 수업이 생겨나더라도 늘 선생님들의 수업 시간을 이용해야 하고, 그러면 그 시간에 선생님들은 자유를 얻게 됩니다. 이럴 때 선생님들은 자기 자리에서 쉬기도 하고, 교실이나 행사장 뒤에서 강연을 함께 듣거나 분위기를 흐트러뜨리는 학생을 지도하기도 합니다. 바쁜 경우에는 임시 선생님에게 그 자리의 권한을 맡기기도 하고, 혹은 내가 있으면 수업을 진행하시는 분이 힘드실 것 같다는 자기 합리화 하에 그 자리를 벗어나기도 합니다. 그러나 선생님이 자리를 비웠을 때, 자칫 학생들이 그 자리를 이탈하거나 사고라도 나면 그 책임을 온전하게 져야 하므로 이건 바람직하지 않습니다. 그럴 확률은 적지만, 발생하는 순간 교사는 힘들어집니다.

그럼 이럴 때 어떻게 하면 좋을까요? 몇 가지 사례를 소개합니다.

1. 만들기나 조립 활동에 함께 참여하면 좋습니다. 선생님이 학생들을 도와줄 만한 능력이 되면 최상이겠지만, 그렇지 않아도 상관없습니다. 선생님이 해주겠다고 한 뒤에 설령 못하더라도 학생들이 비난하지 않습니다. 어차피 선생님이 그쪽 분야를 잘할 것이라고는 생각하지 않았으니까요. 그런데 전혀 상관없는 과목 선생님이 만들기나 그리기를 잘한다면 이때부터 학생들의 눈은 달라집니다. 그때부터는 감탄하기 시작하고 한 마디씩 친해지는 멘트를 날려줍니다. 이때부터 선생님과 학생은 한결 더 친해집니다. 그리고 그다음 번 수업부터는 분위기가 더 좋아집니다. 함께 한 행동을 근거로, 수업 시간의 막힌 물꼬를 트는 발문으로 활용할 수도 있습니

다. 시키는 대로 하거나 알아서 잘하던 학생들의 모습을 칭찬의 계기로 삼을 수 있습니다.

2. 제가 다니는 학교에서는 과학의 날 행사를 전일제로 합니다. 물로켓 만들기, 스턴트 달걀 공작, 진동카 경연, 나무젓가락으로 탑 쌓기 등에 학생들이 참여합니다. 진동카 경연을 맡았을 때 대부분의 아이는 어설프게라도 완성품을 만들어 내는데, 그렇지 못한 학생이 있었습니다. 조립 설명서를 제대로 읽지를 못하는 것이었습니다. 나중에 알고 보니 일반과 특수 사이의 경계에 있던 학생이었습니다. 혼자서 멍하니 앉아 이것저것 만지작거리다가 결국은 아무 진척도 없었습니다. 그래서 직접 다가가서 설명서를 읽어 주고, 가위로 선을 자르고 본드로 구성품을 붙이게 하는 등 어떻게든 제품 완성을 위해 아이를 도와주었습니다. 물론 학생이나 교사 모두가 어설펐기에 경연에서는 제대로 작동하지 않고 제자리만 뱅뱅 돌 수밖에 없었습니다. 결과로만 본다면 실패지만, 그건 실패가 아니었습니다. 그날 이후로 낯설어하고 말조차 걸지 못하던 아이가 은근히 친한 척을 해오는 것이었습니다. 아이들도 자신을 위해서 노력하는 사람은 좋아합니다. 설령 최상의 결과는 나오지 않더라도 최선의 결과는 나오게 마련입니다. 여기에서 얻은 교훈입니다. 아이들 속으로 들어가야 합니다. 그래야 아이들은 선생님을 따릅니다.

3. 수업 시간에 자유학기제 활동을 하기도 합니다. 학생들은 머그컵

디자인하기 활동도 하고 비경쟁 독서토론 활동에도 참여합니다. 대개 이런 활동을 할 때는 강사 선생님들이 책임을 지고 수업을 진행합니다. 해당 교시의 선생님들은 할 일이 별로 없는 것이죠. 이럴 때 뒷짐을 지고 뒤에 따로 앉아 있거나 아예 교실에 들어오지도 않습니다. 만약에 여기에 교사가 들어와서 학생으로서 활동을 함께 한다면 무엇이 달라질까요? 의외로 외부 강사 선생님들은 선생님의 참여를 부담스러워 하지 않습니다. 내가 수업을 공개할 때는 속으로 많은 사람이 안 들어왔으면 하고 바라겠지만, 활동적인 수업을 주로 담당한 외부 선생님들은 다릅니다. 이분들은 오히려 교사의 적극적인 참여가 학생의 열의를 끌어내는 데 중요한 요소라는 것을 잘 알고 있습니다. 그래서 선생님이 참여하면 예쁘게 오려진 스티커를 잘라 주기도 하고 편한 자리로 안내해서 활동을 도와주기도 합니다. 함께 만들고, 함께 발표하고, 함께 글을 쓰면서 아이들과 나는 한 팀이 될 수 있습니다. 아이들과 가까워지려고 일부러 노력할 필요는 없습니다. 자연스러운 자리에서, 자연스럽게 나를 보여주는 것이 좋습니다. 나의 실수와 빈약한 손놀림이 오히려 아이들에게는 위안이 되고 할 수 있다는 자신감을 열어 줍니다. 그렇다면 일부러라도 실수할 만하지 않을까요? 내 실수를 밟고 아이들은 크고, 교사는 아이들 속으로 들어가게 됩니다. 이런 교사 덕분에 아이들은 행복하게 자랍니다.

부모가 가장 좋아 보일 때는 아이들과 함께 있을 때입니다. 그게 부모의 가장 큰 역할이기에 그렇습니다. 이런 논리는 교사들에게도 마찬가지입니다. 교사도 학생들 속에 섞여 있을 때 가장 자연스럽습니다. 아이들과 함께 밥을 먹고, 아이들과 장난을 치고, 아이들과 함께 걷는 모습이 아름다운 이유입니다. 그러니 틈나는 대로 아이들 속으로 들어가서 함께 하십시오. 그 이상을 얻어낼 수 있습니다.

꿀팁 한 번 더, 이건 꼭 기억하세요.

---

1. 내가 수업하지 않아도 되는데, 교실의 한 곳에서 아이들을 지켜보면서 함께한다는 것은 다른 사람이 볼 때도 아름다워 보입니다. 사실 한 시간 쉬면서 인터넷을 뒤져보거나 공문 처리하는 게 내게 큰 도움이 되지도 않습니다. 가능하면 사라진 내 수업 시간을 아이들과 친해지는 계기로 삼는 것은 어떨까요?
2. 학생들의 활동에 참여하게 되면 좋은 점이 하나 더 있습니다. 평소에 관찰이 필요하거나 말을 걸고 싶었던 아이들 옆으로 자연스럽게 다가갈 수 있다는 것입니다. 그러면서 같이 대화도 나누고 참견도 하면서 닫혔던 아이의 마음을 열어보는 것, 교사의 의미 있는 행동입니다.

#학습

7

가르침의 마지막 단계는? 행동하는 사람을 만드는 것

⋯→ 학생 교육의 궁극적 목표가 무엇인지에 대해 고민될 때

⋯→ 말로만 다 하는 학생을 보면서 고개가 갸웃거려질 때

⋯→ 평소 아이들에게 올바르게 살아가는 방법을 이야기할 때

근원적인 질문이 들 때가 있습니다. 내가 왜 교사를 하는 거지? 교사로서 내 목표는 뭘까? 내 삶의 흔적은 어디에 남겨야 할 것인가? 은퇴 후에 나는 아이들에게 어떤 교사로 기억이 될까? 개인적으로 교사 생활을 하면서 이런 고민이 드는 순간 교사는 찬찬히 자신을 돌아보게 됩니다. 대개 그러다가 마는 경우가 많지만요.

애써 무시하고 늘 하던 대로 하면 스트레스는 덜 받게 됩니다. 그저 월급을 받고 하루하루 정해진 출퇴근을 하는 것에 만족할 수 있습니다. 수업은 늘 하던 대로 열심히 하고, 교육과정상 내가 해야 할 일을 무난히 해내면 됩니다. 어느 누구도 교사에게 새로운 것을

더 배우고 그것을 실적으로 남기라고 강요하지 않습니다. 그것만으로도 괜찮습니다. 학교라는 일터에서 일하는 직장인으로서 내가 할 일을 제대로 해내고 아이들이 성장해서 학교 문을 벗어나는 것을 보는 것만으로도 괜찮습니다. 나로 인해 조금이라도 더 컸고, 건강한 사회인으로서 자기 앞가림을 하는 사람들을 키워낸 것만으로도 교사는 괜찮습니다. 기본적인 역할을 한 것이기 때문입니다. 밥값이라는 말이 있습니다. 내가 월급을 받을 만큼 내게 주어진 일을 완수하면 나는 밥값을 해낸 셈입니다. 굳이 교장까지 자리가 올라가지 않아도 상관없습니다. 하루하루를 열심히 살아낸 교사로서의 나는 부정할 수 없는 내 모습이니까요.

그런데, 학생들을 어떤 사람으로 키워내야 하는가는 조금 다른 문제입니다. 왜 이 아이들에게 열과 성을 다해야 할까요? 내가 가르치는 과목을 좀 더 잘할 수 있도록 하기 위해서일까요? 공부를 잘하게 만들어서 좋은 학교나 좋은 직장에 들어가도록 하기 위해서일까요? 우리 아이들은 자기보다 어려운 사람들을 배려할 줄도 알아야 하고, 가끔은 타인을 위해 양보도 해야 하고, 친구나 주변 사람들을 위해서 내 욕심을 버릴 줄도 알아야 합니다. 또한 지구 환경을 생각하는 모범적인 지구인으로 살아가야 하고, 상대방을 정확한 근거로 설득할 수 있는 능력도 있어야 하고, 타협하고 양보할 줄도 알아야 합니다. 이렇듯 내가 가르치는 아이들이 세상 사람들과 함께 살아가기 위해 필요한 소양을 갖출 수 있도록 키워내야 합니다. 그러기 위해서 지식을 쌓고 상대방 말을 경청하고, 폭넓은 생각을 하도록 하는 것입니다. 우리가 아이들에게 원하는 마지막 단계는 과연 무엇일까요?

몇 년 전에 옆 반 선생님께 들었던 이야기입니다. 학급 학생 한 명이 선생님을 찾아왔습니다. 체육 시간이 끝나고 교실에 들어오니 가방에 잘 넣어두었던 돈이 없어졌다고 합니다. 그때만 해도 공공연하게 체벌이 난무하던 시절이었습니다. 선생님은 종례하면서 듣기 좋게 상황 설명을 하고, 돈을 가져간 학생을 용서해 줄 테니 솔직하게 말하라고 했습니다. 아이들은 묵묵부답이었고 결국 돈을 찾을 수가 없었다고 합니다. 그런데 단체로 벌을 받던 한 학생이 이러더랍니다.

"선생님, 그 돈 제가 대신 내주면 안 될까요?"

공부를 잘하는 학생이었다고 합니다. 벌 받는 것도 힘이 들고, 집에 과외 선생님이 기다리고 있는데 담임 선생님 때문에 가지 못하는 상황이었으니 그랬겠지요. 선생님이 나중에 학생의 어머니와 전화 통화를 했는데, 어머니가 무척 민망해하더라는 후일담을 들었습니다.

많은 선생님이 이런 경험을 하셨을 겁니다. 도저히 상식적으로는 생각할 수 없는 말이 아이들의 입에서 나옵니다. 자기소개서를 보면 정말 세상에서 이렇게 멋진 아이가 있을 수 없다는 생각이 들 정도지만, 실제로는 말도 안 되는 행동을 하기도 합니다. 약한 아이들을 부려 먹고, 표현이 서툰 아이들은 윽박지르고 입을 닫게 만들고, 자기가 좋아하는 아이들로만 편을 꾸리거나, 심지어는 모범 학생 선정까지도 개입하는 아이들을 보아 왔습니다. 똑똑하고 능력을 인정받는 아이들이 자기만을 위하는 모습을 보면 안타까운 마음을 떠나서 교사로서 참담한 마음이 들기까지 합니다. 이런 애들이 커서 사회적인 성공을 거둔 후에 과연 어떻게 살아가게 될지 생각하면 석성스럽습니다. 의사가 된들, 경제적인 형편이 어려워 치료받지 못하는 사람들을 이해할 수 있을까? 판사가 된들, 삶이 어려워 빵을 훔쳐야 했던 현대판 장발장에게 내리는 단죄를 거부할 수 있을까? 대기업의 수장이 된들, 지하에서 마이너리그 생활을 하는 사람들이 있다는 것을 알기나 할까요? 말로 흥한 자는 말로 망한다는 말이 있습니다. 말은 결국 새가 되어 날아가는 것이고, 현실에 발을 딛고 남아있는 게 중요하다는 것이겠죠. 그러려면 말을 넘어설 수 있는 무언가가 있어야 합니다.

결국 교육의 마지막 관문은 아마도 행동하는 사람을 키워내는 것이 아닐까요? 지저분하고 무섭다는 말 대신에 불쌍하고 안타깝다는 생각을 하고, 그것을 넘어서 빵 하나, 동전 한 닢이라도 전해주거나 손을 잡고 병원에 데려가 줄 수 있는 사람으로 말이죠. 지구 환경에 대한 걱정을 넘어서 일회용품을 안 쓰고 매번 분리수거를 실천하는 사람이어야 합니다. 엄마가 대신 봉사활동 확인서를 받아주는 게 아니라 직접 봉사활동을 가서 땀을 흘리면서 그 행위에서 보람과 기쁨을 느낄 수 있어야 합니다. 우리가 키워낼 사람은 이래야 한다고 생각합니다. 말로만 많은 것을 알고 똑똑한 체하는 것보다는 묵묵히 행동하는 사람을 키워내야 한다고 봅니다. 선한 행동이 세상을 바꾸는 법. 우리 아이들이 살아갈 세상은 선한 사람들의 행동으로 가득한 곳이어야 합니다. 좋은 글을 읽고, 쓰고, 듣고, 말하면 사람의 행동도 그에 따라 달라지는 법입니다. 교사의 잔소리와 지적, 교사의 격려와 칭찬은 아이를 움직이게 하고 아이를 행동하는 사람으로 만듭니다.

꿀팁 한 번 더, 이건 꼭 기억하세요.

---

1. 누구나 생각하는 것은 비슷합니다. 예쁘게 행동하고, 공손하고 말하고, 정성껏 듣고, 솔직하게 쓰는 것을 보면 기분이 좋아집니다. 아이들에게 늘 주지시켜야 합니다. 말로는 부족하다고. 말을 행동으로 구체화해야 한다고.
2. 선생님의 지향점은 선생님들마다 다릅니다. 그런데 학생들을 어떤 사람으로 키울 것인가 하는 것은 같아야 한다고 봅니다. 양보할 줄 알아야 하고, 쉽게 판단하지 말아야 하고, 상대의 말을 들을 줄 알아야 하죠. 이 모든 것의 최종 결론은 결국 '행동'입니다. 말로만 하는 양심보다는 행동하는 양심이 이 사회에는 필요합니다.

#경험

8

내가 넓어지면 학생도 넓어진다. 눈과 몸을 밖으로 돌려라

…› 학생들에게 다양한 경험을 주고 싶을 때

…› 연수에 가서 만난 선생님들에 대해 대단함을 느낄 때

…› 내가 너무 고여 있는 것 같아 변화가 필요하다고 생각될 때

선생님들이 만나는 사람들은 한정되어 있습니다. 어렸을 적부터 정을 나누었던 친구들이야 다르겠지만, 성인이 되어서 다른 직종의 사람들과 폭넓은 교류를 가지는 선생님들은 많지 않습니다. 물론 여러 동호회 활동을 하거나 다양한 관심사를 가지신 분들은 예외입니다. 선생님들은 매일 아이들 사이에 있다 보니, 눈과 귀는 늘 아이들을 향해 있습니다. 하루 종일 애들만 보니 애들 얘기 빼고는 할 말이 별로 없습니다. 그래서 같은 주제를 공유할 수 있는 선생님들과 있을 때 가장 말을 많이 하게 되고 편안함을 느낍니다. 학교 선생님들과의 식사 자리는 아이들 이야기에서 시작해서 아이들 이야기로

끝납니다. 그러니 은퇴 후에 교사 출신이 가장 사기를 많이 당한다는 이야기도 충분히 신빙성이 있어 보입니다. 아이들과만 있었으니 '어른들'을 감당하기 얼마나 힘들었을까요? 이해가 갑니다.

선생님들을 보는 사회적 시선도 선생님의 활동 범위를 좁아지게 만듭니다. 남들이 하는 잘못을 교사가 하면, 교사라는 사람이 그런 짓을 한다는 비난을 받기 쉽습니다. 친구들조차 주식 투자 이야기를 하는 교사를 측은하게 보기도 합니다. 음주 운전을 한다면 자신의 직업을 걸어야 하는 집단이 교사입니다. 이렇게 세상도 교사를 어느 정도는 고결해야 하는 사람으로 보는 듯합니다. 길거리에서 담배를 피워도, 술을 마시고 비틀대더라도 교사가 그럴 수 있냐는 말을 듣게 됩니다. 아직도 사회에는 교사에게 기대고 싶은 희망 같은 게 있다는 것이겠죠. 교사에게 희망을 품고 있다는 것은 교사의 역할이 크다는 것을 의미합니다. 교권 추락에 대해 걱정하는 수많은 사람의 응원과 지지 또한 이런 마음을 바탕에 깔고 있지 않을까요?

학교란 곳은 온전히 우리 아이들을 보호하고 키워내기 위해 노력하는 곳입니다. 학생들이 우선이고, 학생들을 가장 앞에 놓을 수밖에 없습니다. 그래서 외부인들이 학교 안에 들어오는 것 자체를 부담스러워합니다. 외부의 자원을 받아들이고 전문가 도움을 받을 수 있다면 훨씬 다양한 교육활동을 펼칠 수 있겠지만 학교 특유의 폐쇄성이 이를 어렵게 합니다. 심지어는 학교 운동장이나 체육관 등의 문을 닫는 바람에 오히려 학생들이 학교 시설물을 누리지 못하기도 합니다. 표면적으로는 안전상 문제와 학교가 지저분해진다는 등의 이유를 들지만 외부와 학교가 이어지는 것에 대한 근원적인 거부감도 있을 것입니다.

하지만 세상은 바뀌었습니다. 학교 교육이 선생님의 수업에서 끝나지 않습니다. 체험학습도 늘어났고, 전문가들이 교실 수업을 지원하는 경우가 많아졌습니다. 외부에서 학교를 도와줄 만한 여력이 커져서 필요로 하는 지역 사회의 지원을 받을 수도 있습니다. 열심히 하는 선생님이 있는 학교는 다른 학교보다 더 지원을 많이 받습니다. 학교에 오는 지원을 통해 그 혜택은 당연히 학생들이 맞이하게 됩니다. 선생님이 활동을 하면 그런 지원이 가능합니다. 선생님이 학교의 영업사원 역할을 하게 되는 것입니다. 사례를 몇 가지 소개합니다.

1. 지역 사회에는 다양한 단체가 있습니다. 기업이나 관공서, 시민단체 등이 있을 텐데요, 가끔 이 단체가 사회 공헌 사업을 펼치기도 합니다. 그 중 학교와 연계해서 활동하는 것을 선호하기도 합니다. 학생들의 경험을 넓혀주고 교육에 대한 지원활동을 펴는 것은 누가 보더라도 괜찮은 일에 속합니다. 꼭 그래서는 아니겠지만 학생들의 활동에 대해서는 대개 관대합니다. 이런 곳에서 지역 체험학습을 진행하거나, 모범 학생에 대한 장학금을 주거나, 공연 등에 학생들을 참가시키는 행사에 참여할 기회를 가질 수 있습니다. 만약 이런 단체에서 백일장이나 그림 그리기 대회를 연다면 해당 지역

학교 학생들을 더 챙겨줄 때도 있습니다. 방송국의 파일럿 프로그램처럼 큰맘 먹고 어떤 행사를 주최할 때 우선권을 주기도 합니다. 그래서 의외로 비용이 많이 드는 경험을 무료로 할 수도 있습니다.

2. 학교 수업 상, 그림책이 필요했던 적이 있습니다. 일부 학생들과 그림책으로 하는 수업을 계획했습니다. 그런데 학교 도서관을 뒤져보니 그림책이 몇 권 없었습니다. 그래서 시립도서관에 연락한 적이 있습니다. 외부 도서관에는 아동열람실이 따로 있고 그들만의 공간을 잘 꾸며놓은 것을 알고 있었기 때문입니다. 담당자는 잠깐의 망설임도 없이 공문을 보내달라고 하더군요. 자기들도 학교에 장기 대출을 하는 게 실적이 된다며 나서서 책을 빌려주었습니다. 대량으로, 한 학기 내내 책을 빌려서 학교 수업에서 활용할 수 있었습니다. 학교 도서관이 확장될 수 있었던 경험입니다.

3. 지역 사회의 행사에 심사위원으로 참여하는 것도 학교를 알릴 수 있는 기회이자 선생님의 전문성을 향상할 수 있는 계기가 됩니다. 함께 참여한 많은 분들을 만나서 학교에서 모르는 지역 사회의 다양한 정보를 얻게 되면 우리 학교 학생들에게 도움을 줄 수 있습니다. 도서관 행사, 무료 강사 파견, 토론대회, 통합 동아리 지원, 독서 교실 등 학교 네트워크 안에서는 알기 힘든 것들이 있습니다. 교사가 넓은 시야를 가지면, 그 넓이는 학생들에게 적용될 때 훨씬 더 커집니다.

4. 외부 선생님들과 함께하는 교사 동아리도 선생님을 더 키워 줍니다. 각 학교마다 특색이 있고, 저마다의 장점이 있기 때문에 내가 흉내 낼 수 있는 것들이 많아집니다. 수업 시간에 활용할 수 있는 팁도 얻게 되고, 내가 생각하지 못했던 교수법에 대해서도 알게 됩니다. 학교에서 일어난 사건을 해결하는 데에도 도움을 받을 수 있습니다. 나 혼자서 모든 것을 감당하려는 게 일반적인 교사의 특징입니다. 그러나 여기에서 벗어난다면 인적 네트워크를 더 확장해서 나를 키울 수 있습니다. 내 머릿속에 들어있는 지식이 전부가 아닌 시대입니다. 스마트폰을 외뇌처럼 활용할 수 있습니다. 기계도 이런데, 사람까지 내 편이 많아진다면 교사는 어떤 시도라도 확실하게 해낼 수 있습니다.

꿀팁 한 번 더, 이건 꼭 기억하세요.

---

1. 선배 선생님들의 경험담을 잘 들어보세요. 의외로 다양한 활동에 가담했던 이야기들을 들을 수 있습니다. 그중에 따라서 해볼 게 있다면 해보세요. 학생들이 선생님을 따라 하면서 좋은 습관을 키우듯이, 선생님들도 모방을 통해서 더 성장할 수 있습니다.
2. 세상은 많은 것들이 서로 연결되어 있습니다. 초반에 새로운 경험을 하면 그 경험을 통해 다른 것들이 또 연결됩니다. 그러니 기왕 새로운 시도를 할 바에는 확실하게, 그리고 최선을 다해서 노력해야 합니다. 그런 것들이 모두 내게로 다시 돌아옵니다.

9

상식 파괴 시대, 처음부터 차근차근 지도하자

- ⋯› 어떻게 이런 일이 일어날 수 있을까 하는 생각이 들 때
- ⋯› 이 정도는 알겠지 했는데, 그건 내 생각뿐임을 알게 되었을 때
- ⋯› 어디에서부터 아이들을 지도해야 할까 고민될 때

상식(常識) - 명사

사람들이 보통 알고 있거나 알아야 하는 지식. 일반적 견문과 함께 이해력, 판단력, 사리 분별 따위가 포함된다. ≒보통지식.*

상식에 어긋나는 행동을 하면 대개 욕을 먹거나 손가락질을 당하게 됩니다. 사회적으로도 '어떻게 이런 짓을 하지?'라는 이야기가 나온다면 무언가 잘못된 행동으로 간주됩니다. 이러한 잘못된 행동

* 표준국어대사전

의 이유에는 잘못 생각하거나, 잘 못 배웠거나, 생각이 특이하거나 등 여러 가지가 있을 것입니다. 적어도 나와는 다르다는 사실은 인정되지만 상식적으로 이해가 되지 않는 것은 인정되기 어렵습니다. 현실에서의 갈등도 각자의 상식이 다르기 때문에 발생하는 경우가 많습니다. 상대방이 기분 나쁘게 쳐다봤다고, 차 사고를 낸 사람이 먼저 큰소리를 쳤다고, 나를 무시하는 듯한 감탄사를 썼다고, 음식점 주인이 손님에게 친절하지 않았다고 발생합니다. 대부분 별거 아니지만 일이 벌어지면 크게 되는 경우가 많습니다.

그러면 우리 아이들은 어떨까요? 아이들의 일반적인 행동이 상식에 기반을 두고 있는 것이지만 사실 그 상식은 교사들이 생각하는 것과는 차원이 다른 것이라 가끔은 어디에서부터 어디까지를 가르쳐 주어야 하는지를 고민하게 됩니다. 어찌 보면 가장 유능한 학생들이 들어간다는 서울대학교 신입생들이 수학의 기본을 몰라서 다시 기초부터 배우고, 치열한 경쟁을 뚫고 들어간 대기업에서 아주 이상한 짓을 해서 도대체 쟤는 대학을 나오기는 한 거야? 등의 이야기를 듣는다는 것을 여러 사례를 통해 종종 보게 됩니다. 그러면 우리 아이들은? 여럿이 모이는 곳이라 전혀 생각지도 못했던 일들이 많이 일어납니다. 결론은 하나하나 가르쳐 주어야 합니다. 아니, 알도록 유도해야 합니다. 그냥 보고만 있는다면 학생들의 상식은 더 고착화가 됩니다. 이것은 교사의 직무 태만일 뿐 아니라, 교사 자신이 직장 생활을 해나가는 데 있어서도 전혀 도움이 되지 않습니다.

중학교 아이들이 간 야영에서 1회용 가스버너의 가스통이 제대로 삽입되지 않으니 꼭지 부분을 발로 밟아서 억지로 집어넣으려고 하는 것을 본 적이 있습니다. 순간 불이 났고 잠깐 소동이 일어났습니다. 가스통의 꼭지를 맞추고 불을 켜야 한다는 상식을 아이들이 몰랐던 거죠. 그 뒤부터는 아이들에게 이야기합니다. 앞으로 가스불을 사용해야 할 때는 집에서 미리 가스 결합을 해보고 불을 켜보라고. 무엇이든 연습을 해보면 잘할 수 있다는 이야기를 해줍니다. 아이들 입장에서 안 해봤으니까, 고기를 구워 먹을 때는 어른들이 다 해줬고 자기는 먹기만 했으니까 그럴 수도 있습니다. 나도 모르는 사이에 세상은 그렇게 변하고 있습니다. 어른들의 상식이 아이들의 상식은 아닐 수도 있습니다.

청소 시간에 걸레를 빨아 오라고 시킨 적이 있습니다. 걸레에서 물이 뚝뚝 떨어지길래 물을 꽉 짜라고 했습니다. 그랬더니 걸레를 비트는 게 아니라 두 손으로 꽉 움켜쥐더군요. 걸레를 짜본 적이 없으니까, 집에서 엄마가 시키지 않았으니까 그럴 수밖에 없었던 것이죠. 걸레를 어떻게 비벼서 빨고, 어떻게 접어서 비틀어 짜는지에 대해서 직접 시범을 보여야 했습니다. 그랬더니 아이들은 금방 배웠습니다. 그리고 제법 흉내를 잘 내기 시작했습니다.

수학여행을 갔을 때, 아이들 방에 확인차 들어갔습니다. 아이들 몇몇은 그냥 누워서 선생님이 들어오는 것을 빤히 쳐다보고만 있었습니다. "어른이 들어오시면 자리에서 일어나는 거다." 이렇게 이야기하고 잘못된 행동을 수정해 주었습니다. 대개의 가정에서는 그렇게 엄격하게 훈육하지 않습니다. 아이들 방에 들어갈 때도 노크를 해야 하고, 밥 먹으러 나오라고 할 때 아이가 나오지 않으면 그냥 둡니다. 잘 쉬고 있나 보려고 방에 들어갔다가 갑자기 아이가 나가라고 인상을 쓰며 고함을 지르더라도 그냥 나가는 게 요즘 풍경입니다. 집에서 이렇게 행동하고 있으니 나가서도 똑같이 행동하는 것이죠. 학교란 가르치는 곳입니다. 이렇게 하는 게 더 예의 바른 것이고, 저렇게 하는 게 상대방의 마음을 기분 나쁘지 않게 한다는 걸 사소한 교육활동 내에서도 알려줄 수 있습니다.

소심한 아이들은 선생님을 부르기를 어려워합니다. 혹시라도 선생님과 눈이 마주친다면 그 순간 자신이 하고 싶은 말을 할 텐데, 그렇지 않으면 자기 생각을 선생님께 말하지 못하는 경우도 있습니다. 그래서 가끔은 한 아이가 손을 들고, "선생님, 얘가 할 말이 있대요." 하고 말을 할 때도 있습니다. 이럴 경우 정색을 하고 말해 줍니다. 할 말이 있으면 직접 하라고요. 친구가 대변인도 아닌데 왜 할 말이 있는 것을 친구에게 시키냐고 합니다. 대개 옆 친구가 심심해서 괜히 그런 말을 해 수업 분위기를 흐리기 때문도 있지만, 자기가 하고 싶은 이야기를 당당하게 하는 게 아이들에게 꼭 필요하기 때문이기도 합니다.

가끔은 아이가 선생님에게 이야기하려고 뒤에서 어깨를 툭툭 치는 경우가 있습니다. 선생님 뒤에서 어깨를 툭툭 치는 것? 과거의 상식이 바뀌고 있습니다. 지적을 하고 그렇게 해서는 안 된다는 것을 알려주면 그제야 그런 행동이 멈춰집니다. 그냥 그러지 말라고 하는 게 아니라, 누구든 상대방의 몸을 허락 없이 건드리는 것은 예의 없는 행동이라는 것을 말해야 합니다. 친한 친구들끼리 장난을 하는 경우라도 때와 장소를 가려서 해야 탈이 없는 법인데 선생님한테도 마찬가지라고 이야기해 줘야 합니다.

눈을 마주치지 않으면 인사를 안 하는 아이들이 많이 있습니다. 옛날에 대문을 열어놓고 자유롭게 동네 사람들이 드나들던 시절이 있었죠. 그때는 이웃 어른들 모두가 친한 친구의 엄마·아빠이자, 아저씨, 아줌마였습니다. 당연히 모르는 사람이 없었고 만나면 인사를 해야 했습니다. 적어도 그냥 보면서 지나가는 경우는 없었습니다. 그런데 지금은 아파트 생활을 많이 하고 있고 엘리베이터에서 만난 어른을 보면서 늘 인사를 하는 아이는 거의 없습니다. 몇 번 만나서 지나가는 이야기도 하고 엄마·아빠랑 아는 사이임을 확인하게 되면 그제야 인사하게 됩니다. 아이들의 상식은 아니었겠지만 이렇게 어른들이나 선생님들을 만나면 인사를 하는 것이 상식이라는 것을 알려주면 됩니다.

가끔은 학교에 간식이 들어오는 경우가 있습니다. 원칙적으로는 외부 음식을 반입해서 학생들이 섭취하게 하려면 교장 선생님의 승인이 있어야 하고, 학교에 외부 음식을 일정 기간 보관하도록 되어 있습니다. 혹시라도 음식을 섭취하고 문제가 생기면 그 원인을 규명할 수 있게 하려는 것이죠. 그런데 이런 공식적인 절차는 별개로 하더라도 많은 담임 선생님들이 외부 음식을 먹게 하는 것을 좋아하지 않습니다. 일단 아이들이 음식을 받기 전에 교실이 혼란해집니다. 순서대로 줄 서서 여유 있게 기다리면 다 돌아갈 텐데 서로 손을 뻗고 밀치는 등 어지러워지는 경우가 많습니다. 그리고 누가 이 음식을 제공했으니 고맙게 먹자는 교사의 말은 아랑곳하지 않습니다. 출처는 중요하지 않고 내 입에 이것이 들어간다는 것만 중요하게 생각합니다. 그리고 옆 반에서 음식을 먹는 것을 보면 왜 우리 반은 없냐는 식으로 따지기도 합니다. 음식을 받으면 “선생님도 드세요.”라는 말을 하는 경우도 거의 없습니다. 이러니 애들이지만 어른들이 생각하는 것과는 분명히 많이 다릅니다. 이럴 때도 아이들에게 말해줘야 합니다. 고마운 마음으로 먹되, 선생님도 함께 먹자는 말을 해야 한다는 것. 너무 노골적인 말이지만 상황에 적합한 말은 오히려 더 직접적이어야 아이들에게 먹힐 수 있습니다.

교실에서 분실 사고가 난 적이 있었습니다. 아이들 전체를 종례 후에 남겨서 이것을 해결해 보려고 했습니다. 당연히 집에 못 가고 남으니 아이들은 불만이 그득했습니다. 이런 아이들의 불만은 엄마나 아빠를 동원하게 합니다. 우리 모두를 도둑 취급했다는 민원으로 이어집니다. 결국 교육의 기회는 사라져 버리는 경우가 많습니다. 선생님이 왜 아이들을 남겨서 이렇게 하는지 의도가 무시되는 것이죠. 그보다는 나의 힘듦이 더 우선인 것. 이런 게 상식인 게 교실 풍경입니다.

다른 아이를 때리고, 물건을 빼앗고, 심부름을 시키고 등등 다양한 학교폭력이 일어날 때가 있습니다. 이런 사례들도 일반적인 어른들의 상식으로 보면 말도 안 되는 경우입니다. 하지만 학교 현장에서는 말도 안 되는 일이 일어나고 있습니다. 내가 소중한 만큼 남도 소중하다는 것을 모르고 있습니다.

준비물을 안 가져와서 수업에 들어가면 선생님에게 혼날 수도 있다고 생각을 해서 아무 사물함이나 문을 열어서 주인 허락 없이 그냥 가져다 쓰고 아무 데나 던져놓는 아이들도 있습니다. 이렇게 남의 물건을 쓸 때는 허락을 받고 고마움을 표시해야 한다는 상식을 모르는 아이들이 있습니다.

수업 시간에 지루해지면 괜히 화장실이나 보건실을 다녀오겠다고 말하고 복도를 배회하거나 매점에 가서 음식물을 사 먹는 아이들도 있습니다. 아무 일도 없는 경우는 덜하겠지만 아이들끼리의 충돌이라도 난다면 사건이 복잡해질 수도 있습니다. 학생은 수업 시간에 안전하게 교실에서 공부한다는 상식이 통하지 않는 아이들이 있습니다.

다양한 상식이 공존하는 곳이 바로 학교입니다. 그리고 이 다양한 상식을 정리하고 하나로 모을 필요가 있는 곳도 학교입니다. 물론 다양성 그 자체가 인정을 받아야 하는 것도 중요합니다만, 그 다양성이 공존의 가치보다 앞설 수는 없는 노릇입니다. 함께하는 사회라는 틀 안에서 다양성은 인정되어야 합니다. 학생들에게도 그것에 대해서 늘 이야기하고 가르쳐야 합니다. 수업 진도를 나가고 교과서 내용을 배우는 것보다 더 중요한 학습이라고 생각합니다.

◌ 꿀팁 ◌ 한 번 더, 이건 꼭 기억하세요.

1. 아이들이 커갈수록 나와 상관없는 것에는 관심을 줄이게 됩니다. 유치원 때는 별 게 다 궁금하지만, 고등학교에 가면 나에 대한 것에 몰입하게 됩니다. 궁금증과 관심이 어린 학생들의 특징이라는 것을 이해하고 아이들을 보아야 합니다.
2. 다양한 아이들이 존재한다는 것. 아이들을 대할 때 가장 우선시해야 할 교사의 생각입니다. 처음 하는 것이라서, 엄마가 이야기 안 해주어서, 우리 집은 늘 그랬으니까 등 여러 이유가 있습니다. 무조건 아이들이 거부하는 것은 아닙니다. 그러니 차근차근 접근하고 가르쳐야 합니다. 아이들과 많이 대화하고 그들의 행동을 이해하려고 노력해야 합니다.

#학력

10 학생들의 낮은 성취도가 교사 때문만은 아니다

…→ 학생들의 수준이 떨어지는 것이 고민될 때

…→ 내가 가르치는 반의 성적이 떨어져서 은근히 눈치가 보일 때

…→ 성취도평가, 기초학력 진단고사 결과가 예상보다 좋지 않았을 때

공교육에 대한 신뢰도가 많이 떨어진 세상입니다. 성공하려면 배워야 하고, 배우려면 학교에 가야 하는 건 옛날 얘기입니다. 매년 5만여 명의 청소년들이 학교를 떠나고 있고, 학령기 청소년 559만 명 중에서 14만 6천 명이 학교를 다니고 있지 않다고 합니다.* 학교 부적응으로 다니지 못하는 경우가 많지만 대안학교에 가거나 홈스쿨링을 하는 청소년들도 많이 있습니다. 그래서 정부에서는 학교생활기록부를 대체하는 청소년 생활기록부를 입시에 활용할 수 있는 대

---

* 여성가족부, 『학교 밖 청소년 지원 강화 대책 브리핑』 2022.12.26.

학을 확대하겠다는 발표도 내놓았습니다. 꼭 학교에 가지 않더라도 교육을 받을 수 있는 다양한 경로가 생겨날 것입니다. 다만 학교에서 배울 수 있는 것이 학력뿐이 아니고, 학교를 다니지 않으면 소모되는 기회비용이 크기에 많은 아이가 보편적인 학교 교육을 받고 있을 수도 있습니다. 앞으로는 학교가 중요하지 않을 수도 있습니다. MOOC(Massive Open Online Course)와 같은 온라인 공개강좌가 많아지고 있고, 통신 매체를 이용한 다양한 교육의 기회는 앞으로도 계속 확대될 것입니다.

학교는 수업을 받는 곳이고, 학생들은 수업을 받으러 학교에 옵니다. 수업이 없다면 학교는 존재 이유가 없습니다. 수업의 형태는 다양합니다. 칠판에 내용을 써가면서 교사가 목청을 높여 전달하는 형태일 수도 있고, 학생들의 활동 위주로 진행될 수도 있습니다. 놀면서 하는 것도 교육적인 목적 하에서 진행된다면 충분히 수업이 될 수 있습니다. 그래서 많은 교사가 질 높은 수업을 진행하기 위해 고민을 합니다. 많은 자료를 찾아보고 교수법에 대해서 공부도 하고 교사들끼리 나눔도 합니다. 학습 지도안을 미리 완벽하게 짜보기도 하고, 예행연습을 통해 수업의 완결성을 추구하기도 합니다. 학생들이 잘 이해할 수 있도록 교실 환경을 바꿔보기도 하면서 최적의 수업 구현을 위해 노력합니다.

교사는 가르치는 사람입니다. 교과서라는 도구를 이용하여 교실이라는 장소에서 학생들이 많은 것을 알고 똑똑해지도록 수업을 합니다. 더 중요한 것은 이러한 일련의 과정을 거쳐서 아이들이 올바른 사고와 행동을 하고 더 큰 사람으로 성장하는 것이지만 당장 아이들의 낮은 성취도 결과를 받고 나면 많은 생각이 듭니다. 내가 제대로 가르치지 못해서 이런 성적을 받은 것이 아닐까? 다른 반은, 다른 학교는 이만한 성취도 수준을 보이는데 왜 내가 가르치는 반은 이렇게 성적이 낮을까? 분명히 고민되는 일입니다. 성적이 낮은 것에 대해 관리자들은 눈치를 주기도 하고, 없던 별도의 수업을 개설하게 유도하고, 다음번에는 조금은 더 나아진 결과를 기대하기도 합니다. 낮은 성취도 결과가 나왔으니 한결 더 신경을 써야 하고 다양한 수업 방식을 고민하기도 합니다. 아마 이런 결과에 대해 초연할 수 있는 교사는 거의 없을 것입니다. 열심히 수업을 준비하고 수업 시간에 최선을 다해서 학생들이 알아듣도록 해야 하는 것은 당연합니다. 내가 가르친 만큼 학생들이 결과로 보답한다면 교사로서의 자부심도 더 올라가고 직업에 대한 만족도도 높아질 수 있습니다. 그렇지만 좀 더 여유 있는 생각을 할 필요가 있습니다. 학생들의 성적이 낮은 것이 교사 때문이 아니라는 생각입니다.

학생들의 성적을 좌우하는 변수는 많습니다. 가정의 분위기가 아이의 성적을 올리기에 적합하지 않은 경우가 있습니다. 가끔은 이런 학부모를 만납니다. 우리 아이가 어렸을 때 병을 앓아서 죽을 고비를 넘긴 적이 있기 때문에 성적에 대한 욕심은 전혀 내지 않는다고 합니다. 그저 건강하게 살아서 움직이는 것으로도 충분하다고 합니다. 이렇게 학부모가 먼저 이야기를 하는데 아이의 성적 향상을 위해 교사가 열심히 노력해야 한다는 당위성을 갖기가 어렵습니다. 아이에게 공부를 열심히 해야 하는 이유에 대해 말해줄 수는 있지만 단지 말에 그칠 수도 있습니다. 이런 아이들을 학교에서 방치할 수도 없는 것이고, 그저 다른 아이들 방해하지 않고 학교생활을 할 수 있도록 해주는 것이 최선의 방법입니다. 학업성취도평가 결과에도 이런 학생들의 결과는 그대로 통계에 반영됩니다. 그리고 운동부가 있어서 아무래도 수업에 대해 덜 민감한 학생들이 많으면 그 학교나 그 반의 성적은 낮게 나옵니다. 이러한 결과를 놓고 교사에게 책임을 지우는 것은 부당할 수 있습니다. 똑같은 출발선상에서 시작해서 일정 시간 이후에 도달한 거리를 측정하는 것은 공정합니다. 하지만 이런 변수가 있는 게 학교입니다. 교사가 그 책임을 온전히 떠안을 수는 없습니다.

부모로부터 물려받은 유전자도 큰 역할을 합니다. 학자들 사이에서도 선천적인 것과 후천적인 것에 대해 여러 의견이 있습니다. 고대 그리스 철학자 플라톤은 선천설을, 아리스토텔레스는 후천설을 주장했습니다. 자폐나 ADHD 같은 증상도 선천적일 수 있다는 의견이 많이 있습니다. 학습 능력도 마찬가지입니다. 부모가 고학력인 경우 자식도 높은 성취도를 보이고 고학력자가 될 확률이 높다는 통계 수치가 있기도 합니다. 이를 일반화할 수는 없지만 타고난 능력이 저마다 다르다는 것을 알 수 있습니다. 우리 학교는 이해력이나 배경지식 등이 부족한 아이들이 많을 수 있습니다. 부족한 부분을 보강하기 위해서 교사가 노력하는 것이지만 교사의 노력으로 이것을 완벽하게 개선하는 것은 불가능합니다.

아이들의 특성 중 하나는 집단 성향이 강하다는 것입니다. 또래 집단 안에서는 편안함을 느끼지만 그 집단에서 벗어나면 불안감을 느낄 때가 많습니다. 학교폭력 사례들을 보면 또래들 사이에서 원활하게 적응하지 못했을 때 사고가 터지는 경우를 많이 볼 수 있습니다. 그러니 친구들의 유혹에도 쉽게 넘어가고, 의리를 지키고 함께 행동하는 것이 개인의 성적 향상보다 더 중요하다고 판단할 수도 있습니다. 분명 이래서는 안 된다고 머리로는 판단하더라도 몸은 벌써 친구들을 따라서 일탈행동에 가담하기도 합니다. 동료를 위해서 자신을 희생할 수 있다는 것은 한편으로 좋은 본보기가 될 수도 있습니다. 나름대로 고결한 생각으로 행동하는 것에 대해 나무라기만 할 수는 없는 노릇입니다. 그러니 이런 변수를 어떻게 교사가 일일이 통제할 수 있겠습니까?

경제적인 상황도 학생들의 성적과 관련이 있습니다. 부유한 집 자녀들은 아무래도 더 나은 교육 환경에 있을 확률이 높습니다. 학원을 다니고 고액 과외를 받고, 더 성능이 좋은 기자재를 이용할 수 있을 것입니다. 공부하기에 더 좋은 스터디 카페를 다닐 수도 있고 훨씬 쾌적한 방에서 공부에만 전념할 수도 있습니다. 내가 혼자서 쓸 방이 있다는 것, 충분한 영양 공급을 받을 수 있다는 것, 원한다면 내게 필요한 공부 방법을 적용해 볼 수 있다는 건 학업 성취도에도 영향을 줄 수 있습니다. 학교에서 모든 아이들이 똑같은 수업을 받기는 하지만 학교를 벗어나는 순간부터 상황은 달라집니다. 이것들에 대한 통제를 교사가 할 수도 없을뿐더러, 하려고 시도할 수도 없습니다.

공부하는 방법이 잘못된 경우도 있습니다. 대개 손으로 써가면서 하는 아이들과 눈으로만 보는 아이들은 성적에도 차이가 납니다. 어릴 적부터 부모가 아이의 공부를 하나하나 봐주면서 키웠을 때와 그냥 방치했을 경우도 나중에는 그 차이가 나타나기 마련입니다. 원래부터 잠이 많아서 수업 시간에 늘 조는 경우도 있고, 집에서 밤늦게까지 게임을 하다가 학교에 왔기에 집중력이 떨어지는 아이도 있습니다. 또 개인적으로 관심이 있는 분야가 있어서 그것에 신경 쓰다 보니 학교 성적이 떨어질 수도 있습니다. 아주 당당하게 공부는 포기했다고 하는 아이들도 있고 여러 경우가 있습니다. 학군마다 수준 차이도 있고 성적이 떨어지는 아이들에 대한 투자 또한 다릅니다. 이 모든 변수는 각각 다르게 아이들에게 적용되고 종합적으로 아이들의 성적을 좌우합니다. 교사는 죄가 없습니다.

가장 이상적인 교육이라면 각각 다른 학생들을 맞춤형으로 키워내는 일일 것입니다. 특정한 분야에 소질이 있으면 그 소질을 키워야 하고, 재능을 발견할 수 있도록 교사가 관찰하고, 학부모와 상의하고, 최적의 교육 환경을 만들어 주어야 할 것입니다. 그 일은 아무리 뛰어난 교사라도 할 수 없는 일입니다. 특성이 다른 각각의 아이들을 모두 잘하게 할 수는 없습니다. 그러니 교사가 학생의 성적에 대해서 온전한 책임을 질 수는 없습니다. 다만 사명감으로 열심히 노력하고, 열심히 관찰하고, 열심히 공부해서 현재 상황에서 할 수 있는 최선을 다하는 일밖에 없습니다. 최선을 다하는 게 반드시 최선의 결과를 가져올 수도 없습니다.

그러니 교사가 힘들 수밖에요. 하지만 답이 없는 것을 찾아가는 과정에 내가 참여하고 있다는 것만으로도 자부심을 가질 필요가 있습니다. 그리고 이 일이 더 나은 세상을 만들어 갈 사람들을 향한 것이라는 건 충분히 매력적인 일입니다.

꿀팁 한 번 더, 이건 꼭 기억하세요.

---

1. 공교육의 수준이 떨어져서 사교육이 번성한다는 말을 합니다. 그렇다고 사교육이 못하기를 바랄 수는 없는 일입니다. 학생들의 성장이 우선이니까요. 예전에 학교 시험 전날에 아이들이 다니는 학원을 돌면서 학원 선생님들께 아이들을 잘 부탁한다는 말씀을 드린 적이 있습니다. 학생들이 높은 성취도를 올릴 수 있도록 모두가 함께 한다는 태도가 중요하다고 생각했기 때문입니다.
2. 요즘 관리자들은 노골적으로 성적 향상을 압박하지 않습니다. 그러니 약간은 질책하고 나무라는 말을 듣더라도 그러려니 하고 생각하고 넘어가면 됩니다. 교사가 열심히 하는 것은 관리자를 위한 것이 아닙니다. 우리는 아이들만을 바라보는 것입니다.

11
기록해라.
기록은 기억을 이긴다

- 제때제때 제출하지 못해서 눈치가 보일 때
- 분명히 인지하고 있었음에도 내가 알고 있는 것이 틀렸을 때
- 생기부 기록을 해야 하는데, 무엇을 적어야 할지 기억나는 것이 없을 때

교사의 어려운 점은 소위 말해서 '조잔하다'는 것입니다. 큰 프로젝트를 하는 것도 아니고 내가 무엇을 했다는 걸 공공연하게 내세울 수 있는 것도 아닙니다. 겉으로 볼 때는 아침에 출근하면 조회 들어가서 학생들 출석을 확인하고 필요한 것들을 전달합니다. 그리고 정해진 대로 하루 4시간가량의 수업을 진행합니다. 점심을 먹고 급식 지도를 한 다음에 오후 일과를 하고 종례 후 아이들을 하교시키면 됩니다. 그런 다음에 밀린 업무를 처리하고 퇴근합니다. 이런 일과가 일주일, 한 달, 한 학기 단위로 끊어지게 됩니다. 학생들이 빠

르게 변한다고는 하지만 학교에서의 일이 갑자기 달라지지는 않습니다. 교육행정 정보시스템이 달라지고, 에듀파인으로 모든 회계업무를 처리해야 하고, 서술형으로 수행평가를 바꿔야 하고, 자유학년제가 들어오면서 다른 식으로 평가를 해야 합니다. 굵직굵직한 사건들이 학교에서 벌어지지만 교사가 느끼기에는 큰 차이라고 볼 수 없습니다. 기존에 하던 것에 기반을 두고 진행되기에 하던 일의 형식을 조금씩만 바꾸면 됩니다.

매일 보던 사람이 살이 빠지고 얼굴이 검어진 것을 알아차리기는 힘듭니다. 매일 보기에 조금씩 변하는 것을 감지하지 못하기 때문입니다. 오랜만에 만난 사람의 변화된 모습은 쉽게 눈에 들어오지만 늘 보는 사람은 으레 그렇듯이 여기게 됩니다. 학교에서의 업무도 마찬가지입니다. 그래서 대충 감으로 일을 대하는 경우가 종종 있습니다. 너무나 자잘하기에 적어놓고 하나하나 체크하는 것이 아니라 그냥 넘어가게 되는 것이죠. 여기에서부터 작은 문제가 발생하기 시작합니다.

담임 교사가 해야 할 것을 한번 볼까요? 가정통신문이 배부된 것을 포함하여 1학기 내용만을 적어 보았습니다.

- 우유 급식 희망서를 주고 언제까지 가져오라고 합니다.
- 방과후수업 신청서를 나눠주고 언제부터 수강 신청을 하라고 합니다.
- 학부모회 가입 신청서를 주고 희망하는 학부모님은 신청하게 합니다.
- 수학여행과 졸업여행 안내문을 주고 참가 신청서를 제출하라고 합니다.

- 입학식을 안내하고 몇 교시까지 수업한 후에 입학식장에 오라고 합니다.
- 교외 체험학습에 대해 안내를 하고 구비 서류와 제출 기한을 이야기합니다.
- 코로나19 감염 예방 지침의 바뀐 내용에 대해 알려줍니다.
- 학급 단톡방을 개설하고 학생들이 단톡방에 들어오도록 안내합니다.
- 담임으로서 수시로 학부모에게 문자로 학생에 대한 것을 이야기합니다.
- 자동차사고 피해가정 유자녀 지원에 대한 안내문을 보냅니다.
- 학교 운영위원회 학부모 위원 선출 안내문을 보내고 받습니다.
- 교육 급여 및 교육비 신청에 대해서 안내하고 해당 학생에게 서류를 줍니다.
- 다른 선생님 수업시간에 지적된 아이에게 남으라고 한 후 추후 지도합니다.
- 원격수업으로 전환을 대비하여 줌 주소를 안내하고 입실 방법을 알립니다.
- 학교에서 행하는 체험학습에 대해 설명하고 꼭 부모님께 전달하도록 합니다.
- 사제동행 활동에 대한 가정통신문을 주고 가정에 알리도록 합니다.
- 주소가 바뀐 학생들은 주민등록등본을 가져오도록 안내합니다.
- 아침에 휴대전화를 수거한 후에 이것을 교사의 자리로 옮기도록 합니다.
- 창문을 열고 아침에 환기하도록 지도합니다.
- 교실 내외의 지저분한 곳이 있으면 담당 학생에게 청소하도록 지시합니다.
- 다자녀 학생 교육비 지원을 알리고 신청서를 배부합니다.
- 학부모회 임원 입후보 등록 안내를 하고 학부모에게 일일이 문자를 보냅니다.
- 상담 주간을 맞아 상담 약속을 잡을 수 있도록 연락하고 시간을 잡습니다.
- 체험학습 결과 보고서에 보호자 서명이 빠진 것을 다시 해오도록 지시합니다.
- 학급별 상담이 필요한 학생을 선발하고 위클래스에 인적 사항을 기록해서 전합니다.

- 학생 1인 1스마트기기 대여에 대한 안내문을 전달하고 설명합니다.
- 학부모회 총회가 언제, 어디에서, 어떤 안건으로 개최되는지를 안내합니다.
- 학부모회 총회 이후에 언제, 어디에서 담임과의 상담이 있는지 알립니다.
- 학교에서 불법 찬조금 모금은 하지 않는다는 것을 설명합니다.
- 날씨 관계로 단축 수업을 한다는 것을 급히 각 가정으로 알립니다.
- 상담 자원봉사자 모집에 대해 홍보하고 학부모 신청서를 제출받습니다.
- 정해진 기간까지 정기고사 문제 원안지를 만듭니다.
- 시험이 종료된 이후에 학생들의 확인을 거치고 하나하나 사인을 받습니다.
- 안전한 등하교 교통안전을 위하여 하차 장소를 구체적으로 안내합니다.
- 청탁금지법 위반 사례를 알리고 학부모님들이 주의하도록 합니다.
- 교육활동 침해에 대한 예방 교육을 하고 학생들에게 주의를 시킵니다.
- 청소년 유행 정보 필터링 SW 무료 보급을 안내하고 학생들의 참여를 유도합니다.
- 청소년 불법 스팸 문자가 전송된다는 것에 대해 경고를 하고 조심시킵니다.
- 사춘기 아이들의 이해에 대한 학부모 교육 자료를 배부합니다.
- 선 효행상 등 인성 덕목 상을 수여할 학생을 교실에서 뽑습니다.
- 동아리활동 반 편성을 안내하고 실제로 학생들의 희망서를 받습니다.
- 자살 예방 및 생명 존중 교육에 대해 자료를 제공하고 안내합니다.
- 민방위 훈련 때 학생의 대피로, 대피 시간과 장소 등을 사전 교육합니다.
- 자유학년제 운영에 대해 안내하고 자료를 배부합니다.
- 인터넷 스마트폰 이용 습관 진단조사를 안내하고 참여하게 합니다.
- 외부에서 모집하는 학생 동아리 활동을 안내하고 신청서를 배부합니다.

- 정서행동 특별검사 실시를 알리고 적극적인 참여를 안내합니다.
- 영어듣기평가 날짜를 알려주고 준비물을 꼭 지참하게 합니다.
- 학생에게 나눠준 스마트기기 A/S를 운영한다는 것을 알려주고 점검하게 합니다.
- 과학의 날 행사에 참여할 분야를 고르게 하고 신청서를 수거합니다.
- 체육대회를 안내하고 학생마다 참여할 종목을 선택하게 합니다.
- 정기고사 시간표를 알려주고 미리 계획하도록 합니다.
- 한 학기 동안 행할 수행평가 안내문을 배부하고 가정에 통보합니다.
- 진로 행사의 일환인 진로 특강에 참여할 명예 교사 모집 안내문을 배부합니다.
- 선행교육 근절 연수 자료를 배부하고, 학교 수업에 대해 안내합니다.
- 학업중단 숙려제를 안내하고 소외되는 학생이 없도록 합니다.
- 학부모 진로 교육 자료를 배부하고 교육 신청하도록 합니다.
- 세대공감 진로 캠프를 안내하고 참여할 가족을 모집합니다.
- 코로나19로 인해 시험을 응시하지 못하는 학생들에게 인정점 부여를 안내합니다.
- 마약류 등 약물 중독 예방에 대해 안내하고 조심하도록 합니다.
- 개교기념일, 지구의 날, 어버이날, 생물다양성의 날 등 계기교육 자료를 배포하고 교육합니다.
- 진로 토크콘서트를 안내하고 참여 신청하는 방법을 알려줍니다.
- 학부모 대상 아동학대 예방에 대해서 알리고 주의사항을 안내합니다.
- 학교안전공제회에서 지원하는 것을 알리고 학부모가 알도록 합니다.

- 대체공휴일 지정 등으로 학사 일정이 변경되었음을 안내합니다.
- 무상으로 제공한 교복 만족도를 조사하고 향후 공동구매 업체 선정에 반영합니다.
- 북 트레일러 영상 제작 교육이 있다는 것을 알리고 참가 신청하도록 합니다.
- 청소년 인문학콘서트를 알리고 참가 학생 모집 방법을 안내합니다.
- 혹서기 간편복 규정을 안내하고 복장을 가정에서 준비할 수 있도록 합니다.
- 학교폭력 예방을 위해 학부모가 알아두어야 할 내용을 알립니다.
- 스쿨뱅킹 계좌에서 출금되는 사항에 대해 안내합니다.
- 교육정보화 인터넷 통신비 지원 프로그램을 알리고 적극 이용하도록 합니다.
- 저작권 침해 사례에 대해 안내하고 학생들이 주의하도록 합니다.
- 학교생활기록부 기재 인식 개선 학부모 연수에 대해 알리고 신청을 받습니다.
- 학부모 진로 아카데미 운영을 안내하고 참가 신청할 수 있도록 합니다.
- 디지털 리터러시에 대해 안내하고, 직접 체크리스트를 이용하여 점검하도록 합니다.
- 교육과정 총론을 개정하는 설문에 대해 안내하고 참여 방법을 소개합니다.
- 여름철을 맞아 수상 안전사고 예방을 위해 유의할 점에 대해 교육합니다.
- 학생 위해 물품을 구매하거나 소지하면 안 된다는 것을 알리고 주의시킵니다.
- 청소년 대상 불법사금융 피해가 일어나고 있으므로 주의하도록 합니다.
- 특정 과목과 관련 있는 캠프 개설을 알리고 참가 신청하도록 합니다.
- 여름방학을 맞아 진로상담 신청 방법을 안내하고 적극 신청하도록 합니다.
- 학부모 대상으로 양성평등의 개념을 알리고 일상생활에서 적용하도록 합니다.

- 방학 과제물을 안내하고 꼼꼼하게 짚어 가면서 학생이 숙지하도록 합니다.
- 진로직업 체험의 날 운영에 대해 알려주고 학생들이 체험할 수 있도록 합니다.

일상적으로 돌아가는 조회, 종례, 출석 점검, 지각자 지도, 상담, 교실 순회 등은 기본입니다. 그리고 자신이 맡은 과목의 수업 준비부터 수업 중 기록, 수업 중 생활지도, 숙제 검사, 준비물 챙기기, 협의록 작성 등을 해야 합니다. 게다가 행정업무 면에서는 학사, 생활지도, 평가, 정보, 인성교육, 수상 등 모든 분야에서 담임 교사가 안내하고 수거해야 할 것들이 있습니다. 아주 작은 것들이지만 일 년 내내 쉬지 않고 돌아가는 게 학교 일과입니다. 교사가 한두 개쯤 잊고 넘어간다고 해도 크게 지장이 있는 것은 아니지만, 내가 제출하고 챙기지 않음으로써 일이 마무리되지 않는 경우가 많이 있습니다. 나 혼자 시험지를 제출하지 않거나 우유 급식 신청서를 제출하지 않거나, 우리 반 아이들의 동아리 편성을 하지 않았다면 결국 마감일이 지난 다음에 해당 업무 선생님으로부터 독촉 연락을 받게 됩니다. 그제야 부랴부랴 10분 만에 일을 처리하지만, 이런 것들이 되풀이되다 보면 군데군데 구멍이 나 있는 것을 알게 됩니다. 아무리 대범한 사람이라 하더라도 교사를 하게 되면 꼼꼼해질 수밖에 없습니다. 그렇지 않으면 일이 되지를 않습니다. 워낙 자잘한 것들이 지속적으로 돌아가는 곳이 학교니까요.

교사 생활에 적응하기 위해서는 잘 적어 놓아야 합니다. 다이어리를 두 개쯤 내 책상 위에 놓고 처리해야 할 업무를 기록해야 합니다. 그리고 추가로 교무수첩에도 빨간색으로 기록해 두어야 합니다. 그래서 적어도 나 때문에 업무가 종료되지 않는 일은 없어야 합니다. 매년 반복되는 일이라 쉽게 적응할 것 같지만 한 해 한 해가 지나도 리셋이 되는 경우가 많습니다. 당연히 처음 하는 일처럼 낯설고 실수를 연발할 수 있습니다. 하나하나의 일이 힘들고 고되지는 않지만 개수가 많기 때문에 이 많은 것들을 감당하려면 무조건 적어야 합니다. 그리고 하루에도 몇 번씩 해야 할 일을 챙겨야 합니다. 적자생존(적는 자만이 살아남는다는 조어)이 가장 잘 어울리는 직업이 교사입니다. 머리로 기억을 하다가 한두 개씩 놓치게 되면 그 다음부터는 줄줄 새 나갈 수밖에 없습니다.

흔히들 교사는 깐깐하고 좀스럽다는 말을 자주 듣게 됩니다. 그럴 수밖에 없습니다. 교사가 대범하고 듬성듬성 일을 하면 학교의 업무는 제대로 돌아가지 않습니다. 아이들 관리도 제대로 될 수가 없습니다. "뭐 그런 걸 가지고 그렇게 빡빡하게 처리하나?"는 외부 사람들의 말은 그 사람이 학교에서 어떻게 일하는지를 모르기 때문에 하는 말입니다. 눈에 잘 보이지도 않을 정도의 자잘한 것들이 모인 곳이 학교입니다. 한 번 펑크가 나기 시작하면 한 학기 내내 업무에 끌려다녀야 합니다. 그러면서 교사 스스로에 대한 자부심도 무너질 수 있습니다. 그러니 적어야 합니다. 기억하세요. 무조건 적는 것을. 제아무리 머리가 비상하더라도 기억은 기록을 이기지 못합니다.

꿀팁 한 번 더, 이건 꼭 기억하세요.

1. 문구점에 가면 다양한 다이어리가 준비되어 있습니다. 일주일 단위로 적는 것도 있고, 하루치를, 혹은 시간대별로 기록하는 것도 있습니다. 무엇이든 장만해서 사소한 거라도 하나씩 적어야 합니다. 그러면 꼼꼼하게 챙길 수 있습니다.

2. 하나둘씩 업무에서 펑크가 나기 시작하면 여러 선생님에게 아쉬운 소리를 해야 하고, 죄송하다는 말을 입에 달고 살아야 합니다. 이는 스스로의 자존심을 무너뜨리는 계기가 됩니다. 둑이 갑자기 무너지지만 그 이전에 전조 증상이 있습니다. 작은 일정을 챙기지 못하는 게 교사직을 유지하지 못하는 사람들의 전조 증상일 수 있습니다.

3. 평소에 문득 떠오르는 것들이 있습니다. 갑자기 뜻하지 않게 생각나는 것들은 귀한 자원이 됩니다. 그럴 때 카카오톡의 '나에게 보내기'를 이용해도 좋고, 스마트폰의 메모장 어플을 이용해도 됩니다. 간단히 적은 것들이 모여서 중요한 자료가 됩니다.

#관계

12

김영란 법, 어떻게 받아들여야 할까?

- ⋯› 체험학습을 갔는데 학생이 김밥을 가지고 왔을 때
- ⋯› 매점 옆을 지나는데 학생 하나가 음료수를 사서 마시라고 줬을 때
- ⋯› 교실에서 아이들이 김영란 법 운운하면서 교사에게 장난을 걸어올 때

부정 청탁 및 금품 등 수수의 금지에 관한 법률(약칭: 청탁금지법) 제1장 1조(목적) 이 법은 공직자 등에 대한 부정 청탁 및 공직자 등의 금품 등의 수수(收受)를 금지함으로써 공직자 등의 공정한 직무수행을 보장하고 공공기관에 대한 국민의 신뢰를 확보하는 것을 목적으로 한다.*

* 법제처 국가법령정보센터

2015년, 김영란 법이 만들어졌습니다. 정식 명칭은 '부정 청탁 및 금품 등 수수의 금지에 관한 법률'이었습니다. 이 법의 적용 대상은 주로 공무원, 교사, 언론인 등입니다. 직무와 관련하여 대가성 여부를 불문하고 금품을 받을 수 없다는 내용입니다. 투명하고 깨끗한 사회를 만들기 위해서 사회가 공정해야 하고, 부정 청탁과 편법은 통하지 않는 세상을 만들어야 한다는 당위에서 출발한 법안입니다. 공직자들을 제외한 사람들은 적용받지 않는다는 한계가 있지만, 사회의 한 곳에서부터 청렴 분위기가 번져나간다면 좋은 세상이 될 거라는 기대감에서 이루어진 조치였습니다. 충분히 그 뜻을 인정할 수 있습니다. 실제로 이 법안 덕분에 외부에서 바라보는 공직 사회 분위기가 훨씬 투명해졌습니다.

김영란 법이 한동안 뜨거운 감자였습니다. 투명한 사회를 만들기 위한 하나의 작은 조치였음에도 그 파장은 작지 않았습니다. 통상적이고 사교적인 관계 유지를 위해서 선물할 수 있는 돈이나 물품의 범위가 정해졌습니다. 그러면서 이해 당사자들끼리는 아무것도 주고받을 수 없도록 했습니다. 학교에서 교사와 학생 사이는 서로 이해 당사자이기 때문에, 아니 교사가 평가를 주관하는 갑의 위치에 있기 때문에 학생이 교사에게는 아무리 작은 것이라도 주면 안 된다는 결론이 났습니다. 당연히 스승의 날 등에 선물하는 관행은 사라졌고, 학부모의 학교 방문 시 양손을 가볍게 하고 부담 없이 학교에 올 수 있게 되었습니다. 대신 졸업을 하면 이해관계가 사라지는 것이기에 졸업식 때는 아무런 제약 없이 선물을 할 수 있다고 합니다. 그런데 김영란 법 시행 이후에 보면 졸업식 때 선물이 많아지지 않은 것을 보니 지금까지 학부모가 교사에게 선물한 물품이 선의에 의한 것이 아니라는 것을 쉽게 짐작할 수 있습니다. 교사가 학부모나 아이들에게 갑이 될 수 있다는 것을, 존재 자체가 부담을 주기에 늘 의식하며 본의 아니게 스스로를 낮춘 학부모가 있다는 것을 우리는 알아야 합니다. 분명 그런 부분이 있습니다.

물론 부작용도 있습니다. 순수하게 마음을 전하는 것조차 금지되어 버렸다는 것입니다. 체험학습에서 아이가 캔커피 하나 제공하는 것도 안 되고, 소풍날 김밥 한 줄도 안 됩니다. 그런 것은 고사하고 평소에 아이들이 주는 사탕 하나를 받아도 안 되고, 학교 매점 앞을 지날 때 학생들이 먹던 빵 한 조각을 나눠먹어도 안 됩니다. 철저하게 평가 권한이 있는 교사는 학생이나 학부모로부터 무엇도 받으면 안 됩니다. 교사가 사주는 것은 괜찮지만 얻어먹는 것은 불가능합니다. 평소에 알고 지내던 선후배의 자녀가 내가 근무하는 학교에 들어왔을 때 그 선후배에게 밥을 사주는 것은 되지만 얻어먹는 것은 불가합니다. 그런 면에서 사람간의 관계를 끊어버리는 법이라고 할 수 있습니다. 부당한 게 한두 가지가 아닙니다. 적어도 법적으로는 그렇습니다. 누군가 신고를 해야 하고 그것을 검증하고 판단하는 절차가 필요하긴 하지만 법적인 문구 하나만으로도 생각보다 많이 변하게 하고 있습니다.

다른 무엇보다 가슴 아픈 것은 아이들이 교사 앞에서 '김영란 법'이라는 말을 할 때입니다. 아이들과 음식을 나눠 먹을 때 김영란 법 때문에 안 된다고 하고, 처벌받는다고 하고, 마치 불법을 자행하는 선생님인 것처럼 놀림의 대상이 된다는 것 때문입니다. 선생님에게 다가와 사탕 하나를 주는 아이의 옆에서 김영란 법 위반이라고 떠드는 아이들을 보면 비록 농담이겠지만 신경이 쓰이는 것은 어쩔 수 없습니다.

그러면 어떻게 해야 할까요? 실정법을 위반한다는 것은 잘못된 일이지만 상식과 자연스러움으로 받아들이는 것도 방법이 될 수 있습니다. 교사와 학생 사이의 관계를 칼로 무 자르듯 재단한다는 것은 오히려 교육적으로 더 어색할 수도 있습니다.

1. 소풍날 김밥 한 줄, 음료 하나를 학생이 가져왔을 때

당연히 거부하는 게 맞습니다. 하지만 정말 가벼운 먹을거리 정도라면 그냥 받아서 함께 먹을 수도 있습니다. 학부모가 주는 것은 당연히 거부하겠지만, 학생이 무언가 대가를 바라는 의도가 담긴 게 아니라고 생각된다면 그냥 받을 수도 있습니다. 옆에 있는 아이들이 김영란 법 어쩌고저쩌고 해도 크게 개의치 않아도 됩니다. 거부함으로써 생겨나는 찜찜함과 민망함보다 더 나을 수도 있습니다. 무언가를 함께 나눠 먹는다는 것은 학생이 선생님께 표현하고자 하는 가까움의 표현일 수도 있습니다. 이런 걸로 개인적인 사랑과 존경을 나타낼 수도 있습니다.

2. 학교로 음료수를 들고 학부모가 상담하러 왔을 때

돌려보냅니다. 학부모에게 가장 신경 쓰는 것 중의 하나가 학교 방문인데, 무엇을 사가지고 와야 한다는 사실이 방문 자체를 어렵게 합니다. 이로 인해 학교와 가정간의 소통이 어려워질 수 있기에 학교에 들고 오는 것은 막습니다. 학부모와 교사의 관계는 어느 정도의 거리를 유지해야 하는 게 서로가 부담이 없습니다. 그리고 포장된 채로 가지고 오는 것은 그대로 돌려보내기도 좋습니다.

3. 해외여행을 다녀온 학생이 초콜릿 등 작은 기념품을 선물했을 때

과한 게 아니라면 이것도 그냥 받습니다. 학부모가 특별히 사준 게 아니라 학생이 나를 위해 사 온 것이면 받을 수 있다고 봅니다. 그 정도는 마음의 주고받음 영역에 속하는 게 아닐까 싶습니다. 부담이 간다면 학생에게 그에 해당하는 책 선물 등을 주면서 그 찜찜한 마음을 다소나마 해소하기도 합니다.

위의 세 가지가 물론 법적으로는 모두 불법입니다. 하지만 사람 사는 세상, 교사와 학생이 서로 마음을 나누는 건 더 큰 교육을 위한 단계일 수 있습니다. 자기의 기준과 뚜렷한 주관만 갖는다면, 그리고 평소에 학생들을 사랑하고 배려하는 교사의 마음을 보여준다면 괜찮지 않을까 생각합니다. 소통이 이루어지면 모든 것이 오케이입니다. 법에 위배되니까 무조건 거부한다는 것이 이론적인 정답이지만, 교사와 학생 사이에서 정확한 잣대와 기준을 정한다는 것은 불가능한 일입니다. 때와 장소에 따라, 맥락에 따라 판단하는 것이 나을 수도 있다는 생각을 해보게 됩니다.

◌꿀팁◌ 한 번 더, 이건 꼭 기억하세요.

---

1. 대개 교사는 학생들을 위해 기꺼이 지갑을 열게 됩니다. 그런데 아이들에게 많은 것을 본의 아니게 받게 되면 그만큼의 선물을 되돌려 줄 수도 있습니다. 책을 골라서 선물한 적도 있고, 먹을 것을 준 적도 있습니다
2. 일단은 무조건 거부가 정답입니다. 하지만 '무조건'이 원칙이 되어야지 막힘이 되어서는 안 됩니다. 자연스러운 것이 좋습니다.
3. 김영란 법 이후 학부모와의 식사 자리가 없어졌습니다. 심지어는 학교운영위원장, 학부모회장이 누구인지 몰라도 됩니다. 전과 다르게 눈치 봐야 할 일이 줄어들었습니다. 변하는 세상과 법안에 대한 감사함을 생각할 만합니다.

#대화

13

'나' 대화법과 '너' 대화법, 어떻게 말을 해야 할까?

···› 못하는 아이에게 야단을 치고 나무라는 일이 반복되어 스스로 자신이 없어질 때

···› 잔소리 후 서먹서먹해진 관계를 다시 회복하기가 어려울 때

···› 학생을 나무라고 혼내는데 자꾸만 감정이 들어가는 것 같아서 스스로가 못마땅할 때

학생들의 잘못을 목격했을 때, 천천히 차분하게 처리하기는 참 어렵습니다. 자잘한 잘못이 계속 일어나고, 학생들과의 갈등이 벌어지면 누가 잘못을 했고, 누구에게 책임이 있는지를 정확히 분별한다는 게 불가능에 가깝기 때문입니다. A라는 학생이 B라는 학생에게 수업 시간에 종이나 지우개 부스러기를 던졌습니다. 이걸 목격한 교사가 A에게 "네가 수업 시간에 친구에게 뭘 던지는 것은 잘못된 행동이다."는 말을 한다면 그 말로 상황은 종료되고 A는 자기 잘

못을 인정해야 한다는 게 정해진 각본입니다. 하지만 학교에서의 현실은 그렇지 않습니다. “저 친구가 먼저 시작했다.”, “나는 걔한테 던진 게 아니다.”, “옆에서 뭔가가 날아와서 무심코 그쪽으로 보낸 거다.” 등의 발뺌이 시작됩니다. 그러고는 급기야 “전 시간에 걔가 먼저 시작을 했다.”, “나는 가만있었는데 아침에 걔가 먼저 시비를 걸었다.” 등의 말로 전혀 상관없는 전 수업 시간을 소환합니다. 그리고는 과거로 여행을 합니다. 옛날부터, 예전부터, 평소에 저 친구로 인해 내가 손해를 보고 막대한 피해를 입었다는 이야기까지 소환해 냅니다. 상대방은 당연히 그것을 부정합니다. 오히려 걔 때문에 자신이 피해를 보고 있다는 하소연을 해댑니다. 당연히 가해자와 피해자는 존재하지 않습니다. 아이들은 모두 자신이 피해자입니다.

이런 경우에 교사는 대개 “너는”으로 시작하는 훈육을 하게 됩니다. 교사가 볼 때 분명히 수업을 망치는 행동을 했고 내 눈으로 똑똑해 봤는데 발뺌하고 핑계를 대는 아이들을 볼 때 화가 납니다. 그래서 직접적으로 지적을 하고 잘못에 대해 이야기를 해주려고 합니다. 그러면 아이들은 받아들이지 않고 자기 말을 또 늘어놓게 됩니다. 수업은 진행해야 하는데 다른 아이들은 선생님과 학생들의 실랑이를 지켜보는 상황이 이렇게 자주 일어납니다. 이럴 때 교사가 물러나면 안 되기에 더더욱 강력한 어투로 말해보지만 상황은 나아지지 않습니다. 이것의 이유는 “네가 이런 것을 잘못했다.”는 비난의 화법 때문일 경우가 많습니다. 자신이 공격당했다고 느끼는 학생이 그것을 방어하려고 몸부림을 친다고 보면 되겠죠.

'나' 대화법은 나를 주어로 하여 대화하는 방식입니다. "나는 네가 이러저러한 잘못을 했기 때문에 선생님으로서 이렇게 너를 가르치려는 거야.", "나는 너희들이 이렇게 서로가 서로에게 관심을 가지면서 어울려 살아가는 걸 배우면 좋을 것 같아." 등 나를 전면에 내세우는 방법입니다. '너' 대화법은 상대방이 주어가 되는 방식입니다. "너는 이러저러한 점이 잘못됐어." "네가 이런 면을 보이다니 참 의외다." 등 보다 더 직접적인 의사 표출 방식입니다.

상대방과의 관계를 고려하는 방식은 직접적인 것보다 간접적인 게 훨씬 유리합니다. 감정을 다치지 않고 돌려 말하기 방식으로 사용하는 게 듣기에 거부감이 없습니다. 대개 '너' 대화법은 부정적인 상황에서 많이 쓰입니다. 너는 그것밖에 못하냐, 너는 이래서 안 돼, 너 이렇게 하면 누가 좋아하겠니 등등 빠른 시간에 더 구체적으로 더 강한 효과를 줄 수 있는 표현입니다. 물론 그 반대의 경우도 있습니다. 너는 이런 뛰어난 재주가 있구나, 네가 최고야 등의 말도 가능하지만 그보다는 부정적인 표현일 경우가 훨씬 더 많습니다.

우리도 학교에서 아이들을 가르칠 때는 돌려서 말하고, 돌아서 가고, 기다려 주는 것이 좋다는 것은 잘 알고 있습니다. 아이들도 개인별 차이와 특성을 고려해서 어떤 아이의 잘못은 참고 기다려 주고, 어떤 아이는 직접적으로 지도하는 등 개개인의 성향에 맞는 지도가 훨씬 더 효과적이라는 것을 잘 알고 있습니다. 하지만 그 방식을 적용하기에 현실적인 여건이 좋지 않다는 것이 문제입니다. '왜 누구는 봐주는데 누구는 안 봐주느냐'는 차별의 문제도 거론되고, 즉석에서 결론을 내려야 할 때도 많아 교사에게 주어진 시간이 얼마 없을 수도 있습니다. 빨리 다음 단계로 넘어가야 하지만 그 자리에서 이것만을 보류하고 갈 수 없을 때도 많습니다. 녹화 방송이라면 진지하게 고민도 해보고 리허설도 미리 해보고, 뭐든지 준비해 시 훌륭한 작품을 만들어낼 텐데, 매일매일 돌아가는 우리 학교의 일은 모두가 생방송입니다. 솔직하다는 장점은 있겠지만 한번 내뱉은 말은 절대 주워 담을 수가 없으니 돌이키기 힘든 결과를 자초할 때가 가끔은 있습니다. 게다가 요즘은 녹음 기능이 있는 스마트폰을 누구나 갖고 있기에 나의 말이 내 발목을 잡는 경우가 흔해지는 경우도 많습니다.

기왕이면 '나' 대화법을 쓰는 습관을 들이는 것이 좋을 수 있습니다. 이 대화법을 쓰다 보면 한걸음 물러서서, 조금은 말의 여유를 갖게 되는 스스로를 발견할 수 있습니다. 그리고 야단과 칭찬도 그 쓰임새를 분명히 알아야 합니다. 야단은 학생의 잘못을 직접적으로 지도할 때 써야 합니다. 그 효력은 거기까지입니다. 야단으로 상대방의 올바른 행동 유도는 불가능합니다. 잘하도록 하려면 칭찬이라는 방법을 동원해야 합니다. 어차피 내가 하는 게 아니라, 상대방의 행동을 유도하는 것이기에 숨겨져 있는 마음을 움직이게 하려면 절대로 야단만으로는 불가능한 법입니다. 야단은 현재까지의 잘못을 알려주고 지적을 할 때, 칭찬은 앞으로의 행동 교정을 요구할 때 필요합니다. '나' 대화법으로 평소에 대화하되, 야단과 칭찬을 적절히

쓰기. 우리 교사들에게 요구되는 대화법입니다.

◌꿀팁◌ 한 번 더, 이건 꼭 기억하세요.

---

1. 언어 습관도 고치기 어렵습니다. 그런데 하다 보면 고쳐집니다. 그러면 더 부드러운 선생님이 될 수 있습니다.
2. 대화법은 절대적인 방법도 아니고 정답도 아닙니다. 다만 나를 서서히 바꾸는 방법일 수는 있습니다.

#출퇴근

14 오래 있는 것과 일 잘하는 것은 반비례한다

···› 일이 많아서 퇴근이 매번 늦어질 때

···› 학교 일은 혼자 다 하냐는 농담을 들을 때

···› 집에 늦게 가는 것이 습관이 된 것 같아 내가 걱정될 때

학교에 처음 발령을 받으면 모르는 것투성이입니다. 신입생이나 신규 교사나 다 똑같습니다. 학교 여기저기를 배회하기도 하고 약간은 초점 없이, 하지만 긴장된 표정으로 굳게 입을 다물고 있습니다. 일반적인 회사에서는 입사를 하면 일을 가르쳐주는 선배가 옆에서 하나씩 챙겨주게 됩니다. 업무야 당연히 배우면서 하는 것이지만 그것 말고 정말 중요한 것들을 알려주기도 합니다. 결재를 받을 때는 어떤 시간대는 피해야 하고, 구내식당에서 이런 메뉴가 나오면 꼭 가야 하고, 누구는 실세니까 가급적이면 반갑게 먼저 인사하는 게 좋고, 이러저러한 복장은 출근 복장으로 어울리지 않고 등등 이

야기부터, 화장실의 어느 칸은 수압이 약해서 물이 잘 안 내려가니까 어디를 이용하면 좋고, 피곤할 때 조용히 쉴 수 있는 곳은 어디이고, 아침에 배고플 때 누구를 찾아가면 간식을 줄 것이고 등등 아주 사소한 것까지 시시콜콜 알려줍니다. 그런 소중한 이야기에 조금씩 질리게 되면 그건 나도 직장에 잘 적응하고 있다는 것을 뜻하고, 이제 혼자서 생존할 수 있다는 얘기입니다. 팀으로 움직이는 일반 직장들은 그렇습니다.

그런데 학교는 다릅니다. 많은 선생님이 아주 사소한 것들을 말해주는 것을 실례라고 생각합니다. 아이들에게 하나하나 챙겨주는 것은 당연하게 여기면서도, 동료 교사에게 그렇게 하는 것은 어려워합니다. 애나 어른이나 처음에는 다 힘든 법이거늘, 왜 그런지 모르겠습니다. 그것은 신규 교사든 경력이 많은 교사든 동등한 선생님으로 바라보기 때문입니다. 그래서 자식뻘 되는 신규가 오더라도 고참 선생님들은 쉽게 말을 놓거나 하지 않습니다. 선생님에 대한 예의를 갖추는 것으로 이해할 수 있습니다. 그러니 선생님들이 학교에 적응하는 게 더 어려울 수밖에요. 동료 선생님들이 이렇게 말은 합니다.

"언제든 편하게 물어보세요."

그건 선배 교사의 말이지, 후배 교사의 말이 아닙니다. 좀 그럴듯한 질문이면 물어보겠지만, 질문이 질문 같지 않아 보이니 묻기도 애매합니다. 그런데 이런 분위기는 교사가 스스로 알아서 해야 한다는 묵시적인 강요처럼 내게 다가올 수 있습니다. 교사쯤 되었으면 이제부터는 알아서 할 수 있어야 하고, 알아서 해야 한다는 겁니다. 선배 교사라면 모르는 것 빼고 다 아는 사람들인데, 신규 교사들은 아는 것 빼고는 다 모르는 사람들입니다. 일반 직장인들과 교사는 애초부터 다른 사람들인 것입니다. 신규 교사로서 의욕도 있는 데다가, 모든 것을 알아서 파악해야 하니 학년 초의 선생님들은 무척 바쁩니다.

인증서를 받고, 업무포털에 접속하는 것부터 기존의 자료를 찾아보는 것도 버겁습니다. 모르는 용어들도 많아 무엇이 어떻게 돌아가는지 파악하기조차 힘이 듭니다. 어깨 너머로 다른 선생님들이 하는 것을 몰래 훔쳐도 보지만 아예 처음부터 모르면서 시작하는 것이니 곳곳에서 틈이 생길 수밖에 없습니다. 조회나 종례 때, 어떤 이야기를 해야 하는지도 잘 모르겠고 어떻게 아이들한테 다가가야 하는지 알아내기도 어렵습니다. 이름도 채 모르는 아이들의 자리 배치부터, 청소 구역 분담, 학급 실장과 부실장 선발 등을 해야 하고, 가정에 보내는 소개 자료도 만들어야 합니다. 교실 뒤 학급 게시판도 꾸며야 하고, 가정통신문을 배부하면서 어떤 것은 정해진 기한 내에 받아서 정리해야 합니다. 그러다 보면 한두 명이 빠지기도 하고, 미처 전달을 받지 못한 아이들은 불만을 나타내기도 합니다. 알레르기가 있는 학생이나 요선도 학생도 파악해야 하고, 특별히 챙겨줘야 할 학생들에 대해서는 다른 선생님들에게 알려줘야 합니다. 어디까지는 내가 해야 하고, 어디부터는 누구에게 부탁해야 하는지도 모르는 것투성이입니다. 학교 홈페이지에 자료가 있다고 하는데 어떤 메뉴에 어떤 내용이 있는지도 모르니 하나하나 뒤져보는 것만 해도 하루가 부족할 지경입니다. 수업을 하는 것도 마찬가지입니다. 전 학년에는 무엇을 배웠는지, 학생들의 수준이 어디까지인지, 어느 부분까지 가르쳐야 하는지 그 선을 파악하는 것도 어렵습니다. 그렇다고 신규 교사 티를 낼 수도 없습니다. 내가 민폐가 되어서는 안 되기에 한껏 용기를 내서 하루 종일 바둥거립니다.

결국 시간이 부족해서 퇴근 시간 이후까지 남아있는 일이 점점 많아집니다. 그러다 보면 으레 당연한 것처럼 퇴근을 늦추게 되고, 심지어는 학교 업무를 싸 들고 집에 가는 일도 생겨납니다. 그런데 이건 바람직하지 않습니다. 하루 이틀 일할 것도 아니고 평생 이 일을 하겠다면, 가능한 한 학교에서 살아남아 보겠다고 생각한다면 정해진 시간 내에 일을 하는 습관을 길러야 합니다. 처음부터 집중해서 일하는 사람은 똑같은 시간에 해내는 업무량이 많습니다. 반대의 경우는 눈에 보이지 않게 새나가는 시간이 많지요. 그래서 일을 해도 해도 끝이 없습니다. 원래 교사의 일이란 게 여기까지라는 한계가 없는 일입니다. 수업 연구는 하면 할수록 일이 많아지는 법이고, 학생 개개인은 시간을 투자하면 할수록 잘 파악할 수 있습니다. 술꾼들이 매번 똑같은 사람들과 술을 마시면서 수다를 떨 듯이, 교사의 일이란 것도 끝이 보이지 않습니다. 그러니 어디까지라는 스스로의 경계를 세우는 것이 필요합니다. 여기서의 경계는 물리적인 것과 정신적인 것, 두 가지가 있습니다.

물리적인 것은 업무 시간입니다. 하루 8시간의 근무 시간을 말합니다. 일을 하다가도 퇴근 시간이 되면 바로 책상 정리를 하고 짐을 쌀 수 있어야 합니다. 학생 상담을 하더라도 집에 갈 시간이 되면 바로 그다음 날로 넘길 수 있어야 합니다. 당장 오늘 안에 끝내지 않으면 안 되는 일 빼고는 시간을 지키는 습관이 필요합니다. 이렇게 하다 보면 나도 모르는 사이에 업무 시간에 일을 마칠 수 있게 됩니다. 새 나가는 시간이 줄어들고 업무에 더 몰두하게 되는 것이죠.

정신적인 것은 어느 부분까지 최선을 다한다는 스스로의 선입니다. 해도 해도 끝이 없는 일을 붙잡고 매번 밤을 새울 수는 없습니다. 내가 일을 다루는 것이지, 일이 나를 다루게 두어서는 안 됩니다. 수업 준비를 할 때도 어느 부분까지 하고, 학생 파악을 하더라도 어디까지 하고, 다른 선생님들이 하는 일이 좋아 보이더라도 내가 하기에 부담이 가면 따라 하다가도 접을 줄 알아야 합니다. 그래야 오래 갈 수 있습니다. 오래 버티고 오랫동안 아이들에게 교사로서 나의 사랑을 전할 수 있습니다. 그러니 이건 나를 위한 것뿐 아니라, 아이들을 위한 것이기도 합니다. 반짝 달아올랐다가 금방 사그라지는 모닥불이 아니라, 늘 잔잔하게 하늘에 떠 있는 별이 되는 게 더 낫지 않을까요?

내가 일이 많아서 퇴근을 제때 하기 힘들다면 그건 내가 일을 못해서가 아니라 내게 일을 잘못 준 관리자 탓일 수 있습니다. 수업 준비를 하느라고 했는데도 부족함을 느낀다면 그건 내가 감당할 수 있는 선에서 수업을 밀도 있게 하라는 뜻일 수 있습니다. 교사로서 나의 능력에 관여하는 요소는 많습니다. 그러니 일 못하는 나를 탓하지 않아도 됩니다. 일 못한다고 나를 움츠러들게 하는 건 내 마음에서부터 시작됩니다. 퇴근 시간입니다. 짐을 싸세요.

꿀팁 한 번 더, 이건 꼭 기억하세요.

1. 습관은 제2의 천성이라고 합니다. 나도 모르는 사이에 나를 젖어 들게 하는 게 습관입니다. 늘 지각하는 사람이 지각을 하고, 사고 치는 이가 사고를 또 칩니다. 처음부터 이런 습관을 잘 들여야 합니다. 교사의 일상은 계속되어야 하니까요.
2. 아이들이 물어보는 것을 교사들은 좋아합니다. 아주 사소한 것을 물으면 웃음이 나오면서 아이와 더 가까워지게 됩니다. 교사들도 그렇습니다. 선배 교사들에게 물어보세요. 아무개가 누구인지, 몇 반 교실이 어디에 붙어 있는지. 그런 경험이 있어야 실수하는 후배 교사들이 더 예뻐 보입니다.

15

큰 사람으로 키우는 법, 독서 지도는 꼭 해야 한다

···› 시험 문제를 이해하지 못하는 학생들을 발견할 때

···› 어휘력 부족으로 수업 시간에 이해하지 못하는 게 안타까울 때

···› 영상 세대라고 이해는 하지만, 문해력이 떨어지는 것이 걱정될 때

리터러시

리터러시는 문자화된 기록물을 통해 지식과 정보를 획득하고 이해할 수 있는 능력을 말한다. 19세기까지만 해도 일반 대중이 아닌 특권 계층에서만 리터러시 능력을 취득할 수 있었다. 그러나 리터러시가 단지 언어를 읽고, 쓰는 피상적인 의미만을 내포하는 개념은 아니다. 리터러시는 일차적으로 시대적으로 혹은 그 사회 혹은 문화권에서 통용되는 커뮤니케이션 코드인 '언어'에 의해서 규정되어진다. 리터러시는 복잡한 사회적 환경과 상황 속에서 그 본질을 이해할 수 있는 복잡한 개념이다. 이제 리터러시는 단지 언어를 읽고 쓰는 능력에서 더 나아가 변

화하는 사회에서의 적응 및 대처하는 능력으로 그 개념이 확대되기 시작했다.*

'리터러시'라는 말이 유행입니다. 미디어 리터러시, 디지털 리터러시, 데이터 리터러시 등의 말이 요즘 많이 쓰입니다. 이는 문해력을 뜻하며, 단순하게 단어의 뜻을 아는 것이 아니라 사회적 맥락에 따라 그것을 잘 사용할 수 있는 능력을 말합니다. 요즘에는 단순히 텍스트만 이해하는 게 중요하지 않습니다. 어르신들이 스마트폰 같은 디지털 기기를 사용하거나 키오스크를 이용해서 음식을 주문하는 것들도 필요한 능력 중의 하나입니다. 미디어를 보고 매체별 특성에 맞게 이해할 줄도 알아야 합니다.

학교에서 만나는 학생들의 어휘력이 많이 떨어진다는 것을 느낄 수 있습니다. 쉬운 단어를 모르는 채로 넘어가기 일쑤입니다. 시험을 볼 때도 단어를 몰라서 문제에 대한 이해를 못하는 경우가 많습니다. 요즘 들어 부쩍 이런 일이 많아졌습니다. 그렇다고 영어 단어 외우듯이 학교에서 단어를 하나하나 가르칠 수는 없는 노릇입니다. 수업을 하고, 책을 보고, 영화를 보거나 사람들과 대화를 하면서 자연스럽게 단어를 습득하고 이해해야지, 단어를 일부러 외워서 사용할 수는 없습니다. 이는 국어 선행학습이 힘든 이유이기도 합니다.

어휘력이 떨어지는 학생들에게 가장 필요한 것은 책을 읽는 것

---

* 구인환 엮음, 『Basic 고교생을 위한 국어 용어사전』, 신원문화사, 2006

입니다. 책을 읽다 보면 당연히 모르는 단어가 나오고 어려운 책은 이해하기 어려울 수가 있습니다. 하지만 맥락에 따라 글을 읽으면 자신도 모르는 사이에 어려운 단어들도 숙지할 수 있고 어휘력이 늘어나게 됩니다. 그런데 요즘 학생들은 영상물에 익숙하다 보니 화면을 보면서 전체적인 내용을 파악하는 것은 잘하겠지만 스스로 텍스트를 읽고 상상하면서 구체적인 형상을 만들어 가는 것에는 익숙하지 않습니다. 독서가 중요하다는 것은 다들 알고 있지만, 시간이 오래 걸리고 적응하기까지 재미를 찾기가 어렵기에 독서 교육이 실질적으로 이루어지지 않고 있습니다.

독서는 국어 교과만의 문제가 아닙니다. 모든 과목에서 이루어져야 합니다. 교과서에 나오는 지식이 필요하지만 그것만으로는 충분하지 않습니다. 관련된 책을 읽고 생각하면서 더 큰 사람으로 키워내야 합니다. 독서 지도를 꼭 해야 하는 이유 몇 가지를 말씀드립니다.

1. 질문하는 인간이 되게 해줍니다.

현재 학교에서 하는 교육은 질문하는 인간을 양성하지 못합니다. 정해진 답을 고르게 하는 평가가 존재하는 한, 사고를 확장할 필요가 없습니다. 다양한 생각을 하는 것이 좋은 평가를 받고 더 나은 점수를 얻을 수 있으면 좋겠는데, 객관식 시험이 주를 이루는 현실에서는 전혀 효과적인 방법이 될 수 없습니다. 사회 지도층 인사들이 자기 자녀들의 사회적인 성공을 위하여 행한 편법 행위로 공정함이 중요한 사회적 이슈가 되었습니다. 이를 위해 학교에서는 얼마나 많은 지식을 갖고 있는지, 주어진 문제에 대한 정답을 얼마나 잘 찾아내는지로 판단합니다. 그래서 시험 문제를 출제하는 교사들은 항상 함정을 몇 개씩 파놓게 됩니다. 그런 함정에 빠지지 않고 정확히 출제자의 의도를 파악해서 정답을 골라내는 학생들이 더 좋은 학교에 진학하고, 남들이 선호하는 직업을 택하는 경우가 많습니다. 하지만 세상에는 정답이 없는 것들이 많습니다. 예측하지 못하는 상황도 많습니다. 상대방을 설득해야 하지만, 정해진 공식대로 상대방이 반응을 보이는 것이 아니므로 때와 장소, 상황, 상대방 등 각각을 고려해서 창의적으로 문제를 해결해 나가야 합니다. 정답도 없는 경우가 대부분입니다. 갈등의 상황에서 이것을 풀어가는 것도 학교에서 배운 지식으로는 해결할 수가 없습니다. 그러므로 정답이 없는 상황에서 자기 나름의 근거를 갖고 정답을 찾아가는 능력이 필요합니다. 독서는 이런 과정을 가능하게 합니다. 그래서 낯선 상황이 닥치더라도, 다른 사람과 견해 차이가 있더라도 이를 조정하고 새로운 해결책을 만드는 힘을 얻을 수 있습니다.

2. 생각을 넓고 깊게 해줍니다.

똑같은 책은 세상에 하나도 없습니다. 다양한 책 읽기를 통해 학생들은 자기만의 세상을 만들게 됩니다. 텍스트를 눈으로 보면서 글자 뒤에 숨어 있는 형상과 색깔, 냄새 등을 오감으로 느끼고 머릿속으로 그림을 만듭니다. 이 그림은 다양한 형태로 변주될 수 있습니다. 그리고 낯선 상황이 닥치더라도 다양한 해결책을 스스로 구안할 수 있게 해줍니다. 책을 많이 읽은 사람들이 더 창의적이고 기발한 해법을 만드는 것이 바로 이 때문입니다. 세상의 모든 분야는 서로 연결되어 있습니다. 그래서 학교 현장에서도 여러 교과목을 통합한 수업이 진행됩니다. 사회 과목에서 사회적인 갈등에 대해 배우고, 국어 과목에서 각본을 쓰고, 음악 과목에서 노래를 만들고, 미술 과목에서 무대를 만들고, 체육 과목에서 이를 육체를 이용한 공연으로 만들 수 있습니다. 정보 과목에서 촬영하고 동영상으로 편집해서 보여줄 수도 있습니다. 다양한 책을 읽고 여러 분야에서 생각을 해본 경험은 여러 교과목을 통합할 수 있는 능력으로 나타납니다. 세상의 모든 분야가 개별적으로 존재하는 게 아니라 다른 분야와 이어져 있는 것처럼 학생들의 생각도 다양한 분야로 촉수를 뻗을 수 있도록 해주어야 합니다. 그래야 더 큰 인간으로 성장할 수 있습니다. 교사는 아이들의 성장을 돕는 존재입니다. 그러니 독서 교육은 꼭 필요합니다.

3. 지식의 깊이가 늘어납니다.

지식의 양이 얼마나 되는지가 직접적인 성공의 열쇠가 되지는 않습니다. 하지만 지식이 많은 학생일수록 다양한 활동에서 대처를 잘하는 경향이 있습니다. 인터넷이 세상의 모든 정보를 담고 있고, 스마트폰을 켜면 언제라도 필요한 지식을 얻어낼 수 있는 세상입니다. 그래서 인간은 자신의 두뇌 이외에 정보 기기로 대표되는 외뇌를 활용할 수 있게 되었습니다. 챗GPT 등 인공지능의 도움을 얻을 수 있기 때문에 많은 지식을 직접적으로 알고 있는 것보다 얼마나 효과적으로 활용할 수 있는지가 더 중요한 시대입니다. 그렇지만 검색을 하더라도 얼마나 더 효과적으로, 정교하게, 범위를 더 좁혀서 구체적으로 물어볼 수 있을 것인가가 중요합니다. 지식이 없으면 필요한 것을 물어보는 것도 어렵습니다. 많은 것들을 내 머리에 담고 있으면 있을수록 더 효과적인 답을 찾아낼 수 있습니다. 책은 다양한 지식 정보를 담고 있습니다. 책을 읽는 시간이 길어지면 똑똑한 학생을 기를 수 있습니다.

4. 어떻게 살아야 하는지 고민하게 해줍니다.

전문적인 분야의 지식을 쌓게 하는 책들도 많지만, 가장 많은 분야는 역시 문학입니다. 모든 책에는 사람들이 어떻게 생각하고 어떤 행동을 하면서 살아야 한다는 것을 이야기합니다. 공동체적 가치를 알게 하고, 사람들이 꼭 익혀야 하는 덕목을 간접적으로 제시합니다. 독단적으로 자기 위주로 행동하는 사람들은 좋지 않은 결말을 맞게 된다는 것도, 화합하고 배려하면서 자기희생을 하는 사람들은 숭고하게 역사에 기억된다는 것을 알게 해줍니다. 폭넓은 독서를 하면 나도 모르는 사이에 세상을 어떻게 살아내야 하는지를 알 수 있습니다. 그런 점에서 학생들의 인성 교육도 직접적으로 가르치는 것보다 스스로 깨닫고 알게 하는 것이 더 좋습니다. 그러기에 책 읽기는 유용한 도구가 됩니다. 인쇄술이 발달하기 전, 고려

시대에도 일부 지식인들은 책을 쓰고 이를 자식 교육의 도구로 활용하기도 했습니다. 교훈적인 내용을 간접적으로 보여줌으로써 가랑비에 옷이 젖듯이 점진적으로 생각을 키워주고자 했습니다. 지금도 그것은 유효합니다.

5. 자신을 표현하는 능력을 길러줍니다.

자신의 생각을 글로 정확히 나타내는 것이 중요한 시대입니다. 인터넷 댓글을 달더라도 적합한 근거를 들어서 논리적으로 표현해야 사람들의 공감을 얻습니다. 자기주장만 있으면 어느 누구도 믿지 않습니다. 읽기를 통해 습득한 것들은 글로 그대로 나타나기 마련입니다. 그리고 자신이 쓴 글처럼 사람들은 행동하게 됩니다. 환경보호와 기후 위기에 대한 책을 읽고 그에 대한 글을 쓴 학생들은 재활용을 하고 일회용품을 덜 쓰려고 노력합니다. 어떻게 살아야 하는지에 대해서도 알기에 몸으로 실천하려 노력합니다.

이 외에도 독서의 장점은 헤아릴 수조차 없을 정도로 많습니다. 그러므로 수업 시간에 다양한 책을 활용한 수업을 하는 것은 썩 괜찮은 방법입니다. 많은 과목 선생님들이 자신이 읽었거나 감동받은 책들의 목록을 정해서 학생들에게 제시하는 것도 괜찮습니다. 수업 시간에 책 이야기를 하면 어떤 학생들은 학교 도서관에 가서 그 책을 찾아서 빌려보기도 합니다. 기회가 없었기에, 책에 빠진 경험이 없었기에 학생들이 책을 잘 안 읽는 것이지, 아예 책 읽기를 거부하는 것은 아닙니다. 그러니 교사가 독서 활동을 안내하고 도와주면 학생들은 더 큰 사람으로 성장할 수 있습니다.

꿀팁 한 번 더, 이건 꼭 기억하세요.

1. 독서 활동은 학교생활기록부에 기재할 수 있습니다. 책을 읽으면 생기부에 기록해준다는 말을 수시로 하는 것이 좋습니다. 독서 이력을 기록했다는 말을 하면 의외로 많은 학생이 따라 하기도 합니다. 사실 책을 읽는 건 누구나 할 수 있는 일이기에 동참하는 학생들이 꽤 있습니다.
2. 교사의 행동을 학생들은 따라 하게 마련입니다. 수업 시간에 교과 진도를 나갈 때라도 교사가 읽은 독서 경험을 이야기하면 학생들은 좋아합니다. 수업 중 잠시 쉬어가는 듯한 분위기 속에서 관련된 책을 직접 보여주고 읽기를 권장하는 게 학생들의 독서 지도에 도움을 줍니다.

#평가

16

교원능력개발평가, 냉정하게 보면 내가 갈 길이 보인다

···› 학생과 학부모의 평가에 충격을 받았을 때

···› 내가 생각하고 있는 수업이 인정받지 못하는 것 같아 서운할 때

···› 교원능력평가가 단순히 인기 평가라 생각하지만, 그래도 찜찜할 때

매번 수업을 하면서 내 수업이 궁금해지는 것을 느낍니다. 나름대로 열심히 준비하고 노력했지만 늘 어딘가 부족한 것 같고, 열심히 하면 할수록 더 필요한 것이 보입니다. 수업이란 게 내가 알고 준비한다고 잘 되는 것도 아니고, 학생들과의 상호작용도 해마다 다르고 반마다 다릅니다. 이런 아이들은 이렇게 하면 좋다는 정답이 없습니다. 그래서 적당히 해도 되고, 아주 열심히 해도 되는 게 수업입니다. 그런데 사람이란 인정을 받고 싶고 더 잘하고 싶은 욕구가 있게 마련입니다. 그래서 교사로서 다양한 시도를 해보고 다른 선생님의 수업을 보면서 무엇을 배우려고도 합니다. 이런 수업에 대한

고민이 지속되는 한 선생님의 성장은 계속될 수 있다고 생각합니다. 교직 생활을 지치지 않고 오래도록 할 수 있는 힘은 현실을 조금이라도 개선하고자 노력하는 자세에서 출발한다고 봅니다.

교원능력평가가 시행된 지 벌써 10년이 넘었습니다. 시행 초반에는 평가에 대해 부정적인 반응이 많았습니다. 지금이라고 이 평가가 꼭 필요하다고 하는 사람은 거의 없지만, 이제는 일상적인 학교 일로 받아들여지고 있습니다. 매년 10월경에 하게 되는데요, 이 시기가 되면 스트레스를 받는 선생님이 생겨납니다. 적나라하게 수업이 재미없다, 준비가 없이 무성의하다, 학생들의 이야기를 들어주지 않는다, 독선적이다 등의 부정적인 평가가 나오기도 합니다. 너무 수업을 못한다는 돌직구와 같은 내용을 작성하는 경우도 있습니다. 학생과 학부모의 평가가 의무 사항이 아니기 때문에 그나마 학교 수업에 관심이 많고, 선생님을 좋아하는 학생들이 많이 참여하기 때문에 부정적인 내용이 주를 이루지 않는다는 게 다행이기도 합니다. 그래도 내가 있는 그대로 발가벗겨진다는 느낌이 유쾌하지는 않습니다. 평균 이상의 결과가 나왔다고 교사가 만족할 것도 아니고, 그 반대의 경우는 마음이 상할 확률이 훨씬 높게 됩니다. 이 평가에 대해 어떻게 생각해야 할까요? 어차피 시행되고 있는 것이니 있는 그대로 받아들이고 긍정적인 부분에 대해 한 번 생각해 보는 기회로 삼는 것은 어떨까요?

학생들의 평가라는 게 어찌 보면 인기 평가에 불과한 것이고, 평가 결과를 다른 사람들이 보는 게 아니라 교사 개인이 받아보고 판단하는 것이니 그리 고민해야 할 건 아니라고 봅니다. 그저 쿨하게, 이렇게 생각하는 학생들이 있구나, 이런 점에서 내가 바꿔야 할 건 무엇일까를 생각해 보는 기회로 여기면 스트레스가 조금은 줄어들 수 있을 것 같습니다.

현재 시행하고 있는 교원능력개발평가는 크게 두 가지입니다. 학생을 대상으로 한 것과 학부모를 대상으로 한 것입니다. 각각 문항은 동일합니다. 학부모 대상 공개수업을 매년 한두 차례 시행하지만 참관하는 분들이 별로 없기에 학부모의 평가는 대개 학생이 집에서 하는 말을 듣고 평가하는 경우가 많습니다. 그래서 학생의 평가 결과와 비슷하게 나타나게 됩니다.

수업 만족도 조사는 학습 지도와 생활 지도를 얼마나 잘하고 있는지를 물어보게 됩니다. 수업은 교과 내용 분석, 교사와 학생 상호작용, 학습환경 조성, 평가 내용 및 방법, 상담 및 정보 제공의 다섯 가지입니다. 다섯 가지의 문항이 5점 만점에서 몇 점인지, 나의 평균점은 얼마인지, 학교 평균(표준편차)은 얼마인지가 수치로 제시됩니다. 그리고 자유 서술식으로 교사의 좋은 점이나 바라는 점을 기록합니다. 이것도 상대평가입니다. 절대적으로 내가 잘하고 못하는 게 아니라 다른 교사들과 비교해 보는 정도로만 나타납니다. 그러니 내가 잘하고 있구나, 아니구나가 동료들과 비교가 되는 것이니 너무 신경 쓰지 않아도 됩니다. 점수가 낮으면 열심히 하는 동료 교사들이 많다고 생각하면 되고, 점수가 높으면 내가 잘한다고 생각하면 됩니다.

중학교 교과교사 만족도 조사 문항입니다. 학생과 학부모 만족도조사가 각각 진행되는데, 문항은 똑같습니다. 그리고 결과는 이런 식으로 교사에게 제시됩니다.

순번	평가지표	평가문항	응답자수	환산점	나의 평균	학교 평균
1	교과내용 분석	선생님은 수업 내용에 맞게 수업을 준비하십니다.				
2	학습환경 조성	선생님은 수업에 집중할 수 있도록 도와주십니다.				
3	교사, 학생 상호작용	선생님은 수업 시 활발한 의사소통을 위해 노력하십니다.				
4	평가내용 및 방법	선생님은 수업 시 학생들이 수업을 잘 이해했는지 확인하십니다.				
5	심리상담	선생님은 학생의 심리상태에 관심을 가지고 주의를 기울이십니다.				

꼭 필요한 내용들이긴 합니다만, 두루뭉술한 질문이라 나를 돌아보는 계기로만 활용하면 됩니다. 내 수업 준비가 어떤지, 수업 시간에 학생들과 잘 통하는지, 알아듣기 쉽게 설명하는지, 개인적인 관심을 보이는지 등 누구나 생각할 수 있는 좋은 교사를 판단하는 기준이 질문으로 나타납니다. 각각의 항목에서 다소 떨어지는 게 있다면 그 부분에 대해 스스로 생각하고 더 신경을 쓰면 됩니다. '아이들이 뭘 알아?'라고 생각해도 되지만 우리가 상대하는 학생의 의

견이기에 있는 그대로가 나타난 것이라고 생각할 수도 있습니다. 부족한 부분을 보충하고 내 생각과 다른 부분에 대해 보강을 하는 기회가 됩니다. 그 이상도 그 이하도 아닙니다. 자유 서술식의 부정적인 답변에 대해서도 그냥 그렇구나, 이렇게 생각하기도 하는구나 정도로 판단하면 됩니다. 내가 미처 생각하지 못했던 나의 수업을 돌아보는 것이라면 나에게도 좋은 참고 자료가 될 수 있습니다. 극단적인 얘기가 나오더라도 신경 쓰거나 고민할 필요가 없습니다. 누구나 동일한 잣대로 교사의 수업에 대해 판단하는 게 아니기 때문입니다.

어떤 선생님들은 한 학기나 한 학년에 끝날 때쯤 자신이 스스로 설문지를 만들어서 수업을 개선할 기회로 삼기도 합니다. 이것 또한 나 혼자서만 결과를 보게 되니 눈치 볼 것 없습니다. 학생들에게 이런 수업 평가를 하게 한다는 것은 내가 소통을 하고 수업에 신경을 쓰는 교사임을 알려주는 것이기에 아이들도 거부감을 갖지 않습니다. 교사가 학생을 가르친다는 것은 교사의 모든 것을 학생들에게 보여주는 일입니다. 나는 이렇게 너희들을 잘 가르치기 위해서 노력하고 있다는 것을 알게 해줍니다. 또한 학생들이 원하는 것에 대해서 의견을 들을 기회이기도 합니다. 설문 결과에 대해서 학생들에게 설명해 주고, 이러저러한 것은 개선해 보겠다, 이런 것은 어렵다 하는 이야기를 해주는 것도 소통에 큰 도움이 될 수 있습니다. 자기 수업에 대한 이야기는 듣기에 불편한 쓴 약과 같습니다. 당장은 마음을 불편하게 할지라도 교사의 발전에 도움이 된다는 생각으로 접근하면 좋습니다.

학기가 종료될 때 하는 수업 평가 설문지를 소개합니다. 자신이 궁금한 내용을 설문지에 작성해서 교사 마음대로 제시할 수 있습니다. 교사 성장의 기회는 여기에도 존재합니다.

문 항	매우 그렇다	그렇다	보통이다	아니다	전혀 아님
1. 선생님의 수업은 재미있고 즐겁다.					
2. 선생님의 수업은 도입과 마무리 등 정리가 잘 되어 기억에 오래 남는다.					
3. 선생님은 수업 시 다양한 질문 등을 통해 학생들이 수업 내용을 이해하고 있는지 확인하신다.					
4. 수업 중 실시한 형성평가는 나의 학습 정도를 점검하는데 도움이 되었다.					
5. 선생님의 수업 내용은 나의 성장에 많은 도움이 되었다.					
6. 수업 시 배운 내용이 기말고사에 대부분 포함되었다.					
7. 수업 시 선생님이 제공한 학습자료(활동 학습지 등)나 참고 자료는 학습이나 시험 공부에 도움이 되었다.					
8. 나는 이번 시험 결과에 만족한다.					
9. 고사 결과(교과 점수)를 통해 내가 부족했던 부분은? (해당란에 체크해 주세요)	나의 노력	수업에 소홀했던 점	시험 준비 계획	공부 하는 방법	기타
10. 고사를 준비하는 동안 내가 제일 비중 있게 공부했던 것은? (해당란에 체크해 주세요)	교과서와 학습자료	문제집	학원 수강 및 자료	과외	기타

꿀팁 한 번 더, 이건 꼭 기억하세요.

1. 평가 결과를 놓고 수업 시간에 직접적으로 학생들과 이야기를 나누는 것도 괜찮습니다. 너희들이 이렇게 생각하는구나, 선생님 수업을 좋게 봐줘서 고맙구나, 이런 부분은 사실 이래서 나도 좀 고민하는 부분이다 등의 이야기를 하면 더 학생들과 가까워질 수 있습니다.
2. 작년에 비해서 평가 결과가 좋지 않다고 실망할 필요도 없습니다. 매년 내 수업을 평가하는 학생들이 다르기 때문입니다. 올해 아이들은 좀 더 부정적이구나, 좋게 말하기를 싫어하는구나, 성의 없는 아이들이 많이 설문에 참여했구나 하고 합리화하면 마음은 편해집니다.

#언어

17

교사가 해야 하는 말과 하지 말아야 하는 말

- ⋯▸ 나중에 그런 말을 했다는 자신에 대해 부끄러운 생각이 들 것 같을 때
- ⋯▸ 흥분하거나 화를 내면서, 어떻게 말의 수위를 조절해야 하나 고민될 때
- ⋯▸ 교사로서 어떤 말을 해야 하고, 어떤 말을 하지 말아야 할지 생각해 볼 때

예전에 교실에서 주로 하던 수업 방식은 주입식이었습니다. 교사가 아는 지식을 일방적으로 학생들에게 가르쳐 주었고, 칠판 가득 판서를 하면 학생들은 그걸 따라 적느라고 수업 시간의 많은 부분을 할애했습니다. 얼마나 보기 좋게, 구조적으로 필기를 시키느냐가 유능한 교사를 판단하는 주요 기준이기도 했습니다. 지금은 이렇게 필기를 하지 않는 과목이 더 많습니다. 교사가 이야기하고 지식을 전

달하기보다는 학생들끼리 활동하면서 발표를 시키기도 하고, 교사와 학생 간에 문답식으로 이야기가 오가는 광경을 교실에서 늘 볼 수 있습니다. 학생 참여형 수업이 가장 좋은 수업 방식인 것처럼 판단되고 있습니다. 그러니 요즘은 수업을 하면서 학생들의 답변을 많이 유도하고 있습니다. 교사가 설명을 한 다음에 이해를 했는지, 혹은 어떻게 생각하는지를 묻습니다. 그러면 학생들은 나름대로 자기 생각을 말로 표현합니다. 그런데 이런 말을 하는 경우가 있습니다.

"저도 얘랑 똑같아요."

"저도 그 말 하려고 했는데, 먼저 나왔네요."

이럴 때 많은 교사는 그냥 넘어갑니다. 하지만 여기에 함정이 있습니다. 어떤 단어든 동일한 의미를 지닌 단어는 없습니다. 유의어와 반의어가 있지만 의미가 똑같지 않습니다. 상황에 따라서 이런 말을 쓸 때와 저런 말을 써야 할 데가 다릅니다. 언어 능력이 있다는 것은 자신의 말로 가장 정확한 의미를 전할 수 있다는 걸 의미합니다. 누구나 자신이 즐겨 사용하는 어휘가 있고, 이 어휘를 자신이 아는 어휘와 결합해 가장 적절한 의미의 문장을 만들어 냅니다. 그러니 앞의 학생이 어떤 말을 했다 하더라도 그것과 동일한 표현은 존재하지 않습니다. 수업이라는 게 학생들이 내용을 잘 이해하게 하고, 자신이 이해한 것을 밖으로 잘 나타내게 하는 것으로 완성됩니다. 그러니 똑같다는 말보다는 각자의 표현으로 말하도록 해야 합니다. 예를 들어 '성적이 올랐다'는 것도 '성적이 향상되었다', '발전되었다', '올라갔다', '좋아졌다', '진보했다', '나아졌다', '괜찮아졌다', '상승했다' 등으로 다양하게 표현될 수 있습니다. '시험 성적이 마음에 든다', '자신감이 생겼다', '앞으로 더 기대가 된다', '기분이 좋아졌다' 등으로 간접적으로 나타낼 수도 있습니다. 자신의 언어로써 자기 생각을 나타내게 하는 것이 교사가 수업 시간에 가르쳐 주어야 할 기본 역량이기도 합니다.

누구나 자신의 역량을 보여주는 방법은 각자 다릅니다. 아이들의 어휘력이 부족하고 표현력이 떨어진다고 교사들은 걱정합니다. 책을 읽지 않아서, 요즘 유행어를 많이 사용해서, 아무 말이나 줄여 쓰는 분위기 때문에 걱정이라고는 합니다. 그런데 이것을 고쳐주려고는 하지 않습니다. 수업 시간에라도 아이들이 표현하게 하고, 기왕이면 정확한 어휘로 말하게 하는 연습을 하면 조금씩 달라집니다. 표현 능력뿐 아니라 발표하는 자신감도 키워줄 수 있습니다.

교사가 쓰는 말도 무척 중요합니다. 교사의 말에 따라서 학생들의 말이 달라집니다. 그리고 행동이 달라지게 됩니다. 바람직한 사회생활을 하기 위해서는 상대방을 배려하고 위하는 말을 할 필요가 있습니다. 그 말에 따라서 상대방의 말이 달라지고, 나와 상대방의 행동 또한 달라집니다. 그런 면에서 교사가 할 말과 하지 말아야 할 말이 있습니다.

1. 가급적이면 이어지는 말을 해야 합니다.

일방적인 전달이 아니라 상호 소통의 대화를 하기 위해서는 교사의 말 뒤에 학생의 말이 이어지도록 해야 합니다. 어떤 잘못을 저지른 아이들을 보고 "네가 그렇지 뭐, 뭘 기대하겠니."라고 한다면 그다음 대화는 끊어집니다. 일방적인 결론을 교사가 내린 것이니 그다음 대화는 연결되지 않습니다. "네가 왜 그런 행동을 했니?", "무슨 사정이 있었니?", "너는 어떻게 생각하니?" 등의 의문을 가지고 대답을 유도하면 그다음 대화가 살아납니다. 대화가 끊임없이 이어지면서 다음 질문과 대답을 만들어 내기 위해 아이들의 뇌는 끊임없이 움직이면서 자신의 해답을 찾아냅니다. 교사는 그런 과정에서 촉진제 역할을 하면서 아이들을 자극하는 직업인입니다. 대화가 지속되는 과정에서 아이들은 성장합니다. 그러므로 다음과 같은 말은 가능하면 하지 말아야 합니다.

- 어차피
- 아무튼
- 결국
- 그건 그거고.

괜찮은 말로는 이런 것들이 있습니다. 그다음 말을 이어지도록 하고, 아이들이 나름의 논리로 자신의 생각을 표현하도록 유도하는 말입니다. 이런 말들은 글을 쓸 때도 꼭 필요한 언어입니다.

- 다시 말해서
- 그렇기 때문에
- 예를 들어

2. 감정을 건드리는 말은 하지 말아야 합니다.

아이들이 이성적으로 판단할 줄 알면 더 이상 아이들이 아닙니다. 바람에 날리는 낙엽에도 즐거워하고, 가위바위보를 하면서도 세상에서 가장 행복한 순간을 느끼는 게 아이들입니다. 선생님과 부모님께 인정을 받고 싶어 하고, 자기 행동에 대해 칭찬을 듣고 싶어 합니다. 자신의 행동이 한두 마디의 말로 단죄를 당한다면 끓어오르는 감정을 어딘가에 표출하려고 합니다. 당연히 부정적인 말과 행동으로 이어지게 됩니다. 그러니 아이들이 더 이상 대화를 하지 않게 만드는 감정적인 말은 최대한 조심해야 합니다. 선생님의 말이 아이들을 대화의 테이블로 끌어들이는 가장 중요한 요소입니다. 하지 말아야 할 감정적인 말입니다.

- 그래서 되겠니?
- 뻔한 거잖아.
- 네가 그렇지.
- 가만히만 있어도 도와주는 거야.
- 웬일이니?
- 그냥 공부나 해라.

이런 말들의 문제점은 말 자체에 있지 않습니다. 우리는 언어 외에도 동작이나 표정 등의 비언어를 사용하고, 억양이나 높낮이, 길이 등의 반언어를 사용하면서 의사소통을 합니다. 위의 말을 하면서 사용되는 무시와 정서적 학대의 느낌은 언어 이상의 강력한 효과가 있어서 아이들의 등을 돌리게 됩니다. 아이들의 감정은 늘 이성을 지배합니다. 그런 감정 속으로 부드럽게 스며들 수 있는 게 교사의 언어입니다.

3. 행동 변화를 유도하는 말을 해야 합니다.

지적을 하더라도 근거가 있는 지적을 하면 아이들은 받아들입니다. 간혹 자기 세계에 너무 빠져 있다거나 감정적으로 무언가를 받아들일 만한 공간이 없다면 할 수 없겠지만, 일반적인 상황에서는 얼마든지 선생님의 말을 받아들이고 행동을 바꾸려고 합니다. 가르치면 달라진다는 것입니다. 그러니 절대로 학생들의 행동을 교정하는 것을 포기는 하지 말아야 합니다. 학생들과 체험학습을 가서 함께 잠을 자고 식사를 하는 경우가 있습니다. 같은 식탁에 앉았을 때도 어른에게 먼저 드시라고 권유를 해야 한다는 것을 가르치면 학생들은 "선생님 먼저 드세요."라는 말을 자연스럽게 배웁니다. 대중교통에서 빈자리가 났을 때도 아이들에게 앉으라고 권하기보다는 선생님이 자리에 앉으면서 그래야 한다는 것을 가르쳐주는 것이 좋습니다. 꼭 대우받는 게 중요하기 때문이 아닙니다. 이런 습관을 어려서부터 배운 아이들이 사회에 나가서 보다 인정을 받을 수 있기 때문입니다. 사소한 습관이지만 몸에 밴 예의범절은 나중에 훌륭한 사회인으로 성장할 수 있는 바탕이 됩니다. 교사는 지금이 아니라 앞으로를 봐야 하는 직업입니다. 잠을 자기 전에도 먼저 "잘 자라."는 인사를 하면 대부분의 아이들은 "안녕히 주무세요."라는 말을 합니다. 가정에서는 사라지는 말이지만 이런 말을 쓸 줄 안다는 건 중요한 의미를 가집니다. 이런 말이 행동으로까지 연결된다면 우리 아이들은 어디에서 무슨 일을 하더라도 인정받을 수 있습니다.

4. 지적은 구체적이고 단호해야 합니다.

두루뭉술한 지적은 전적으로 감정에 근거한 거라 바람직하지 않습니다. 수업 중에 자는 아이를 깨우더라도 구체적으로 어떤 것이 잘못되었는가를 이야기해야 하고, 내가 왜 이런 잔소리를 하는지를 알게 해야 합니다. 그래야 교육적인 효과가 있습니다. 도서관에서 빌린 책을 잃어버리거나, 장난을 치다가 유리창을 깬 아이들은 꼭 변상하게 해야 합니다. 반면, 의도적이지 않은 잘못은 관대하게 넘어가고, 오히려 학생들의 편이 되어 주는 게 좋습니다. 하지만 고의적인 것은 고쳐 주어야 합니다. 다소 야박하게 느껴질 수도 있지만, 그래야 아이들은 변하고 달라집니다. 잘못된 습관이 몸에 물들지 않도록 하기 위해 적어도 학교에서는 교사가 개입해야 합니다.

그렇게 생겨먹은 아이들은 없습니다. 반복 학습을 통해서, 사소한 것들을 챙기는 생활 습관에서 큰 것이 나옵니다. 사실 감동이란 작은 것이 반복되면서 만들어집니다. 서서히 생활 속에서 녹아들고 스며드는 것입니다. 지나가다 들리는 욕설에도 교사는 참견을 해야 하고, 다른 선생님을 욕하는 소리를 들으면 가볍게라도 한마디 해주어야 합니다. 다른 선생님에 대해 흉을 보는 이야기를 들었으면 오히려 그 선생님을 칭찬하는 말로 중화를 해주어야 합니다. 그런 것들이 학생들의 생활 태도를 좋게 만들어 줍니다.

아이들이 몰라서 못하는 것은 가르쳐주어야 합니다. 소풍을 가서 김밥을 먹는 아이들이 있다면 선생님들끼리 식사하러 가지 말고 한 바퀴를 돌면서 한마디씩을 해주어야 합니다. 김밥도 하나씩 빼앗아 먹고, 맛있다고 덕담도 하고, 먹을 게 없는 아이들이 없는가를 돌아봐야 하고, 자연스러운 소통과 이어짐을 경험하게 하는 게 좋습니다. 선생님과 내가 이어져 있구나, 내 옆에 있구나 하는 느낌은 자연스러운 지지로 이어지게 됩니다.

꿀팁 한 번 더, 이건 꼭 기억하세요.

---

1. 모든 것은 말에서 시작됩니다. 교사의 말은 다분히 의도적이어야 하고, 일정한 방향을 유지해야 합니다. 그 방향은 학생들의 성장에 도움이 되는 곳입니다. 오히려 큰 잘못 때문이 아니라, 작은 것들에서 습관이 잘못 드는 경우가 많습니다. 이런 것을 지적하는 교사는 그래서 조잔해집니다. 그래도 괜찮습니다. 그래서 교사니까요.
2. 사람 사는 세상은 다 똑같습니다. 내가 좋아하고, 함께하고 싶고, 마음 편한 사람들의 공통적인 특성은 나를 공격하지 않는다는 것입니다. 서로 편해지면 이해의 범위도 넓어집니다. 학생들과 교감이 형성되면 그다음부터는 교사의 의도가 훨씬 더 잘 통하게 됩니다.

#언어

18

학생들의 언어, 유심히 지켜보고 지도해야 한다

···› 지나가면서 아이들의 비속어를 듣고 그냥 넘어간 적이 있을 때

···› 아이들이 쓰는 유행어가 수업 시간에 난무할 때

···› 아이들을 이해하기 위해 그들의 말을 배워야 할까 고민될 때

해강이는 어휘력이 딸려서 아무 때나 대박이라고 말한다.*

신조어들이 많이 등장하는 세상입니다. 어떤 선생님들은 아이들과 친해지기 위해서 일부러 신조어를 공부해서 아이들과의 대화에서 사용하는 경우도 있습니다. 이런 용어를 어떻게 알았느냐고 하면서 좋아하는 아이들과 금세 친해지는 방법이기도 합니다. 일부러, 의도적으로 이런 말을 배우고 가끔 필요할 때 사용하는 것은 괜찮습

---

* 황영미, 『체리새우: 비밀글입니다』, 문학동네, 2019.

니다. 어색한 사이를 가깝게 해주기도 하고, 아이들에게 어떻게 접근할까 고민이 될 때 해결책이 될 수도 있습니다. 그러나 문제는 아이들이 이런 말들을 너무 많이 사용한다는 것입니다. 언론에 나오는 것처럼 자기들만의 유행어를 사용하면서 어른 세대와 완전히 단절되는 정도까지는 아니지만, 기본적으로 습득해야 할 어휘를 풍부하게 알지 못한 채 여러 상황을 동일한 어휘 사용으로 넘기는 것은 문제가 될 수 있습니다.

물론 언어라는 것이 시대에 따라 변하는 것이고 신조어를 사용하면서 그들끼리 관계를 돈독하게 하고 또래 집단의 정서를 공유한다는 측면에서는 그리 걱정할 일이 아닐 수 있습니다. 기성세대들도 성장하면서 그들만이 쓰는 용어를 사용했고, 나이를 먹으면서 언어가 바뀌어가는 것은 당연한 일입니다. 언어 때문에 세대 간의 불통이 생겨났다는 것도 이해하기 어려운 측면이 있습니다. 하지만 학교에서 학생들을 가르치는 교사 입장에서는 학생들의 언어 문제를 쉽게 넘기기 어려운 측면이 있습니다. 우리나라의 단어는 단일어와 복합어로 나뉘고, 복합어는 합성어와 파생어로 구분됩니다. 어근과 접사가 상호 결합하면서 새로운 단어가 생성되는데, 이런 원칙에서 벗어났기 때문에 문제가 되는 것은 아닙니다. 단어가 과거와는 전혀 다른 방식으로 만들어질 수도 있기 때문입니다. 이 또한 언어의 역사적인 특성에 가까울 수 있습니다.

학생들의 언어를 지도해야 하는 몇 가지 이유를 말씀드립니다.

1. 학생들의 어휘력이 너무 티가 나게 부족합니다.

신조어의 특징 중 하나는 주로 앞 글자를 이용해서 줄여 쓴다는 것입니다. 어쩔티비(어쩌라고 가서 TV나 봐), 애빼시(애교 빼면 시체), 갑분싸(갑자기 분위기가 싸해진다), 별다줄(별걸 다 줄인다) 등이 있습니다. 서로 간의 친밀성을 강조하고 재미있고 의사 전달이 신속하게 이루어진다는 장점을 지닙니다. 이 말들은 기존에 사용하는 어휘들을 결합한 것이기에 이런 말들을 쓴다고 해서 아이들의 어휘 실력이 늘지는 않습니다. 자신이 아는 어휘를 이용해서 생각을 표현하고 주장을 나타내야 하는데 어휘력이 부족하다 보니까 특정한 단어 몇 개를 대부분의 상황에서 사용합니다. 보다 구체적이고 더 세밀한 언어 표현을 통해 자신을 나타내려는 노력을 하지 않아도 됩니다. 그래서인지 아는 어휘의 수가 예전에 비해 무척 많이 줄어들었습니다. 그러니 수업 시간에도 알아듣지 못하는 경우가 비일비재합니다. 시험을 치를 때면 질문의 대부분은 시험 문제에 사용되는 단어의 뜻을 물어보는 것입니다. 어휘력이 달리면 수업을 따라가기가 힘들어집니다.

2. 요즘 학생들은 동영상을 즐겨 봅니다.

텍스트를 읽는 것보다 동영상을 시청하는 게 내용을 훨씬 빨리 이해할 수 있고 재미도 느낄 수 있다는 장점이 있습니다. TV 프로그램도 자막을 집어넣는 경우가 많아 눈으로 글자와 영상을 함께 보면서 더 쉽게 이해할 수 있습니다. 하지만 이런 동영상에 나오는 단어들을 보면 아주 일반적이고 쉬운 단어들입니다. 학년이 올라가면서 받아들이는 지식이 늘어나고, 그런 과정에서 새로운 단어들을 익히면서 생각할 수 있는 범위가 넓어져야 합니다. 그런데 아주 낮은 수준의 일상적인 단어들만 반복적으로 사용하다 보면 다양한 어휘에 대한 적응력이 떨어질 수 있습니다. 책을 읽으면서 맥락을 통해 내용을 파악하고, 처음 보는 단어들도 알아가는 게 일반적인 독서 과정이지만, 이런 활동을 동영상 시청으로 대신하다 보니 어휘력이 좀체 늘지 않습니다. 학교에서도 교사들은 늘 고민을 합니다. 동영상을 틀어주지 않으면 학생들의 관심을 끌기 어려워 자주 틀어주지만, 자칫 이런 수업이 학생들의 생각하고 표현하는 능력을 빼앗아 버리지 않는가를 고민해야 합니다.

3. 개인의 자유와 권리가 점점 강화되는 세상입니다.

서로 다른 생각을 받아들여야 하는 다양성의 시대입니다. 나와 다르다고 배척할 수는 없습니다. 정확한 근거와 논리로 상대방을 설득해야 하고, 그러기 위해서는 자신에게 잘 맞는 설득 전략을 구사해야 합니다. 남들이 쓰는 단어를 따라하기 보다는, 자신이 가장 잘 아는 어휘를 정확한 지점에 사용할 수 있는 능력을 갖추어야 합니다. 그래야 새로운 환경에서 자신만의 자리를 잡을 수 있습니다. 수업 시간에 어떤 사안에 대해서 학생들의 의견을 물어보면 한 문장 이상으로 그럴듯하게 발표하는 경우를 점점 보기 힘들어집니다. 단답형으로, 혹은 아주 짧은 문장으로 자신의 감정을 나열하기

일쑤입니다. 사용할만한 어휘의 양이 적으니 이렇게 해보고, 안되면 저렇게도 해보는 다양한 시도를 하기가 어렵습니다. 이런 현상이 사회적인 갈등을 해결하지 못하고 자기가 원하는 대로 표현하고 원하는 대로 행동하려는 타협 불가능한 사람으로 만드는 가장 주된 요인이 되지나 않을까 걱정입니다.

교사는 지속적으로 언어로 학생들과 소통하는 사람입니다. 모든 문장마다 비속어를 사용하는 학생들이 있습니다. 그런 학생들에게 비속어를 쓰지 못하도록 하면 문장을 제대로 만들지 못합니다. 언제까지나 비속어를 쓰면서 주위 사람들과 대화할 수는 없습니다. 자신의 짜증나고 불만족스러운 부분을 비속어가 아니라 다양한 어휘를 사용하면서 정확히 표현하는 능력을 길러주어야 합니다. 유행어 또한 그렇습니다. 간혹 수업의 재미를 느끼게 해주고 학생들의 주의 집중을 끌어준다는 장점도 있지만, 그런 말을 반복적으로 사용한다면 이에 대해 어느 정도는 제어해 줄 필요가 있습니다. EBS 방송 프로그램 중에 초등학교 교실에서 존댓말을 사용하게 했더니 학생들의 갈등이 확연하게 줄어들었다는 내용을 본 적이 있습니다. 학생들은 갈등과 불만의 상황을 거친 말과 욕설로 해결하려 합니다. 그게 통하지 않으면 주먹을 이용하거나 폭력을 행사하게 됩니다. 만약 학생들이 자신들의 풍부한 어휘로 감정을 표현하고 속마음을 나타내서 상대를 설득할 수 있다면 학교폭력 또한 줄어들 수 있을 것입니다. 그러므로 바람직하지 않은 어휘 사용에 대해서는 꾸준하게 관심을 갖고 지도해야 합니다.

◌꿀팁◌ 한 번 더, 이건 꼭 기억하세요.

---

1. 가끔은 교사들도 거친 말을 사용할 때가 있습니다. 평소와는 다른 말을 들으면 학생들은 긴장하고 분위기가 정리됩니다. 하지만 이런 일이 되풀이되면 소위 말하는 약발이 떨어진 게 됩니다. 그러니 교사들은 예쁜 말로 학생들을 지도할 줄 알아야 합니다.
2. 모범적인 학생들의 공통적인 특징은 비속어를 잘 쓰지 않는다는 것입니다. 문제 성향의 학생들 중에는 그런 학생들이 거의 없습니다. 이는 사용하는 언어에 따라 행동이 규정된다는 것입니다. 풍부한 어휘로 다양하게 자신을 나타내게 하는 것, 교사에게 달려 있습니다.

#교사

19

교사를 꿈꾸는 이들에게, 교사가 어울리는 사람은?

···› 교사의 꿈이 이어지고 있음을 느낄 때

···› 아이들을 좋아하고, 누군가에게 도움이 되기를 원할 때

···› 교사의 자격이란 게 있으면 내게 그런 게 있을까 고민한 적이 있을 때

교사는 복합적인 특성을 지닌 존재입니다. 사회적인 기대치로는 상류층이고, 월급을 보면 중류층이고, 시달림을 당할 때는 하류층입니다. 직업인으로서의 교사라고 단정할 수도 없고, 소명 의식을 가져야 하는 거룩한 존재라고 말할 수도 없습니다. 이럴 때는 이렇고 저럴 때는 저렇습니다. 처한 상황에 따라 어떻게 바라보느냐의 문제이지 교사 자체가 이런 사람이라고 단정할 수 없습니다. 가치 중립적이죠. 내가 어떤 사람인지는 아무도 모릅니다. 지금은 이런 음식을 좋아하지만 입맛은 변하는 법이고, 지금은 돈을 좋아하지만

돈의 무의미함을 느낄 수도 있습니다. 지금은 내성적이지만 일을 하다 보면 외향적으로 바뀔 수도 있고, 운동을 싫어하지만 상황에 따라 운동광이 될 수도 있습니다. 그러니 내가 이런 성향이기 때문에 교사가 어울린다는 말과 그 반대의 말은 지금 이 순간의 기준일 뿐입니다.

성격을 분석하고 그 성격에 맞는 진로나 직업을 추천해 주는 전문가들의 말은 많습니다. 지금은 인터넷으로도 쉽게 자신의 성격에 대해, 내게 맞는 직업에 대해 검색하고 분석해 볼 수 있습니다. 학생들의 진로 지도에 자주 이용되는 세 가지를 예로 들어 보겠습니다.

1. 다중지능이론

하워드 가드너(Howard Gardne)의 1983년 저서 《마음의 틀 Frames of Mind: The Theory of Multiple Intelligence》에서 소개되었다. 지능을 단일한 구조로 설명했던 이전의 이론들과 달리, 그는 지능이 여러 가지 영역으로 구성되어 있다고 설명하였다. 또한 수학, 언어와 같은 특정 영역을 지능의 주요한 개념으로 보고 지능이 뛰어나면 모든 분야에서 우수한 능력을 보인다는 전통적인 입장에 반대하며, 다양한 지능의 영역은 상호 독립적이어서 한 분야에서 뛰어나더라도 그것이 반드시 다른 모든 영역에서도 뛰어남을 의미하지는 않는다고 보았다. 또한 지능이 불변하는 고정적인 것이 아니라 가변적인 것이며, 특정 문화권에서의 요구 및 사용 비중 등에 따라 발전하는 영역이 달라질 수 있다고

보았다.*

다중지능이론은 총 9개의 지능 영역이 있다고 가정합니다. 언어능력, 논리수학능력, 음악능력, 공간시각능력, 신체운동능력, 대인관계능력, 자기성찰능력, 자연친화능력입니다. 각각의 지능 영역은 상호 작용할 수 있으며 표현 방식은 다를 수 있다고도 합니다. 다중지능 이론과 관련 있는 직업 소개에 따르면, 논리수학능력은 수학 교사나 과학 교사, 음악능력은 음악 교사, 신체운동능력은 무용 교사, 체육 교사, 자연친화능력은 생물 교사, 지구과학 교사가 어울리는 것으로 나옵니다. 대인관계능력은 관련 직업이 교사라고 되어 있습니다.

그런데 여기에 나타나는 능력은 교사와 관련이 있다기보다는 해당 과목과 관련이 있습니다. 교사란 직업이 나에게 맞지 않는다고 방황하는 사람은 '국어 교사'이기 때문에 힘든 게 아니라 '교사'이기 때문에 그렇습니다. 교사가 갖는 직업인으로서의 갈등이 과목 때문에 일어나는 경우는 거의 없습니다. 그러므로 다중지능이론에 따른 특정 성향과 교사라는 직업과는 관계가 없다고 볼 수 있습니다.

---

* 다중지능이론 Multiple Intelligence Theory, 두산백과

2. MBTI

MBTI 또는 마이어스-브릭스 유형 지표(영어: Myers-Briggs Type Indicator 마이어스-브리그스 타이프 인디케이터)는 개인이 쉽게 응답할 수 있는 자기보고서 문항을 통해 인식하고 판단할 때의 각자 선호하는 경향을 찾고, 이러한 선호 경향들이 인간의 행동에 어떠한 영향을 미치는가를 파악하여 실생활에 응용할 수 있도록 제작된 심리 검사이다. MBTI 유형을 통해 자신의 유형을 16가지 중에서 찾을 수 있으며 상대적이다. MBTI는 다음과 같은 네 가지 척도로 성격을 표시한다. 각각의 척도는 두 가지 극이 되는 성격으로 이루어져 있다.*

지표		설명
내향 (Introversion)	외향 (Extroversion)	선호하는 세계: 내면 세계 / 세상과 타인
직관 (Intuition)	감각 (Sensing)	인식형태: 실제 너머로 인식 / 실제적인 인식
감정 (Feeling)	사고 (Thinking)	판단기준: 관계와 사람 위주 / 사실과 진실 위주
인식 (Perceiving)	판단 (Judging)	생활양식: 즉흥적인 생활 / 계획적인 생활

MBTI 특정 성격 유형과 어울린다고 하는 직업에 교사가 나타난 경우를 살펴보겠습니다. 유형별 선택률이 높은 직업입니다.

ISTJ는 수학 교사(24), 무역, 산업, 기술 교사(25), 학생 지도 교사(45) 순으로 나타납니다. ISFJ는 초중고 교사(4), 유치원 교사(7) 순서입니다. INFJ는 영어 교사(10), 미술, 음악 교사(15), 외국어 교

---

* MBTI, 위키백과

사(17), 고등학교 교사(22), 유치원 교사(30), 특수교육 교사(32), 모든 분야 교사(42), 보건 교사(48) 순서입니다. INTJ는 보건교사(36), 중고등학교 외국어 교사는 선택률이 낮은 직업 19번째입니다. ISTP는 학생 지도 교사(50), 유치원 교사는 선택률이 낮은 직업 14번째입니다. ISFP는 초중교 교사(43)입니다. INFP는 미술, 음악 교사(18), 영어 교사(27), 독서 교사(37), 중고등학교 외국어 교사(43) 순입니다. INTP는 선택률이 낮은 직업으로 보조교사가 15번째입니다. ESTP는 성인교육 교사(41), 선택률이 낮은 직업으로 유치원 교사가 18번째입니다. ESFP는 중등 외국어 교사(36), 초등학교 교사(39), 중고등학교 교사(40), 수학 교사(48), 성인교육 교사(50) 순이고, 선택률이 낮은 직업으로 영어교사가 20번째입니다. ENPF는 미술, 음악 교사(4), 보건 교사(35), 특수 교사(36) 순입니다. ENTP는 선택률이 낮은 직업으로 중고교 외국어 교사(4), 유치원 교사(11), 초중고 교사(12) 순입니다. ESTJ는 상업, 기술 교사(4), 학생 지도 교사(42) 순입니다. 선택률이 낮은 직업으로 미술, 음악 교사가 15번째입니다. ESFJ는 초중고 교사(1), 언어 교사(8), 외국어 담당 교사(12번째), 독서 교사(15), 초등학교 교사(30), 유치원 교사(33), 학생 지도 교사(38), 중고등학교 교사(40), 특수 교사(45) 순입니다. ENFJ는 보건 교사(7), 미술, 음악 교사(10), 영어 교사(15), 외국어 교사(20), 고등학교 교사(31), 유치원 교사(42), 중학교 교사(48) 순입니다. ENTJ는 독서 교사(35), 영어 교사(47) 순입니다.

교사와 어울린다는 유형은 ISFJ와 ESFJ이고, 어울리지 않는 유형은 INTP와 ENTP입니다. 외향적(E)이나 내향적(I)이냐는 중요하지 않고, 직관(N)보다는 감각(S)을, 감정(F)보다는 논리(T)를, 인식(P)보다는 판단(J)을 중요하는 것으로 나타납니다.*

크게 네 가지로 나누면, 분석가형, 외교관형, 관리자형, 탐험가형으로 구분된다고 합니다. 교사는 그 중 헌신적이고 다른 사람을 도울 준비가 되어 있는 관리자형에 더 어울린다고 나와 있습니다.**

그러면 지적 호기심이 많고 혁신적인 사람은 교사로서 어울리지 않을까요? 학생들에게 끊임없이 생각하게 하고 길을 찾도록 권유하는 교사가 학교에서는 그다지 쓸데없는 사람일까요? 그렇지 않습니다. 교사 누구나 저마다의 장점이 있는 법이고, 각각의 학생들에게 도움이 되는 교사의 특징이 있습니다. 현재 상황을 분석해야 하고, 주변 사람들과 좋은 관계를 유지해야 하고, 전체 상황을 큰 그림을 그려서 봐야 하고, 새로운 시도를 두려워하지 말아야 하는 것은 누구에게나 필요한 일입니다. 그러므로 모든 교사는 괜찮은 성격 유형입니다. 학교는 내 성격 유형으로 어울리지 않는 곳이 아닙니다.

---

* Charles Martin 지음, 심혜숙 외 옮김, 『성격유형과 진로탐색』, 어세스타, 1999.

** https://www.16personalities.com/ko/

3. 커리어넷

커리어넷에서 초등학교 교사를 검색해 보면 대인관계 능력과 자기성찰 능력이 핵심 능력이라고 나옵니다. 다른 사람들과 협조적이고 원만한 관계를 유지해야 하고, 자신의 감정을 잘 파악하고 조절할 수 있어야 한다는 것입니다. 중등학교 교사는 인문계와 자연계로 나뉘는데, 인문계는 자기성찰능력, 수리논리력, 언어능력이 요구된다고 나옵니다. 타인의 성장을 돕는 사람에게 적합하고 말과 글을 이해할 수 있는 언어능력이 필요하다고 합니다. 자연계는 자기성찰능력과 수리논리력이 필요하다고 나옵니다. 리더십이 있어야 하고 맡은 일에 책임감이 있고 약속을 잘 지키는 사람들에게 적합하다고 합니다.*

세상에 다른 이들과 원만하지 않아도 되는 직업이 어디 있으며, 감정 조절을 잘해야 하는 게 능력에 포함된다는 게 참 어이가 없습니다. 인문계 과목 선생님에게는 언어능력이 필요한데, 자연계 과목 선생님한테는 그게 필요가 없을까요? 여기에서 제시되는 교사로서의 자질은 보편적인 사람들에게 요구되는 덕목입니다. '교사로서 이런 것은 꼭 필요해.' 하는 것은 어디에도 존재하지 않습니다.

교사는 원한다면, 그리고 교대나 사대를 나와서 임용고시에 붙을 실력만 있으면 누구나 할 수 있습니다. 평소에 아이들을 좋아하지 않는다고요? 하다 보면 좋아지게 됩니다. 그리고 좋아지지 않더

---

* https://www.career.go.kr/

라도 일반적으로 아이들을 대하는 것과 직업적으로 대하는 것은 다릅니다. 내 직업을 유지하기에 알맞을 정도만 되더라도 전혀 문제는 없습니다. 가르치는 것은 좋아하는데 자신이 없다고요? 이 능력도 점점 길러집니다. 나에게 맞는 방법을 이것저것 시도해 보고, 그중에 가장 편안한 것을 택해서 요령껏 발전시키면 됩니다. 나를 귀찮게 하는 사람들 때문에 힘이 든다고요? 지금만 참고 이겨내면 점점 잔잔해지는 날이 옵니다. 그때부터 나의 마음가짐과 태도, 행동을 바꾸면 됩니다. 동서고금을 막론하고 사람들은 바뀌어 왔습니다. 바뀜의 계기는 커다란 충격일 수도 있지만 아주 작은 것일 수도 있습니다. 그 지독했던 자린고비 스크루지도 착한 사람으로 변했고, 욕심 하나로 똘똘 뭉친 놀부도 개과천선했습니다. 철천지원수였던 두 집안의 로미오와 줄리엣도 서로 사랑에 빠졌습니다. 그러니 그 계기를 찾으면 됩니다. 학교에서 보는 다른 선생님들에게서, 나랑 코드가 맞는 아이에게서, 수업 준비를 하면서 느껴지는 쾌감에서 계기는 찾을 수 있습니다.

지금 당장 교사에게 필요한 것은 넘어져서 우는 아이의 아픔을 공감해 주고, 공부 못하는 아이와 함께 방법을 찾아보고, 학교폭력 피해 학생이 두려움 없이 학교에 나올 수 있는 여건을 마련해 주고, 매사에 의욕이 없는 아이를 다독거리며 힘을 주고, 나에게 가장 어울리는 수업 방법을 찾아서 한 번 더 시도해 볼 수 있는 마음가짐입니다. 아직 여린 아이들이 나로 인해 달라지고, 내 선한 영향력이 그들에게 반영될 수 있는 자리라면 정말 멋진 직업이 아닐까요?

◌ 꿀팁 ◌ 한 번 더, 이건 꼭 기억하세요.

1. 숟가락을 들 힘만 있으면 굶어 죽지 않는다고 합니다. 요즘은 마우스를 클릭할 수만 있다면 수업은 가능합니다. 처음은 미약했지만 끝은 창대하리라는 성경 말씀처럼 처음의 어설픔이 점점 질서를 잡아가는 모습을 보게 될 겁니다. 그때까지는 큰 숨 쉬지 말고 버티면 됩니다.
2. 교사라는 직업은 이타적입니다. 아이들이 좋게 바뀌는 모습을 보는 것만으로 충분합니다. 그렇다고 어떤 보상이 교사에게 주어지지는 않습니다. 하지만 물질을 넘어서 정신 가득 차오르는 기쁨을 누릴 수 있습니다. 그건 소리 없이, 아주 조금씩 이루어져서 온전하게 내 몸을 적십니다.

2장.

학교라는 직장에서 일 잘하는 사람 되기
— 업무 편

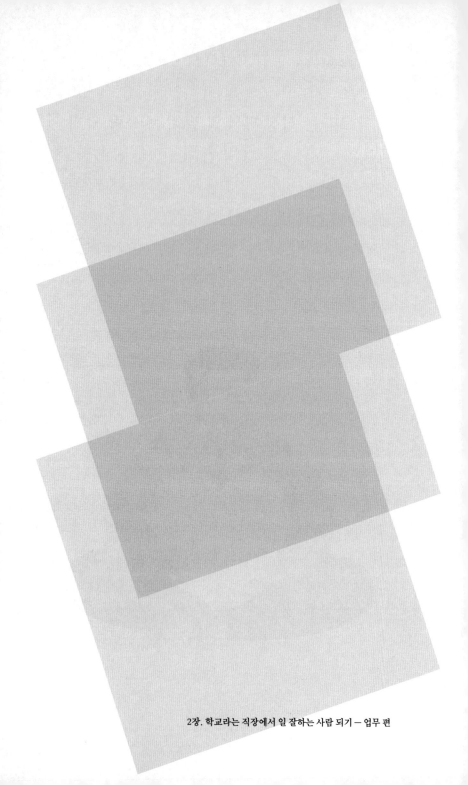

2장. 학교라는 직장에서 일 잘하는 사람 되기 — 업무 편

#준비

20

학교는 나의 직장, 나는 직장인이다

···› 내가 이런 소리까지 들어야 하나… 상급자들로부터 지적받았을 때

···› 아침 인사부터 하루 종일 어떻게 표정을 관리하고 행동해야 할지 막막할 때

···› 수평 조직이라는 교직? 정말 그럴까? 나올 때와 들어갈 때를 구분하기 어려울 때

학교라는 직장은 참 애매한 곳입니다. 생산성을 올리기도 어렵고 어디까지 일을 해야 하는지 감을 잡기도 어렵습니다. 하면 할수록 일은 끝이 없어지지만, 안 하겠다고 생각하는 순간 한없이 편해질 수도 있습니다. 내가 얼마나 열의를 보이느냐에 따라서 분명 학교가 달라지고 학생이 달라집니다. 또한 나 자신도 달라집니다. 다만 그것을 계량화하고 수치로 나타낼 수 없다는 게 문제라 어떤 기준으로 교사들을 판단할 수 있는지는 아무도 모릅니다. 성직자들처럼

소명 의식을 가지고 열심히 노력해야 한다는 말은 맞지만, 왜 그래야만 하느냐에 대해서는 속 시원한 답변을 듣기 어려운 것이 요즘 교사라는 직업입니다. 선생님이니까 이렇게 해야 한다는 것과, 직장인이니까 이렇게 해야 한다는 것은 분명히 다릅니다. 적어도 머릿속에서는 달라야 한다는 생각이 있습니다.

우리 교육은 오랫동안 교사를 국가가 정한 지식을 잘 전달하는 자로 규정하는 대신 교실 안에서 그 누구의 통제와 간섭도 받지 않는 권한을 보장해 주었다. 하지만 이러한 '교사 1인 왕국'으로서의 닫힌 교실은 교사를 고립시키고 성장을 막는 부메랑이 되어 돌아왔다. 자신의 교육에 대해 성찰하고 이를 동료 교사들과 함께 나누며 성장하는 문화가 형성될 수 없었다.*

위의 이야기처럼 강력한 권한이 있는 것 같으면서도 그렇지 못한 게 교사입니다. 사회적으로는 갑인 것 같으면서도 을인 게 교사입니다. 수업, 생활지도 등 내가 할 일만 해내면 아무도 나를 건드리지 않을 것 같지만 오히려 그래서 더 힘들고 이 직업을 놓아 버리는 경우도 종종 있습니다. 직장인으로서 준비가 아직 안 되어 있기 때문입니다. 사범대학이나 교육대학에서 교사로서의 수련 과정을 거쳤지만 신규로 임용된 교사들은 학교 현장에 대한 것은 제대로 배

* 김종훈 저『교사, 함께 할수록 빛나는』, 템북, 2020.

우지 못했습니다. 그래서 학교라는 조직에 들어오면 직장인으로서 적응하는 것을 어려워하는 경우가 많습니다. 내가 어디까지 일을 해야 하고, 어떤 성취를 보이면 되는가에 대해 제대로 알려주는 이도 별로 없습니다. 그냥 알아서 스스로 방법을 터득해야 합니다. 당연히 시행착오를 겪게 됩니다. 그 과정에서 상심하기도 하고 낙담이 커지면 알아서 조직을 떠나기도 합니다. 배운 게 가르치는 일이고, 잘할 수 있는 게 가르치는 일임에도 결국 적응을 하지 못하는 경우가 생기는 것이죠. 일반 직장처럼 선배들과 함께하면서 배우고 하나하나 발전해 나가는 과정을 겪지 못하니 모든 것을 내 탓으로 돌리게 되고 결국 실패의 경험이 쌓인 채로 적당한 선에서 타협하게 됩니다. 그런 나 자신을 믿지 못하게 되면서 자존감이 떨어지기도 합니다.

어떤 조직이든 저마다의 특성이란 게 있고 조직 문화란 게 있습니다. 어떤 일을 하고 누구와 일을 하느냐에 따라서 조직 문화는 무척 달라집니다. 고도의 집중력을 발휘하지만 느슨할 때는 한없이 늘어지는 게임 업계와 늘 일정한 긴장감을 유지하고 업무 시간에 집중해야 하는 공무원들의 생활이 같을 수는 없는 노릇입니다. 따라서 우리는 학교라는 곳에 자리를 잡고 있는 한, 이 조직이 어떤 곳이라는 것을 알아야 합니다. 그리고 거기에 맞게 생활하려고 노력해야 합니다.

염두에 두어야 할 두 가지가 있습니다. 기본과 상식입니다.

1. 기본은 바로 직장인으로서의 자세를 말합니다.

밝은 표정으로 인사하고, 소통하기 위해 노력하고, 남보다 내가 먼저 다가서려는 태도입니다. 출근 시간 잘 지키고, 업무를 두려워하지 말고, 선배와 후배와의 관계를 잘 유지하고, 적어도 나 혼자 편하자고 하는 행동은 없어야 합니다. 직장도 작은 사회입니다. 여기에서 제대로 적응하지 못하는 사람은 어느 조직에 가서라도 적응하지 못할 확률이 높습니다. 자신의 능력이 뛰어나지 못하더라도 물어가면서, 스스로 학습해 가면서 조금씩 나를 맡기다 보면 서서히 적응해 나가는 자신을 느낄 수 있습니다. 감정보다는 이성이 지배하는 곳이 직장입니다. 일이 우선, 관계는 그다음입니다. 나는 이곳에 일을 하러 와있는 것이지 사람들과 놀고 관계를 맺기 위해 온 게 아닙니다. 나의 업무 영역에서 자신감이 생기고 심적 여유가 생긴다면 그다음의 인간관계는 자연스럽게 이루어지게 됩니다. 내가 다소 엉뚱하고 특이한 성격이라 할지라도, 업무상 내가 그 자리에 딱 들어맞는 사람이라면 남들은 인정할 수밖에 없습니다.

2. 상식은 여기가 학교라는 곳을 잊지 말아야 한다는 것입니다.

근대 이후 학교는 일반적인 상식을 파괴하기 시작했습니다. 많은 사람을 가르칠 필요가 있을까? 왜 그래야 하는 거지? 위에서 지시하는 대로 따라가게끔 하는 게 훨씬 합리적이지 않을까? 보편적인 학교보다는 특수한 계층만을 키우는 게 더 필요하지 않을까? 학교는 모든 사람을 일정 수준 이상으로 끌어올리고자 하는 목표로 만들어졌습니다. 당연히 그 실효성에 대해서 의문도 많았고, 학교 교육이 자리 잡기까지도 많은 노력을 해야 했습니다. 상식을 파괴하는 것이기에 더욱 그러했죠. 하지만 지금 학교 교육을 부정하는 사람은 거의 없습니다. 학교라는 울타리를 벗어나는 모든 교육과 학습도 고귀한 가치를 인정받습니다. 따라서 배움과 가르침이라는 것은 학교의 상식입니다. 방식의 차이는 있을지라도 학생들을 전과 다르게, 전보다 낫게 만들고자 노력해야 합니다. 모든 것을 교육의 관점에서 보고 학생 저마다의 특수성을 인정하되, 보편성을 갖추려고 해야 합니다. 학생의 성장에 이런 게 필요하겠다고 생각한다면, 이것이 발전이라고 생각한다면 실행하고 도전해야 합니다. 보수적인 면이 강할지라도 상식적으로 학교에서 이래야 하는 게 있다면, 그에 발맞추어 학생 지도를 해야 합니다.

꿀팁 한 번 더, 이건 꼭 기억하세요.

---

1. 누구나 일은 배울 수 있습니다. 일 못한다고 주눅들 필요는 없습니다. 괜찮습니다. 스스로를 격려하세요.
2. 아이 교육을 위해서라는 의도가 살아 있는 한, 어느 정도의 실수는 인정받습니다. 자신감이 필요합니다. 적어도 나 스스로를 믿고 기다려 주는 자세가 필요합니다.

#업무

21

동료들이 믿어주는 일 잘하는 직원 되기

⋯→ 작은 것들을 자꾸 빠뜨려서 '죄송합니다'를 입에 달고 살아야 할 때

⋯→ 내가 꼼꼼한 줄 알았는데, 그렇지 못한 것 같아서 우울할 때

⋯→ 일 잘한다는 말을 듣고 싶을 때

간혹 이런 농담 같은 말을 하곤 했습니다. 일 잘하는 사람과 인간성 좋은 사람 중에 누구를 선택할 거라는 질문입니다. 이것의 정답은 당연히 일 잘하는 사람입니다. 직장이란 곳은 일을 하는 곳입니다. 따라서 자신의 업무를 철두철미하게 해서 그냥 믿고 맡길 수 있는 사람이 직장에서는 최고의 인재입니다. 설령 인간성이 좀 나빠서 대인관계도 잘하지 못하고, 자기 고집을 너무 부려서 전체적인 화합에 별 도움이 되지 않더라도 상관없습니다. 일단 빈틈없이 일을 잘하면 그 자체로 인정을 받습니다. 직장인의 가장 우선적인 존재 의미는 자기 일을 완벽하게 하는 것입니다. 사람이 좋아서 정말

진국이면 더 좋겠죠. 수학에서 필요조건과 충분조건을 생각하면 됩니다. 일 잘하는 것은 필요조건이고 사람 좋은 것은 충분조건입니다. 필요조건만 충족하더라도 직장을 다닐 수 있지만, 그 반대는 아마 직장에 다니지 못할 겁니다.

학교도 마찬가지입니다. 일단은 자신에게 주어진 일을 깔끔하게 처리하는 교사를 선호합니다. 이건 관리자의 생각만이 아닙니다. 주변 동료 교사들의 생각도 동일합니다. 아무리 아이들을 사랑하고 교사로서의 사명감으로 똘똘 뭉쳐 있는 사람일지라도 자신이 해야 할 일을 스스로 헤쳐 나가지 못한다면 이건 민폐가 됩니다. 학생 동아리 편성을 해야 하는데 담임반 아이들에게 사전 안내를 하지 않으면 전체적인 관리가 안 됩니다. 방과후 수업 신청을 받아야 하는데 한 반이라도 누락이 되면 나중에 민원의 소지가 커집니다. 우유 급식 신청서를 나눠주지 않으면 주문을 할 수가 없습니다. 정규 수업이 끝났다고 우리 반 아이들을 청소도 하지 않고 가라고 하면 옆 반 아이들 등쌀에 다른 선생님들이 괴로움을 겪게 됩니다. 내가 정말 수업을 잘하고 아이들한테 인기가 좋더라도, 전체적인 조화를 생각하지 못하고 주변 동료들과 옆 반 아이들을 생각하지 못한다면 직장인으로서는 낙제점입니다. 학교에서 근무하는 교사로서 내가 수업만 잘하면 된다는 생각은 그러므로 잘못된 생각입니다. 만약 개인이 운영하는 교습소라면, 개인 과외 교사라면 이 역량이 최고일 수 있습니다. 하지만 교사에게는 그렇지 않습니다. 모든 교사가 일타 강사가 되어야 하는 것도 아니고, 모든 교사가 EBS의 족집

게 강사가 되기를 요구하지 않습니다. 다만, 어느 특정한 교사 한 명 때문에 학교의 한구석이 멈춰버리는 일이 없도록 하면 됩니다.

교사가 무척 창의적일 필요도 없습니다. 완전히 발상을 달리해서 새로운 아이디어를 현실화하는 것은 살아남기 위해 현실을 바꿔야 하는 일부 회사에 한정된 이야기입니다. 교사의 상상력과 참신함은 현실에서 인정되는 범위 내에서, 학교라는 곳의 교육적 필요성 범위 내에서만 의미를 갖게 됩니다. 상상만으로는 아이들의 집을 지을 수 없습니다. 정규 공교육을 담당하는 학교에서 갈 수 없는 길이란 없습니다. 누군가가 하고 있는 것의 끄트머리를 연결해서 조금 다른 시도를 해볼 뿐입니다. 그러니 창의적인 상상력으로 내 머리를 가득 채우려는 생각은 하지 않아도 됩니다. 가끔 독창적인 의견이 필요할 때가 있기는 합니다. 이럴 경우 그것을 즐기면서 기꺼이 감당하려는 사람들이 나오게 마련입니다. 그런 사람을 밀어주고 칭찬해 주는 것이 오히려 더 현실적입니다. 간혹 연구학교 신청서를 제출하거나 창의적인 장학사들이 구안한 과제가 학교에 떨어지는 경우가 있습니다. 이럴 경우도 다 좋아하는 선생님들이 있게 마련입니다. 발표 자료를 만들고, 자료 조사를 하고, 현장 답사를 가게 되더라도 일을 나누어서 하기 때문에 창의적이지 않은 교사들이 살아남을 공간은 넘칩니다. 아이들을 보면 알겠지만 그냥 따라가 주는 것만으로도 내 조직에는 큰 힘이 됩니다. 누구나 이게 가능하니 학교 조직은 이런 면에서 참 괜찮습니다.

혼자 하는 일이라면 개인적인 역량이 가장 중요합니다. 우리 반을 완벽히 챙기고 우리 아이들이 잘 성장할 수 있도록 지켜봐 주고 인도하면 됩니다. 하지만 일 잘하는 교사는, 남들의 인정을 받는 교사는 남들 모두 다 해야 하는 일에서 오류를 나타내지 않습니다. 아이들한테 줄 가정통신문을 제날짜에 배부하고, 신청서를 제날짜까지 받아서 제출합니다. 조회에 들어가서 빈자리가 없는지를 체크하고 자리가 비었으면 바로 집으로 전화합니다. 시험문제 출제일이 정해지면 정해진 시간까지 늦지 않게 시험지를 완성합니다. 직원회의에 참석할 때는 회의 중간에 문을 열고 들어가는 일은 되도록 하지 않습니다. 출장을 다녀오면서 버스나 기차 영수증을 내버리지 않고 행정실에 잘 제출합니다. 청소시간에 교실에서 아이들과 칼싸움을 할 지언정 교사 없이 아이들끼리 칼싸움을 하게 내버려두지 않습니다.

그러고 보면 교사들이 해야 할 일이란 참 쉽습니다. 업무를 추진하는 선생님들이 하시는 말씀을 잘 받아 적고 제날짜만 챙기면 됩니다. 엄청난 기획서를 만들어야 하는 것도 아니고, 전년도에 비해서 거대한 실적을 올리지 않아도 됩니다. 갑자기 새로운 업무를 맡아서 낯선 외국어를 배워야 하는 것도 아닙니다. 그저 단순하게, 남들 다 하는 것을 늦지 않게만 하면 됩니다. 조금만 더 좀스러워지면 됩니다. 대범하게 '애들이 그럴 수도 있지, 괜찮아'를 연발하지만 않으면 됩니다. 그럴 수 있는 것에도 그러지 말아야 함을 이야기해야 하고, 괜찮은 일에도 이러다가 다치면 어떻게 하냐고 나무랄 줄 알아야 합니다. 일 잘하는 교사는 어디까지 수업했는지 진도를 꼬박꼬박 교과서에 반별로 적어야 하고, 업무 파일을 하나하나 정리할 줄 아는 사람입니다. 그래서 '저 선생님은 늦지 않는 선생님이야', '저 선생님이 제출한 건 다시 볼 필요가 없어'라는 말을 듣는다면 일 잘하는 선생님이 될 수 있습니다.

수업을 잘하는 선생님은 당연히 필요합니다. 수업에 자부심을 느끼면서 학교라는 집단에 잘 적응할 수 있습니다. 꼼꼼한 수업 연구와 학생들 개개인에게 맞춤형으로 가르쳐주는 것도 좋습니다. 그렇지만 학교가 직장이라는 것을 알아야 합니다. 내 본연의 수업보다 업무가 더 중요할 수도 있습니다. 매번 제출 기한을 어겨서 다른 동료들에게 불편을 끼치거나 한번 봐달라고 아쉬운 소리를 하는 건 무척 자존감을 떨어뜨립니다. 그러니 나로 인해 주변 선생님들의 일 마무리가 잘되지 않은 게 있는지, 내가 오늘도 마감할 것을 제대로 하지 않았는지를 꼭 살펴봐야 합니다. 그게 교사의 필요조건입니다.

◌꿀팁◌ 한 번 더, 이건 꼭 기억하세요.

1. 옆의 선생님과는 일로써 언제든 연결될 수밖에 없습니다. 그러니 평소에 먼저 인사하고, 커피라도 한잔 내려주고, 짐이라도 들어주면 좋습니다. 내가 꼼꼼하지 못한 것들이 그런 가벼운 시도로도 어느 정도 보완이 될 수 있습니다.
2. 학교는 일을 나누어서 하는 조직입니다. 간혹 자기 일을 떠맡기는 부장 교사가 있기는 하지만, 그래도 낯이 그렇게 두껍지는 않습니다. 충분히 웃으면서 따지고 부드럽게 의견 개진하는 게 먹히는 조직입니다.

#교사

22
관리자와 교사의 생각 차이

⋯ 교장(교감) 선생님과 생각 차이로 갈등이 일어날 때

⋯ 수업에서 벗어나고 싶어 승진을 생각하게 될 때

⋯ 일 처리 과정에서 교장(교감) 선생님을 설득하는 게 힘이 들 때

많은 선생님이 승진을 꿈꿉니다. 교사로서 나이를 먹어가면서 수업을 하는 게 서서히 힘에 부치기도 하고, 젊은 학생과 학부모들을 만나서 코드를 맞추기가 어려워집니다. 그래서 많은 선생님이 수업을 벗어나고 싶어 합니다. 그 방법은 단 한 가지, 관리자로의 전환입니다. 다른 나라에서는 관리자로 나가더라도 수업을 한다던데, 우리는 수업에서 완전히 자유로워지기 때문에 그것을 꿈꾸게 됩니다. 책임은 커지겠지만, 개별적인 부딪힘이 덜하고 개인으로서도 영광이기에 일부 교사들을 제외하고는 다들 마음속으로 생각을 하게 됩니다. 젊은 시절부터 그것을 염두에 두고 비선호 지역에서 일을 하

거나, 점수를 따기 위해 미리미리 자신을 관리하기도 합니다. 학교에서 어려운 일을 자처하기도 하고 가끔은 번거로운 일을 감내할 때도 있습니다. 사실 관리자가 된다는 것은 조직에서 보다 큰 그림을 그릴 수 있다는 것이고, 자신이 원하는 교육철학을 더 넓게 펼칠 수 있기 때문에 성취를 생각하더라도 괜찮은 일이 될 수 있습니다. 한 학급을 맡은 교사로 시작을 했지만 나아가 학교 전체를 관장해 보는 것도 의미 있는 일일 것입니다. 내 수업만을 생각하다가 전체를 조망해 본다는 자체가 몸의 편함과 불편함을 떠나서 한번 도전해 볼 만한 일이기도 할 겁니다. 다행히 우리나라는 점수 기준이 있어서 누구나 동일하게 기회를 맞이할 수 있습니다. 그런 점에서는 무척 공정한 과정입니다. 점수를 얻을 수 있는 활동도 객관적인 근거에 기반한 것이니 받아들이는 데 큰 거부감도 없습니다.

문제는 교사로서 일할 때와 관리자로서 일할 때의 태도나 자세가 달라진다는 것입니다. 문제라기보다는 너무나 당연한 것이겠지요. 『화성에서 온 남자 금성에서 온 여자』라는 존 그레이의 책은 남자와 여자의 차이에 대해서 그럴 듯하게 이야기하고 있습니다. 관점이 다르기 때문에 서로를 이해하도록 노력해야 한다는 것을 책에서는 말합니다. 학교의 관리자와 일반 교사도 책임지는 부분이 다르고, 업무 영역의 크기도 다르기 때문에 서로의 차이에 대해서 알아야 할 필요가 있습니다. 함께 학생들의 교육을 위해 노력하지만 사안에 따라서, 혹은 본인의 관심사에 따라서 중요하게 생각하는 게 다릅니다. 그래서 가끔 갈등이 벌어지기도 합니다. 젊은 교사들의 입장에서 대개 연배가 훨씬 높은 관리자들과 쉽게 소통하기는 어렵습니다. 칭찬을 들을 때는 상관없겠지만, 잔소리나 듣기 싫은 말을 들어야 할 때는 참 많은 스트레스를 받습니다. 요즘은 갑질에 대한 사회적 관심이 높아져서 상급자라는 지위를 이용해서 하급자를 쉽게 대하는 일이 없어지긴 했습니다. 오히려 교사들의 '을질' 때문에 힘들어한다는 관리자들도 많이 볼 수 있습니다. 학교에서 같은 목표를 가진 사람들끼리 사이가 벌어진다면 이는 학생들을 대상으로 하는 교육활동에도 부정적인 영향을 미칠 수 있습니다. 관리자로 인해 학교생활이 재미없어진다거나 의욕을 상실한다면 교사로서의 마음가짐에도 적신호가 켜집니다. 그러니 관리자와 교사들의 차이에 대해 한번 생각해 볼 필요가 있습니다. 꼭 그렇지는 않겠지만, 대략 몇 가지의 차이점이 있습니다. 경험에 의거한 것이긴 하지만 일반화할 수는 없습니다. 그냥 이렇게 생각할 수 있구나 하는 정도로만 보시면 어떨까요?

1. 관리자는 결과를, 교사는 과정을 본다.

학교에서는 정해진 교육과정 내에서 다양한 일들을 수행합니다. 정규 수업뿐 아니라 학급 활동, 체험 활동, 체육 활동, 동아리 활동 등 여러 방면의 교육이 이루어지고 전에 없던 일들을 벌이기도 합니다. 연구학교를 신청해서 새로운 프로젝트에 교직원들이 참여하기도 하고, 교사들이 아이들과 함께 새로운 교육 활동을 시도하기도 합니다. 교사 개인이 정해진 수업을 하고 학급 담임의 일을 하면서 다른 사람들과 차별화된 내용을 학교에서 구현하기도 합니다. 그런 것은 문제가 없겠지만, 새롭게 시도하는 많은 일의 시작과 끝은 관리자의 결재를 받아야만 합니다. 교사는 학생들과 이러저러한 활동을 하는 게 교육적으로 유의미하다고 생각하고 시도를 합니다. 그런데 관리자는 그 활동의 결과가 어떤가를 유심히 살핍니다. 과정이 의미 있다 하더라도 보여지는 결과가 없다면 크게 의미를 두지 않을 수 있습니다. 그러니 계획 단계에서 이러저러한 의미 있는 과정을 거쳐서 어떤 결과를 보여주겠다는 교사의 의견을 피력해야 합니다. 정돈되고 완결된 계획이 없으면 시도가 어려울 수도 있습니다.

2. 관리자는 머리로, 교사는 몸으로 접근한다.

학교에서 많은 관리자들은 말합니다. 선생님들이 열심히 하면 최대한 도와주겠다고. 그러면서 도와줄 일이 있으면 얘기하라고 합니다. 그런데 선생님들은 도와달라고 할 게 별로 없습니다. 이론적으로야 학생이 교칙을 어기면 그에 따라 처리하면 되고, 규정이 현실과 맞지 않으면 고치면 됩니다. 교육부의 지침이나 매뉴얼에 따라 하는 것은 문제가 되지 않지만, 그것을 벗어나는 건 문제가 됩니다. 그렇지만 학교에서의 일이란 게 그렇게 정해진 규정대로 할 수만은 없는 게 허다합니다. 예를 들어, 학생이 수업 분위기를 흐릴 때 정해진 단계대로 대응하고, 교권보호위원회를 열고, 학생에게 징계를 주면 된다는 건 이론입니다. 교사는 로봇이 아니기에 규정대로만 처리할 수가 없습니다. 일이 벌어진 맥락도 있고, 학생 개개인의 사정도 있고, 다른 아이들의 눈치도 봐야 합니다. 똑같은 잣대로 기계적으로 판단이 안 됩니다. 교칙으로만 본다면 열 번 백 번 중징계를 내려야 하지만 교사가 볼 때는 그냥 넘어가는 게 나을 수도 있습니다. 교육의 특성이란 이렇게 명확하지 않습니다. 관리자가 볼 때는 답답합니다. 교사들이 볼 때도 답답합니다. 그래서 갈등이 생깁니다.

3. 관리자는 원칙을 지켜야 하는 것으로, 교사는 깨야 하는 것으로 여긴다.

어떤 조직이든 원칙이라는 게 있습니다. 학교에서의 원칙은 교칙과 불문율로 내려오는 전통입니다. 그런데 이 원칙을 곧이곧대로 지키는 교사는 없습니다. 원칙이라는 게 상식에 근거하는 건데, 상식적이지 않은 일이 학교에서는 너무 많이 일어나기 때문입니다. 교사도 원칙대로 하고 싶습니다. 그래야 공정하고 뒤탈이 없다는 것을 알기 때문입니다. 하지만 원칙은 그 사이사이에 빈틈이 무척 많습니다. 사람이 실수를 하거나 충동적일 수 있다는 것을 배제합니다. 교사는 원칙의 사이사이에 있는 빈틈을 메워야 하는 사람입니다. 원칙에 따르면 연락도 없이 조금 늦은 학생은 무단지각으로 처리하면 되고, 수업 시간에 들어오지 않은 학생은 무단결석으로 처리하면 됩니다. 체험학습을 낸 학생이 제출한 계획대로 학습을 수행하지 않은 경우도 무단결석으로 기록하면 됩니다. 그런데 만약 교사가 매사를 이런 원칙대로 처리한다면 학부모의 원성을 들어야 합니다. 아이들을 생각하지 않고 상황을 고려하지도 않는 비인간적인 교사로 간주될 수 있습니다. 교사는 그런 원칙 사이에서 날렵하게 줄타기를 하는 존재입니다. 그러니 관리자와 마찰이 있을 수밖에 없습니다.

4. 관리자는 틀 안을, 교사는 틀 밖을 지향한다.

주어진 일만을 하는 교사가 있지만 일부 교사는 없던 일을 만들려고 합니다. 주로 젊은 교사들이 그렇습니다. 자신이 생각하기에 이런 시도가 교육적이고 학생들에게 좋은 영향을 미칠 수 있다고 생각하면 시도해보려는 생각을 합니다. 주어진 틀을 벗어나서 휴일에도 학생들과 공을 차고, 캠핑을 떠나고, 대회에 나가려고 합니다. 수업도 교실을 벗어나서 해보려고 할 수도 있습니다. 해보지 않은 것을 하면서 학생들의 숨은 재능을 발굴하고 성장하는 경험을 안겨 주고 싶습니다. 그러면 당연히 고정관념에서 벗어나야 하죠. 하지만 관리자는 생각합니다. 기존의 틀 안에서도 얼마든지 할 수 있는데, 꼭 위험 부담이 있는 이런 것을 해야 하는가를 고민합니다. 자신이 해오던 것이 있기 때문에 틀 안에서는 안정감을 갖지만, 틀을 깨고 밖으로 나가려는 것에는 적극적이지 않습니다. 사실 가지 않은 일을 가는 것에는 언제나 위험 요인이 있습니다. 그것을 깨고 한 단계 도약하는 것이 참 교육이겠지만, 그런 시도를 무조건적으로 격려하고 밀어주기란 어렵습니다. 사고가 난다면 모든 책임을 함께 져야 하고, 관리 소홀로 인한 문제를 온전히 떠안아야 하기 때문입니다. 마구 뛰고 달리려는 야생마를 길들이는 사육사라고 할까요? 이런 차이가 둘 간에는 존재합니다.

5. 관리자는 대외적이지만, 교사는 대내적이다.

교육 활동의 실적을 밖으로 알리는 일에 관리자는 적극적입니다. 꼭 관리자로서 자신의 명성을 높이려는 것 때문은 아닙니다. 우리 학교가 이러한 분야에서 두각을 나타내고 있고, 학교의 교육 가족 모두가 노력하고 있다는 것을 드러내고 싶어 합니다. 그래야 학교에 대한 학부모의 만족도가 높아지고, 외부 자원을 학교로 끌어들이는 데에도 도움이 되기 때문입니다. 그래서 열심히 보도자료를 만들어 홍보하고, 모범 사례를 개발하려 합니다. 반면에 교사가 볼 때 그런 일은 아이들 교육과는 별 상관이 없다고 생각합니다. 활동을 하면서 학생들의 성장에 도움이 되었다면 그것으로 충분한 것이고, 남이 굳이 알아줄 필요가 없다고 생각합니다. 오히려 떠벌리고 자랑하기 위해 열심히 한 것이 아닌데, 오해를 받을까를 걱정합니다. 순수한 의도에 더 큰 의미를 두는 것이죠. 그래서 활동 결과를 포장하고 내세우는 것 때문에 갈등이 일어날 때가 있습니다. 사안을 바라보는 시야가 다르기 때문에 벌어지는 일입니다. 교사는 교육활동 자체만을 보지만 관리자는 그것이 미칠 영향과 향후 생겨날 수 있는 일에도 신경을 씁니다. 정답이란 건 없습니다. 적정한 선에서 활동의 뒤처리가 다른 교사의 부담으로 이어지지 않도록 하면 됩니다.

6. 관리자는 보이는 것을, 교사는 안 보이는 것을 중요시한다.

요즘은 다양한 외부 활동을 하는 교사들이 많습니다. 책을 쓰거나 강연을 하고, 유튜버로서 채널을 운영하고, 다른 학교 교사들과 연합해서 교육 활동에 참여하고, 상급 학교에서 공부를 더 하기도 합니다. 이런 활동 중에는 법에 허용된 개인의 자유 범위에 있는 것도 있지만 관리자의 허락을 받아야만 하는 것도 있습니다. 업무 시간에 외부로 강연을 하러 가거나 학교에 출석을 하려면 당연히 관리자의 허락을 받아야 합니다. 교사들은 자기 계발을 해서 학생들의 교육에 도움을 줄 수 있는 부분을 우선시합니다. 내가 넓어져야 아이들도 넓어진다고 생각해서 자신의 역량을 한껏 끌어올리려 합니다. 하지만 관리자는 다르게 볼 수 있습니다. 평소 수업을 열심히 하고 담임 교사로서 아이들 관리에 더 신경을 써야 한다고 생각합니다. 자신이 해야 할 일은 제대로 못하면서 자기 발전만을 노린다고 여깁니다. 외부 활동을 하게 되면 수업도 바꿔서 해야 하고 조회나 종례도 동료들이 대신해 줘야 합니다. 그로 인한 주변 사람들의 불만과 어려움을 고려하기 때문에 여기에서 생각 차이가 발생합니다. 관리자가 중요하게 생각하는 것은 교사의 외부 활동과 역량 강화보다는 지금 맡고 있는 수업과 업무입니다. 그리고 조직의 안정입니다. 선생님들의 활동이 우리 학교 아이들에게 도움이 된다는 구체적이고 현실적인 증거를 보여줄 필요가 있습니다.

7. 관리자는 예산을, 교사는 목적을 생각한다.

학교에서 지원받는 예산이 많아졌지만 정해진 재원을 학교의 구석구석까지 분배하는 것도 만만치 않은 일일 것입니다. 기존의 예산을 증액하거나 새로운 시도에 예산을 배정해야 할 때 관리자는 고민을 합니다. 어느 한 곳에 예산을 많이 투자하려면 다른 곳에 있는 예산을 줄여야 하기 때문이지요. 또한 형평성 문제도 생겨날 수 있습니다. 돈을 달란다고 누구에게는 주고 누구에게는 주지 않는다고 불만이 생길 수도 있기 때문입니다. 교사는 내 업무만을 보지만 관리자는 전체적인 예산을 봐야 하므로 차이가 생겨납니다. 예를 들어, 학생들을 데리고 외부 활동을 하다 보면 배정된 식사 비용인 1인당 8천 원이 부족한 적이 많았습니다. 교사 개인의 사비를 털어야 하는 경우가 빈번하다 보니 이에 대해 이의를 제기했습니다. 학생들의 급식비와 간식비가 예전 기준으로 되어 있으니 이를 현실화해달라고 했습니다. 관리자는 교육청에서 명시된 교사에 대한 급량비 8천 원과의 형평성 문제를 이야기했습니다. 학생은 만 원짜리를 먹는데 교사는 8천 원짜리를 먹어야 한다고 불만이 나올 수도 있다고 했습니다. 그러면서 결정을 미뤘습니다. 그런 걸 비교하는 교사가 어디 있냐, 둘은 항목 자체가 다르다고 따졌습니다. 물론 나중에 학생의 급식비는 만 원으로 조정되었습니다. 그 이후 어느 선생님이 이의를 제기하더군요. 교사와 학생의 급식비 차이를 따지면서 교사가 차별받는 게 말이 되냐는 말을 했습니다. 관리자의 반대 근거가 현실성이 있었던 것이죠. 내가 보는 관점이 다가 아닙니다. 충분히 대화를 해야 하고, 서로의 입장을 이해할 필요가 있습니다.

교사가 이렇다고 일반화할 수 없듯이 관리자도 일반화할 수 없습니다. 꼼꼼하게 잘 챙기는 사람들도 있고, 믿고 맡기는 스타일도 있습니다. 세상살이는 나와 다른 사람들과 맞추면서 살아가는 과정입니다. 일반적인 사람들과의 관계처럼 서로서로 맞춰가는 것이 기본입니다. 때로는 확실하게 주장을 하며 전면전을 벌이는 것도 필요하고, 져주는 것도 괜찮을 수 있습니다. 피해야 할 건 관리자로 인해 내 직장생활이 피곤해지는 것입니다. 어차피 학교에 근무하면서 안 볼 수는 없는 일, 최대한 부딪힘이 없도록 노력해야 합니다.

꿀팁 한 번 더, 이건 꼭 기억하세요.

---

1. 관리자와 교사의 차이는 수업을 하고 안 하고의 차이만은 아닙니다. 우리 학교의 아이들이 제대로 커야 한다는 명제는 공유하고 있습니다. 하지만 그것을 위해서 관리자는 조직 관리를, 교사들은 현실 개선을 해야 한다고 봅니다. 우선시하는 게 다르니 생각의 방향도 달라집니다.
2. 관리자도 결국 선생님입니다. 퇴직하면 똑같은 선생님 출신입니다. 입장 차이를 좁히고 잦은 대화를 해야 합니다. 목적이 같으면 같은 방향을 봐야 합니다. 서로를 이해해야 하는 이유는 각자를 위함이 아니라 학생들을 위함입니다.

#습관

23

출퇴근 시간을 지켜라. 사소한 것에서 실망이 시작된다

⋯› 바쁜 아침에 서둘렀는데도 출근 시간에 1분씩 늦을 때

⋯› 분명히 신경 쓰고 있었는데 회의 시간에 늦어 눈치를 봐야 할 때

⋯› 가끔 개인적인 일이 있어서 정해진 시간보다 일찍 교문을 나설 때

칼같이 정해진 출퇴근 시간이 없는 직장을 다니다 보면 나도 모르게 무뎌지는 일이 벌어집니다. 바삐 서둘렀는데도 늦잠을 자는 바람에, 화장실에 다녀오는 바람에, 길이 밀려서, 가족을 내려주고 오다 보니 출근 시간에 늦게 되는 거죠. 대개 학교는 출퇴근 시간을 아침 8시 30분부터 오후 4시 30분으로 하고 있습니다. 그런데 수업 시작은 9시에 하게 되는 경우가 많습니다. 8시 30분보다 늦게 오더라도 1교시 수업에 들어가는 것은 별 지장이 없습니다. 담임 교사는 8시 30분에 조회에 들어가지만 조금 늦게 교실에 들어가는 경우도 많기 때문에 아침에 몇 분 정도 지각하는 것 정도는 크게 눈에 띄지

않습니다. 운동장이나 야외 청소 구역을 들렀다가 교실에 갈 수도 있고, 일 때문에 다른 선생님과 상의하다가 늦게 들어갈 수도 있기 때문에 아침 출근 시간은 유연하게 여기는 편입니다. 간혹 다른 도시에서 출퇴근하는 선생님들도 있습니다. 기차 시간이 맞지 않아서, 혹은 차가 밀려서 늦게 오기도 합니다.

요즘 학교 교무실은 예전과 다릅니다. 교과교실제 등이 도입되면서 같은 교과 교사들끼리 한 공간에서 업무를 보기도 하고, 남는 교실을 이용해서 만들어진 교사 연구실을 이용하기도 합니다. 예전처럼 몇십 명의 교사들이 들어가는 공간은 거의 두지 않습니다. 교무실보다 교실이나 특별실에서 주로 업무를 보는 교사들도 많습니다. 당연히 아침에 누가 출근을 했는지를 확인하기 어렵습니다. 일반 회사들처럼 출퇴근 시에 지문으로 등록을 하는 시스템을 갖추고 있지도 않습니다. 그래서 이런 현실이 교사들을 나태하게 만들 수도 있습니다. 이번에만 늦은 건데 괜찮겠지, 다른 사람들도 이럴 거야 하는 생각이 저절로 들게 됩니다. 하지만 여기에서부터 누수가 일어납니다.

출퇴근 시간을 지키는 것은 기본 중의 기본입니다. 교사도 직장인이기 때문에 지켜야 할 것은 지켜야 합니다. 학생들이 간혹 늦거나, 상습적으로 몇 분씩 지각을 하는 경우에도 대개는 이렇게 말합니다. 이해는 하지만 그냥 넘어가지 않는 게 교사로서의 기본입니다.

"지킬 건 지키면서 해야지. 이것도 습관이다."

"하나를 보면 열을 아는 법이다. 네가 다른 시간 약속은 제대로 지키겠니?"

"아침에 지각한다는 건 성실하지 못하다는 것이야."

이런 교사가 자신의 불성실함을 합리화하면서 넘어간다는 것은 걱정스러운 일입니다. 그리고 지각하는 교사의 모습을 보는 사람들의 생각도 달라지게 됩니다. 아이들은 아이들대로, 동료 교사들은 교사들대로, 관리자는 관리자대로 지각하는 교사에 대해 좋지 않은 마음을 가질 수 있습니다. 퇴근 시간이 되기 전에 미리 자리를 뜨는 경우도 마찬가지입니다. 학교라는 넓은 공간 안에서는 나의 행동 하나하나를 누군가는 보게 됩니다. 나와 직접적인 이해관계가 없더라도 나의 그런 행동은 나를 규정하는 기준으로 작용합니다. 기본에 충실하다는 것은 다른 것들에도 충실할 수 있다는 전제 조건이 될 수 있습니다. 남들의 부정적인 시선을 받고 있는 교사에게 유리한 건 하나도 없습니다.

교사는 대부분 다른 직장을 경험하지 않습니다. 처음부터 교사가 되려는 목적으로 교대나 사대에 진학했고, 임용고시를 목표로 삼아 학교라는 직장을 잡으려고 노력해 왔습니다. 그러니 교사에게 학교는 내가 아는 모든 세상이나 마찬가지입니다. 하지만 일반 직장인들은 다릅니다. 갈 수 있는 직장의 범위도 교사보다는 훨씬 넓고, 이직하는 경우도 많습니다. 다양한 집단에서 생활을 하면서 어떻게 처신을 해야 하고, 직장인으로서 기본을 어떻게 가져야 하는지에 대해서도 많은 사례를 보게 됩니다. 처음에는 일반 사원으로 들어갔다가 지속적으로 승진하면서 어떻게 행동해야 하는지를 몸으로 느끼거나 선후배들을 통해서 자신도 모르게 배우게 됩니다. 처음부터 특정 과목의 교사로 시작해서 끝까지 비슷한 일을 하는 교사와는 다릅니다. 그래서 한편으로는 직장 생활의 기본에 대해 교사 집단에서는 크게 생각하지 않고 대충 넘어가는 경향이 많이 있습니다.

일반 중소기업에서처럼 출퇴근 시간을 분 단위로 체크하고, 1분이라도 늦게 되면 바로 급여에서 그만큼이 깎이는 회사라면 절대로 지각하지 않으려고 노력하지 않을까요? 그런 촘촘한 견제 장치가 있는 곳에서 생활하는 직장인은 자신이 지켜야 할 것에 대해 은연중에 알게 되고, 누가 시키지 않더라도 자기 행동 속에 자연스럽게 나타나게 됩니다. 사소하게 보이는 것이라도 이것이 자신의 평판에 좋지 않은 영향을 준다면 스스로 제어하려고 노력을 합니다. 그렇지 않은 환경의 교사들과는 다른 점이죠.

아리스토텔레스가 이렇게 말했습니다. "인생을 바꾸고 싶다면 습관을 바꿔야 한다." 태어나면서부터의 천성은 평생을 가지만 스스로의 행동을 통해서 생겨나는 습관은 제2의 천성이라는 것입니다. 절대적인 시간을 지키는 것은 신뢰도와 연결되기도 하지만, 우리 교사들이 학생들을 가르치는 일을 하기에 꼭 필요한 습관일 수 있습니다. 그래야 지각하거나 시간 약속을 안 지키는 학생들에게도 당당할 수 있습니다. 괜히 별거 아닌 걸로 약점 잡히는 일은 없어야 할 것입니다. 그것의 기본은 출퇴근 시간 지키기입니다.

◌ 꿀팁 ◌ 한 번 더, 이건 꼭 기억하세요.

1. 늦게 학교에 들어오는데 관리자나 선배 교사를 만났다면, 늦었다고 한 소리를 들었다면 솔직하게 인정하고 사과하는 것이 좋습니다. 구체적으로 변명할 필요는 없습니다. 자신의 잘못을 인정하는 모습이 상황을 정리하는 데 가장 좋은 방법입니다.
2. 대신 아이들의 지각에 대해서는 관대해질 필요가 있습니다. 습관을 바꾸고 스스로 행동을 변하게 해야 하는 법입니다. 결국은 학생 자신이 변해야 합니다. 학생들에게는 너그럽게, 그리고 여유 있게 지켜봐주는 것이 필요합니다.

24

동료 덕분에 학교는 더 괜찮은 곳이 될 수 있다

…› 열심히 하는 동료 교사를 칭찬하고 싶을 때

…› 직접 칭찬이나 격려의 말을 하는 게 부담스러울 때

…› 친하게 지내고 싶지만 그럴 만한 계기가 없어서 서먹서먹할 때

교사는 수업을 통해서 교실에서 아이들에게 말을 건넵니다. 학생들과 궁합이 잘 맞아야 하고, 학생들이 교사를 잘 따라주면 교사로서 학교생활은 할 만한 일이 됩니다. 교사의 많은 업무가 동료 교사들과 연결되기는 하지만, 가장 중요한 수업은 주로 나 혼자서 꾸리기 때문에 교실에서 학생들과의 관계에 집중하게 됩니다. 우리나라의 교사들은 교실 안에서는 자신만의 세상을 갖고 있습니다. 그 누구도 교사의 허락 없이 수업을 하는 곳에 들어올 수도 없고, 교사가 하는 수업을 이래라저래라 할 수도 없습니다. 그러기에 교사는 혼자서 모든 일들을 감당해 왔습니다. 교실 안에서 최대한의 권한이 주

어졌기 때문입니다. 이는 어떤 문제가 생겼을 때 동료들과 함께 고민해서 상황을 헤쳐 나가기보다는 스스로 해결해야 한다는 무언의 압박으로 작용하기도 합니다. 교사 집단에 속해 있지만, 혼자 알아서 하는 데 익숙해 있는 것이죠.

어떤 집단이든 동료들이 있고, 동료들의 지지를 받지 못한다면 조직 생활을 잘해나가기란 어렵습니다. 내가 아무리 수업을 잘하고 학생들과 잘 지낸다고 하더라도 동료들에 대해 눈, 귀, 입을 막고 생활할 수는 없습니다. 아침마다 마주치면 인사를 해야 하고, 동 교과나 동 학년 교사들과 상의를 해야 합니다. 우리 반 아이가 지적을 받으면 신경 쓰이지 않을 수 없습니다. 출장이나 연가로 수업을 바꿔야 할 때면 아쉬운 소리를 해야 하고, 수업 시간에 급히 자리를 비워야 할 때는 옆 반 선생님께 부탁을 드릴 수도 있습니다. 지도해야 할 학생 때문에 다른 선생님께 양해를 얻어야 할 수도 있고, 청소 지도를 부탁할 수도 있습니다. 대신 사인을 해달라고 하거나 회의에 불참했을 때 어떤 안건이 있었는지를 물어봐야 할 수도 있습니다. 내가 어떤 행사를 주관할 때 사진을 찍어 주거나 행사에 대한 보도 자료를 대신 보내줄 수도 있습니다. 여차하면 나를 대신할 수 있는 동료 교사는 아주 중요한 존재입니다.

옆의 선생님을 내 편으로 끌어들이는 것은 그 무엇보다 필요합니다. 그런데 사람과 사람 사이에서 일방통행이란 없는 법. 내가 하는 만큼, 내가 마음을 준 만큼 받을 수 있습니다. 나는 도움을 주지 않는데 도움을 받을 수는 없습니다. 매번 마음에도 없는 칭찬을 하거나 동료 교사가 좋아하는 선물을 줄 수도 없습니다. 잔잔하게 그리고 서서히 내 편으로 삼을 수 있게 해야 합니다. 그러기 위해서는 옆자리 이웃인 내가 쓸 만하다는, 혹은 도움이 되거나 의지가 되는 사람이라는 인식을 심어주어야 합니다. 사람들은 서로 놀면서 친해집니다. 그렇다고 바쁜 학교에서 놀러 다닐 수 있는 여유 갖기는 대부분의 선생님에게 불가능합니다. 그러므로 수시로 내가 동료라는, 옆에서 늘 지켜보고 있다는, 당신과 함께 하고 있다는 인식을 심어주어야 합니다. 그래야 그도 내게 힘이 될 수 있습니다.

동료들과 친해지는 방법 중 하나는 글을 써서 보내주는 것입니다. 나에 대해서 쓴 글에 대해서는 누구든 관심을 갖고 있습니다. 내가 직접 쓴 글이든, 남이 쓴 글을 내가 전해주는 것이든 나를 통해서 전해진 글에는 힘이 있습니다. 그 글을 전달한 나도 글과 함께 전해지는 것입니다. 여러 가지 방법을 알려드립니다.

1. 많은 학교에서 스승의 날, 인성주간, 감사데이 등의 행사를 갖고 있습니다. 이때 선생님이나 친구들에게 짧은 편지를 쓰는 활동을 합니다. 포스트잇이나 작은 엽서 같은 데 자신의 마음을 담아서 전달하는 것입니다. 선생님들은 대개 학생들의 활동을 지도하게 됩니다. 이때 활동에 선생님들이 함께 참여하면 좋습니다. 학생들에게 본보기가 될 수 있을 뿐 아니라 짧은 글을 받는 선생님들도 동료로서의 만족감을 가질 수 있습니다. 편지는 한두 문장 정도로 짤막해도 상관없습니다. 누구에게 감사를 전하고, 누군가로부터 솔직

한 마음을 전해 받는다는 것은 그 자체가 의미 있는 것이니까요. 내용은 그리 무겁지 않아도 됩니다. 1분 이내에 작성할 수 있습니다. 그런데 이런 글을 쓰면 스스로도 직장생활에 대한 만족도가 커지게 됩니다. 예를 들자면 이렇습니다.

- 아팠던 우리 반 선우를 보건실에까지 직접 데려가 주신 점, 고맙게 생각합니다. 선생님은 역시 친절하신 분입니다.
- 제가 아쉬울 때 수시로 종례를 부탁드리게 되어 죄송합니다. 한편으로는 우리 반 아이들이 선생님의 종례를 더 좋아하는 것 같아서 샘이 납니다. 감사합니다.
- 꼼꼼하지도 못한 성격 때문에 고민이 많았는데, 옆에서 해야 할 일을 챙겨주시고 방법까지 알려주셔서 늘 즐겁게 학교생활 하고 있습니다. 핑계 김에 고맙다는 말씀을 드립니다.
- 선생님이 늘 제 옆에 계시다는 게 큰 힘이 됩니다. 적이 아닌 한 편으로 함께할 수 있어서 늘 든든합니다.
- 애들보다 더 허둥대는 교사가 저인데요, 옆에서 한 마디씩 해주시는 게 큰 힘이 된답니다. 그래서 늘 감사드립니다.

2. 해외여행을 갔을 때 보내는 엽서 한 장도 괜찮습니다. 코로나 이후로 방학을 이용한 해외여행이 많아지고 있는데요, 여행 중에 직장 동료들에게 엽서를 한번 보내보세요. 그 효과도 괜찮습니다. 현지의 모습을 담은 엽서 한 장과 우표까지 아무리 비싸더라도 2,000원

을 넘지는 않을 것입니다. 여행지의 풍경과 그곳에 있는 나의 느낌을 이야기하고, 이런 느낌을 선생님에게 보내고 싶다. 함께 할 수 있는 기회가 있었으면 좋겠다는 등의 사연을 글로 적으면 이 자체가 여행 기념품이 될 수 있습니다. 해외에서 편지를 받는 색다른 경험을 한 사람은 별로 없을 것입니다. 그래서 더 돋보일 수 있습니다. 직원 주소록을 한 벌 챙겨서 학교가 아닌 집으로 보내면 됩니다. 설령 여행지에서 돌아온 후에 엽서가 도착하더라도 상관없습니다. 내가 멀리까지 간 동료의 마음속에서 살아있는 사람이구나 하는 생각은 받는 사람의 자존감도 함께 높여줄 수 있으니까요.

꿀팁 한 번 더, 이건 꼭 기억하세요.

---

1. 배낭여행을 간 경우는 직접 우체국을 찾아보는 것도 재미지만, 패키지 단체여행을 갔을 때는 가이드에게 부탁해서 보내달라고 하면 됩니다. 사람은 의외로 아주 사소한 것으로 인해 인생의 보람과 살아가는 즐거움을 느끼는 법입니다.
2. 글을 안 써본 사람들은 짤막한 글이라도 어떻게 시작해야 하는가부터 고민할 수 있습니다. 그냥 눈에 보이는 대로 쓰면 됩니다. 차가 막힌다, 날씨가 어두워진다, 바람에 나무가 흔들린다. 더워서 땀이 난다, 휴대폰을 바꿨다 등 모든 것들을 첫 문장에 말하듯이 담으면 됩니다.

#업무

25

이번에는 받아들이자. 그러면 내 어깨는 점점 가벼워진다

→ 지금껏 저쪽 부서 업무였는데 갑자기 내게 주어졌을 때

→ 이걸 꼭 내가 해야 하나 하는 생각이 들 때

→ 다른 교사보다 수업이나 업무가 많아서 불만이 많을 때

다들 남들은 우아하고 품위 있게 살아간다고 생각합니다. 학교에서 근무하면 달랑 수업만 하면 되고, 방학 동안 길게 놀 수 있고, 퇴직하고 연금도 받을 수 있으니 노후 걱정도 할 필요가 없다고 생각합니다. 게다가 아직까지는 선생님이라고 사회적으로도 존중까지 받으니 더할 나위 없는 최고의 직업이라고 말합니다.

한국보건사회연구원과 서울대 사회복지연구소가 발간한 '2018 한국복지패널 기초분석 보고서'에 의하면 중학생이 두 번째로 선호하는 직업은 교수나 교사였습니다. 고소득층 부모들은 전문직 다음으로 교사를 희망했고, 저소득층 부모들은 교사나 공무원

등 안정적인 직업을 갖기를 원했습니다. 2020년 엘리트학생복에서 10대 초중고 학생들 416명을 대상으로 한 설문조사 결과 방송인과 의료인에 이어 교사가 희망 직업 3위로 나타났습니다. 학부모 대상 조사에는 공무원에 이어 2위였습니다. 2022년 교육부와 한국직업능력연구원에서 학생 2만여 명과 학부모 1만여 명을 대상으로 한 온라인 설문조사 결과 초등학생의 교사 선호도는 2위, 중학생과 고등학생은 1위로 나타났습니다.

학교에서 진로 교육이 강화되면서 학생들의 희망 직업이 다양해졌지만, 희망 직업의 최상위권에는 항상 교사가 들어 있습니다. 학생들이 직업에 대한 정보를 부모나 교사로부터 얻기 때문에 교사가 최상위권에 있다는 얘기도 있습니다. 의사나 연예인들에 비해서 재능이나 학력 등이 덜 필요하기 때문일지도 모르겠습니다. 하지만 교사라는 직업이 의미가 있고 해볼 만한 일이라는 것은 부정할 수 없습니다. 적어도 밖에 있는 사람들의 시선에 좋은 직업으로 비친다면 아무리 양보해도 중간 이상의 직업은 되지 않을까 합니다.

돈만 보고 달려가는 일도 아니고, 뜬구름 잡듯이 이상만 좇는 직업도 아닙니다. 현실에 발을 딛고 있고 그럭저럭 경제적으로도 괜찮고 안정적으로 가족을 부양할 수 있는 직업입니다. 게다가 사람을 키운다는 미래지향적인 직업이기에 많은 사람이 이 직업을 원하지 않나 하는 생각을 갖게 됩니다.

하지만 막상 들어와서 일을 하게 되면 기존에 생각하던 것과는 다릅니다. 하루하루 바쁘지 않은 날이 없고, 수업만 하면 되는 게 아닙니다. 조직에 적응하는 일도 만만치 않습니다. 그런 과정을 겪다 보면 불만이 싹트고 스트레스를 받거나 속상할 때가 종종 있습니다. 교사로서 보는 현실에 따라 내 기대 수준이 달라지고 만족과 불만족이 결정되다 보니 전에는 전혀 생각하지 않았던 것들을 내 주변에서 보게 됩니다. 원래 시간이 지나고 경력이 늘어날수록 더 너그러워지고 편해져야 하는데, 더 좀생원이 되어가고 있는 나를 발견할 때는 '왜 이렇게 살고 있는 거지?' 하는 생각이 들기도 합니다. 학교 조직 내에서 이런 일들이 간혹 벌어져서 나를 속상하게 합니다.

- 전에는 이 일을 우리 부서에서 담당하지 않았는데, 왜 이번에는 우리한테 떨어진 거야?
- 왜 평소 안 하던 것을 만들어서 나한테 하라고 하지?
- 똑같은 월급 받는데 왜 내가 주당 수업을 1시간 더 해야 되나?
- 왜 전에 없던 양식을 만들어서 쓸데없는 시간 낭비를 하라고 하지?
- 전에는 그냥 말만 하고 잠깐 외출을 했었는데 이제는 불편하게 외출을 달고 나가라고 하지?
- 그냥 대개는 아무 말 없이 관리자가 사인을 해줬는데, 왜 하나하나 꼬치꼬치 따지고 들지?
- 형식적으로나 있던 규정인데 이번부터 적용한다고 하는 건 왜지?
- 다른 학교는 안 그런데 왜 내가 근무하는 학교는 이렇게 바뀌지 않는 걸까?
- 이런 일까지 교사들이 직접 해야 하는 건가?
- 이렇게 수업이 바뀌면 나는 오전 4시간을 연속 수업해야 하는데, 안 된다고

할까?

- 나 좋자고 하는 일도 아닌데, 왜 내가 오해받아야 하지?

불만을 품기 시작하면 한도 끝도 없습니다. 이런 불만을 가진 채 업무를 해봐야 애초부터 불편한 마음을 갖고 있으니 좋은 효과를 거두기도 어렵습니다. 가장 좋은 방법은 좋은 쪽으로 생각하고 순순히 인정하는 것입니다.

무엇이든 받아들인다는 마음을 먼저 가질 필요가 있습니다. 내가 매년 이 일을 하고 있지는 않을 것입니다. 내년에는 달라질 수도 있고 영원히 이 일과 거리가 멀어질 수도 있습니다. 올해 하고 내년부터 계속 안할 수 있다면 그게 더 나을 수 있습니다. 수업도 마찬가지. 올해 내가 수업을 더 많이 했다면 다음번에는 다른 사람이 더할 수도 있겠죠. 갑자기 순회 교사가 내 수업을 대신해 줄 수도 있는 법이고. 내가 이런 것까지 해봤다는 게 나중에 돌아보면 나의 경력이 될 수도 있습니다.

가끔은 이것저것 활동을 하고 다양한 시도를 해 보는 것이 나의 역사를 만듭니다. 공적조서를 꾸밀 때도 쓸 게 없는 게 아니라 쓸 게 너무 많아서 행복한 고민을 할 수도 있습니다. 한 시간 더 수업을 한다고 해서 내 건강에 크게 치명적인 작용을 할 것도 아니고, 당장 힘들다고 해도 이 부담이 오랫동안 나를 옥죄지는 않습니다. 보다 큰 그림을 그리면서 현실을 인정하는 것이 필요합니다. 그렇게 조직에 적응하다 보면 내 몸도 적응을 하고, 가끔 툴툴거리는 것이 현실에 반영되어 보다 나은 조직 환경이 만들어지기도 합니다.

모든 것은 마음먹기 나름입니다. 약삭빠른 사람이 승승장구하는 경우도 있지만, 대개는 꾸준한 사람이 더 환영받습니다. 오래갈 직장은 천천히, 길게 호흡할 필요가 있습니다. 대개 교사가 되면 30년 이상을 재직하게 됩니다. 한 해 두 해는 긴 교직 생활에서 결정적인 시기가 아닙니다. 규정대로, 그리고 합리적으로 다가가려는 노력이 나를 불안과 초조에서 벗어나게 합니다. 그러다 보면 나는 괜찮은 교사로 다시 태어나게 됩니다.

꿀팁 한 번 더, 이건 꼭 기억하세요.

---

1. 마음에 들지 않을 때 일단 그 자리에서 인상 쓰고 마음을 드러내는 건 좋지 않습니다. 대개의 사람 관계가 그렇듯 고생하는 사람은 다음에 더 챙겨주기 마련입니다.
2. 이기적이고 간사한 동료가 있으면 그에 대한 평가는 대개 비슷한 법, 내 편이 저절로 생겨납니다. 그러면 학교 근무는 더 즐거워집니다.

#업무

26

괜한 고민은 필요 없다. 형식에는 형식으로 대응하기

- 형식적으로만 갖추어도 될 서류를 준비해야 할 때
- 아무도 오지 않는 공개수업주간 수업의 학습지도안을 제출해야 할 때
- 실체는 없지만 서류상으로 했다는 증명을 근거로 남겨야 할 때

요즘은 많이 달라졌지만 몇 년에 한 번씩 행정감사가 있는 해는 학교가 바빴습니다. 대개 4~5년 분량의 자료를 준비해야 하고, 그것을 보기 좋게 묶어 두어야 했습니다. 컴퓨터에 다 들어 있는 자료를 출력해서 준비하는 행정상의 번거로움은 지금도 이해하기 어렵지만 예전보다는 많이 좋아진 편입니다. 감사를 준비하면서 가장 짜증났던 일들은 법적으로 만들어 놓아야 하는 서류 준비였습니다. 듣도 보도 못한 회의록을 뒤늦게 꾸며야 했고, 실제로는 아무런 효과가 없는 회의록이 갖춰지지 않았다고 지적사항에 기록된 적도 있었습

니다. 지금도 개인정보동의서, 이동식 저장매체 관리대장, 다양한 회의록 같은 서류들은 평소에 준비하고 있는 게 아니기에 감사가 나온다고 하면 그때 가서야 준비를 하는 경우가 많습니다. 수업을 주로 하는 교사가 이런 잡무를 하다 보면 한숨이 나오기도 합니다.

학교에서 업무를 하다보면 100% 형식적인 일을 해야 할 때가 가끔 있습니다. 실제로는 이루어지지 않지만 서류로는 완벽하게 갖추어야 할 때가 있다는 겁니다. 물론 형식적인 것도 갖추고 실질적으로도 진행이 된다면 가장 이상적이겠지만, 이미 지나간 일에 대해서 어떤 활동이 이루어졌다는 증빙을 근거로 남겨야 한다는 것은 고개를 갸웃거리게 합니다. 이런 게 꼭 있어야 하나 생각은 하지만 그것을 거부할 수는 없습니다. 조직에 민폐를 끼칠 수 있으니까요. 그것을 했다는 공식적인 기록을 남겨야 하고, 학교장 결재를 뒤늦게라도 맡아 두어야 한다는 통보를 받을 때면 착잡합니다.

학교에서 형식적으로 갖추어야 할 것은 이런 것들이 있습니다.

- 체험학습을 가기 전에 사전 지도 계획이 있어야 하고 그 내용과 일시, 장소, 대상 등이 분명히 명시되어야 합니다.
- 안전 교육을 했다면 그 내용보다 했다는 사실이 증명이 되어야 합니다.
- 최종적인 의사 결정 전에 협의회 기록이 있어야 하는 경우도 많습니다.
- 연간 계획에 의거해서 모든 교육 활동이 이루어지는 것이 권장됩니다.
- 학기 초에 세운 교과진도계획에 의거하여 수업이 진행되어야 합니다.
- 평가 계획 또한 계획대로 진행되지 않으면 나중에 문제가 될 수가 있습니다.

- 성적 확인의 경우 학생이 확인했다는 사인이 있어야 하고, 그것이 그 학생이 했다는 것은 별로 중요하지 않을 수도 있습니다. 해당 학생이 없으면 옆의 친구가 대신 할 수도 있습니다.
- 가정통신문을 안 가져왔을 때 그 서류가 꼭 필요하다면 부모님 사인을 아이가 하는 경우도 가끔 있습니다.
- 감사에 지적받아서, 혹은 학교 관리자 선생님으로부터 사유서를 써서 제출하라는 지시를 받을 때가 있습니다. 어떤 내용을 써야 할지 고민하게 되는 경우가 많습니다.

물론 계획에 따라 실행되는 것은 가장 이상적입니다. 그리고 형식적으로 남기는 것보다 실질적으로 어떤 활동을 했는가가 더 중요할 수 있습니다. 하지만 상급 기관에서 하는 확인이나 감사 등에서는 일일이 그 내용을 확인하지 못하기에 서류상으로 완벽하게 꾸며 놓았는가를 볼 때가 많습니다. 그럴 때는 어떤 마음가짐으로 짜증나는 나를 바로 세워야 할까요?

꼭 해야 하는 것은 당연히 하는 것이 맞습니다. 최대한 서류상으로도 갖추어야 하는 것이 맞습니다. 하지만 정말로 형식적으로, 서류상으로만 보충할 거라면 그 내용은 그리 신경 쓰지 않아도 됩니다. 그 내용을 뒤늦게 보충할 때는 간단하게 꼭 필요한 사항만 집어넣으면 됩니다. 형식적인 것에는 지극히 형식적으로 대응을 하면 됩니다. 뒤늦게 협의록을 만들어야 할 경우 고민하지 말고 들어가야 할 것만 협의록에 기입하면 되고, 뒤늦게 지도안을 만들어야 한다면 이 또한 지도안 형식에만 맞추어서 간단하게 작성하면 됩니다. 학기 말에 이미 지난 일의 계획서를 뒤늦게 만들어서 결재를 해야 할 때는 앞뒤 따지지 말고 정말로 간단하게 한두 장으로 작성하고 끼워 넣기만 하면 됩니다.

간혹 형식적인 서류들을 만들면서 고민하는 선생님들이 있습니다. 그리고 잘하려고 궁리를 하는 경우도 많습니다. 그런데 이런 행동이 결국 스스로의 진을 빠지게 만듭니다. 서류들을 잘 꾸며서 이를 근거로 양질의 학교 교육을 할 수 있다면 마땅히 그렇게 해야 합니다. 그렇지만 단순하게 비치만 하면 되는 서류라면 고민할 필요가 없습니다. 실제 교육을 하는 것과 교육을 했다고 근거를 남기는 것은 분명 다릅니다. 교사들은 실제로 아이들에게 어떻게, 무엇을 전달할지를 고민해야지 페이퍼 작업을 고민할 필요는 없습니다. 어떤 일을 하기 전에 사전 계획은 필요하지만 형식적으로 결재를 요구하는 것이라면 형식만 갖추면 됩니다. 학생들의 반성문을 놓고 구성과 어휘와 문장력을 따지지 않습니다. 글씨를 공들여 쓰지 않고 대충 썼다는 걸 추가 교육의 근거로 삼지도 않습니다. 반성했다는 근거만 갖추면 대개는 그냥 넘어가는 법입니다. 뒤늦게 공개수업 지도안을 제출할 때라면 수업 요소들만 들어가는 간단한 지도안을 제출하면 된다는 것입니다. 그걸 제작하기 위해서 많은 시간을 투자하고 고심할 필요는 없다는 얘기입니다. 공을 들일 것에 공을 들이고, 그렇지 않은 것에까지 꼼꼼함의 잣대를 들이대서 나를 힘들게 하는 일은 스스로 막아야 할 필요가 있습니다.

형식적인 것에는 형식적인 것으로 대응하기. 형식만 갖추어도 되는 일에 괜히 힘을 낭비할 필요는 없습니다. 그게 정신 건강에도 이롭습니다.

꿀팁 한 번 더, 이건 꼭 기억하세요.

---

1. 사전에는 많은 고민이 필요하지만, 사후에 내용보다는 형식이 필요할 경우 최소한의 형식에만 신경 쓰면 됩니다. 체험학습 이전에 안전교육은 꼭 필요하지만, 결재 서류로 첨부되는 자료는 교육청에서 배포하는 자료를 그냥 첨부만 해도 된다는 것입니다. 내용을 우리 학교에 맞게 바꾸고 새로운 표현을 생각하느라 힘을 낭비할 가치가 없습니다.
2. 논리에는 논리로 대응해야 하듯이 형식에는 형식으로 대응이 정답입니다. 고민할 가치가 없는 것에 대해 고민할 필요는 없습니다.

#갈등

27

상사와의 갈등 해결법, 말보다는 글로 해라

⋯→ 선배 교사와의 의견이 안 맞아 갈등이 벌어질 때

⋯→ 이 말은 꼭 했으면 좋겠는데 감정싸움이 될까봐 주저할 때

⋯→ 내가 있는 조직 문화가 잘못된 것 같아서 관리자에게 건의해야 할 때

어느 직장이든 전통이라는 게 있고, 조직 문화라는 게 있습니다. 조직 생활을 오래 한 사람일수록 자기 행동을 바꾸려고 하기보다는 유지하려고 하는 경향이 있습니다. 안정적인 상태를 선호하기에 자신이 해온 대로 하는 것이 더 편안함을 주기 때문이지요. 그러니 현 상황이 바뀌는 것에 대해서는 기본적으로 거부감을 갖게 됩니다. 상황이 변해서 꼭 바꿔야 하는 이유가 생겼다면 모르겠지만, 그렇지 않다면 '굳이'라는 단어를 사용하여 현재 상태를 유지하는 쪽으로 힘을 싣습니다. 학교도 마찬가지입니다. 늘 해오던 수업, 늘 해

오던 일과 등 이미 굳어진 일들로 가득 찬 곳이 학교입니다. 큰 사건이 터지지 않는 한, 밖에서 볼 때는 물 흐르듯 부드럽게 전개되고 상황이 이어지는 곳이 교육 현장입니다. 그래서 학교는 보수적이라는 말을 합니다. 밖에서야 학교가 많이 변했겠지만 안에 있는 사람들에게는 그 변화가 잘 느껴지지 않습니다.

학교가 늘 그래왔기에, 하던 대로 해도 별문제가 없기 때문에 무엇 하나라도 바꾸려면 많은 공을 들여야 합니다. 잘못된 관행이라 하더라도 그것을 변화시킬 만한 강한 요인을 찾기 전에는 고쳐야 한다고 주장하기도 어렵습니다. 그래도 규정대로 하지 않는다거나, 관리자의 독단이 들어가 있다거나, 지속적으로 이의 제기가 있는 것들은 바꿔야 합니다. 그러려면 관리자와 부딪쳐야 할 수가 있습니다. 일반적인 회사는 사원, 대리, 과장, 차장, 부장, 임원 등의 위계질서가 있기 때문에 아래에서 중간 단계를 무시하고 바로 윗선까지 가는 경우는 별로 없습니다. 조직의 질서가 나름대로 잡혀 있기 때문에 그것을 무시한다는 것도 쉬운 일은 아닙니다. 하지만 교직 사회는 다를 수 있습니다. 내 수업은 내가 하는 것이지 같은 교과 선배 교사의 허락을 받거나 지시 하에 이루어지는 것이 아닙니다. 행정 업무도 부장 교사를 거치기는 하지만 담당자인 내 선에서 모든 교사들에게 전해지는 게 일반적입니다. 그래서 위계질서가 있더라도 무척 느슨한 집단이 학교입니다.

이런 학교에서도 교사 집단 내에서 부딪치고, 고쳐야 할 것들이 있습니다. 특정한 팀이나 작은 부서 단위로 활동하지 않는 게 학교 조직이기에, 직접 부장 교사나 교장, 교감 등과 상의하거나 이의 제기를 할 경우가 종종 있습니다. 이런 경우 직접적으로 말을 해서 받아들여지면 좋겠지만 자칫 감정싸움을 하게 되기도 합니다. 변화를 자연스럽게 받아들이는 조직은 아래에서의 어떤 건의나 비판에 대해 수용적이겠지만, 그렇지 않은 조직은 관행에 대한 이의 제기를 자신에 대한 공격으로 간주할 수 있습니다. 학교 조직은 후자에 속하기 쉽습니다. 건의가 잘 먹히지 않은 경우 건의를 한 사람은 기운이 빠지게 마련입니다. 마지못해 건의를 받아들이는 경우도 뒤끝이 깔끔하지 않을 수 있습니다. 무엇을 이루었다는 성취보다 갈등을 일으켰다는 것 때문에 찜찜함만이 남을 수도 있습니다.

관리자와의 갈등은 대개 수업 외적인 것에서 생겨납니다. 방과후학교 등 별도의 수업이 있는데 관리자의 뜻과 다르게 이 수업을 못할 경우 갈등도 있었고, 학생들과 함께 교사로서 이런 활동을 하라고 하는데 이 활동이 교사의 업무 영역을 넘어선다고 판단되는 경우도 있었습니다. 연가 등을 신청할 때 정해진 사유가 아닌 교사 개인 사유일 때 그것을 일일이 설명하는 문제로 갈등한 적도 있었고, 어떤 교육 활동을 하려고 했을 때 관리자가 하지 말라고 하는 경우도 있었습니다. 가급적이라는 말을 쓰기는 하지만 교사의 자율권보다는 지침을 내려주는 느낌이라 여기에 대한 생각 차이도 있었습니다. 실효성이 없는 활동이라 안 하겠다고 하니 이미 계획에 들어있고 예산 배정이 되어서 꼭 해야 한다는 주장에 고개를 갸우뚱하기도 했습니다. 이렇게 아무리 생각해도 합리적이지 않은 경우 어떻게 해야 할까요?

적어도 교사라면 잘못된 것에 대해서 짚고 넘어가야 합니다. 학교에서 우리의 목표는 몸과 마음이 건강한 사회인을 길러내는 것입니다. 우리가 가르치는 아이들이 사회에 나가서 공정하고 합리적인 세상을 만들어야 합니다. 그러려면 불의에 대해서는 저항해야 하고, 독단과 아집에 대해서도 그냥 넘어가서는 안 된다고 생각합니다. 당연히 할 말은 하고 현실에 순응만 하지 않는 사람으로 키워내야 합니다. 그러려면 교사부터 그렇게 행동을 해야 합니다. 잘못된 것은 잘못되었다고 말하고, 고쳐야 한다고 주장해야 합니다.

이럴 때 말보다는 글이 더 필요할 수 있습니다. 위계가 있는 조직에서 동등한 자격으로 대화를 나눈다는 건 거의 불가능에 가깝습니다. 관리자와 대화를 할 때 겉으로는 대화의 형식을 띠고 있지만 사실은 훈계에 가까울 때가 많습니다. 대화라는 게 서로 주고받는 것을 기본으로 하는데, 위계질서가 개입하면 주거니 받거니가 잘 되지 않습니다. 관리자의 말을 중간에 자르고 들어가기는 어렵지만 내 말이 관리자에 의해 차단되는 것은 그리 어렵지 않습니다. 그런 무게 중심이 엉클어진 대화를 하다보면 내 안의 감정이 올라오는 경우가 많습니다. 그러면 감정 소모가 극심한 다툼이 되기도 합니다. 그래서 글이 더 유용합니다.

요즘은 내부 통신망이 잘 갖추어져 있어서 일대일의 채팅이나 대화를 할 수 있는 창구가 잘 마련되어 있습니다. 공손하게 예의를 갖추고 근거를 들어서 이의를 제기하면 잘 받아들여질 확률이 높아집니다. 관리자 입장에서도 마주 보고 얼굴 붉히지 않아도 되니 아랫사람과 싸움을 벌였다는 불명예에서 벗어날 수 있어서 괜찮습니다. 그리고 글로 하게 되면 표현에 훨씬 공을 들이게 됩니다. 그래서 꼬투리가 잡힐 만한 단어를 쓰지 않으려 노력합니다. 훨씬 이성적이고 차분해지게 됩니다. 또한 대부분의 의견 충돌에는 절충안이라는 생겨나는 법. 생각지도 못하던 부분에서 공감과 이해를 하는 기회를 가질 수도 있습니다. 또한 근거가 남게 되니 내가 무시당하지 않는다는 생각을 가질 수도 있습니다. 나중에 공격의 빌미를 남기지 않게 하려니 서로 조심하게 되는 법이죠. 또한 분위기에 휩쓸리거나 주눅이 드는 것을 막아줍니다. 관리자가 있는 공간에 내가 들어가서 말한다는 것은 일단은 한 수를 접고 들어가는 것입니다. 거기에서 놓여날 수 있으니 동등한 입장에서 별도의 사이버 공간을 만드는 것이나 마찬가지입니다. 그러니 감정 소모가 훨씬 덜한 글로 내 생각을 표현해 보시기 바랍니다.

◌ 꿀팁 ◌ 한 번 더, 이건 꼭 기억하세요.

1. 말이든 글이든 누군가와 다른 생각으로 다툴 때 가장 필요한 것은 논리적인 근거입니다. 문제를 제기할 때는 그 이유에 대해 충분히 생각해 보고 윗사람의 논리에 문제가 있다는 것을 분명히 파악한 후에 합니다.
2. 글로 다투고 나서 직접 만날 때는 기왕이면 먼저 미안하다는 말을 건네는 것도 괜찮습니다. 치열한 싸움 이후에 서로 악수하는 격투기 선수처럼 해야 할 필요가 있습니다. 어차피 링을 내려왔기 때문에 이제부터는 같은 동료로서 친하게 지내야 하는 거죠.

#마음

28

사유서, 시말서? 혼란한 마음 바로잡기

- 내 잘못으로 사유서나 시말서를 써야 할 때
- 앞으로 잘하겠다는 말이 자존심을 상하게 할 때
- 내 잘못도 아닌데, 이렇게 사는 내가 비굴하다고 느껴질 때

직장 생활을 하다 보면 본의 아니게 미안하다는 말을 해야 할 때가 많습니다. 내가 결정적인 실수를 했다든가 나중에 이로 인해 큰 문제가 발생할 수 있는 것들도 있겠지만, 그렇지 않은 경우는 교사의 마음을 상하게 합니다. 교사는 자존심이 강한 집단입니다. 그러다 보니 누구한테 아쉬운 소리를 하거나 부탁의 말을 하는 데 익숙하지 않습니다. 마치 도와달라는 이야기를 하는 게 내가 못났다는 것을 스스로 인정하는 것도 같고, 이런 것도 제대로 못하느냐는 타박을 듣는 것만 같아서 속이 상하기도 합니다. 그래도 내가 선생인데, 아이들에게 올바른 길을 이야기하고 인간으로서 지켜야 할 도리를

가르치는 사람인데 이런 별거 아닌 걸로 사죄를 해야 하고 내키지 않는 부탁을 해야 한다고? 참 마음이 편치 않습니다. 자기합리화를 할 수 있는 거라면 차라리 괜찮습니다. 우리 반 아이가 밖에서 사고를 쳐서 경찰에서 조사를 받았고, 담임 교사를 호출해서 의견서를 제출해달라는 말을 들었을 때가 있습니다. 그럴 때는 교사로서, 내가 맡은 아이니까, 내 의견서 하나로 지금의 위기를 모면할 수 있으니까, 경찰도 의례적으로 요구하는 거니까 써주는 게 문제는 없습니다. 원래는 이런 아이가 아니었는데, 가정이나 친구들의 꼬임에 빠져서 이렇게 되었고, 그래도 천성이 악하지 않으니까, 담임으로서 열심히 지켜보고 지도하겠노라고 의견서를 써주게 됩니다. 형식적으로 구비해야 하는 서류니까 제출받는다는 느낌을 받습니다. 그러니 내 마음이 거북할 것도 없습니다. 단지 귀찮을 따름입니다. 그래도 담임 의견서를 써주면 이를 빌미로 아이를 교육할 때에 편한 부분도 있습니다. 일단 선생님이 너를 위해서 이런 번거로움도 불사했다는 것을 아이와 학부모는 알고 있습니다. 그러니 좀 미안한 감정이 있어서 교사가 싫은 소리를 하더라도 어느 정도는 감내하면서 듣습니다. 그리고 어느 정도 아이의 학교생활이 차분해지는 면이 있기도 합니다.

문제는 나의 일에 대한 사유서입니다. 학부모의 민원이 발생했거나, 학생에 대한 언어폭력 때문에 시끄러운 문제가 발생했다거나, 좋지 않은 일에 연루되어 언론 보도에 등장하기라도 하면 관리자들은 싫은 소리와 함께 사유서 카드를 내미는 경우가 종종 있습니다. 그러면 무척 속이 상합니다. 혹시라도 학생이나 학부모가 이 사실을 알게 될까 봐, 동료 교사들이 알아서 내가 별 볼 일 없는 교사처럼 여겨질까 봐 걱정되기도 합니다. 가끔은 장학지도나 정기 감사 등에서 행정 서류가 미비하다고, 수행평가 채점표에 없는 점수를 부여했다고, 학교생활기록부에 쓰지 말아야 할 단어를 사용했다고(예를 들어 '대회') 사유서를 쓰게 하는 벌을 부여받기도 합니다. 그게 뭐 얼마나 대단한 거라고 이렇게 교사의 자존심을 박박 긁나 하는 생각이 듭니다. 그러면서 관리자나 장학사에게 얼굴 붉히면서 항의도 해보지만 한번 떨어진 지령이 거두어지는 경우는 별로 없습니다. 실수든 무능력이든 내가 잘못한 게 맞는데 강하게 항의하고 문을 박차고 나갈 수도 없는 노릇입니다. 민망한 것을 남들에게 떠벌리면서 나에게 이런 벌을 부과한 이들을 흉보기도 애매한 상황입니다. 그렇다고 혼자서 끙끙 앓기에는 뭔가 성에 차지 않습니다. 이럴 때 어떤 마음으로 내 마음을 진정시켜야 할까요? 어떻게 생각하면 마음이 편해질까요?

1. 사유서나 시말서를 쓰라고 하는 경우는 그것으로 내 잘못을 덮어주겠다는 이야기입니다. 더는 문제 제기를 하지 않을 것이니 이번에 잘못한 것을 인정하고 앞으로는 이러한 실수가 반복되지 않도록 하겠다는 개인적인 다짐을 글로 남긴다는 의미입니다. 관리자나 장학사로서도 일은 마무리해야 하는데 그냥 넘어가면 나중에

문제가 될 수도 있고, 그렇다고 큰 문제를 삼기에는 애매한 정도의 사안이라 이 정도로 끝낸다는 것입니다. 그러니 감사하게 생각하고 받아들이면 됩니다. 사유서나 시말서를 써서 제출했다는 게 중요하기 때문에 내용은 어떻게 쓰더라도 별 상관없습니다. 경과를 쓰고, 내가 미처 제대로 챙기지 못했던 것과 앞으로는 어떻게 주의하겠다는 내용만 들어가면 됩니다. 육하원칙에 따라서 담담하게 내 감정을 배제한 채 쓰면 됩니다. 마음을 두지 말고, 남의 것을 대신 써준다는 느낌으로 하면 됩니다. 내가 잘못한 부분이나 일이 꼬인 부분은 알고 있지만, 사실 위주로만 쓰면 됩니다. 불편함은 감정을 내세우는 데에서 출발합니다. 내가 왜 이런 걸 써야 해? 나한테 이런 걸 시키는 상대방은 뭐 그리 잘난 게 있다고? 자기도 관리자 되기 전에는 실수투성이였다고 하던데? 그런 생각은 전혀 할 필요가 없습니다. 일이 여기에서 끝난다는데 마다한다면 일을 더 키우고 싶다는 의사 표현이나 마찬가지입니다. 그냥 냉큼 받아들이고 끝내는 것이 정신 건강에도 이롭습니다.

2. 같은 교사의 입장입니다. 관리자든 장학사든 다 교사에서 출발한 사람들입니다. 개인차는 있겠지만, 충분히 학교 현장을 경험했고 교사로서 학교 현장의 답답함도 알고 있을 것입니다. 그러니 사유서를 쓰라고 하는 것도 교사 개인에 대한 감정에서 나온 게 아니라는 걸 알 필요가 있습니다. 관리자 입장에서는 자신도 사건 처리를 위해 노력했다는 성의를 보여야 할 테고, 장학사 입장에서는 사소

한 것 한두 건이라도 문제를 삼아야지 아무런 지적도 없이 상황을 종료시킬 수는 없는 노릇입니다. 그러니 교사를 개선이나 교정의 대상으로 보는 게 아니라 실수 그 자체의 주체로 보는 거라고 생각하는 게 좋습니다. 어차피 돌고 돌아 일이 얽힐 수 있고, 다음번에 또 나로 인해 웃고 울 수 있는 관계입니다. 나에 대한 공격으로 인식할 필요가 전혀 없습니다.

3. 어차피 사람은 자신의 타고난 성격대로, 취향대로 생각하고 행동합니다. 이러지 말아야지 한다고 속마음까지 따라 움직이지 않습니다. 그럴 때마다 마음 상하고 내상을 입기도 합니다. 그러니 현실에서 벌어지는 일에 대해 너무 비관적으로 생각하지 않는 것이 좋습니다. 내 신상에 영향을 미칠 수 있는 징계가 떨어졌다면 그때는 최대한의 궁리를 해서 부당함을 밝히고 선처를 요청해야 합니다. 하지만 사유서나 시말서를 썼다고 나에게 어떤 불이익이 있는 게 아닌데 스스로를 옥죄는 일은 하지 않는 게 현명하지 않을까요? 있는 그대로를 받아들이고 거기에 맞게 행동하려 하는 게 필요합니다. 만약 아이에게 반성문을 쓰라고 했을 때 아이가 내내 불평불만 가득한 표정으로 있다면 그것 역시 바라보는 선생님으로서 편치 않은 상황입니다. 오히려 반성문을 당당하게 제출하고 앞으로는 주의하겠다고 당당하게 말하면서 생글생글 웃는 얼굴을 보는 게 더 낫지 않을까요? 교사도 마찬가지입니다.

◌ 꿀팁 ◌ 한 번 더, 이건 꼭 기억하세요.

1. 남들이 이야기합니다. 남의 돈 먹고 살려면 별걸 다 경험해야 한다고. 교사도 세금으로 월급을 받는 사람들입니다. 남의 돈을 받는 부류에 들어갑니다. 자신의 속마음을 그대로 노출하거나 별거 아닌 것을 끝까지 거부하려면 내 힘이 많이 들어갑니다. 힘은 쓸 때 써야 합니다. 이런 일에서는 힘을 빼는 게 좋습니다.
2. 누울 자리를 보고 발을 뻗는다고 합니다. 내가 끝까지 버텨야 하는 상황도 있지만 일 보 전진을 위해 일 보 후퇴를 할 때도 있습니다. 후퇴하는 나를 보고 남들은 아무도 비웃지 않습니다. 나만이 나를 비웃는 일은 없는 게 좋겠지요.

#동료

29

교사와 행정직은 동료이다. 친하면 친할수록 좋다

- 행정실에 무엇을 해달라고 요청하는 게 불편할 때
- 행정실 직원과 개인적인 만남을 가져야 할까 고민될 때
- 행정실에서 태클을 건다는 생각이 들 때

학교에서는 다양한 직종의 사람들이 업무를 함께 합니다. 학생들의 수업을 담당하는 교사가 있고 학교의 살림살이와 시설물 관리를 담당하는 행정실 직원들이 있습니다. 교사와 학생의 점심 식사를 책임지는 급식소의 영양사와 조리원도 있고, 학교 내외부에서 학생들의 안전을 위하는 배움터 지킴이 분들도 계십니다. 공무직 직원들도 있고, 스쿨버스 기사가 함께하는 학교도 있습니다. 그리고 학교 전반을 책임지는 관리자 선생님도 있습니다. 게다가 학교운영위원회, 학부모회 등도 학교의 한 축을 담당하는 이들입니다. 어느 조직이나 마찬가지겠지만 모든 이들이 각자 맡은 분야에서 최선을 다할

때 학교 조직은 잘 굴러간다고 볼 수 있습니다. 어느 한쪽에서 균열이 생기기 시작하면 전체적인 균형이 흔들리게 됩니다. 그러니 서로 믿고 의지하면서 조직 생활을 할 수밖에 없습니다.

예전에는 행정 조직이 교사들의 교육 활동을 지원해 준다고 생각해서 은근히 계급적인 시각으로 바라본 적도 있었지만, 이런 시각은 점점 변하고 있습니다. 동등한 입장에서 함께 바람직한 조직을 꾸려나가는 것이고, 학생들의 교육을 위해 함께 일하는 동료입니다. 그러니 청소 용구를 정리할 때는 함께 하는 것이 좋고, 추운 날에 눈이 왔을 때는 같이 눈삽을 들어야 하는 게 마땅합니다. 행정실이 비었을 때 교사가 전화라도 받아주어야 하고, 태풍 이후 일손이 필요할 때는 함께 팔을 걷어붙이는 것이 필요합니다. 인간적인 교감도 같이 나누어야 합니다. 체육 활동을 할 때는 함께 땀 흘리는 것이 좋습니다. 그래서 친해진다면 나중에도 최대한의 편의를 제공받을 수 있습니다.

행정실 직원들도 교사들과 마찬가지로 실수를 많이 하게 됩니다. 너무나 당연하다고 여겼던 것에서 실수가 벌어지면 그 자체가 화가 나기도 합니다. 월급을 해당 날짜에 입금하지 않거나, 두 번 입금하는 사례가 발생한 적도 있습니다. 재정 기안을 하고 물품을 사달라고 했는데 처리가 늦어져서 제때 수업을 못하기도 했습니다. 교실 형광등이 고장 난 것을 고쳐 달라고 했음에도 보수가 되지 않아 학생들에게 불편함을 끼친 적도 있습니다. 화장실 변기가 막혀서 참혹한 결과가 나오기도 했습니다. 분명히 서류를 제출했는데도 그것을 잃어버려서 다시 제출해야 할 때도 있습니다. 수업에 필요하니까 언제까지 인쇄를 해달라고 했는데 그게 되지 않아서 계획과는 다른 수업을 해야 할 때도 있습니다. 체험학습을 가기 위해 수령한 법인카드로 결제가 되지 않아서 당황한 적도 있습니다. 이럴 때 어떤 식으로 반응을 해야 할까요? 마음 같아서는 화를 내고 일 처리를 제대로 못한다고 지적하고 싶어집니다. 하지만 같은 공간에서 함께하는 동료의 입장에서 참아주고, 기다려 주는 것이 필요합니다. 일부러 나를 골탕 먹이기 위해서 그런 게 아니라면 교사의 여유 있는 마음가짐이 앞으로를 위해 더 좋을 수 있습니다.

교사가 다른 직종의 직원들과 친해지면 좋은 점 몇 가지를 소개합니다.

1. 행정실 직원들은 서류상으로 일을 하는 경우가 많습니다. 그래서 교육정보시스템의 사용에 능합니다. 특히 K-에듀파인의 전문가들입니다. 결재 문서를 작성하다가 오류가 나거나 기안했던 문서가 사라졌을 때, 재기안을 하고 과거의 기록을 불러와야 할 때 등 예상하지 못했던 추가 업무가 필요한 경우가 많습니다. 이럴 때 도움을 요청할 수 있습니다. 요즘이야 콜센터가 있어서 교사의 업무를 지원해 주고 필요할 때는 원격으로 접속해서 직접 업무를 수행해 주기도 합니다. 하지만 연락이 안 될 때도 있고 그들의 업무 시간이 아닐 때, 가까이에서 도움을 줄 수 있는 동료가 행정실 직원들입니다.

2. 규정대로 정확히 일 처리가 이루어지는 조직이라면 이상적입니다. 그런데 대부분의 조직은 그렇지 않습니다. 교사도 마찬가지입니다. 자잘한 일들이 이어지다 보니 한두 개씩 잊어버리거나 일 처리를 엉뚱하게 해서 다시 해야 할 경우도 많습니다. 행정실과 주로 얽히는 예산 부분에서 아무리 꼼꼼하게 한다고 해도 실수가 나오기 마련입니다. 결재 단계에서 특정인을 누락시켰다거나, 출장 이후에 정산서를 제출하지 못했다거나, 예정된 시간외근무 시간을 제대로 지키지 못한 경우가 나오기도 합니다. 학생들과의 외부 활동 중 규정된 금액보다 과다 지출이 되거나, 환불이 생기거나, 영수증을 챙기지 못한 경우가 있거나, 계획과는 다른 곳에서 결제가 되기도 합니다. 예정된 항목에서 벗어나는 경우 편법으로 조치한 것을 행정실에서 해결해 주기도 합니다. 학교 조직에서도 원칙을 기본으로 하지만 예외적으로 인정할 수 있는 부분이 많습니다. 부득이하게 교사가 융통성을 발휘한다고 한 것이 규정에 저촉되는 경우 무조건 원칙대로 하라는 이야기를 듣는다면 이 또한 교사로서 힘든 부분입니다. 그러니 인간적으로도 좋은 관계를 맺을 필요가 있습니다.

3. 학교 조직이 계획적으로 움직이는 곳이지만 예측 불가능한 일은 늘 일어납니다. 교육활동 중 사고가 나서 보험 처리를 해야 하는 경우도 있고, 교사가 그런 내용까지 일일이 알지는 못합니다. 이럴 때 행정실 직원들이 나서서 구체적인 보험 약관 등을 찾아보며 도

움을 준 적도 있습니다. 입금 처리를 해주어야 하는데, 정해진 기한과 학부모가 요구하는 기한이 달라서 문제가 될 수도 있습니다. 교사로서 내가 만약 행정실 직원들에게 악당으로 인식이 되어 있다면 그들이 내 편을 들어줄 리 만무합니다. 그래서 교사들이 스트레스를 받게 될 수도 있습니다. 융통성과 어느 정도의 여지 사이에서 업무는 존재합니다. 원칙대로 되지 않았다고 해서 내 일을 중단할 수도 없는 노릇입니다. 매번 행정실의 일 처리를 탓하면서 교사로서 태업을 할 수도 없습니다. 그러니 내게 우호적일 수 있는 상황을 미리미리 만들어 두어야 합니다.

4. 한밤중에 필요해서 학교에 나와 일을 하려는데 학교 열쇠가 없을 때, 휴일에 출장을 가야 하는데 카드를 미리 받아두지 못했을 때, 학교 안에 둔 차를 일과 후에 운행해야 하는데 학교 문이 잠겨 있을 때, 관리자 결재 전에 필요한 물품을 업체로부터 미리 수령해야 할 때, 저녁에 교실의 전등을 끄지 않고 퇴근한 것을 뒤늦게 알게 되었을 때 등 행정실에 아쉬운 소리를 해야 하는 상황은 많습니다. 미리 대처하는 것이 필요합니다. 슬기로운 교사 생활은 이런 곳에도 적용됩니다.

◌ 꿀팁 ◌ 한 번 더, 이건 꼭 기억하세요.

1. 보험 차원에서 행정실 직원들과 우호적인 관계를 맺어두라는 것은 아닙니다. 서로서로 돕고 챙겨주는 사람들이 내 곁에 함께 있다는 자체가 직장 생활을 즐겁게 할 수 있는 토대가 됩니다. 나의 실수를 받아들이고 인정해 주는 동료들은 내 삶에 안정감을 주는 존재입니다.
2. 대부분의 사람은 자신의 실수에 대해 민망해합니다. 그런 마음을 갖고 있는 사람들에게 공격적인 말이나 행동을 한다는 것은 반감을 살 수밖에 없습니다. 좋은 게 좋은 거라는 말이 있습니다. 그런 여유 있는 마음가짐이 교사의 마음도 편하게 해줍니다.

#기획안

30

계획서 만들기, 계획 수립부터 결론까지 큰 줄기를 맞춰서

··· 사업 계획서를 만들어야 하는데 어떻게 해야 할지 고민될 때

··· 구체적인 아이디어는 있는데 이것을 연결하는 방법을 모를 때

··· 예전 것을 짜깁기하는 것이 조금은 눈치 보일 때

학교도 직장이라 모든 일은 계획서에서 출발합니다. 모든 학교에서는 일 년 동안 어떻게 학교교육활동을 진행하겠다는 계획이 들어있는 '학교교육계획서'를 만듭니다. 학교마다 큰 차이는 나지 않지만 그래도 그 학교만의 특색이 나타나게 마련입니다. 이 계획서를 보면 학교가 어디에 초점을 맞추는지, 특화된 사업은 어떤 것을 하는지 등을 알 수 있습니다. 수업과 관계된 것으로서는 개별 교과의 운영 계획서나 평가 계획서를 작성합니다. 그리고 행정 업무로는 부서별 운영 계획서가 있습니다. 학교 행사인 과학의 날, 체육대회, 진로의 날, 청소년의 날, 수학여행, 야영수련활동 등도 모두 계획서를

필요로 합니다. 이 계획서는 학교운영위원회의 심의도 받아야 하니까 작성을 안 할 수 없습니다. 특히 예산이 필요한 경우는 반드시 사전 계획이 있어야 합니다. 계획서를 많이 만들거나 회의를 많이 하는 조직일수록 잘되는 조직이 없다는 말도 있지만, 공식적인 일의 시작이기 때문에 계획서를 만드는 것으로부터 교사 누구도 자유로울 수는 없습니다.

교사의 경험이 쌓이고 연차가 높아질수록 계획서를 작성할 기회는 많습니다. 아무래도 보직 교사들이 그들의 노하우를 이용해서 계획서를 만드는 일을 더 많이 하게 되지만, 신규 교사들도 어떻게 교육활동을 계획하고 진행하느냐 하는 것은 중요한 일입니다. 계획서는 설득의 과정입니다. 완벽하게 준비를 한다면 설득이 잘 이루어지겠지만, 준비가 부실하면 층층이 거쳐야 하는 결재 단계를 부드럽게 통과하기가 어려울 수 있습니다. 그러니 계획서를 작성하는 방법을 알아두는 것은 꼭 필요할 수 있습니다. 화려한 발표 자료를 만들고, 현란한 화면을 구성한다 하더라도 알맹이가 없으면 가장 중요한 게 빠진 것입니다. 수식과 미사여구가 계획서 내에서 춤을 춘다면 일시적으로는 환영을 받을지 모르지만 결국은 그만큼 실망의 크기도 커질 수 있습니다.

필요한 것만 꼭 들어갈 수 있게 하기. 이것이 계획서를 만드는 기본입니다. 계획서를 쓸 때 알아두어야 할 것들을 몇 가지 소개합니다. 외부에 응모하는 계획서는 정해진 틀이 있는 경우가 많지만, 내부 계획서는 그렇지 않을 수 있습니다. 자유롭게 작성하되, 꼭 들어갈 것을 빼먹지만 않는다면 별문제는 되지 않습니다.

1. 전체적인 틀이 가장 중요합니다.

대개의 계획서는 5단계로 구성됩니다. 1단계는 추진 배경, 목표, 이유 등을 기록합니다. 계획서를 왜 작성하는지가 나옵니다. 매년 하는 것이라서, 새로운 사업을 한번 해보기 위해서, 공모에 참가하기 위해서, 새로운 아이디어를 현장에서 구현하기 위해서 등이 나타납니다. 2단계는 이 일을 하는 목적이 제시됩니다. 현장 교육에 필요하니까, 어떤 것을 배우기 위해서, 활용할 수 있는 수업 자료를 만들기 위해서 등입니다. 3단계는 세부 내용입니다. 구체적으로 어떤 활동을, 어떻게 할 것이라는 게 나옵니다. 육하원칙에 따라서 작성하면 됩니다. 준비 단계, 운영 단계, 적용 단계, 정리 단계 등으로 순차적으로 작성하면 됩니다. 4단계는 예산 사용 계획이 나타나게 됩니다. 항목별로 정리하여 예산 사용 계획을 주로 도표로 정리합니다. 5단계는 결과물 제작과 기대효과를 연결합니다. 이러저러한 계획 하에 사업을 했으니 어떤 식으로 결과를 활용한다는 내용이 나타납니다. 그리고 이 사업 후에는 어떤 것이 달라질 거라는 걸 제시하면서, 그러니 이 사업이 꼭 필요하다는 것을 한 번 더 강조하게 됩니다. 각 단계가 통합되거나 생략될 수는 있지만 큰 틀에서는 이런 순서로 제시하는 것이 좋습니다. 일반 회사의 간단한 계획서는 4단계로 제시되는 것이 좋다는 의견도 있습니다. PREP의 원리입니다. 핵심 내용을 주장하는 Point, 주장을 뒷받침하는 근거로 이유를 설명하는 Reason, 근거를 증명하기 위해 이유를 제시하는 Example, 주장을 한 번 더 강조하는 Point입니다. 논리적인 글쓰기에 유용한 방식입니다.*

2. 각 단계가 서로 연결되어야 합니다.

모든 계획서는 스토리가 하나로 연결되어 있어야 합니다. 왜 이런 제안을 하는 것이고, 이런 제안을 통해 어떤 것을 이룰 수 있으며, 그러기 위해 어떤 활동을 할 것이고, 비용은 얼마를 쓸 것이고, 사업 이후에는 어떤 것을 만들어서 활용할 것이고, 그렇게 되면 현실은 어떻게 달라질 것인가가 연결되어서 이어져야 합니다. 화려함과 완벽함이 각 단계별로 구현되는 것은 좋지만 가장 우선적으로는 계획서를 아우르는 짜임새가 하나로 움직여야 합니다. 서로 이어지지 않는 계획은 신뢰감을 주기 어렵습니다. 앞부분에 목적이 있다면 세부 계획에서도 이 목적을 달성할 수 있는 방법이 연결되어 나타나야 합니다. 대개 목적은 복수의 형태로 여러 가지가 제시됩니다. 실행 단계에서도 각각의 목적과 연관 있는 내용을 추진하는 게 좋습니다.

3. 앞부분에는 참고 자료 등을 찾아서 활용하는 게 좋습니다.

계획서도 사람이 보고 판단하는 법입니다. 결재 단계라는 게 있고,

---

* 임재춘 지음, 『쓰기의 공식 프렙!』, 반니, 2019.

학교에서는 모든 계획이 관리자의 승인을 거쳐야 시행될 수 있습니다. 그러니 성의 있는 계획서가 필요합니다. 얼마나 많은 고민을 했으며, 준비가 되어 있는가가 중요합니다. 꼭 해야 할 일이라는 판단을 근거로 일이 추진됩니다. 그러기 위해서 준비하는 사람의 노력이 드러나야 합니다. 이 사업 계획과 관련 있는 자료를 많이 찾아보았는가, 사전에 고민을 많이 했는가는 앞부분에 나타나게 됩니다. 그러니 근거로 삼을 만한 객관적인 자료를 제시하는 것이 좋습니다. 전문가의 말, 통계자료, 수치, 언론 보도 등을 참고 자료로 활용한다면 훨씬 더 신뢰감을 줄 수 있습니다.

4. 보기 좋은 떡이 먹기에도 좋습니다.

카테고리별로 하나씩 나누어서 분류하는 것이 좋습니다. 단계별로 해야 할 것을 구체적으로 나누어야 한다는 것입니다. 준비 단계, 운영 단계, 적용 단계, 정리 단계를 완전하게 분류해서 작성하는 것이 좋습니다. 이 네 가지의 단계가 부드럽게 연결된다면 계획이 제대로 실현될 가능성이 높게 됩니다. 선이나 도표 등을 통해 단계를 하나하나 나누어서 개별적인 단계가 하나의 완결성을 갖고 있다는 것을 보여주어야 합니다.

5. 결과물을 염두에 둔 계획서를 만들어야 합니다.

계획서를 받아본 관리자가 가장 고민하는 것은 이것이 현실에서 구현될 수 있을 것인가입니다. 실현하기 어렵거나 이상적인 것은 그 자체가 의미는 있겠지만 현실성이 떨어집니다. 만약에 계획은 했는데 이루어지지 못한다면 그 계획은 수정되어야만 합니다. 그래서 결과물을 만들 수 있는 계획서가 중요합니다. 활동 기록이든, 책이든, 동영상이든, 보도 자료든 이 사업 계획을 마칠 때는 무언가가 만들어진다는 것을 계획서에 꼭 반영해야 합니다. 결과물과 동떨어진 계획서는 사상누각에 불과합니다.

6. 예산 계획을 세울 때 융통성 있게 해야 합니다.

예산을 어떻게 쓸지 많이 고민하면서 업체를 통해 알아보게 됩니다. 그리고 항목을 하나하나 나누어서 정확하게 어디에 얼마를 쓰겠다는 계획을 합니다. 그런데 대개 처음 계획을 할 때와 사업이 진행될 때 예산은 달라지게 마련입니다. 사서 쓰겠다는 물품 가격이 오르기도 하고, 할인을 받을 수 있다고 생각한 교통비에서 할인받지 못할 수도 있습니다. 학교에서의 예산 집행은 관리자의 결재 범위 안에서만 이루어집니다. 백 원 사용에 대한 승인이 떨어졌다면 백십 원을 쓸 수가 없다는 얘기입니다. 그러니 세부 항목을 정확히 나눠서 계획서에 기록하는 것보다는 비슷한 것끼리 묶는 것이 좋습니다. 그래야 나중에도 융통성을 발휘할 수 있습니다.

7. 숫자를 꼼꼼하게 점검해야 합니다.

악마는 디테일에 있다고 합니다. 과거의 계획서를 참고로 하든, 제로에서 출발해서 전면적으로 새롭게 만들든, 제시된 계획서 틀을 놓고 거기에다 작성을 하든 오류는 늘 있게 마련입니다. 분류 기호가 순서대로 되지 않을 때도 있고, 연도나 날짜, 요일이 잘못 기록되는 경우도 많습니다. 그런데 눈에 확 뜨이는 이런 오류는 전체적인 신뢰도를 떨어뜨립니다. 이런 작은 것도 실수하면서 무슨 큰일을 하겠다는 거지? 자칫 큰일을 그르치기 쉽습니다. 큰 실수를 하든 작은 실수를 하든 결재 문서를 회수하고 다시 작성해야 하는 것은 똑같습니다. 그러니 기왕이면 작은 곳에서 자존심을 떨어뜨리는 일은 하지 않도록 점검해야 합니다.

꿀팁 한 번 더, 이건 꼭 기억하세요.

---

1. 예년에 만들었던 계획서 위에 일부분만 바꾸어서 올해 것을 작성하는 경우가 있습니다. 작년과 상황이 달라진 것을 반영해야 하는 중요한 계획서라면 이런 방식이 옳지 않겠지만, 그렇지 않은 경우는 상관없습니다. 서류상으로만 존재하는 것에 진땀을 뺄 필요는 없습니다. 다만 이 경우에도 결재 상신 전에 꼼꼼하게 읽어보는 것은 꼭 필요합니다.
2. 처음 해보는 일은 누구나 어렵습니다. 처음부터 완벽한 계획서를 만든다는 것도 불가능합니다. 가능하면 결재 전에 나와 다른 시각을 가진 동료의 검토를 받을 필요가 있습니다. 다른 관점에서 바라보면 다른 것이 보이는 법입니다.

#공모사업

31

교사가 부지런하면 학생들이 혜택을 본다. 공모에 참여하자

···▸ 매번 똑같이 반복되는 일상에서 지루함을 느낄 때

···▸ 남들과는 다른, 교사로서의 차별성을 어떻게 가져야 할지 고민될 때

···▸ 공식적인 업무를 하면서 눈치 보지 않고 내 역량을 기르고 싶을 때

교사의 가장 주된 업무는 수업입니다. 내가 맡은 과목의 수업을 일주일 단위로 정해진 시간에 하는 게 기본입니다. 그리고 학교에서 돌아가는 업무를 맡게 됩니다. 학교마다 행정 업무 조직의 이름은 다르지만 대개 한두 가지의 정해진 업무를 봅니다. 시간표를 작성하고, 학교생활기록부 연수를 맡고, 방과후수업 정산을 하고, 성적 처리 일을 맡습니다. 수업이나 평가와 관련된 일들도 있지만 학교 컴퓨터 관리, 방송, 교내외 청소, 학교 축제나 체험학습 기획 등의 일도 합니다. 이 외에도 같은 교과 교사들끼리의 협의록을 작성하

거나, 야영, 수학여행, 진로체험 등 다양한 활동에 참여합니다. 동아리를 맡아서 별도로 지도하기도 하고 외부 대회에 학생들을 인솔하고 참가합니다. 그러니까 학생들이 교내외에서 하는 모든 일들에 교사의 손이 간다고 할 수 있습니다. 이렇게 주어진 일에 매진하는 것도 만만치는 않습니다. 수업 준비 하나만 보더라도 잘하려고 하면 끝이 없습니다. 담임으로서의 업무도 학생들과 어디까지 관계를 맺어야 할까를 생각하면 그것 하나만 해도 하루가 부족할 수 있습니다. 반대로 꼭 해야 할 것만 하는 교사들에게 학교는 꿈의 직장이기도 합니다. 출퇴근 시간과 수업 시간 등을 지키고, 해야 할 필수적인 업무만 하는 것도 가능한 게 학교입니다. 방학까지도 있으니 내 시간을 가지려고만 한다면 다른 직장인들에 비해서 훨씬 더 좋은 조건에 있습니다.

하지만 사람에게는 성취욕구라는 게 있는 법, 이를 에이브러햄 매슬로(Abraham Maslow)는 1943년에 '인간 욕구 5단계 이론'에서 설명하고 있습니다. 그의 논리에 따르면 인간의 욕구는 우선순위에 따라서 다섯 단계로 구분된다고 합니다. 첫 번째는 생리적 욕구입니다. 먹고 자고 번식하는 행동 등입니다. 두 번째는 안전의 욕구입니다. 위험에서 살아남으려는 것입니다. 세 번째는 소속과 애정의 욕구입니다. 누구를 사랑하거나 안정적인 직장과 가정을 갖고 편안함을 추구하는 것입니다. 네 번째는 존경의 욕구입니다. 경제적으로 부유해지고 싶다거나 명예를 얻고 싶다는 것입니다. 다섯 번째는 자아실현 욕구입니다. 이 단계는 앞의 네 단계가 만족된 이후에 얻을 수 있는 것으로서 자기 발전과 잠재력을 최대화하고자 하는 욕구입니다. 교사라는 직업도 이에 비추어 보면 다섯 번째인 자아실현 욕구를 갖고 있는 경우가 대부분입니다. 내가 세상에 태어나 이렇게 자기 발전을 하고, 남들과는 다른 나만의 성취를 이루고자 하는 생각입니다. 밖에서 볼 때도 꼭 해야 할 것만 하고 일신 편하게 교사 생활을 마무리하겠다는 것보다는 더 좋아보입니다.

나만의 브랜드 찾기라고 볼 수도 있습니다. 교사로서, 학생들의 바람직한 성장을 이끄는 멘토로서 내가 잘할 수 있는 것을 찾아서 이를 현실로 구현한다는 것은 그 자체로서 의미가 있습니다. 그리고 그 과정에서 교사 스스로가 발전한다면 이는 충분히 학생들에게까지 긍정적인 영향을 미칠 수 있습니다. 교사가 성장하고 큰다는 것은 그의 지도를 받는 학생들도 함께 자란다는 것을 의미합니다. 그래서 교사의 시야는 밖으로 향해 있어야 하고, 더 큰 성장을 위해서 자신의 능력을 계발해야 합니다. 이런 과정을 통해 길러진 교사의 역량은 학생 지도에도 그대로 반영됩니다. 그래서 더 큰 사람으로 아이들이 성장하는 것을 도와주는 역할을 합니다.

교육 당국에서는 이를 위해 다양한 공모 사업을 안내하면서 교사들의 참여를 권유하고 있습니다. 여기에 참여하게 되면 개인적인 능력이 길러짐은 물론이고 교사 스스로의 자긍심도 키우면서 학생 교육에도 긍정적인 작용을 할 수 있습니다. 교사를 대상으로 한 공모 사업은 학교 단위, 팀 단위, 개인 단위 등으로 나누어 볼 수 있습니다. 2023년 기준으로 교육청의 공모 사업을 한번 살펴보겠습니다.

1. 먼저 학교 단위의 공모 사업입니다.

한두 교사의 참여가 아니라 학교 구성원들의 협력과 역할 분담을 전제로 하고 학교 교육과정 내에서 학생들과 함께 활동을 합니다. 수업에서도 활용할 수 있습니다.

학교폭력 예방 및 학업중단 예방 공모, 탄소중립 시범학교 공모, 보훈 테마 활동 사업 공모, SW 영재학급 지원사업 공모, 과학실 안전 모델학교 공모, 지능형 과학실 구축사업 공모, 학교예술교육 활성화 지원 사업 공모, 인문을 품은 학교 공모, 재활용(업사이클) 교실 구축 운영 공모, 지역사회 연계 협력을 통한 진로체험 활성화 사업 공모, 테마가 있는 자연예술학교 운영 계획 및 공모, 예술꽃 씨앗학교 지원사업 운영학교 공모, 학교 운동부 창단 지원 공모, 학교체육활성화 지역연계사업 공모, 환경교육 우수학교 공모, 세계학교 우유의날 공모, 디지털 기반 교육혁신 선도학교 공모, 학교색깔 꾸미기 사업 공모, 꿈 품은 공감교실 사업 공모, 다차원 학생성장 플랫폼 시범운영 학교 공모, 농어촌 참 좋은 학교 공모, 학교흡연예방사업 공모 등.

2. 공동의 관심사를 공유한 교사들을 대상으로 한 공모 사업입니다.

교원예술연구회 공모, 학교 간 학습공동체 공모, 지식샘터 교사연구회 강좌 및 수업사례 공모, 교원 연합 인문동아리 공모 등.

3. 교사와 학생간의 공모 사업입니다.

1318 책벌레들의 도서관 점령기 사업 공모, 제주! 내가 계획하는 캠프 공모, 사다리 프로젝트 사제동행팀 공모, 청소년 독서토론 한마당 운영학교 공모,

스스로 과학 동아리 공모, 책과 삶을 연결하는 사람책 운영교 공모, 학생 주도성 성장 지원을 위한 학습동아리 공모, 지구 시민으로의 성장 환경 지구본 공모, 슬기로운 학교생활 쇼츠 영상 공모, 사제동행 인문동아리 공모, 팩트체킹 공모, 꿈장학재단 꿈장학 공모, 수업을 테마로 하는 책 출판 공모 등.

4. 교사의 역량 강화를 위한 공모 사업입니다.

교사 개개인의 적극적인 참여를 기반으로 합니다.

중등 에듀테크 기반 수업역량 강화 국외 연수 공모, 특수교사 에듀테크 기반 수업역량 강화 국외연수 공모, 공모형 자율기획연수 기획안 모집, 다차원 학생 성장 플랫폼 명칭 공모, 공직자의 이해 충돌 방지법 홍보 슬로건 공모, 환경교육주간 환경교육 영상 공모, 에듀테크 기반 통일교육 콘텐츠 개발 계획서 공모, 평가문항개발위원 공모, 디지털콘텐츠 플랫폼 잇다 올해의 채널 운영 교원 공모, 유치원 교명 공모, 학생 스마트기기 명칭 공모, 배움길 연수 자율 공모, 교육과정 인정도서 심의위원 전국 단위 공모, 학교지원단 위원 공모, 평가문항 개발위원 및 검토위원 공모, 교육홍보달력 콘텐츠 공모, 다문화교육 우수사례 공모, 초중고 교재 신규 집필진 공모, 교사 책 출판 공모 등.

5. 학생들의 작품을 제출하는 공모 사업입니다.

청소년 세금작품 공모, 탄소중립 실천 광고포스터 공모, 청렴 콘텐츠 공모, 탄소제로송 율동 공모, 예봄 UCC 공모, 전국 장애공감 포스터 공모, 청소년 세금작품 공모, 교통안전 UCC 공모, 전국 백일장 공모, 전국 학생 시조공모,

청소년 백두대간 산림생태탐방 영상 캐릭터 공모, 언어폭력 예방 학생언어 문화개선 공모, 북트레일러 교육 및 공모, 학생 자살예방 우수 콘텐츠 공모, 안보지킴이 공모, 대한민국 편지쓰기 공모, 청소년 마약범죄 근절을 위한 N 행시 공모, 아동성폭력예방 포스터 공모, 컴퓨터꿈나무축제 SW AI 제작 공모, 건강한 사회질서 지키기 공모, 백두대간 산림생태탐방 영상 캐릭터 공모 등.

공통적인 특징이라면 해도 되고 안 해도 되는 일입니다. 하지만 교사가 이런 공모 사업에 참여하게 되면 얻을 수 있는 여러 가지 장점이 있습니다.

1. **교사 개인의 역량이 강화됩니다.**

   대개의 공모 사업은 기획서를 기반으로 합니다. 기획의 이유, 세부 내용, 일반화 및 활용 계획, 기대 효과 등의 내용을 담고 있습니다. 이런 기획서를 작성하고 준비하는 과정에서 수업에서 할 수 없는 활동에 참여하게 됩니다. 시야가 넓어지고 세상을 바라보는 새로운 시각이 생겨납니다. 결국 이런 과정을 통해 교사의 성장을 촉진할 수 있습니다.

2. **공동체 문화가 길러지고 학교 조직에 대한 만족도가 높아집니다.**

   혼자가 아니라 여럿이 함께 하는 활동에서는 역할 분담을 하게 됩니다. 전체를 조망하는 교사도 있고, 단순하게 지원 업무를 맡는 교사도 있습니다. 발표를 담당하기도 하고 학생 지도를 맡기도 합니다. 고정적인 역할이 아니라 다양한 역할을 해보며 교사 집단 안에서 내가 어떻게 해야 할지를 알게 됩니다. 교사 공동체 속에서의 적응력이 길러집니다. 이를 통해서 믿고 의지할 수 있는 공간을 확보할 수 있습니다.

3. 학생들의 성장을 지켜보는 기분 좋은 경험을 할 수 있습니다.

수업을 통해 학생들은 해당 과목에 대한 지식을 쌓고 과목과 관련된 세상살이의 방법을 찾게 되지만, 교과서를 넘어서기는 어렵습니다. 하지만 선생님의 방향 제시를 통해 자신들의 활동이 하나씩 결과물로 만들어진다는 사실을 알게 되면서 한층 더 성장합니다. 학생들의 활동이 교사에게 자극이 되고 새로운 아이디어를 발견하는 계기가 될 수 있다는 것은 덤입니다.

4. 교사 혼자서 경험하기 힘든 새로운 과정에 참여할 수 있습니다.

내가 해보지 않은 것을 시도하기는 어렵습니다. 어떻게 해야 할지 방향이 제시되지 않아서입니다. 다양한 공모 사업에 주도적으로 참여하고 진행할 수 있는 동료들이 반드시 있기 마련입니다. 그런 동료들을 보면서 내 안에 있기는 하지만 이를 밖으로 나타내고 표현할 수 있는 기회를 가질 수 있습니다. 한두 번 옆에서 지켜본 것만으로도 교사는 성장합니다. 그리고 해외 연수, 학위 취득 등의 기회도 얻을 수 있습니다. 별도의 기회비용을 들이지 않아도 됩니다.

5. 이 모든 활동이 수업 시간에 활용할 수 있는 수업 자료가 됩니다.

교사가 다양한 경험을 했다는 것, 여러 활동을 학생들에게 제시할 수 있다는 것, 사용할 수 있는 많은 것들을 확보하고 있다는 것은 그 자체가 커다란 무기입니다. 그게 국지전이든, 전면전이든 어떤 전장에 나가서라도 교사가 선별적으로 활용하고 선택할 수 있습니다. 수업은 그만큼 풍성해질 테고, 학생들을 더 큰 사람으로 키울 수 있는 배경이 됩니다.

꿀팁 한 번 더, 이건 꼭 기억하세요.

---

1. 멀리까지 눈을 돌릴 필요가 없습니다. 나이스(NEIS)라고 부르는 교육행정 정보시스템 안에서 이 모든 것들을 확인할 수 있습니다. 교사들은 관심이 가는 것들을 봐두었다가 참여만 하면 됩니다. 대개의 공모 사업은 학교 현장과 함께 돌아가는 것이기에 겁먹지 않아도 됩니다. 그리고 무엇보다, 옆에 함께 이 사업을 수행할 동료 선생님들이 있습니다.
2. 처음이 힘든 법입니다. 두 번째부터는 쉽게 일을 풀어나갈 수 있습니다. 예전에 활동했던 것들이 그 기반이 됩니다. 교사의 삶은 단절이 아니라 연속되는 행위입니다. 새로운 일을 하는 게 아니라 과거에 했던 것들을 활용하는 것입니다.

32
단번에 통과되는 공적조서 만들기

⋯› 학생의 공적조서를 써야 하는데 차별화된 내용이 없을 때

⋯› 내 수상을 위해 공적조서를 쓰려는데 정리가 잘 되지 않을 때

⋯› 업무상 쓴 동료 교사를 위한 공적조서가 미흡할까 봐 걱정될 때

학교에서도 많은 상을 줍니다. 일부 학교에서는 상을 남발한다는 문제가 있었습니다. 그래서 상의 권위가 떨어지고 학생들의 내신성적이 부풀려진다는 지적이 나왔습니다. 그것을 방지하기 위해서 지금은 학년 초에 별도의 시상 계획을 세워서 참가 인원의 20% 이하만 상을 줍니다. 사전 계획 없이 상을 주는 것도 엄격하게 통제하고 있습니다. 그래서 상을 받는 학생의 수가 좀 줄어들기는 했습니다. 상을 받은 기록이 내신성적에 반영되고 이는 입시에도 쓰이게 되니 관리할 필요는 있어 보입니다.

학생들에게 주는 상 중에는 행동 덕목별 모범 부문에 대한 것들

이 있습니다. 선행상, 효행상, 지도상, 준법상, 책임상 등 객관적인 수치를 반영해서 주는 상이 아니라 담임 교사의 추천에 의해서 수여하는 상입니다. 이런 상을 줄 때는 공적조서를 쓰게 됩니다. 물론 형식적으로 갖추어야 할 것만 들어가면 되겠지만, 그래도 공적조서를 쓸 때 선생님들은 많은 고민을 하게 됩니다. 교내 상은 좀 덜하겠지만, 외부에서 모범 학생을 추천해 달라고 할 경우에는 생각이 깊어질 수밖에 없습니다. 밖으로 보이는 것인데 아무렇게나 써서 우리 아이에게 상을 달라고 하는 것도 자존심이 상합니다. 게다가 공적조서를 제출하면 다 주는 게 아니고 다른 학교 학생들과 경쟁해서 몇 명만을 추려서 시상을 하게 되면 교사의 어깨는 더 무거워집니다. 이럴 경우 어떻게 해야 할까요? 누구에게 대신 써달라고 부탁할 수도 없는 노릇입니다. 담임 교사나 업무 담당 교사가 직접 해야 하는 일이라 내가 글쓰기에 자신이 없다고 해서 뒤로 빠져 있을 수도 없습니다. 이럴 때 참고할 만한 내용을 몇 가지 소개합니다.

1. 상을 주는 목적이란 게 대부분 비슷합니다. 특정 분야에서 모범이 될 만한 사람을 선발해서 노고를 치하하고, 옆에 있는 사람들에게 알리고 모범적인 행동이 널리 파급될 수 있도록 하기 위함입니다. 그러니 이 사람이 상을 받기에 충분한 자격을 갖추었다는 걸 밝혀야 합니다. 훌륭하다, 자격이 있다, 모범이 된다는 정도의 주장하는 말로는 충분하지 않다는 것입니다. 공적조서에는 이미 주장이 들어가 있는 것이기 때문에 근거를 충분히 들어야 합니다. 여기에

서 말하는 근거는 커다란 공적이 아니어도 됩니다. 아주 사소하고 작은 것들이라도 그것을 통해서 그 사람이 핵심적인 가치를 현실에서 실현했다는 것만으로 충분합니다. 그러니 구체적인 근거를 들어야 합니다. 당연히 교사의 관찰이나 목격자 진술, 보도자료, 통계수치 같은 것들이 들어가야 합니다. 그래야 객관적이 됩니다. 더 구체적으로 보도록 하겠습니다.

- 특정한 주제(규칙 제정, 당번 정하기, 역할 배분하기 등)에 대해 학급회의를 하면서 이러저러한 의견을 제시하여 다른 학생들의 공감을 얻어냈으며, 최적의 결론을 도출하는 리더십을 발휘함.
- 청소 등의 단체활동을 할 때 자신의 임무 수행 후 다른 학생들의 청소를 도와주는 모습을 보여주었음.
- 모둠활동 후 정리정돈이 필요할 때 교사를 도와서 이러저러한 장비들을 기꺼이 치우는 등 솔선수범하는 태도가 모범적임.
- 학급 대항 축구대회 선수를 선발할 때 다른 학생들을 위해 자리를 양보하는 태도를 보여줌.

이런 내용을 쓸 때 구체적으로 언제, 어디에서 있었던 일이라는 것을 밝혀야 합니다. 그리고 교사가 직접 보았는지, 누구로부터 확인했는지 등 객관적인 내용을 적어야 합니다. 학교 신문에 났거나 외부 언론에 실렸다거나 하는 것들은 좋은 근거 자료가 됩니다. 누구나 추상적으로 어떤 것을 잘한다고 말하기는 쉽습니다. 하지만 그것을 있는 그대로 믿는 사람은 거의 없습니다. 그러니 객관성을 확보할 수 있는 내용을 적어야만 신뢰성을 획득하게 됩니다.

2. 학생들의 활동을 공유 가치와 연결해야 합니다. 공유 가치는 핵심 가치라고도 합니다. 조직 내에서 바람직한 행동을 제시하는 기본 규범이자, 구성원들이 공유하고 있는 가치관과 신념을 말합니다.* 이 가치에는 학교에서 지향해야 할 내용들이 있습니다. 근면, 성실, 배려, 양보, 화합, 인성, 나눔, 책임, 리더십, 감사, 사랑, 친절, 인내, 경청 등이 있습니다. 학생들의 구체적인 말과 행동을 공유 가치와 연결해야 합니다. 예를 들어, 학급회의에서 서로 다른 학생들의 의견을 조율했다면 리더십, 모둠활동에서 친구들의 이야기를 잘 들어주었다면 경청, 친구들의 싸움을 중재하고 말렸다면 화합, 몸이 불편한 친구의 가방을 들어주었다면 배려, 인사를 잘하고 늘 밝은 표정을 짓고 있다면 친절, 모둠에서의 업무 수행을 위해 다양한 자료를 수집하였다면 책임, 아침 청소를 꾸준히 했다면 성실, 다문화 가정 친구들에 대해 배려해야 한다는 발표를 했다면 공감 등의 가치와 연결할 수 있습니다. 학생들의 행동 사례 두세 개를 묶어서 공유 가치 아래에 넣는다면 공적조서는 훨씬 풍성해집니다. 그리고 구체적인 근거는 공유 가치를 뒷받침할 수 있는 확실한 이유가 됩니다.

---

* 출처: 네이버 지식백과

3. 교사 개인의 공적조서를 쓸 때도 있습니다. 많은 경우 업무 담당자가 써주지 않고 해당 교사 본인에게 직접 쓰도록 합니다. 구체적인 실적을 타인이 쓰기에는 한계가 있기에, 가장 잘 알고 있는 당사자가 기록합니다. 이럴 경우 범주를 잘 정해야 합니다. 교사가 행한 업적을 큰 카테고리로 나누고, 작은 카테고리 몇 개를 그 아래에 배치하고, 구체적인 내용을 적으면 됩니다. 구체적인 내용에는 언론에 보도되었던 내용(날짜와 매체 이름 포함), 통계 자료나 숫자 등을 기록하면 더 확실한 근거를 확보하게 됩니다. 예를 들어보겠습니다. 2022년 스승의 날 교육혁신 분야에서 교육부 장관 표창을 받았던 공적조서입니다.

(1) 코로나19 상황에서 실시간 원격 수업의 토대 마련

(가) 실시간 원격 수업 준비

1) 7월~8월 교사 10명과 함께 온라인 수업 준비, 예행연습

2) 온라인 수업 플랫폼의 장단점과 효과 분석

3) 전 교사 쌍방향 실시간 수업 진행

4) 교사 역량강화연수 진행, 외부 개방

(나) 원격 수업 환경의 최적화 방안 마련

1) 한정된 자원 활용, 원격 수업 환경 구축

2) 원격 수업용 기자재 확충

3) 저소득층 학생 기자재 대여

(2) 교사 동아리 운영으로 학교 문화 활성화

(가) 신규 교사들의 학교생활 적응 돕기

(나) 창의적인 외부 활동 구안, 생각 넓히기 시도

(다) 신규교사를 위한 학교생활 매뉴얼 제작

(3) 글쓰기 학습을 통한 인성교육 확대

(가) 글쓰기 지도 및 외부 백일장 참가

(나) 글쓰기와 바른 행동의 순환구조 구축

(다) 교사의 본보기를 통한 학생 지도

(4) 다양한 기회를 제공하는 동아리 운영

(가) 인문 동아리 운영으로 교실 밖으로 확장하기

(나) 영화 동아리 운영으로 식견 넓히기

(5) 교사 독서 동아리 운영을 통한 나눔과 배움

(가) 교과 수업

(나) 교사 독서동아리 활동

이런 구조로 쓰면서 모임의 이름, 날짜, 참석 인원, 횟수, 장소, 기간, 대회 이름, 시상명, 매체명과 일시, 책 제목 등을 구체적으로 기록을 하면 확실한 근거 자료가 됩니다. 추상적인 것의 나열로는 부족합니다. 꾸며서 썼을 거라는 의심을 받지 않기 위해서라도 정확한 내용들을 사실에 의거하여 쓰게 되면 충분히 믿음을 줍니다. 예전에는 연공서열에 따라서 각 학교에 상을 배분했던 적도 있었지만 지금은 그렇지 않습니다. 실적이나 업적이 있다면 상을 주지만 그렇지 않다면 상을 주지 않습니다. 교사가 받는 상이 훌륭한 자질의 교사임을 보증하는 것은 아니지만, 최소한의 격려 정도는 될 수 있을 것입니다. 그런데 실제로 한 것을 드러내지 못해 기회를 놓치는 것은 바람직하지 않아 보입니다.

◌ 꿀팁 ◌ 한 번 더, 이건 꼭 기억하세요.

1. 교사 개인적인 업적이든 학생의 실적이든 꼼꼼한 관찰과 기록이 중요합니다. 공식적인 기록으로 남아있는 것보다 교사의 꼼꼼한 기록을 필요로 할 때가 많습니다. 그러므로 적어야 하고 별도로 정리해 두어야 나중에 쉽게 자료를 찾을 수 있습니다.
2. 교사가 하는 모든 활동은 나중에 유용한 자료가 됩니다. 수업 준비를 위해 들어갔던 사이트, 제작했던 PPT, 내 수업을 참관했던 사람들, 만나고 대화했던 횟수 등 모든 게 공적 조서에 들어갈 수 있습니다.

#추천서

33

부담 가는 추천서 쓰기, 그래도 피할 수는 없다

- 추천서를 써달라는 학생의 부탁을 거절할 수 없을 때
- 나로 인해 학생의 진학에 불이익을 받지 않을까 걱정이 될 때
- 학생의 활동을 정리하고 이를 기록하는 것에 어려움을 느낄 때

학생을 상급 학교로 진학시킬 때 교사들은 무척 바빠집니다. 학생들을 뽑는 방법도 다르고, 계산하는 방법도 다르기 때문에 바짝 신경을 써서 원서를 쓰고 제출 서류를 준비해야 합니다. 그런데 학생 중에는 좀 나은 학교(성적 기준으로)를 가려는 경우가 있습니다. 내신성적 자료만 필요하다면 별문제가 안 됩니다. 하지만 교사의 추천서를 필요로 하는 경우는 참 난감해집니다. 내가 써주는 추천서가 결정적으로 학생의 당락을 좌우하지는 않겠지만, 혹시라도 원하는 결과가 나오지 않는다면 그것이 교사인 내 탓이 되지 않을까 염려가 커집니다. 학교에서 요구하는 서류이고, 대개는 학생이 추천

서가 담긴 봉투를 뜯어보지 못하게 밀봉해서 보내지만 이것이 노출된다면 어떨까 하는 생각부터 나의 글이 어쩌면 학생의 새로운 출발을 막지 않을까 고민이 됩니다. 문장을 꾸미는 것도, 사례를 발굴해서 한 데 버무리는 것도, 상급학교에서 요구하는 내용을 제대로 맞힐 수 있을까도 신경이 쓰입니다. 학생들의 자기소개서는 돈만 주면 대신 써주는 학원이 있다는데, 교사의 추천서를 그렇게 대신 써달라고 맡길 수도 없는 노릇입니다. 이럴 때 알아두어야 할 사항을 알려드립니다.

1. 추천서는 교사의 글솜씨를 뽐내는 서류가 아닙니다.

기왕이면 화려한 문체로 학생들의 활동을 짜임새 있게 포장하면 좋겠지만, 교사는 글을 전문적으로 쓰는 사람이 아닙니다. 좋은 글이란 형식이 뛰어난 게 아니라 내용이 진실한 것에 더 가깝습니다. 그러니 학생들이 제공해 주는 자료만으로 글을 쓰기는 어렵습니다. 교사가 학생과 충분한 대화를 거친 후 알게 된 사실을 바탕으로 학생의 장단점을 기록해야 합니다. 글을 잘 쓰지 못한다고 겁먹을 필요도 없고, 미안해할 이유도 없습니다. 추천서 쓰기는 글짓기를 평가하는 심사위원에게 제출하는 경연의 장이 아닙니다.

2. 막연하고 추상적인 내용은 도움이 되지 않습니다.

추천서를 보는 사람들은 교사의 생각이 아니라 학생의 현재를 보고 싶어 합니다. 그러니 교사의 주관적인 판단보다 학생의 객관적인 활동이 더 중요합니다. 학생이 거둔 성취와 평소 태도 등을 바탕으로 교사의 주관을 삽입시켜야 합니다. 사실은 조금밖에 없으면서 이것을 특정한 단어들로 포장하려는 문장은 읽는 이에게 감동을 주지 못합니다. '언제나 성실하고', '매사에 적극적이고', '항상 부지런하고', '늘 의젓하고', '대부분 리드를 하고' 등의 말은 겉보기에는 우수한 사람을 나타내는 말처럼 보이지만 실제로는 그렇지 않습니다. 누구에게나 해당하는 말입니다. 곧 하나 마나 한 말이라는 것입니다. 구체적인 수치, 활동명, 장소 등을 나타내는 단어를 사용하여 학생에게 실제로 있었던 사실임을 알게 해주어야 합니다.

3. 있는 그대로, 교사의 생각을 써도 됩니다.

추천서는 절대 학생이 보지 못하도록 되어 있습니다. 밀봉하고, 관인을 찍고, 인비 처리를 합니다. 그러니 감히 그 내용을 뜯어보려는 시도는 아무도 하지 않을 것입니다. 교사의 추천서가 절대적인 위상을 가지리라 생각하는 사람도 없습니다. 다만 다소 도움이 될 거라는 막연한 생각만 있을 것입니다. 그러니 교사가 하고 싶은 말을 하면 됩니다. 선행학습으로 만들어진 학생이라고 적어도 되고, 혼자서는 잘하지만 단체생활에서는 기다려줄 줄 모른다고 적어도 됩니다. 의욕은 있지만 교육과정을 따라가기 어려울 수도 있다고 해도 됩니다. 내가 가르치는 아이를 과대 포장하는 것보다는 오히려 그 아이의 현재를 있는 그대로 보여주는 것이 교사로서 올바른 태도일 것입니다. 그런 게 신뢰가 되고 교사들에 대한 믿음을 키울 수 있습니다. 상급학교에서도 진정으로 그것을 바랄 것입니다.

4. 추천서는 참고 자료일 뿐, 당락을 결정하지 않습니다.

어떤 입학사정관은 조용하게 담임 교사를 찾아와서 물어보기도 합니다. 이 학생의 수준이 어떠한지, 진학 후에 교육과정을 따라갈 수 있을 것인지, 성격은 어떤지를 노골적으로 알고 싶어 합니다. 대한민국의 교사들은 대개 자기가 가르치는 학생에 대해 부정적인 말을 하지 못합니다. 그래서 대충 얼버무리는 경향이 있습니다. 교사의 말은 절대적이지 않습니다. 학생의 성적이나 평소 활동 자료 등이 더 큰 비중을 차지합니다. 그러니 부담 갖지 말고, 솔직하게 써도 됩니다. 성적은 다소 부족하지만 충분한 가능성을 갖고 있는 학생이라고 믿어도 될 정도로 교사가 신뢰하는 학생이라고 말해줘도 됩니다.

추천서를 쓴 이후 그 학생이 붙으면 추천서를 써준 교사가 기여한 공이 큽니다. 하지만 떨어졌다면 그것은 교사의 책임이 아니라 학생이 그만한 그릇이 아니기 때문입니다. 여러 차례의 경험에 비추어 보면 될 학생은 되고, 안될 학생은 안되는 경우가 대부분입니다. 수치로 나타나지 않은 학생의 다른 모습을 교사들끼리 공유한다는 점에서 솔직하게 교사로서의 생각을 적는다면 그것으로 충분합니다. 누구든 내가 가르치는 학생이 원하는 학교에 가고, 자신의 꿈을 펼칠 수 있는 넓은 광장으로 나가는 것을 원합니다. 그것은 누구나 가지는 생각입니다. 그러나 현실은 다릅니다. 내 아이가 중요한 만큼 경쟁하는 다른 아이도 중요합니다. 성취도가 더 높고, 더 간절하고, 더 가능성이 있는 학생이 그 자리에 가는 게 맞습니다. 교사로서의 최선은 최선에 머무르기만 하면 됩니다. 추천서는 교사를 평가하는 게 아니기 때문입니다. 그 학생을 뽑지 않았다고 해서 학생을 가르친 선생님을 탓하는 사람은 아무도 없습니다.

몇 년 전에 영재고 진학을 위해 찾아온 학생의 추천서입니다. 추천서는 아무것도 없는 백지를 채워가는 게 아니라 몇 가지의 항목을 나누어서 쓰게 되어 있습니다. 과거 학생이 참여했고, 활동했던 내용을 하나하나 정리해서 구체적인 항목을 나누었습니다. 참고로 소개합니다.

〈학생과의 교류 내용〉

○○○ 학생의 담임과 ○○ 과목 수업을 2년 동안 담당하였습니다. 교사와 학생 간의 관계이긴 했지만, 이 학생이 2년 연속으로 우리 반 부실장을 맡아서 가끔은 저도 도움을 받고 함께 학급을 꾸려나가는 파트너이기도 했습니다. 평소 진로 문제에 대해서도 서로 의견을 많이 주고받았고, 어떤 마음으로 앞으로를 살아가야 하는지 등에 대해서도 의견 공유를 했습니다.

〈두각을 나타내는 인문, 예술적 소양〉

애초부터 언어와 예술에 대한 감각이 뛰어난 데다가 많은 독서 경험을 바탕으로 세상을 바라보는 사고의 폭이 넓은 학생입니다. 단지 지식의 양이 많은 것에 그치지 않고 매사에 임할 때 생각하는 면모를 보여줍니다. 작년에 있었던 학년 퀴즈대회, 영어 골든벨 퀴즈대회 등에서 탁월한 능력을 보여주었고, 독후활동 1급 인정자로 글쓰기 관련 행사, 그리기 등 미술 관련 분야에도 다양하게 참여하여 두각을 나타냈습니다. 언어적인 감각과 다각적으로 생각하는 힘을 통해 주변 사람들을 논리적으로 설득하는 능력이 뛰어나 아주 부드럽지만, 강한 카리스마를 갖고 모두가 수긍하고 인정하는 방향으로 각종 사안을 잘 처리하는 모습을 자주 볼 수 있었습니다. 또한 어릴 적부터 배운 바이올린, 가야금 연주 능력 등을 이용하여 교내외의 연주 모임 활동에도 적극적으로 참여하였고, 공연, 봉사활동 등 다양한 행사에서 본인의 능력을 아낌없이 발휘하는 계기로 삼을 수 있었습니다. 싫증 내지 않고 이런 활동을 즐기고 있습니다.

〈두각을 나타내는 정의적 특징〉

1학년 때 학급에서 문제를 많이 일으키는 학생이 있었습니다. 학급의 대다수 아이들이 이 학생으로 인하여 어려움을 겪었습니다. 이때 OOO 학생은 이 친구의 가정 환경적인 요인 등에서 그 원인을 찾으면서 본인 스스로도 피해를 입고 어려웠지만, 곤란하고 힘겨운 상황을 마음으로 이해하고 난관을 극복하는 모습을 보여 주었습니다. 나이로는 천진하고 어린 아이지만, 어떤 일에 대해서 그 원인을 찾고 다각도로 생각하면서 분석하고 해결책을 찾는 데 응용할 수 있다는 것은 중학교 아이들에게 찾아보기 힘든 면모입니다. 늘 다른 친구들과 함께 있고 스스럼없이 장난치고 이야기를 들어주는 등 더불어서 생활하고 있으면서도 흐트러지거나 휘둘리지 않고 자신만의 뛰어난 성취도를 유지하고 있다는 것도 큰 장점입니다. 어울림과 자기 집중 사이에 넘나듦이 자유로운 학생입니다. 함께하는 삶에 대한 기본 인식이 되어 있고 사람에 대한 애정이 많기에 화합과 융합이 필요한 부분에서 큰 역할을 할 수 있으리라 생각합니다.

〈추가 고려사항〉 - 선택

겉으로 볼 때는 무척 부드럽지만, 내면의 강함을 보유하고 있는 아이입니다. 대도시에서 자라 미리 준비하고 만들어진 다른 아이들과 단순 비교를 하면 다소 부족할 수도 있겠지만, 더불어 살아야 하는 이 사회 안에서 개인으로서 어떤 마음가짐으로 살아가야 하는지를 알고, 그에 맞게 행동하려 노력한다는 그 자체만으로도 충분한 가능성이 있다고 여겨집니다.

꿀팁 한 번 더, 이건 꼭 기억하세요.

---

1. 추천서는 교사가 써주는 것이지만, 선발하는 것은 내 몫이 아닙니다. 그러니 겸허하게 결과를 받아들이는 것이 중요합니다. 물론 교사로서 추천서를 써준 학생의 합격 소식을 들으면 무척 기분이 좋습니다. 만약 겉과 속이 다르게 써주었는데 그런 결과가 나왔다면 어떨까요? 솔직하게 써서 붙으면 좋고, 떨어지면 다행이라고 여기는 편이 더 편치 않을까요?
2. 교사가 관찰한 구체적인 내용들이 모두 추천서의 소재가 될 수 있습니다. 어떤 말을 하고, 어떤 아이들과 어울리고, 어떤 표정을 짓고, 어떤 반응을 보이는지가 모두 판단의 근거가 됩니다. 교사들은 사소한 몇 가지의 결합만으로도 학생들의 현재와 미래를 판단할 수 있습니다. 물론 그 판단은 대부분 옳습니다.

3장.

교사의 기본은 수업에서부터
— 수업 편

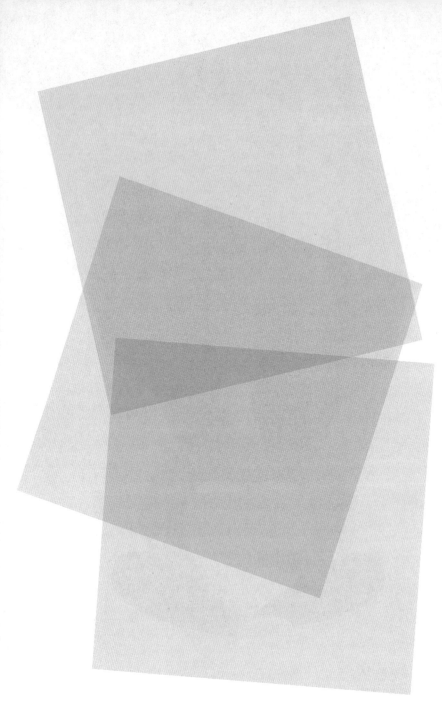

3장. 교사의 기본은 수업에서부터 – 수업 편

34

수업에 들어올 때의 마음가짐

- 시끄럽고 어수선한 분위기에서 어떻게 수업을 시작해야 할지 난감할 때
- 어떤 식으로 쉬는 시간과 단절하고 분위기를 바꿔야 할지 판단하기 어려울 때
- 수업 중 흐트러진 분위기를 다시 추스르는 것이 힘들 때

누구나 자신만의 방법으로 수업 시간을 꾸려가기 마련입니다. 옆에서 누가 이렇게 해라 저렇게 해라 얘기한다고 그대로 이룰 수는 없는 법입니다. 다 나에게 가장 맞는 방법이 무엇인지를 스스로 체감하면서 시도해볼 수밖에 없는 것이죠. 학기 초나 학기 중이나, 시작할 때나 시간이 흐른 후나 아이들과의 자리 잡기가 무엇보다도 중요한 이유입니다. 처음에 자리 잡기가 잘 이루어진다면 학생과 교사 사이에서의 적당한 긴장감은 유지된 거라 볼 수 있습니다. 그때

부터는 밀고 당기는 일이 상황에 따라 조금씩 변해 가면서 이루어지게 되겠죠. 근데, 내가 교실에서의 수업 분위기를 좌지우지할 수 있는 능력이 있다는 것을 아이들이 아는 순간부터 나는 칼자루를 잡은 무사가 될 수 있습니다. 1년을 끌고 갈 수 있는 힘이 생기는 것이죠.

특히 3월은 학교에서 팽팽한 긴장감이 도는 달입니다. 학생도 선생님을 처음 만나고, 선생님도 학생들을 처음 만나게 됩니다. 속된 말로 서로 간을 보는 시간입니다. 한번 툭 건드려 보고, 반응을 살피고 자신이 어떻게 행동해야 할지를 느끼게 됩니다. 학생들도 무심코 했던 자신의 말과 행동이 교사로부터 제어를 당하게 되면 조심할 수밖에 없습니다. 작년에는, 혹은 예전 학교에서는 이렇게 해도 넘어갔는데 올해는 안 되겠구나 하는 것을 알게 됩니다. 물론 그 반대의 경우도 가능합니다. 처음부터 일관성 없고 열심히 하는 교사가 아니라는 생각을 하게 된다면 그다음부터는 아이들을 통제하기가 어려워집니다. 교사가 어떤 생각을 하면서 수업을 준비한다는 것을 학생들에게 알려주어야 할 필요가 있습니다.

몇 가지 유의해야 할 사례들을 소개합니다.

1. 시작이 반인 법. 무조건 처음부터 길을 들여야 합니다.

처음에 학생들은 나름의 방식으로 교사를 파악합니다. 어디까지 허용되고, 이런 것은 안 되는구나 하는 것을 알게 되는 것이죠. 여기에서 교사는 단호함을 보여야 합니다. 내가 많은 것을 허용하고 여러 분들의 말을 들어주려고 노력하지만, 적어도 이런 것 정도는 내가 통제한다는 것을 알게 해야 합니다. 그리고 그 말이 빈말이 아님을 구체적인 행동으로 옮겨야 합니다. 해도 되는 행동이 있지만, 해서는 안 되는 행동을 하기도 합니다. 그럴 때 적어도 내 앞에서는 그래서는 안 된다는 것을 알려줄 필요가 있습니다. 잔소리가 반복되면 타성이 젖지만 아예 잔소리를 안 한다면 학생들은 무엇이 잘못되었는지를 모를 수도 있습니다. 나중에 습관이 된 것을 바꾸려 하면 무척 힘이 들 수 있습니다. 내가 너희들을 사랑하지만 선생님이기에 이런 것은 넘어갈 수 없다는 신호를 지속적으로 보내주어야 합니다. 그래야 아이들과 나와의 적당한 거리가 유지될 수 있습니다. 거리의 사회학(Sociology of distance)은 중요한 원리 중 하나입니다.

2. 1시간의 수업 분량이 중요한 게 아닙니다.

수업 준비가 안 되어 있으면 과감하게 1시간 동안 수업을 안 할 수도 있습니다. 아이들이 하기 싫어하면 "그래, 그럼 하지 말자. 대신에 그로 인한 피해에 대해서는 따지지 마라." 하는 식으로라도 쿨한 모습을 보여야 합니다. 1시간 수업 안 하고 더 나아가 1주일을 수업을 못하더라도 이런 수업의 권한이 선생님에게 있다는 의식을 심어주는 것이 훨씬 더 중요합니다. 그래야 오래 갈 수 있습니다. 수업에 집중이 안 되면 억지로 하지 말고 일단 집중을 시키고 아이들과 수업의 진행에 대해서 공유하고 공감하는 시간을 먼저 가져야 합니다.

3. 논리적인 대화와 설득 과정이 꼭 있어야 합니다.

대부분의 아이는 잘 따라오지만 그렇지 못한 아이들이 종종 있습니다. 시험 범위나 수행평가, 숙제 등 모든 부분이 시빗거리입니다. 일단 학생들의 이야기를 잘 듣고 거기에 대해 설득을 시킬 수 있어야 합니다. 둘 중의 하나죠. “설득을 하든가, 아니면 설득을 당하던가.” 내가 설득을 당할 수도 있습니다. 절대불변의 원리란 없는 법이죠. 너희들의 말이 일리가 있으면 나는 내 생각을 접고 따라간다는 것을 보여주는 것도 괜찮아 보입니다. 그건 밀고 당기기를 하면서 교사도 학생들의 옳은 생각을 받아들이고 말과 행동을 고칠 수 있다는 것을 보여주는 것이기에 교사에 대한 학생들의 믿음을 강화하는 작용을 합니다. 이는 도저히 그냥 넘어갈 수 없을 경우에, 교사의 행동에 대한 정당화의 계기가 되기도 합니다.

4. 여유를 가져야 합니다.

항상 아이들의 눈을 보고 천천히 시작해야 합니다. 수업 시작과 끝에 인사는 꼭 해야 합니다. 이제부터는 수업 시간이야 하는 것을 알려주는 표지가 됩니다. 인사를 하면서 아이들의 눈을 한번 훑어보고, 이 시간의 의미를 알게 하는 것이 좋습니다. 끝나고도 마찬가지입니다. 인사하는 것은 권위적인 것과 다릅니다. 인사 방식을 바꾸는 것도 상관없습니다. 시간이 지나면서 교사와 학생들은 점점 친구처럼 되어 갑니다. 일방적인 지시보다는 협력과 타협이 더 필요한 시대입니다. 그럴수록 친구들과 교사는 분명 다르다는 것을 알려줄 필요가 있습니다.

5. 교사의 권한 중 가장 강력한 것이 평가 권한입니다.

내가 맘에 들어 하지 않는다고 학생의 점수를 마음대로 깎을 수는 없습니다. 하지만 정당한 근거가 확보된 후에 학교생활기록부에 학생에 대한 부정적인 평가를 할 수도 있고, 추천서 작성을 거부할 수도 있습니다. 교사의 주관이 들어간 수행평가를 할 때 판단 기준에 학생들의 태도 일부를 반영할 수도 있습니다. 그런 권한이 있다는 것을 학생들이 알게 해야 합니다. 여기에서 교사의 권위가 살아나게 됩니다. 그리고 그 권위는 일관적이고 공정한 잣대만 있다면 충분히 유지될 수 있습니다.

꿀팁 한 번 더, 이건 꼭 기억하세요.

---

1. 나만의 방식에 대해 믿어야 합니다. 누구나 잘하는 건 다른 법. 나에게는 분명 장점이 있습니다.
2. 산만해지면 종을 치거나, 특별한 손뼉을 치게 하거나 여러 방법을 동원해 보는 것이 좋습니다.
3. 수업이 어지러워지고 교사와 학생이 따로 노는 경우, 일단 수업을 멈춰야 합니다. 그리고 쉬어가면 됩니다.

#수업

35

수업 방식은 정해져 있지 않다. 수업은 1시간이 아니라 1년짜리다

···› 매번 하는 수업이라 특별히 준비할 것도 없다는 생각이 들 때

···› 수업 전 지도 계획을 꼼꼼히 세우는 옆자리 동료 교사가 부러울 때

···› 완결된 수업을 진행하기가 어렵고, 내 수업이 뭔가 어색하다고 느낄 때

요즘은 많이 달라졌습니다. 수업에 대한 교사의 재량권이 교실 안에서 더 커졌습니다. 예전에는 정기적으로 수업을 공개해야 했기에 수업 이전에 준비하는 것들이 많았습니다. 수업 설계를 하고 지도안부터 만들어야 하는데, 이게 여간 신경 쓰이는 일이 아닙니다. 대개의 수업은 이렇게 전개되었습니다.

전에 배웠던 학습 내용을 거론하고, 이어서 이번 차시의 학습 목표를 제시하고, 이번 시간의 진행 순서를 알리고, 교사의 발문 및 시범 보이기, 학생들의 모둠별 활동, 발표, 수업과 관련한 간단한 평

가, 다음 차시 예고, 정리 및 마무리.

공개 수업이 끝난 후에는 수업에 대한 평가가 뒤따랐습니다. 주로 부정적이고 모자란 내용이 지적되었습니다. 학습 목표를 칠판에 적어놓지 않아서 학생들이 무엇을 배워야 할지 알지 못했다, 수업 시간이 부족하거나 남아서 짜임새가 없었다, 평가를 진행하지 못했다, 다음 차시 예고를 하지 않았다 등 수업의 내용보다는 형식에 대한 지적 사항이 많았습니다. 그러다가 컴퓨터가 보급되면서 ICT 활용 수업이 생겨났습니다. 모든 수업에 컴퓨터를 이용한다는 게 달라졌고, 이때도 교사는 책상 앞에 앉아서 모니터를 보면서 설명하는 것 위주였습니다. 컴퓨터를 활용한다는 그 자체만으로도 의미가 있었습니다. 아이들과 눈을 마주치고 교사가 돌아다니며 교감을 나누고 어깨를 다독거려 주는 것은 그리 중요하지 않았습니다. 그런 점에서는 교실이 많이 달라졌습니다.

지금도 일부 학교에서는 수업을 고민하고 연구하는 교사 모임이 만들어집니다. 학기가 시작되기 전, 한 학기의 수업 지도안을 짜고 수시로 공개수업을 하면서 수업을 준비하는 선생님들도 많아졌습니다. 좋은 현상입니다. 수업이란 게 준비를 하면 할수록 품질은 더 좋아지는 법입니다. 교실에서 교사가 뜻하는 대로 학생들이 움직이고 반응하는 것은 아니지만, 미리 고민할수록 교실에서 벌어지는 다양한 상황에 대해 대처가 가능한 법입니다. 플랜A가 먹히지 않으면 플랜B로 들어가고, 그 외에도 교사가 할 수 있는 대안이 많으면 많을수록 수업에서의 완성도는 높아질 수 있습니다.

하지만 수업에 대해 한번 생각해 볼 필요가 있습니다. 한 시간의 수업이 처음부터 끝까지 일관성 있게 흐를 수는 없습니다. 교사가 자세하게 계획한 수업일지라도 한 군데에서 엉켜 버리면 그다음 단계를 무시하고 바로 점프할 수도 없습니다. 내용 설명과 교사의 시범 보이기가 빠진 채로 학생 활동을 유도할 수도 없습니다. 배움이란 단계가 있는 법. 한 단계 한 단계를 징검다리 건너듯 한 발 한 발 디디면서 가야 합니다. 그런 점에서 한 시간 수업의 완결성을 따지는 게 과연 의미가 있을까 하는 것도 생각해 봐야 합니다. 한 시간이 모여서 한 주를 만들고, 그 주가 모여서 한 학기, 일 년이 됩니다. 한 시간이 가장 중요한 단위이기는 하지만, 1시간의 수업이 잘 짜여졌다고 해서 그 선생님의 수업이 확실하다고는 볼 수 없습니다. 1시간 수업에 모든 열정을 쏟아붓는 것보다 한 학기, 일 년을 놓고 보는 게 학생들의 성장에는 도움이 더 될 수 있습니다.

수업을 하면서 여러 상황에 직면하게 됩니다. 시험이 끝나고 쉬어갔으면 좋겠다고 하는 학생도 있고, 진도를 마친 상태에서 자습시간을 요청하기도 합니다. 동영상이나 영화를 보면서 기분 전환하기도 하고, 선생님이 읽은 책 이야기나 세상 돌아가는 이야기를 하면서 아이들의 생각을 키우는 시간을 가질 수도 있습니다. 한 시간이 완벽한 짜임으로 만들어진다는 것은 아이들의 반응이 예상대로 나와야 하고, 교사의 발언에 한 치의 어눌함이나 실수가 없는 상태여야 가능합니다. 학생들이 주어진 모둠 활동을 충실히 하고 바람직한 결과물까지 만든다는 것도 전제되어야 합니다. 이런 게 과연 가능할까요? 한 시간 수업이 완벽했다고 해서 그다음 번 수업까지 완벽하기를 기대하기는 어렵습니다. 차라리 한 시간 동안 책 이야기를 하고, 아이들의 이야기를 들어주거나 잔소리하는 게 더 나을 때도 있습니다. 아이들과 친밀감을 형성하는 시간, 출석을 부르면서 개인의 이름을 불러주는 시간, 과거 사례를 이야기하면서 앞으로 가져야 할 태도에 대해서 권해주는 시간이 더 중요할 수도 있습니다.

수업은 한 시간짜리가 아니라 한 학기 단위로, 혹은 일 년 단위로 이어지는 과정입니다. 수업의 짜임새는 한 시간으로 판단할 수 없고 더 길게 봐야 합니다. 초반에 선생님이 수업에서 지향하는 것을 보여주고 의도를 확실하게 알도록 하는 게 중요합니다. 수업 지도안을 작성할 때 절대로 집어넣을 수 없는 '뜸 들이기'의 과정이 수업에는 꼭 필요합니다. 선생님에 대해, 그리고 학생들에 대해 서로가 서로를 이해한다면 한 학기 수업은 더 알차게 될 수 있습니다. 교과서에 없는 이야기를 하는 게 수업을 대충 하는 것이라고 볼 수는 없습니다. 그러니 굳이 한 시간의 수업이 완벽해야 한다는 생각은 버려도 좋지 않을까요? 공개 수업이라면 그 수업의 완성도를 판단할 수 있지만, 학생들과의 일 년짜리 수업에서는 매시간 수업에 대해 동일한 잣대로 평가할 수 없습니다. 그 선생님의 수업이 어떠하다고 평가할 때 잘한 것만을 기억하거나 못한 것만을 기억하지 않습니다. 평균적으로, 보편적으로 그 선생님과 얼마나 잘 통했는가, 얼마나 선생님이 수업에 대한 준비를 했는가, 성장에 도움이 되었는가 등을 종합적으로 판단하고 평가하게 됩니다. 그러니 한 시간에 너무 목매지 않았으면 좋겠습니다.

수업은 긴 과정입니다. 그러니 내가 이번 학기는, 혹은 이번 해에는 어떻게 수업을 운영하겠다는 목표를 가져야 하고, 그러기 위해서 한 시간을 넘어서는 큰 그림을 그려야 합니다. 그래서 짧게 보면 허술할지 모르지만, 길게 보면 의미 있고 괜찮은 수업이었구나 하는 판단이 학생들에게 들도록 해야 합니다. 매시간 정확하게 계획을 세우고, 시간을 안배하고, 평가 요소를 하나하나 따지는 수업은 그것을 준비하는 교사를 지치게 할 수 있습니다. 학생들의 성장도 장기적으로 봐야 하는 것처럼, 교사도 한두 해 정열을 쏟아붓고 말아야 할 직업이 아닙니다. 천천히, 그리고 서서히 몸을 만들고 열정을 끌어올리는 일련의 과정입니다.

◌꿀팁◌ 한 번 더, 이건 꼭 기억하세요.

---

1. 수업 준비를 못했다고 해서 너무 걱정하지 않아도 됩니다. 교과서의 진도를 알차게 나가는 것도 좋지만 교과서에 나와 있지 않은 것들을 해도 됩니다. 학생들의 성장에 도움이 되는 것이라면 한 시간을 돌아가는 시간으로 삼을 수도 있습니다. 한 시간짜리 알찬 수업에 대한 강박관념을 버려야 합니다.
2. 날이 더워서 집중력이 떨어지거나, 결석자가 많아서 수업 분위기가 나지 않는 경우가 있습니다. 한 시간의 휴식을 줌으로써 더 큰 능률이 오를 수도 있습니다. 그러니 알찬 수업이라는 것의 기준을 한 학기, 혹은 일 년으로 잡아도 됩니다.

36

학생들은 선생님의 사례에 공감한다. 사례를 발굴하라

···▸ 학생들이 선생님의 첫사랑 이야기에 관심을 보일 때

···▸ 내가 했던 공부 경험 중 아직도 기억나는 것이 있을 때

···▸ 아이들의 좋지 못한 습관에 대해 돌려서 지적하고 싶을 때

시험이 끝났을 때나, 수업이 연속될 때, 졸리거나 귀찮을 때 학생들은 선생님에게 수업 말고 다른 것을 하자고 자주 말합니다. 학생들에게 수업은 당연히 해야 하는 것이지만 놓여나고 싶은 것이기도 합니다. 여기에서 말하는 수업은 교과서를 이용해서 하거나 교사가 일부러 구안한 학습을 말합니다. 학생들은 수업이 아니라고 생각하면 좋아합니다. 편안한 마음으로 앉아 있어도 되니까, 알려고 힘들게 머리를 쓰지 않아도 되는 거니까 이런 시간을 만만하게 생각합니다. 교사들도 각종 연수에 참여하면, 일찍 끝내주는 걸 좋아하고 강사의 가벼운 이야기에 귀를 더 기울이는 것을 보면 아이들의 마

음을 이해할 수 있을 것 같습니다. 우스갯소리로 아이들이 가장 좋아하는 수업은 '자습'이라는 말이 있습니다. 이번 시간에 자습하자고 하면 무척 환영을 받습니다. 물론 자습을 제대로 하는 학생들은 별로 없습니다. 그래서 아이들의 자습 장면을 쳐다보다가 안 되겠다고 생각해서 수업 진도를 나간 적도 꽤 여러 번입니다. 그냥 노는 게 좋은 것이죠. 그런데 이런 시간에 선생님의 이야기를 하면 의외로 학생들은 귀를 기울입니다. 그리고 선생님에 대해 더 관심을 갖게 되고 더 친해지게 됩니다.

첫사랑 이야기를 가볍게 해주는 것도 좋습니다. 사실이든 지어낸 얘기든 그건 중요하지 않습니다. 그리고 결론 부분을 살짝 흐리거나 알아서 상상으로 채우라고 하면 더 좋아합니다. 물론 제 경우는 지금의 아내가 첫사랑이었다는 말을 해줍니다. 그건 확인할 수가 없으니 아이들의 궁금증을 유발하기에 더 좋은 소재입니다. 생활 속의 가벼운 이야기를 해주는 것도 좋습니다. 아침에 나오다가 냥이 엄마가 준 고양이 밥그릇에 참새들이 앉아서 밥을 먹고 있더라, 날짐승이 땅으로 내려와서 천사 같은 냥이 엄마가 차려준 밥상에 즐거워하더라, 이런 얘기를 하면서 우리 주변에 도움이 필요한 사람들에 대한 배려를 말합니다. 아침 밥상에 나온 채소 이야기를 하면서 러시아의 우크라이나 침공 이야기를 연결하고 먹거리의 소중함을 이야기하기도 합니다. 어제 퇴근길에 본 교통사고를 예로 들면서 교통안전에 대해 이야기합니다. 항상 결론은 교사답게, 사람이 어떻게 살아야 하는가, 가치에 대해서 말을 하지만 노골적인 결론을 맺지는 않습니다. 그런 이야기를 하면서 학생들의 주변 이야기를 섞습니다. 그러면 평소 말 한마디 하지 않던 아이들도 쉽게 입을 열고 자신을 드러냅니다. 교사가 특정 과목을 가르치는 사람이지만 어차피 모든 과목이라는 것은 살아가기 위한 수단 아니겠습니까? 자연스럽게 교과목과 연결한다면 그만큼 수업에 쓸 만한 소재가 넓어지는 것입니다. 그리고 사적인 이야기를 나누게 되면 아이들과도 더 친해질 수 있습니다.

대개 선생님들은 예전에 공부 꽤나 했던 사람들입니다. 방황을 한 이들도 있겠지만 대부분 인문계 고등학교를 나와서 사범대나 교육대에 진학을 했으니 중간 이상의 학업 수준이었을 겁니다. 게다가 어려운 임용고시까지 통과했으니 자신의 과거 공부에 대해서도 나름대로 철학이 있을 거라고 생각합니다. 아이들에게 이런 식으로 공부를 했더니 성적이 올라가더라, 이런 건 좋지 않더라 하는 말을 해주면 반응이 좋습니다. 이건 내가 가르치는 과목에 한정되지 않습니다. 특정한 과목을 가르치는 선생님이 과거에 그 과목만 공부를 했던 것은 아니니까 자신이 효과를 보았던 것을 말해줄 수 있습니다. 과거 역사 과목 공부를 할 때 내용 암기가 되지 않아서 아예 벽을 보고 가르치듯이 혼자 중얼거렸던 이야기도 했습니다. 그랬더니 조금씩 나아지더라, 지도를 보면서 그림과 연결해서 공부했더니 성적이 오르더라, 숫자를 외울 때는 전화기 버튼을 연상하면서 패턴을 머릿속으로 그렸더니 기억에 더 남더라, 이런 이야기를 해줍니다. 그러면 교사가 이야기한 방식대로 시도해 보는 학생들이 있습니다. 그러면서 이렇게 해서 성적이 올랐다는 말을 듣기도 합니다. 교사의 가벼운 과거 경험이 아이들에게 도움이 되었다면 그 아이는 선생님을 믿고 따를 수밖에 없습니다. 졸리는 것을 참아가면서 밤늦게까지 공부했더니 오히려 시험 날 아침에 정신이 흐려져서 시험을 망쳤다는 이야기도 해주고, 사람이 잠을 자면서 단기 기억이 장기 기억으로 연결된다는 것을 본인의 경험과 연결 지어 말해주기도 합니다.

책 이야기를 하는 경우는 많습니다. 평소에 읽는 책에 대해 말하면서 그 책의 인상적인 부분을 간략하게 언급하기도 합니다. 어떤 학생들은 수업이 끝난 후에 도서관에 가서 그 책을 직접 찾아보는 경우도 종종 있습니다. 책을 읽으라고 잔소리하는 것보다 학생의 자발성을 이용할 수 있다면 훨씬 좋을 것입니다. 일부러 내가 읽은 책을 직접 교실로 갖고 들어가서 책에 대해 설명하기도 합니다. 교사가 말로만 하는 것보다 책의 실물을 보여주는 게 더 효과적이었습니다.

가끔은 개인 블로그를 보여주기도 합니다. 여기에 올려져 있는 글과 사진을 보여주면서 학생들에게 자극이 될 만한 것들을 제시합니다. 멋진 광경의 사진도 보여주고, 그 광경 안에 있는 사람이 바로 나라는 것도 이야기합니다. 준비를 제대로 하지 않아서 배낭여행 중 사기당한 경험도 말해주고, 그곳에 사는 사람들이 어떤 생활을 하는지를 간접적으로나마 보여주곤 합니다. "이번 시간에는 유럽의 어느 나라로 여행 가볼까?" 하는 말과 함께 내가 경험한 것들을 이야기로 풀어서 해줄 때도 있습니다. 단편적인 일화에 그치지 말고 과거의 실수담을 바탕으로 스토리텔링을 하면 아이들은 귀를 기울입니다.

교사의 과거 경험 중에는 배워야 할 것도 있고, 배우지 말아야 할 것도 있습니다. 시간이 너무 오래되어 지금과는 잘 맞지 않는 것도 있습니다. 하지만 고전 작품이 지금까지 오래도록 살아남는 것처럼, 교사의 과거 행동에서도 현실에 반영할 것들이 많이 있습니다. 이렇게 준비를 안 했으니까, 이런 생각 없는 태도를 취했으니까 실패를 맛보았다고 하면 그 자체가 산교육의 사례가 되기도 합니다. 그러면 학생들은 자신의 태도를 돌아보게 되고 고쳐야 할 점을 찾게 됩니다. 물론 한두 사례에 대한 이야기를 통해 아이들이 전적으로 달라지지는 않습니다. 오랜 교육 과정을 거치고, 나이를 먹어가면서 점점 지혜로워지고 성장을 하게 되는 것이죠. 여기에 교사가 손을 하나 더 얹는다는 생각을 하면 됩니다.

우리 아이들이 적어도 나보다는 나았으면 하는 것이 교사의 바람입니다. 내가 이런 잘못을 하면서 컸더라도 아이들은 잘못하지 않고 더 빠른 길로, 바르게 컸으면 좋겠다고 하는 게 교사의 마음입니다. 단순하게 교과서를 전달하는 데 그칠 게 아니라 내 사례를 바탕으로 바람직한 성장의 길로 아이들은 인도한다면 더 좋은 교사가 될 수 있겠죠. 교사의 사례는 그러므로 아이들에게 꼭 필요합니다.

있으면 활용하고, 없으면 발굴해야 합니다.

◌꿀팁◌ 한 번 더, 이건 꼭 기억하세요.

---

1. 교사의 사례를 이야기할 때 내가 이런 것을 했고, 이런 성취를 했다는 것은 중요하지 않습니다. 그래서 어떻게 되었고, 그러니까 이래야 한다는 것을 알게 해줘야 합니다. 직접적인 지시는 잔소리지만 은근히 스며드는 이야기는 스스로의 생각을 키워냅니다.
2. 사람은 실수와 잘못을 딛고 일어납니다. 교사의 실수를 이야기하면 학생들은 훨씬 좋아합니다. 그것도 몰랐냐고 비웃기도 하고 교사에게 조언을 해줄 때도 있습니다. 그렇다고 교사가 망가지지는 않습니다. 아이들과는 더 친숙해집니다.

37

규정은 규정일 뿐, 내 수업에서의 규정을 만들어라

···› 수업을 방해하는 학생들 때문에 진행이 힘들 때

···› 규정대로 하면 된다고 말하는 사람들 때문에 답답할 때

···› 일부 학생에 대한 지도 때문에 다른 학생들에게 미안함을 갖게 될 때

수업을 방해하는 학생들이 있습니다. 일부러 방해하려고 엉뚱한 말과 행동을 하는 것은 아닙니다. 수업과는 상관없는 말을 하고, 다른 아이들을 건드리고, 돌출 행동으로 타인의 시선을 빼앗기도 합니다. 선생님의 지적을 곧이곧대로 받아들이지 않고 볼멘소리를 하기도 하고, 왜 다른 애들은 그냥 두고 자기한테만 뭐라 하느냐고 화를 내기도 합니다. 그럴 때마다 한두 명을 설득하기 위해서 수업 시간을 할애할 수도 없습니다. 그렇다고 그냥 수업을 할 수도 없고 진퇴양난입니다. 그래서 많은 학교에서는 수업을 방해하는 학생에 대

한 지도 원칙을 세워놓고 있습니다. 그리고 이 원칙에 따라 불이익을 주겠다는 것을 명확하게 합니다. 지도 규정을 교실 벽에 붙여놓기도 하고, 가정통신문을 만들어서 가정에 배포하거나 학교 홈페이지에 올려서 학부모님들이 경각심을 갖도록 합니다. 하지만 규정은 규정일 뿐, 수업 방해 학생들을 규정대로 제어한다는 것은 현실적으로 불가능합니다. 잘못된 행동을 지적하더라도 교사 눈에 보인 것만을 놓고 판단해야 하기 때문에 그 전후 관계를 알지 못하는 경우가 많습니다. 학생들이 교사의 지적을 받아들이지 않고, 가정에 돌아가서 자신의 관점에서 이야기를 한다면 괜한 분란을 야기시킬 수도 있습니다. 그러니 규정은 규정대로 학생들에게 안내하되, 교사가 알아서 그 규정을 활용하는 능력을 키워야 합니다. 그렇지 않고 규정이 있다고 아이들의 특성을 고려하지 않고 규정만을 고집하면 더 큰 문제가 발생할 수 있습니다.

많은 학교가 수업 방해 유형을 제시하고, 사안이 발생하면 어떻게 처리가 되는지에 대해서 구체적으로 알리고 있습니다. 예를 들어 보겠습니다.

수업 방해 행위

- 수업에 집중하지 않고 지속적으로 떠들기
- 수업 외의 내용으로 교사 말꼬리 물고 대답하기
- 불손한 언행 및 교과 담당 교사 지도에 불응
- 수업 시간에 엎드려 있기(자는 학생 포함)

- 정당한 사유 없이 수업 시간에 늦게 들어옴
- 수업 시간 음식물 섭취
- 수업 시간에 타 교과 공부 및 과제를 함
- 수업 준비 및 수업 태도가 상습적으로 불량
- 타인의 학습을 고의로 방해
- 불필요하게 본인의 자리를 이탈하여 교실을 돌아다님
- 수업 중 평가를 거부하거나 거부하도록 선동
- 수업 중 친구에게 욕설을 하거나 괴롭힘
- 기타 교사가 판단한 수업 방해 행위

사안 처리 절차

- 1단계 처리 : 수업 담당 교사의 수업 방해 학생 조치

  1차. 수업 교사 구두주의 지도

  2차. 첫 번째 경고 및 해당 학생 수업 약속 불이행 벌칙 수행하기

  * 벌칙 - 수업 교사의 지시에 따라 교실 앞으로 나와 친구들에게 미안하다고 큰소리로 사과하기

  3차. 교실 뒤 이동 지시 및 두 번째 경고(첫 번째 경고에도 불구하고 수업 방해 행위가 계속될 경우)

  * 이후 교과 교사나 담임 교사가 해당 사항을 부모에게 전화로 통보하여 가정에서 연계 지도 협조
- 2단계 처리 : 1단계 처리 중 3차 조치에도 불구하고 수업 방해 행위가 지속되는 학생

1차. 교실 뒤 이동 명령 및 두 번째 경고에도 수업 방해 행위가 지속되는 경우 → 수업 중인 교실에서 가장 가까운 곳에 위치한 교사 연구실에 협조하여 학생에 대한 조치를 요청함.

2차. 대응 조치 협조 요청을 받은 교사는 즉시, 해당 교실로 가서 학생을 교무센터의 교감에게 인계하여 분리 조치

- 3단계 조치 : 사후 조치

1차. 2단계 처리 내용 학부모에게 즉시 사안 통지

2차. 사안에 따라 학생의 교육적 지도나 조치가 필요하다고 판단될 경우 학교생활 교육위원회를 통해 구체적인 학생 지도 방안 마련(선도 및 징계 포함)

3차. 학생이 교사의 정당한 지도에도 불구하고 사안의 정도가 심각하여 해당 교사의 교육활동 침해 사안 신고가 있을 시 학교장에게 보고 후 조치(교권보호위원회 개최)

* 교육활동 침해 학생에 대한 조치 결정에 따라 출석 정지(등교중지) 및 학급 교체, 전학도 가능함.

위의 절차를 보면 안 될 게 전혀 없습니다. 수업 방해 유형을 구체적으로 제시했고, 사안이 발생했을 때 어떻게 해야 한다는 것이 구체적으로 제시되어 있습니다. 규정대로 하면 됩니다. 그러면 아주 평화롭고 미래지향적인 아름다운 수업이 탄생할 수 있습니다. 학교 현장을 모르는 사람들이 보면 이런 식으로 규정이 구비되어 있는데, 규정대로 하면 되지 않냐 하는 말을 합니다. 만들어진 규정

도 지키지 못하면 어떻게 하느냐고 합니다. 교사들이 이 규정을 엄격히 적용한다고 하면 어떨까요? 교실은 안정된 곳이 되고, 선생님은 교권을 지키고, 많은 학생들은 편안한 분위기에서 공부에 전념할 수 있을까요?

이 규정은 교육청에서 제시된 수업 방해 학생 지도 매뉴얼을 참고로 만든 것입니다. 교실 수업의 현장에서 벗어나 있는 사람들이 하는 일이라 역시 현실을 반영하고 있지 못합니다. 현실은 땅인데 이상은 하늘입니다. 하늘 위에서 바라보는 세상은 참 평화롭고 안전합니다. 하지만 실제로 땅은 온갖 지저분한 쓰레기들이 널려져 있고 비상식과 한숨이 가득 차 있기도 합니다. 위의 수업 방해 유형에 대한 규정만 보더라도 그렇습니다. 아이들이 눈을 뜨고 교실에 앉아만 있으면 가능할 수 있습니다. 수업은 분위기로 좌우됩니다. 아이들의 입과 귀를 열어야 하고, 친구들과 몸을 부대껴야 합니다. 수업 준비물을 안 가져올 수도 있고, 부득이한 이유로 엎드려 있을 수도 있습니다. 수업 시간에 늦게 들어온 아이가 만약 배가 고파서 쓰러질 것 같아 매점에서 빵을 하나 사 먹고 왔다면 이는 정당한 사유가 아닐까요? 학생들이 떠드는 게 수업과 관련한 것이라면, 수업 시간에 자습을 하라고 했을 때 학원 숙제를 한다면, 아는 게 없어서 단원 평가지를 받은 채 아무 문제도 풀지 못하고 그냥 앉아만 있다면 이것도 수업 방해 행위일까요? 고의적, 상습적, 지속적이란 말은 객관성을 지니고 있는 말일까요? 규정만 보더라도 숨이 막힐 지경입니다. 이 규정을 잘 지킬 수 있는 학생은 아마 대한민국에 한 명도 없을 것입니다.

전제가 그러니 2단계인 수업 중 방해 학생 조치가 제대로 될 리가 없습니다. 학생에게 수업 약속 불이익 벌칙을 수행하기 위해 교실 앞으로 나와서 미안하다는 말을 하라고 하면 그게 제대로 이루어질까요? 인상을 쓰고 투덜거리면서 앞으로 나오다가 눈이 마주친 친구들 건드리기도 하고 의도적인 욕설을 내뱉을 수도 있습니다. 아주 불손하게 미안하다는 말을 하면 그것을 받아들일 수 있을까요? 교실 뒤로 이동하라고 하면 아이가 뒤에서 가만있을까요? 벽을 잡고 춤을 추기도 하고, 교실 뒤를 배회하기도 하고, 다른 아이들을 건드리거나 집적거리기도 합니다. 갑자기 누구는 수업 안 하고 졸거나 다른 장난을 친다고 고발하는 바람에 수업이 갑자기 끊어지기도 합니다. 부모에게 이 사실을 알리는 전화를 한다면 가정에서 교육이 제대로 이루어질까요? 내 아이만을 생각하는 이기적인 학부모라면 오히려 아이와 함께 학교 흉을 보면서 아이의 기를 살려주는 말을 할지도 모릅니다. 전학 조치가 가능하다는데 이렇게 전학을 간 학생의 가정에서 미안하다고 하면서 이것을 받아들일까요? 결국 이런 규정은 있으나 마나 한 것이 될지도 모릅니다. 현실적이지 않은 규정은 학생들이 마음껏 옳지 않은 행동을 해도 된다는 신호라고 생각할 수도 있습니다. 오히려 외부에서 규정대로 하지 못하는 학교의 무능을 탓하는 핑계가 될 수도 있습니다. 규정을 정했음에도 망가진 교실에 있는 교사를 나무라는 아주 정당한 이유가 될지도 모릅니다.

지난 7월에 발생한 선생님의 안타까운 죽음도 규정이 없기 때문에 일어난 것은 아닙니다. 그런 규정을 지킬 만한 상대방의 상식이 없었던 것이고, 규정 속에 포함되지 않는 수많은 갑질 행동이 비극을 불러일으킨 것입니다. 중요한 건 규정이 아닙니다. 규정 속에서 이리저리 헤엄을 치면서 빈틈을 찾는 아이들을 제어할 수 있는 능력입니다. 규정대로 하는 건 중요하지도 않고 실현 가능하지도 않습니다. 이럴 수 있다는 선언 정도로만 인식을 하고 교사 나름의 방법으로 교실 분위기를 만드는 게 중요합니다. 아이들과 함께 원칙을 정하고, 이런 식으로 수업 분위기를 만들자는 이야기를 나눠야 합니다. 규정은 광대가 타는 외줄과도 같습니다. 규정에만 몰두하고, 그것만 보고 달려가면 발을 디딜 데가 없을지도 모릅니다. 그러니 나와 아이들과의 규정을 만들어야 합니다.

꿀팁 한 번 더, 이건 꼭 기억하세요.

1. 아이들과 수업 시간에 지켜야 할 원칙에 대해 이야기를 나눠보는 것이 필요합니다. 간혹 현실적인 대안이 나올 수도 있습니다. 학교에서 일방적으로 제시하는 규정보다 함께 참여해서 만들고 공감한 규정이 훨씬 현실적이고 괜찮습니다.
2. 아예 학년 초 수업 시간에 교실 수업 분위기에 대해 진지하게 고민해 보는 것도 괜찮습니다. 한 시간을 소비해서 나머지 시간이 그나마 덜 망가질 수 있다면 이런 시도는 밑지는 게 절대 아닙니다.

#수업

38

수업 중 사적인 이야기를 해도 된다. 하지만 겸손해야 한다

⋯▸ 아이들이 수업 시간에 지루해할 때

⋯▸ 아이들이 선생님 개인에 대해 궁금해할 때

⋯▸ 수업 시간에 변화를 시도하고 싶을 때

예전부터 학생들은 선생님에 대해서 많은 것을 알고 싶어 했습니다. 선생님의 첫사랑에 대해서 얘기해달라는 건 예나 지금이나 변함없습니다. 학창 시절이나 자라왔던 이야기를 해도 관심 있게 듣습니다. 수업 시간에 진도를 나가는 것보다 잠시 쉬어가는 여유로 생각하는 것 같습니다. 수업이란 게 교과서를 기반으로 하지만, 지식을 전하는 게 아니라 교사 자신을 학생들에게 전하는 거라는 말이 맞는 것 같습니다. 나를 아이들에게 주고, 아이들에게 교사가 받아들여지면 그다음부터는 수업이 더 매끄럽게 진행될 테니 '내가 너희들에게 괜찮은 사람이야.' 혹은 '내가 그래도 쓸 만한 사람이니까 내 수업도 괜찮아.'라는 느낌을 주기에 사적인 이야기는 유용할 수도 있겠다는 생각이 듭니다.

선생님이 마음에 들면 아이들은 수업에 열심히 참여합니다. 단순히 재미있는 수업이 좋은 게 아니라 내가 좋아하는 선생님의 수업을 좋아합니다. 그래서 수업 시간뿐 아니라 그 외의 시간에도 학생들과 교류하고 소통하려는 노력이 필요합니다. 다른 선생님들 수업보다 담임 선생님의 수업을 더 잘 받고, 담임 선생님 과목의 성적이 대개 높게 나타나는 것도 선생님에 대한 관심과 관련이 있다고 생각합니다. 개인적으로 저 선생님에 대해 많은 것을 알고 있다는 것이 친근함을 이루는 요인입니다.

수업 시간에 수업 외적인 이야기를 하는 것에 대해서도 부담을 가질 필요는 없습니다. 수업이란 게 교과 내용을 전달하는 것이지만, 반드시 교과서에 머무를 필요는 없기 때문입니다. 관련된 주변 이야기를 하고, 그 이야기를 수업 내용과 연결할 수만 있다면 사적인 이야기는 중요한 수업 자료가 될 수 있기 때문입니다. 그래서 과거에 이렇게 공부해서 효과를 보았던 경험을 말하거나, 예전에 가르쳤던 아이의 과거 사례를 현재와 비교해 보거나, 어제 만났던 사람들과 나눈 대화에 대해 말하거나, 집 앞에서 마주친 학생들의 이야기를 하면서 아이들과 소통하는 것도 괜찮은 방법입니다. 아이들은 선생님이 어느 학교를 나왔고, 어디에 사는지도 궁금해 합니다. 그리고 같은 아파트에 사는 것에서도 동료 의식을 느끼게 됩니다. 사적인 관계와 공적인 관계를 교묘하게 엮어서 아이들과 가까워지는 것. 이것도 교사의 노하우입니다.

다만 사적인 이야기를 할 때 주의할 점이 있습니다.

1. 겸손해야 합니다.

사적인 이야기가 자기 자랑의 느낌으로 제시된다면 학생들은 거부감을 느끼게 됩니다. 학생을 통해 이야기를 듣는 학부모 입장에서도 별로 좋은 느낌은 받지 못하게 됩니다. 자기 과시를 한다는 생각을 할 수도 있는 것이죠. 실제로 "내가 미국에서 공부할 때는"이라는 말을 자주 하는 선생님이 있었습니다. 그 말만 들은 학생들은 선생님이 미국에서 공부한 분이구나, 무척 똑똑한 분이구나 하는 생각을 했다고 합니다. 사실 그 선생님은 미국에서 공부를 하기는 했지만 대학 시절에 어학연수 6개월을 다녀온 것이었는데, 그것을 미국에서 학위 과정을 다닌 것으로 학생은 받아들인 것이죠. 그 소문이 학부모들 사이에서도 퍼져 나갔습니다. 사실을 알게 된 후에 선생님에 대한 신뢰도는 떨어질 수밖에 없었습니다. 자기 잘난 척하는 사람으로 인식이 되어버린 것이지요. 수업 시간에 자기 얘기를 할 때는 최대한 겸손하게, 자기를 과시하는 듯한 느낌을 주어서는 안 됩니다. 교사로서 어떤 성취를 했을지라도 그것 자체를 부각시키는 말보다는 학생이나 동료들과 연결해서 이야기를 해주어야 합니다. 학생들 덕분에, 다른 선생님들 덕분에 이런 성취를 했다는 겸손과 연결된다면 받아들일 때도 그리 기분 나쁘지 않게 됩니다.

2. 사적인 이야기를 할 때도 받아들이는 사람을 감안해야 합니다.

우리 아들이, 혹은 우리 딸이 어느 학교에 진학했고, 이런 상을 받았고 등을 노골적으로 하게 되면 아이들은 선생님의 잘난 척으로 간주하고 싫어합니다. 결과 위주보다는 과정 위주로 말해주면 좋습니다. 아들이 이런 것을 잘 못했는데, 이렇게 해보니까 좋은 결과가 나왔다. 그러니까 너희들도 이런 방법을 한번 시도해 보면 좋겠다는 식으로 전달하는 것이 좋습니다. 내 자녀를 학생들이 알아준다고 달라지는 것은 없습니다. 그러니 최대한 듣는 학생들을 생각하면서 말해야 합니다.

3. 다른 선생님의 이야기를 할 때는 칭찬하는 말을 해야 합니다.

훌륭한 선생님이 너희들을 가르치고 있고 그 선생님과 함께 있는 학생들과 동료 선생님들도 모두 훌륭한 자격이 있는 사람들이라는 느낌을 주어야 합니다. 선생님들이 팀을 이루어서 운동 경기에 출전하거나, 글쓰기 행사에 참여했을 때 수상을 했다면 이런 걸 학생들에게 말해줄 수 있습니다. 해당 팀에 내가 소속되어 있고 함께 상을 받았을지라도 나는 최대한 겸손하게, 다른 선생님은 부각시키는 방향으로 말해야 합니다. 그러면 이야기하는 나도 함께 살아나게 됩니다.

사람들은 누구나 자기 과시의 욕구가 있습니다. 생존 본능이겠죠. 내가 이런 사람이라는 것을 알리면 덜 무시할 테고, 더 존중할 테니까 내 장점을 최대한 살리려고 노력합니다. 그런데 과시하더라도 그 부분은 최대한 감추고 겸손한 자세를 보여야 인정을 받을 수 있습니다. 교사인 내가 생각하는 것처럼 학생들이 생각해 주기를 바라서는 안 됩니다. 학생들은 냉정합니다. 그리고 비판적입니다. 교사 스스로를 자랑하는 것보다는 교사의 이야기를 통해서 자신들이 성장하고, 자신들이 자부심을 갖기를 더 바라고 있습니다. 사적인 이야기, 얼마든 좋습니다. 하지만 이것도 수업 목적과 연결되어 부드럽게 녹아들어가야 효과를 볼 수 있습니다.

◌꿀팁◌ 한 번 더, 이건 꼭 기억하세요.

---

1. 함께 성장하고 있다는 느낌이 중요합니다. 학생들이 상을 받았을 때도 적극적으로 칭찬해 주면서 옆에 있는 친구들 덕분이라는 느낌을 전달해야 합니다. 너희들이 도와주어서, 너희들이 계기를 제공해 주어서 좋은 일이 생겼다는 식으로 접근해야 합니다.
2. 아이들은 눈에 보이는 것만 봅니다. 국어 선생님이 운동을 잘하거나, 음악 선생님이 그림을 잘 그리거나, 과학 선생님이 글을 잘 쓰는 것에 대해 신기해합니다. 주변에 그런 교사들이 있다면 우회적으로 자랑을 해도 됩니다. 그런 동료들과 함께하는 나도 함께 올라갑니다.

39

스타(?) 학생이 뒤집어 놓은 분위기, 남아 있는 아이들은 어떻게?

···› 교실의 많은 아이에게 내 진심을 전달하고 싶을 때

···› 이웃을 잘못 만나 고생하는 다수의 아이들을 배려해야 할 때

···› 문제 성향의 아이 때문에 난장판이 된 학급 분위기를 바꿔야 할 때

몇 년에 한 번쯤은 대단한 아이를 만나게 됩니다. 교사는 대개 아주 잘난 아이와 아주 못난 아이를 기억하게 되는데, 그중 후자에 해당하는 아이들을 만나면 한 해가 힘들어질 수 있습니다. 교과 수업만 담당하는 교사라면 그 아이의 행동에 대해서 외면하거나 애써 모른척할 수도 있겠지만, 담임 교사는 그렇게 할 수가 없죠. 그 아이만 봐주면 다른 아이들의 원성이 높아지고, 똑같이 대하려고 하면 워낙 특이한 성향의 아이라 튕겨 나갈 수밖에 없습니다. 공정함을 거론하면서 동일한 잣대를 들이대면 학생 저마다의 특성을 고려하

지 않은 교육을 했다고 하고, 개인의 상황에 맞게 맞춤형으로 지도하려고 하면 공정하지 않다는 시비를 받을 수도 있기에 이런 미꾸라지 한 마리가 나를 파고들어서 정신까지 혼미하게 합니다. 아니, 내가 이렇게까지 해야 하나, 내가 이 직업을 수행할 만한 능력이 있는 사람인가 하는 자괴감까지 들 수도 있습니다. 위기는 기회를 만드는 출발점이라고 말하지만 정말 이런 위기는 내가 퇴직할 때까지 닥치지 않았으면 좋겠다는 생각이 듭니다. 그냥 무난하게 지나가는 게 최고죠. 그 무난함 속에는 어쩌면 닥쳐올 수 있는 사고를 사전에 방지하도록 아이들을 지도한 내 능력의 결과일 수도 있습니다. 그러면 반대는? 나의 무능함? 크게 사고 치는 아이가 있으면 역시 나의 책임에서 무조건 자유로울 수 없습니다. 내가 애를 이렇게 만들지 않았다는 것에는 당당할 수 있지만, 애가 이렇게 되지 않게 하지 못했다는 것에는 내 책임이 조금이라도 있기에 결국 교사의 마음은 불편해집니다.

한편으로 볼 때는 우리 반에 있는 사고 치는 아이 때문에 학급 분위기가 엉망이 되고, 수업할 때마다 교사가 특정 학생 눈치를 보게 되는 게 정상은 아닙니다. 사고뭉치야 제 스스로 만든 업보니 망가져도 덜 미안하지만 나머지 학생들은 사실 친구라는 이름 때문에 덩달아 학교 생활을 정상적으로 할 기회를 잃어버리게 될 수도 있습니다. 애 때문에 학급 분위기가 엉망이라 수업하는 선생님들이 엉뚱한 데 기력을 소모해 버리고, 담임 선생님은 애만 신경 쓰다 보니 다른 애들한테는 소홀할 수밖에 없게 되고, 애가 선생님만 공략

하는 게 아니라 친구들도 공략을 하니 괜히 피해를 보게 되는 경우도 속출합니다. 그렇다고 아이들이 조직적으로 사고뭉치에 대항하는 그룹을 만들어서 자체적으로 학급 분위기 조성을 위한 특공대를 결성할 수도 없는 법입니다. 결국 주변의 아이들도 그 피해를 고스란히 떠안게 되고, 정신적인 트라우마를 갖게 되는 것이죠.

이런 다수의 아이를 교사는 어떻게 대해야 할까요? 당당하게 주장만 할 수도 없고, 위축이 되어서 아이들의 눈치만 볼 수도 없습니다. 나를 합리화하는 말을 하면서 변명을 늘어놓을 수도 없습니다. 다수 아이들의 마음을 잡아야 합니다. 그러기 위해서는 대화로서 너와 나는 한편이라는 것을 알게 해주어야 합니다. 그리고 속 타는 이 교사의 마음을 아이들이 알게 해야 합니다. 사람 사이라는 것이 늘 그렇듯이, 공감을 하면 상대방을 보는 시야가 훨씬 넓어지는 법입니다. 어쩌면 사고뭉치 한 명보다 더 존재감이 없는, 하지만 훨씬 소중하게 존중받아야 할 대다수를 내 편으로 만드는 몇 가지 방법을 소개합니다.

1. 학급의 모든 아이는 그 사실을 알고 있습니다.

그 아이들도 선생님이 특정한 아이 한둘 때문에 힘들다는 것을 알고 있습니다. 굳이 감출 필요가 없습니다. 아이들에게 선생님이 힘들어하고 고민하고 있다는 것을 알려줘도 됩니다. 그러면 아이들과 같은 비밀을 가진 집단에 함께 속하게 됩니다. 내가 학교에서 스트레스를 받고 힘들어하고 있다, 그래서 너희들에게 잘해주지 못해서 미안하다는 말을 해주면 의외로 아이들은 의젓해집니다. 그러면서 교사를 위로해 주기도 하고 자기네들 스스로 행동을 조심하려고 애쓰기도 합니다. 아이들이 훈육의 대상으로서 학교에 오지만, 자신들이 누군가를 위로해 주고, 타인을 위해 말과 행동을 가려서 할 수 있는 기회를 주는 것은 교사의 몫입니다. 그러는 과정을 거치며 아이들은 커집니다.

2. 솔직하게 현 상황을 아이들에게 이야기합니다.

그리고 물어봅니다. 선생님이 볼 때는 이러저러해서 이런 문제점이 보이는데 너희들이 생각하기에는 어떤지를. 일대일의 인간 대 인간으로 이야기하면 대부분의 아이는 순간 어른스러워집니다. 그리고 선생님이 자신을 동급의 어른으로 대하고 있다고 생각하고 제법 의젓하게 현 상황을 이해하는 쪽에서 생각합니다. 선생님을 좀 불쌍하게 보게 되어도 괜찮습니다. 이런 일이 교사로서의 자존심을 세울 일도 아닙니다. 단지 함께 하는 동료라고 생각만 하면 됩니다. 아이들은 이런 교사를 비웃지 않습니다. 그리고 혹시라도 자신이 제안한 말이 통한다고 생각하는 순간 보람을 갖게 됩니다. 그러면서 선생님을 위해서, 혹은 학급 분위기를 위해서 어떻게 해야 할지를 생각합니다. 간혹 아이들이 내는 대처 방법이 자신들을 옥죄거나 피곤하게 만들 수도 있지만 아이들에게 그런 것을 감수할 수 있는 역량을 길러줄 수도 있습니다.

3. 아이들에 대한 공감 또한 필요합니다.

"OO 때문에 너희들이 힘들어하는 것도 알고 있다. 그래도 친구니까 일반적인 학생들처럼 행동할 수 있게 선생님과 너희들이 함께 노력하는 게 어떨까 싶다. 그러기 위해서 너희들의 도움이 필요해. OO가 수업 중에 돌발 행동이나 말을 하더라도 적당히 못 들은 척도 하고, 선생님이 의도하는 대로 따라와 줄 수 있겠니? 그러면 OO도 우리 분위기로 조금씩 넘어올 수 있을 거야." 이러면 아이들은 조금씩 달라집니다. 그리고 도와주게 됩니다. 아이들은 자신이 스스로 어떤 역할을 할 수 있다고 생각하면 자신감과 긍지를 갖고 적극적으로 변합니다. 말썽을 부리는 아이도 친구들의 분위기를 무시하지는 못합니다. 선생님의 눈치는 일부러라도 잘 보지 않으려는 아이가 다른 친구들에 대해서는 그렇지 않습니다. 동등한 입장의 친구들 사이에서 욕을 먹고 있다는 자체가 스스로를 제어하는 요인이 될 수 있습니다.

4. 아이들에게 이 사태에 대한 대책을 물어볼 수도 있습니다.

아이들이 발언을 하기는 하지만 대체적으로는 뾰족한 방법을 만들지는 못합니다. 그러나 이 과정 후에 선생님이 어떤 방법을 구안해서 이렇게 하자고 한다면 아이들은 대부분 인정하고 따라오게 됩니다. 선생님의 말과 행동에 대해 당위성을 부여하려면 사전에 아이들과 상의하는 절차가 필요합니다. "너희들이 대책을 만들었으면 좋겠는데, 그런 게 힘드니까 내가 너희들 대신 이러저러한 것을 생각해 봤어." 이런 사소한 당위성도 필요한 법이죠. 아이들의 의견을 물어본 뒤에 교사가 종합적으로 판단을 내리는 것은 절차적 당위성도 확보하는 행위입니다.

5. 아이들의 의견을 글로 받아보는 것도 의미가 있습니다.

지금 학급에 어떤 문제가 있고, 학급의 분위기를 망치는 아이들은 누구이고, 왜 그 아이가 그렇게 행동하는 것 같으며, 자리 배치, 청소 구역 분담 등 고쳐야 할 점이 무엇인지 등을 종합적으로 생각하고 써보게 한다면 아이들은 이 사태에 대해서 공감을 더 쉽게 할 수 있게 됩니다.

6. 다른 선생님의 도움을 받을 수 있습니다.

실제로 수업에 들어가는 다른 과목 선생님들이 담임 선생님의 고충에 대해 말하는 것이 학생들에게 미치는 영향이 큽니다. 그리고 담임 선생님이 너희들을 키우기 위해서 노력하고 있다고 하면서 이러저러한 장점을 은근히 알려주는 것이 아이들의 마음을 움직이게 합니다. 학생과 담임 교사 모두가 우리 학급, 우리 반에 속하는 존재입니다. '우리'라고 하는 말속에는 일체감이 들어 있습니다. 그리고 우리가 아닌 다른 사람들과는 다르다는 동료 의식을 함께 가지게 됩니다. 내가 우리 반을 흉보는 것은 괜찮지만 남들이 우리 반을 흉보는 것에는 마음이 불편한 것도 이와 비슷한 경우입니다.

교직 생활을 하면서 아이들을 잘 만나는 것은 행운입니다. 특정한 아이가 지속적으로 사고를 친다거나, 수업을 망치는 행위를 하거나, 선생님께 예의 없는 행동을 하더라도 학교에서 제재할 똑 부러지는 방법은 없습니다. 학교 봉사, 사회봉사의 징계를 하더라도 결국 이 아이는 학교로 다시 돌아와서 내 수업을 듣고 내 반에서 아침 저녁으로 나와 얼굴을 마주하게 됩니다. 피해 갈 수 없다면 받아들이고 인정하는 게 정신 건강상으로도 이롭습니다. 아이의 행동에 따라서 매번 교권보호위원회나 징계위원회를 열 수도 없습니다. 그런 과정 하나하나가 교사들의 기력을 탕진하게 하는 이유가 됩니다. 그러니 좋게 좋게 넘어가고, 최대한의 가용 자원을 이용해서 문제 학생들을 사방으로 압박할 수 있는 방법을 찾는 것이 최선입니다.

네덜란드의 화가 렘브란트의 유명한 그림 중 '돌아온 탕자'가 있습니다. 집을 나간 아들이 돌아와서 자신의 죄를 고하고 아버지는 그 아들을 거두어 주는 내용의 그림입니다. 그림의 수준도 뛰어나겠지만, 그 내용이 말하고 있는 가족의 숭고함이 오히려 그림을 더 돋보이게 하고 있습니다. 일부 아이들도 탕자입니다. 그리고 집을 나간 탕자가 다시 돌아오더라도 거둘 수밖에 없는 게 학교입니다. 그런데 다행인 점은 학교에 탕자가 아닌 아이가 대다수라는 것이고, 이 아이들이 교사에게 던져주는 초롱초롱한 눈망울과 밝은 미소가 나를 버티게 해주는 힘이 된다는 것입니다. 그러니 어려움을 이겨내려면 이 아이들과 '한편'이라는 믿음이 꼭 필요합니다. 어려운 사태를 극복하기 위해서 다른 아이들을 이용해야 합니다. 그리고 더 중요한 것은 이 아이들도 교실 붕괴를 직접 경험하는 트라우마를 안고 있는 아이들이기 때문에 약자 보호 차원에서라도 배려해 주어야 한다는 것입니다. 스스로 머리를 쓰고 극복을 위해 노력할 수 있는 발판을 교사가 만들어 준다면 어려움을 딛고 일어서는 진정한 교육의 모습이 구현될 수 있지 않을까 생각합니다.

◌꿀팁◌ 한 번 더, 이건 꼭 기억하세요.

---

1. 상대가 나를 어떻게 대하느냐에 따라서 나의 자리는 늘 달라집니다. 아이들에게 말할 때 "너희들도 잘 알잖냐?", "너희들이 도와주어야 OO가 제자리로 돌아올 수 있지 않겠냐?", "그래도 친구인데 잘 되면 좋지 않겠니?" 등 측은지심을 발동할 수 있는 말을 하면 분위기를 휘어잡기에 더 편합니다.
2. 아이들이 써서 제출한 내용은 사고뭉치 아이의 부모를 설득하거나 나중에 분쟁이 일어났을 경우 활용할 수 있는 중요한 근거가 될 수도 있습니다. 자기 자식을 사랑하는 것은 당연하겠지만 그 과정에서 자신의 생각과 다른 것에는 눈과 귀를 닫고 있는 학부모들이 많기 때문입니다. 그런 학부모들에 대처하기 위해서는 객관적인 제3자의 시선이 중요합니다. 아이들이 이렇게 생각하고 있다는 것을 무시할 수 있는 어른은 없습니다.

40
수업 분위기가 흐려지는 것은 조금씩 바꿀 수 있다

- ⋯› 수업 중 매번 화장실에 간다고 분위기를 흐리는 학생들이 많을 때
- ⋯› 일부 학생들이 사물함에 넣어둔 교과서를 수업 시작 후에 가지러 갈 때
- ⋯› 물 마시러 가는 것을 허용하니 우르르 아이들이 한꺼번에 나갈 때

학생들이 수업 시간에 집중하지 못하는 이유는 여러 가지입니다. 수업이 재미없거나, 내용을 알아듣지 못하거나, 내가 하기 싫은 것을 하게 하거나, 이미 다 알고 있는 내용이거나 하는 직접적인 요인도 있지만, 전 시간에 있었던 친구들과의 갈등으로 고민을 하거나, 배가 고프거나, 교과서 등 수업 준비물이 없어서일 수도 있습니다. 수업에 집중하지 않는 학생들이 매사에 그렇지는 않습니다. 자신들이 좋아하는 것을 할 때는 아주 열심히 참여합니다. 게임을 하거나 공을 찰 때는 아무리 그만하라고 해도 아쉬워합니다. 그러니 교사

들은 학생들의 수업 집중력을 높이기 위해 다양한 시도를 합니다. 재미있는 이야기도 해주고, 동영상 등 학생들이 흥미를 느낄 만한 것들을 수업 자료로 활용합니다. 교사의 전달식 수업보다는 학생들의 직접적인 활동을 유도하기도 합니다. 최선의 효과를 거두기 위한 교사의 노력인 것이죠.

그런데 수업 시간이 흐려지는 다른 이유들이 있습니다. 코로나19 이후로 이런 현상이 좀 더 심해진 것 같습니다. 상습적으로 화장실에 가는 학생들이 있습니다. 수업이 한창 분위기를 타고 있는데 번쩍 손을 들고 화장실을 다녀오겠다고 합니다. 개인의 생리 현상까지 교사가 막을 수는 없으니, 대개는 갔다 오라고 허용합니다. 괜히 교사가 화장실 가는 것도 막았다고 나중에 이의 제기가 들어오면 이것도 문제일 수 있습니다. 문제는 화장실에 가는 학생들만 갑니다. 수업에 열심히 참여하지 않는 학생들이 대부분입니다. 교사는 대충 눈치를 챕니다. 이 아이가 화장실이 급한 게 아니라 수업을 듣기 싫어서 자리를 벗어나고 싶어 한다는 것을 알고는 있습니다. 심지어는 다른 반 학생들과 미리 짜고 일정한 시간에 화장실에서 만나서 놀자는 약속을 하기도 합니다. 그래도 방법이 없습니다. 누구는 보내줬는데 왜 나는 안 보내주냐고 따지면 참 곤란해집니다. 정말로 볼일을 보는지 화장실에 교사가 동행을 해서 확인을 할 수도 없습니다. 그렇다고 중간에 불쑥불쑥 손을 드는 아이들에게 다 화장실 가는 것을 허용한다면 수업 분위기가 망가지고 수업의 흐름을 제대로 찾기 어렵습니다. 이럴 때는 아예 수업을 시작하면서 화장실 가야될 것 같은 학생들은 미리 다녀오라고 하면 좀 나아집니다. 처음 몇 번은 꽤 많은 아이들이 화장실로 향합니다. 그런데 몇 번 이런 일이 반복되면 화장실에 가는 아이들의 수가 줄어듭니다. 당연히 수업 중간에 화장실을 가는 아이들이 사라지게 됩니다. 날씨가 더워지거나 체육 시간 뒤의 수업에서는 물을 마시러, 혹은 물을 뜨러 가겠다는 아이들도 여럿이 등장합니다. 한 명을 허용하면 덩달아 다른 아이들도 가겠다고 하지요. 이럴 때도 미리 상황을 짐작해서 아예 수업 전에 다녀오라고 하면 중간에 수업 분위기가 깨질 일이 줄어듭니다. 오히려 아이들의 처지를 배려하는 자상한 선생님으로 칭찬을 받을 수도 있습니다.

시험을 치를 때도 화장실에 가는 아이들이 많습니다. 문제를 다 풀었더라도 화장실에 가기 위해 드르륵 하고 문을 열면 다른 친구들에게 방해가 될 수 있으니 꼭 급한 경우 아니면 가지 말라고 해도 잘 지켜지지 않습니다. 어떤 아이들은 노골적으로 이렇게 말을 합니다.

"빨리 화장실 다녀온 다음에 쉬는 시간에 다음 시간 시험 준비하려고요."

이기적이라고 나무랄 수만은 없습니다. 이게 요즘 아이들이니까요. 이런 아이들에 맞춰서 지도해야 하는 것은 교사의 몫이죠.

수업 종이 치고 교사가 교실에 들어간 이후에 교과서를 가져오지 않았다고 하는 학생들이 있습니다. 그제야 사물함에서 책을 꺼내오겠다고 합니다. 이런 경우도 한 번 허용하기 시작하면 그다음에도 수시로 이런 일이 되풀이됩니다. 그리고 다른 아이들도 덩달아 함께 움직이는 경향이 있습니다. 요즘은 디지털 교과서가 잘 되어 있고, 내용을 TV 화면이나 전자칠판에 띄워놓는 경우가 많기 때문에 교과서가 없다고 해도 큰 문제는 되지 않습니다. 그래서 가끔은 교과서가 없으면 없는 대로 수업에 참여하게 합니다. 무엇보다 교과서는 미리미리 준비해야 한다는 사실을 알려주려는 것입니다. 수업 내용을 잘 이해하는 것도 중요하지만, 제대로 수업을 받기 위해서는 기본자세가 되어야 한다는 걸 알려줄 필요가 있습니다. 한두 번 교실 밖 외출을 제재당한 학생들은 조금씩 달라집니다.

요즘 학생들은 별걸 다 가지고 놉니다. 그림을 그리는 것은 예사고, 수정 테이프, 자, 지우개 등을 가지고 혼자서 잘 놉니다. 심지어는 칼, 조각도, 핀, 컴퍼스 같은 것을 꺼내서 뭔가를 자르고 깎기도 해서 위험해 보일 때도 있습니다. 그래서 수업을 시작하기 전에 책상 위에 있는 것 중에서 이번 수업과 관련이 없는 것은 다 치우게 합니다. 그러면 책과 필기구 정도만 남게 됩니다. 눈에 보이는 게 없으면 수업에 훨씬 더 집중할 확률이 높습니다. 손으로 가지고 놀 게 없으면 엉뚱한 짓을 하는 빈도가 줄어듭니다.

몸이 좋지 않아서 수업 시간에 좀 엎드려 있으면 안 되느냐고 부탁하는 아이들도 있습니다. 보건실을 가라고 하면 이미 다녀왔다고 하거나, 갈 필요가 없다고 합니다. 아프다고 하는 아이에게 안 된다고 할 수는 없습니다. 그런데 문제는 그 아이가 교실 중간에서 엎드려 있으면 아무래도 다른 학생들의 수업 집중에 도움이 안 된다는 것입니다. 교사의 눈에도 엎드려 있는 아이가 지속적으로 들어오면 아무래도 신경이 분산됩니다. 이럴 경우 그 학생을 교실 맨 뒤로 빼는 것도 효과적입니다. 아예 교실 뒤편 벽에 책상과 의자를 돌려놓고 엎드려 있으라고 하면 아픈 아이도 좋고 교사도 편해집니다. 간혹 교실을 순회하는 관리자 선생님이 있습니다. 창문 너머로 관리자가 보이면 선생님들의 목소리는 더 커지게 마련입니다. 의식이 되는 거죠. 수업 중에 교실 가운데에서 엎드려 자는 아이를 볼 때와 교실 맨 뒤에서 벽을 향해 엎드려 있는 아이들을 볼 때는 관리자도 다르게 판단할 것입니다.

꿀팁 한 번 더, 이건 꼭 기억하세요.

1. 수업을 방해하는 요인을 최대한 제거하는 게 괜찮은 수업을 만드는 방법입니다. 아이들이 스스로 남을 배려하고 자신의 행동을 제어하는 것이 좋겠지만 교사의 의도된 가르침이 도움이 됩니다. 조금씩 좋아지는 아이들의 모습을 보는 게 교사로서는 즐거움입니다.
2. 수업이나 생활 지도는 서로 연결되어 있습니다. 수업 태도가 좋은 아이들이 생활면에서도 모범적인 경우가 많습니다. 교사로서 수업 준비를 열심히 하고 학생들이 잘 따라오도록 하는 것도 좋지만, 그렇게 되기까지 주변적인 것들을 신경 쓰는 게 꼭 필요합니다.

#평가

41

교사의 평가권은 큰 무기이다. 이를 활용하라

- ⋯› 아무리 노력해도 아이들이 수업에 집중하지 않을 때
- ⋯› 수업을 방해하는 학생들에게 강한 자극이나 불이익을 주어야 할 때
- ⋯› 교사로서 학생들을 강제할 수 있는 수단이 없다는 사실이 슬플 때

초등학교 선생님들이 학생 지도에 많은 어려움을 겪습니다. 중학교와 고등학교에 올라가면 그런 어려움은 조금씩 줄어듭니다. 상급학교에 있는 학생들이 선생님의 말을 알아듣고, 스스로 나쁜 행동과 좋은 행동에 대해서 조절하는 능력이 생기기 때문입니다. 그런데 그것 말고 다른 강력한 요인이 있습니다. 그것은 평가권입니다. 선생님이 학생들의 성적을 부여할 권리입니다. 중간고사나 기말고사처럼 정해진 답을 고르는 시험에서는 교사들이 임의로 점수를 줄 일이 생기지 않습니다. 그래서 알아서 실수 없이 정답을 맞히는 학생들이 점수를 잘 받게 됩니다. 하지만 이외의 부분에서는 교사의

평가권이 작용합니다. 수행평가 점수를 주거나, 인성 부문이나 모범상 수상자로 추천하거나, 외부 체험학습 등에 참여할 인원을 선정한다거나, 인기 있는 동아리의 대표를 뽑는다거나, 학교생활기록부에 들어갈 문구를 작성한다거나 하는 일이 교사의 손에서 이루어집니다. 선생님의 영향력이 미칠 수 있는 곳이 있다면 이는 교사의 힘이 될 수 있습니다. 교사가 학생들을 티가 나게 차별하고 특정인을 예뻐하는 것은 분명 문제가 됩니다. 하지만 교사의 판단으로 이러저러한 활동을 할 때 이 학생을 참여시키거나 배제하거나, 혹은 추천을 하거나 하는 것은 충분히 가능합니다.

학생들이 팀을 이뤄서 외부 경시대회에 출전하거나 활동할 경우에 팀워크를 흐리는 학생이 있다면 원하는 좋은 결론을 만들어 낼 수 없습니다. 자격이 안 되는 아이를 무리해서 추천한다면, 그 아이가 떨어지는 것은 당연하겠지만 나중에 필요한 아이들까지 피해를 볼 수가 있습니다. 혹은 추천 과정 자체가 도마 위에 올라서 여론의 질타를 받을 수도 있습니다. 그러니 교사는 철저하게 객관적인 기준을 가지고 학생들을 대해야 합니다. 학생과 학부모가 하고 싶어 한다고 교사가 무작정 따라가는 게 아니라, 나름의 근거에 바탕을 두고 학생을 리드해야 합니다. 그런 점에서 평가권을 적극적으로 활용할 필요가 있습니다.

그런데 우리는 교사가 부정적인 표현으로 학생의 앞길을 막으면 안 된다는 말은 하지만, 있는 그대로 지적하고 가르쳐주어야 그 학생을 변하게 할 수 있다는 말은 별로 하지 않습니다. 특별한 상급 학교에 진학하거나 모범상을 받기 위해 추천서가 필요한 경우 학생과 학부모는 교사에게 요청합니다. 그러면 교사는 당연한 것처럼 추천서를 써주는 게 관례입니다. 이 아이는 그런 학교에 갈만한 능력이 안 되고, 모범상을 받을 정도로 모범적이지 않다는 것을 말하지 못하는 분위기입니다. 만약 학생과 학부모가 도와달라고 요청한다면 무조건 도와주어야 한다는 식으로 이야기를 합니다. 실제로 교사가 학교생활기록부에 기록한 부정적인 평가 때문에 학생이 졸업 후 피해를 봤다는 이야기가 SNS에 가끔 올라옵니다. 댓글을 보면 그 교사가 너무했다, 어떻게 자기가 가르친 아이가 손해를 보게 만드냐, 교사로서의 자질이 부족하다 등등 교사를 부정적으로 인식하는 경우가 많습니다. 하지만 이것은 교사 스스로를 위축시키는 것일 수도 있습니다. 교사는 무조건적인 사랑을 베푸는 존재가 아닙니다. 잘한 것은 칭찬해 주고 잘못한 것은 나무라는 존재여야 합니다. 칭찬을 하거나 혼내는 이유가 잘한 것은 더 잘하게 하고, 못한 것은 고치는 데 있습니다. 그런데 무조건 못하는 부분까지 잘한다고 하는 것은 허위 사실을 유포하는 것과 마찬가지입니다. 내가 가르치는 아이를 위한다고 성적 부풀리기, 무조건 칭찬하기 등을 하는 것은 큰 문제입니다. 학부모의 민원이 두려워서 좋은 게 좋은 거라고, 칭찬하는 글만 쓰는 것도 교사 스스로의 권위를 떨어뜨리는 행동입니다. 진정으로 학생들을 위한다면 아닌 것은 아니라고 해야 하고, 옳고 그름을 평가에 반영해 주어야 합니다.

평가권을 활용하는 몇 가지 사례를 소개합니다. 없던 사실을 있는 것처럼 꾸며내어 학생을 평가하는 것은 조작입니다. 하지만 있는 사례를 바탕으로 충분히 개연성 있는 평가를 하는 것은 얼마든 가능합니다. 현행 법규에서 인정하는 것은 충분히 활용할 수 있습니다.

1. 수행평가를 볼 때 그 준비 과정을 평가 요소에 집어넣습니다. 수행평가를 치르기 전 대개의 선생님들은 그와 관련된 활동을 수업 시간에 하게 됩니다. 수행평가는 그 자체로만 독립적으로 존재하는 게 아니라 수업과 연계된 활동입니다. 그러니 수업 시간에 제대로 참여한 학생들이 수행평가에서도 좋은 평가를 받는 것은 너무나 당연하다고 생각합니다. 수행평가와 연관된 수업 활동의 참여도와 태도 등을 반영한다면 학생들의 적극적인 수업 참여를 유도할 수 있습니다. 평가를 평가 자체로만 독립적으로 보는 게 아니라 수업과 연결되는 한 세트라고 학생들이 받아들이도록 해야 합니다. 그러면 설령 결과물에서 최고의 성취를 보여준 학생이라 할지라도 과정에서 수업을 망치고, 타인을 방해한 것들로 인해 불이익을 받을 수 있다는 사실을 학생들이 알게 해야 합니다. 사람들의 행동을 제어할 수 있는 가장 좋은 방법은 그런 행동을 하면 불이익을 받는다는 걸 알게 하는 것입니다. 이런 방법을 쓰게 되면 학생들은 교사의 눈치를 보게 됩니다. 그리고 그 틈새를 이용하면 교사가 수업을 장악하는 데 큰 도움을 얻을 수 있습니다.

2. 학교생활기록부에는 서술형으로 평가하는 게 있습니다. 대개 한 학기 수업과 평가가 모두 끝난 후에 그 학생의 수업 과정이나 결과를 기록하게 되어 있습니다. 전 학생을 다 써주지 않아도 됩니다. 필요한 학생에 한해서 과목별 특이사항을 기록합니다. 중학교의 경우 자유학기에 이수한 과목의 경우는 모든 학생을 대상으로 세부능력 및 특기사항을 입력합니다. 교육부의 지침에 따르면, '지필평가와 수행평가 결과를 토대로 과목별 성취 기준에 따른 성취수준의 특성 및 참여도, 태도 등 특기할 만한 사항을 구체적이고 객관적으로 입력한다.'라고 되어 있습니다.* 지침대로 학생이 수업 분위기를 흐리거나 다른 친구들을 방해하는 활동을 한다면 이것을 기록할 수 있습니다. 교사의 지시에 따르지 않거나 수업과 관련된 활동에 제대로 참여하지 않는다면 이것도 기록으로 남길 수 있습니다. 근거만 있으면 모든 게 가능합니다. 있는 그대로를 기록에 반영해야 합니다. 몇 가지 사례를 제시합니다.

- 시각 장애인들에게 도움을 줄 수 있는 친환경 자동차 아이디어를 구체적으로 그림으로 나타내었으며, 모둠활동 시 주변을 배려하지 않는 거친 언사와 독선적인 행동으로 지적을 받음.
- 주어진 단어를 놓고 고유어, 한자어, 외래어로 나누어 보는 활동에서 많은 오류를 범하고 있으며, 유의 관계에 있는 단어가 상황에 따라 다르게 쓰일

---

* 교육부, 『2023학년도 학교생활기록부 기재요령』

수 있다는 것을 잘 모르고 있음.

- 이타적 디자인하기 모둠활동에서 손가락으로 작동 가능한 장애인용 차량 핸들 제작을 공동 협의하였지만, 다소 성의 없는 참여가 아쉬움.
- 책을 읽고 내용을 요약하는 활동에서 다소 어려움을 보였으며, 평소 독서 경험이 많지 않아 줄거리를 따라가는 것만으로도 버거워함.
- 평소 책을 많이 읽고 과목에 대한 이해도가 높긴 하지만, 모둠별 학습 등 직접적인 수행이 필요한 활동에서 자신의 감정 상태에 따라 극과 극의 참여도를 보여주어 분위기를 흐트러뜨릴 때가 많음.
- 수행평가 등을 할 때 받자마자 엎드려 자는 등 학업과 관련된 부분에 관심이 전혀 없으며, 학습 의욕뿐 아니라 글에 대한 이해도가 떨어져 전반적으로 수업을 따라오지 못함.
- 수업 시간의 여러 활동에 관심이 없어 수업을 방해하는 행동을 자주 하였으며, 교과서 등 준비물이 없는 경우가 대부분이라 일반적인 학생들과 함께 모둠별 활동을 하는 게 어려움.
- 시의 화자가 무엇인지를 잘 모르고 있으며, 학습활동에 참여하고자 하는 의욕이 다소 부족함.

열심히 하는데도 모르는 학생을 보면 대개 교사는 안타깝다는 생각을 합니다. 그리고 직접 나서서 그 아이만을 위해서 내가 해줘야 할 게 뭐가 있을지를 고민합니다. 채점을 할 때도 성의 있는 아이들의 답안을 대할 때는 우호적이 됩니다. 반면에 수업을 망치거나 제멋대로 하는 학생은 그에 상응하는 어떤 대가를 받아야 한다고 생각하는 것은 너무나 당연합니다. 도덕심에 얽매여, 교사가 이러면 안 된다는 생각으로 현실을 반영하지 않고 좋은 내용만을 기록한다면 앞으로도 점점 힘들어질 수 있습니다. 평가권을 선생님이 갖고 있다는 것은 학생들에게도 분명 효과를 발휘할 수 있습니다. 앞으로 서술형 평가는 계속 늘어날 것이고, 학생들의 평소 태도와 품행 등이 성적에 반영된다면 선생님의 권위는 더 커질 것입니다.

3. 수업 말고도 교사가 권한이 있다는 것을 알게 하면 수업 분위기는 적절하게 유지됩니다. 학생을 선발하고, 추천하고, 대회에 데리고 나가고, 동아리원으로 받아들이는 등 모든 활동에 교사가 입김을 불어넣을 수 있습니다. 교사가 보기에 어울리지 않는다, 이러저러한 것을 근거로 보면 해낼 만한 능력이 되지 않는다, 친구들과 상의해 보니 좋은 분위기 형성에 도움이 되지 않는다 등 근거를 이용해서 해당 학생을 배제할 수도 있습니다. 학생들이 조금이라도 교사의 눈에 들어야 혜택을 본다는 것을 느끼면 됩니다. 학생들이 느끼는 분위기는 바로 학부모에게까지 전해집니다. 교육 수요자로서 누릴 수 있는 권리는 학생과 학부모에게 있지만, 함량 미달의 학생에게 불이익을 주거나 기회를 주지 않을 수 있는 권리 또한 교사에게 있습니다.

◌ 꿀팁 ◌ 한 번 더, 이건 꼭 기억하세요.

1. 앞으로 서술형 평가는 점점 많아질 것입니다. 교사의 글이 갖는 무게감이 더 커진다는 것이죠. 당당하게 채점하고, 당당하게 점수를 부여하면 됩니다. 아이들의 성장을 수치로 하나하나 확인할 수 없는 것처럼 교사의 일도 측량이 되지 않는 측면이 강합니다. 객관적인 근거를 확보해서 칼을 휘두르는 것은 교사의 몫입니다.
2. 학부모들이 뒤에서 불평불만을 늘어놓는 경우가 많습니다. 일일이 대응할 수는 없고 그런다고 해결될 일도 아닙니다. 교사는 내 행동의 근거만 갖고 있으면 됩니다. 결국 이 학교에 있는 몇 년 동안 아이들은 내 영향권 아래에 있는 것이니까요.

#수업

42

수업 참관,
교사보다는 학생들을 봐라

⋯› 다른 선생님 수업에 들어가서 무엇을 배울까 생각할 때

⋯› 내가 가르칠 때와 다른 아이들의 수업 태도에서 충격을 받을 때

⋯› 내 수업이 어딘가 부족한 것 같아 늘 고민이 될 때

교사는 수업을 하는 사람이고, 수업은 교사를 있게 하는 가장 우선적인 요건입니다. 교사라는 직업을 택하는 이유에는 여러 가지가 있습니다. 그중 누군가에게 가르쳐주고 싶고, 선한 영향을 주고 싶고, 누군가의 성장을 옆에서 도와주고 싶다는 이유가 큽니다. 그게 교사의 존재 이유입니다. 관리자로서 일하다가 다시 학생들 곁으로 돌아와 수업하는 분들을 보고 흉을 보는 이들은 많지 않습니다. 교사 본연의 역할을 수행하면서 퇴직을 맞는다는 건 기분 좋은 일이기에 그렇습니다. 아이들과 함께 시작했다가 아이들과 함께 마무리하는 것을 보고 우리는 '진정한' 교사라는 표현을 사용하기도 합니

다. 어떤 관리자는 자신이 수업을 떠난다는 게 기쁘기도 하지만, 아쉬움을 나타내기도 합니다. 그런 분들의 이야기를 들어보면 수업하지 않는 교사로서의 정체성에 대한 고민이 묻어나올 때가 있습니다. 행정적인 일에 많은 시간을 빼앗기는 게 우리나라 교사의 현실이지만, 그래도 행정 일에서의 쾌감보다는 수업에서 만나는 학생들과의 교감에서 선생님들은 훨씬 더 존재감을 느낍니다. 그래서 교사인지도 모르겠습니다. 가르치는 사람이니까요.

그런 수업이 중요하기 때문에 학교에서도 수업에 대해서 가장 큰 비중을 둡니다. 어떻게 하면 수업을 통해 학생들을 성장시킬 수 있을까, 효과적인 수업 방법은 어떤 것일까, 교사로서 내 몸에 맞는 수업을 하려면 어떤 부분을 갈고 닦아야 할 것인가 등을 교사들은 누구나 경험하고 있습니다. 그렇기 때문에 일선 학교에서는 수업을 배우고 보여주는 기회를 더 늘리려고 노력합니다. 학년별로, 교과별로 공개 수업을 하고 주로 저경력 선생님들에게 문호를 개방하거나 참관을 권장합니다. 워낙 선생님 개인차가 있고 잘하는 것과 못하는 것이 있기 때문에 어떤 수업이 좋다는 것을 누구도 일방적으로 주장하지 못합니다. 과거보다는 교과 지식이 차지하는 비중이 줄어들었지만 그렇다고 지식 전달 수업이 불필요하다고 생각하는 교사들은 아무도 없습니다. 학생 활동이 중요하지만, 그 기반이 배경지식에서 출발하기에 그렇습니다. 학생들끼리 짝을 이루어 서로 질문을 주고받으면서 논쟁하는 토론 교육 방법인 하브루타나, 온라인을 통해 선행학습을 한 후에 오프라인에서 토론식으로 수업하는 거꾸로 수업이 얼마 전부터 각광받는 것도 변화하는 시대에 맞춰 수업도 변해야 한다는 현실론이 반영된 사례입니다.

다른 선생님들을 통해서 수업을 배우고 생각할 수 있는 수업 참관은 교사의 성장을 위해 무척 중요한 활동입니다. 그래서 일반 학교들은 늘 수업을 참관할 수 있는 공개수업을 합니다. 저경력 교사가 수업을 한 후에 수업을 참관한 동료 교사들이 피드백을 해주거나 수업 나눔 자리를 통해 생각을 주고받기도 하고, 학부모님들을 대상으로 일 년에 한두 번씩 공개 수업 주간을 설정하고 운영합니다. 수업 연찬을 강조하는 요즘 분위기에 따라 같은 교과나 학년 선생님들이 수업 참관록을 작성하고 결재를 받거나 보관하기도 합니다. 공개 수업 참관록을 보면 수업에서 집중적으로 봐야 할 것들이 도표로 나타나 있습니다. 참관록에 들어 있는 항목은 다음과 같습니다.

학습자의 배움	학습자는 어디에서 배우고 어디에서 주춤거리고 있는가?
	교사의 지도에 학생들은 어떻게 배우고 있는가?
	학생들은 배움의 맥락을 이해하는가?
	학습과 관련한 의미 있는 (모둠) 활동이 이루어지고 있는가?
	학습자의 점프가 있는 배움은 이루어지고 있으며 어느 지점에서 이루어지고 있는가?
교사의 활동	교사는 학습자 한명 한명에게 주목하는가?
	학습자와 학습자, 사물, 사건과의 연결 및 관계는 어떻게 하고 있는가?
	교실에서 배움과 상관없는 불필요한 언어와 행동은 없었는가?
교실에서의 관계	교실에서 서로 들어주는 관계가 잘 형성되어 있는가?
	협동적인 배움이 일어나고 있는가?

참관록에는 많은 세부 항목들이 구분되어 있습니다. 이것을 하나하나 따지면서 수업을 보게 되면 큰 그림을 그리기 어렵습니다. 수업은 전체적인 내용 그 자체를 봐야 하는데, 참관록 작성에 신경을 쓰다보면 지엽적인 부분에 관심이 집중되기 싶습니다. 그러니 오히려 참관록 없이 흐름을 파악하고 교실 안에서의 기류를 느껴보는 것이 더 필요할 수 있습니다.

그러면 공개수업에 들어가서 어떤 것을 배우고 생각해야 할까요? 몇 가지를 생각해 볼 수 있습니다.

1. 교사가 아닌 학생을 봐야 합니다.

교사가 수업을 어떻게 하는지를 보기 위해 들어간 것이지만, 수업의 목적은 학생들에게 필요한 것을 잘 전달하고, 학생들을 설득하고, 자발적인 학습이 이루어지도록 하고, 그 경험이 학생들의 성장에 기여하도록 하는 것입니다. 앞에서 수업을 하는 동료 선생님을 우선적으로 보는 게 아니라 학생들을 먼저 봐야 합니다. 화려한 언변과 재미로 좌중을 압도하는 수업이라도 학생들의 앎이 이루어지지 않으면 알맹이 없는 껍데기일 뿐입니다. 학생들이 얼마나 수업에 집중하는지, 내 수업 때 학생들의 태도와는 어떤 면이 다른지, 얼마나 자발적으로 활동하는지를 보는 게 우선입니다. 요즘 학생들은 참관수업이라고 해도 별로 긴장하지 않습니다. 자기네들이 하고 싶은 대로 하고 참관하는 선생님과 대화하는 경우도 있습니다. 평소 하던 대로 졸리면 자고, 자기가 싫으면 교과서조차 펴놓지 않습니다. 그런 학생들을 관찰해야 합니다. 선생님의 수업이 고리타분하고 옛날 방식이라도 학생들이 귀담아듣는다면 그 수업은 분명 장점이 있고, 배울 것이 있습니다. 모든 것은 학생을 바라보면서 시작되어야 합니다. 학생들을 집중시키는 수업이라면 그 이유가 뭔지, 학생들이 바라는 수업은 어떤 것인지를 고민해 볼 수 있습니다.

2. 수업 기술을 배우려고 할 필요는 없습니다.

공개수업을 하는 대부분의 선생님은 수업을 설계할 때 학생 활동을 최우선적으로 고려합니다. 그래서 남들 다 하는 대로가 아니라 조금은 특화되고 재미있는 수업을 보여주려고 합니다. 기왕 수업을 공개하는 건데 남들 다 하는 것은 의미가 없다고 생각합니다. 그래서 조금은 특별한, 평소에 하지 않는 다양한 기술을 구사합니다. 아이들이 좋아하는 아이돌 스타를 이용하기도 하고 유행하는 영화나 책 등을 통해 아이들의 흥미를 끌어내려 합니다. 이것도 의미가 있을 수는 있지만 사실 별 도움은 되지 않습니다. 왜냐하면 수업이란 교사 자신이 가장 잘할 수 있는 부분을 이용해야 하기 때문입니다. 학생들과 교사 간에 형성된 신뢰도가 다르기 때문에 같은 말을 하더라도 나올 수 있는 반응은 다를 수밖에 없습니다. 저 선생님의 유머는 통하지만 나는 통하지 않습니다. 저 선생님의 진지한 어조가 학생들에게는 받아들여지지만 내게는 그림의 떡일 수도 있습니다. 내가 다른 사람을 흉내 낼 수는 있지만 그 효과는 기대만큼 될 수가 없습니다. 새로운 수업의 경우는 '아, 이렇게 할 수도 있겠구나.' 정도로만 생각하면 됩니다. 수업을 보면서 나에게 가장 어울리고 적합한 수업 방식을 찾아내는 것이 필요합니다. 그러므로 나와 다른 과목 선생님의 수업이라 하더라도 볼 필요가 있습니다. 내가 수업 내용을 알아듣지 못하더라도 괜찮습니다. 나는 수업을 받는 학생이 아니라 수업을 보는 교사이니까요.

3. 참관록 작성에 신경 쓸 필요가 없습니다.

참관록은 수업에 들어갔다는 것을 공식적으로 나타내는 증명서입니다. 참관록 작성이 목적이 아니라 다른 선생님의 수업을 통해 뭔가를 얻어내는 것이 목적입니다. 그런데 참관록 작성에 신경을 쓰다 보면 정작 수업에 대해서는 소홀할 수가 있습니다. 참관록은 항목마다 서술식으로 쓰게 되어 있습니다. 항목 하나하나 나눠서 생각해 보면 수업과 어울리지 않는 내용이 많습니다. 불필요한 내용도 있습니다. 가령 '교실에서 배움과 상관없는 불필요한 언어와 행동은 없었는가?'라는 질문 항목에는 어느 누구도 그렇다고 쓸 수가 없을 테고, '학습자의 점프가 있는 배움은 이루어지고 있으며 어느 지점에서 이루어지고 있는가?'라는 질문에는 답을 쓰기 위해 무척 고민해야 합니다. 수업을 세부적으로 분석하면서 봤다면 답을 쓸 수 있겠지만, 그렇지 않다면 답하기 어려운 항목이기 때문입니다. 위의 참관록은 아마도 어느 전문가가 일반적인 수업에서 필요한 항목을 나열한 것이지, 그 수업의 맞춤형 질문을 뽑은 것은 아닐 겁니다. 오히려 참관록을 쓰기 위해, 수업을 열심히 보았다는 것을 나타내기 위해 내가 선생님의 말에만 집중하게 되는 일이 일어날 수 있습니다. 결국 큰 그림을 그리지 못하고 아주 세부적인 말 한마디, 행동 하나에만 눈길을 빼앗기는 일이 일어날 수 있는 것입니다.

◌ 꿀팁 ◌ 한 번 더, 이건 꼭 기억하세요.

1. 선생님이 가볍게 하는 이야기를 학생들은 더 기억을 잘합니다. 제대로 된 학습은 반드시 귀를 기울여야 이루어지는 것이 아닙니다. 자연스럽고 편안한 분위기에서 배움이 이루어지는 게 진정한 배움일 수 있습니다. 편안한 마음으로 한두 가지만 느껴도 수업 참관은 성공한 것입니다.
2. 수업을 공개하고, 수업을 참관하는 것은 분명 교사의 성장에 도움을 줍니다. 모방을 통해서 나도 모르고 있던 능력을 계발할 수도 있습니다. 하지만 나는 나를 벗어나기가 어려운 법입니다. 수업 참관은 내가 잘할 수 있는 부분을 찾아내기 위한 시도입니다.

43

사전 이용법, 알아두면 큰 장점이 있다

- 아이들이 단어의 뜻에 대해 갑자기 물어볼 때
- 띄어쓰기를 어떻게 해야 되는가를 학생들이 물어올 때
- 단어의 정확한 활용이 헷갈려서 네이버한테 물어볼까 고민할 때

맞춤법이나 띄어쓰기와 관련해서 어려움을 겪은 일이 다들 여러 차례 있을 것입니다. 단지 국어 교사뿐 아니라 한글로 의사소통을 하는 한국인이라면 누구나 겪어야 하는 어려움이라고 볼 수 있습니다. 실제로 국가기관이나 지방자치단체에서 쓰는 공공언어에서도 오류가 많이 일어나고 있다고 합니다. 충북대학교 국어문화원이 2022년 충청북도에서 생산된 각종 공문서, 보도자료, 조례 1,000건을 분석한 결과 모두 2만 3천여 건의 오류 실태가 나왔다고 합니다. 특히 전체 오류 중 91.6%가 띄어쓰기로 집계된 것으로 보아 우리말

의 띄어쓰기 오류 실태가 심각한 것으로 분석되었습니다.*

우리말의 띄어쓰기 원칙은 간단합니다. 모든 단어는 조사를 제외하고 띄어 쓰는 것입니다. 하지만 한 단어인지, 두 단어인지를 모르는 경우가 많습니다. 또한 두음법칙, 사이시옷, 명사형 어미 등에서 많은 오류가 나타납니다. 게다가 외래어 표기, 전문용어, 일본식 한자어 등이 쓰여서 정확한 표기가 어렵기도 합니다. 교사라고 해서 이런 것들을 남들보다 잘 알아야 한다는 것은 아닙니다. 그래도 말과 글로 늘 학생을 대하고, 교사의 말과 글이 학생들에게 미치는 영향을 생각해 본다면 교사가 쓰는 언어는 다른 직종보다 더 진중해야 합니다.

교사라면 더욱 한글을 다루는 것에 익숙해져야 합니다. 자유학년제가 도입되면서 중학교 1학년들에 대한 평가는 모두 서술형으로 이루어집니다. 정확한 단어와 문장을 사용해야 하고 가급적 오해가 일어나지 않도록 띄어쓰기도 신경을 써야 합니다. 그뿐 아니라 진로지도, 행동 특성 및 종합의견 등 서술형으로 학생 각각에 대해 평가해야 할 일들이 많습니다. 당연히 모든 교사에게 국어를 다루는 기본적인 능력이 있어야 합니다. 간혹 입시에 필요한 교사 추천서를 쓴다거나 좋지 않은 일에 연루된 제자를 위해 경찰서에 제출해야 하는 탄원서나 경위서 등을 써야 할 때도 있습니다. 그럴 때마다 글을 잘 쓴다는 동료 선생님들을 찾아가서 부탁할 수만은 없습니

---

* 『충청타임즈』 2023.06.01.

다. 이건 교사에게 요구되는 필수적인 능력이기도 합니다.

글을 자주 보고 자주 쓰게 되면 글쓰기의 기술은 더 좋아지게 마련입니다. 글쓰기의 요령과 관계된 것 중 하나만을 소개하자면, 국어사전을 잘 이용하라는 것입니다.

1. 네이버의 지식인에게 단어를 물어보는 것은 가급적 하지 말아야 합니다.

네이버에는 공식적으로 인정받은 단어뿐 아니라 현 시대의 사람들이 즐겨 사용하는 단어들까지 대부분 들어 있습니다. 그중에는 표준어로 공인되지 않은 것들도 있고, 옳지 않은 사례들까지 걸러지지 않은 채로 나오기도 합니다. 국어사전은 항상 국립국어원에서 공인한 표준국어대사전을 찾아야 합니다. 네이버나 포탈 사이트의 검색창에 '표준국어대사전'을 치면 됩니다. 국립국어원 홈페이지에 들어가서 직접 검색을 통해 표준국어대사전을 확인할 수도 있습니다.

2. 띄어쓰기에 있어서 국어사전의 효과는 탁월합니다.

우리말 띄어쓰기의 기본 규정은 다음과 같습니다.

1) 조사는 앞말에 붙여 쓴다.

2) 의존 명사는 앞말과 띄어 쓴다.

3) 단위를 나타내는 명사는 앞말과 띄어 쓴다.

4) 두 말을 이어 주거나 열거할 적에 쓰이는 다음의 말들은 띄어 쓴다.

5) 단음절로 된 단어가 연이어 나타날 때는 붙여 쓸 수 있다.

6) 보조 용언은 띄어 쓰는 것이 원칙이지만, 경우에 따라 붙여 쓸 수 있다.

7) 성과 이름, 성과 호는 붙여 쓰고, 호칭어, 관직명은 띄어 쓴다.

8) 고유 명사는 단어별로 띄어 쓰는 것이 원칙이지만, 단위별로 띄어 쓸 수 있다.

9) 전문 용어는 단어별로 띄어 씀을 원칙으로 하되, 붙여 쓸 수 있다.

규정은 아홉 가지나 되지만 단순합니다. '조사를 제외한 우리말의 모든 단어는 띄어 쓴다.'는 것입니다. 사전에 단어로 나와 있다면 조사가 아닌 한 모두 띄우면 됩니다. 다만 합성어의 경우에 하나의 단어로 나와 있으면 붙이고, 그 단어가 사전에 나오지 않으면 띄웁니다. 예를 들어 '우리나라'는 붙이지만 '우리 집'은 띄웁니다. 사전에 '우리집'을 검색하면 안 나오기 때문입니다. 그러면 방법은? 사전을 찾아보면 됩니다. 궁금한 단어를 입력했을 때 그 단어가 나오면 한 단어지만 그 단어가 나오지 않으면 각각의 단어입니다. '따라다니다', '따라마시다', '따라오다'는 한 단어지만 '따라하다'는 한 단어가 아니므로 '따라 하다'로 써야 합니다.

3. 맞춤법이 헷갈릴 때도 무조건 사전을 찾으면 됩니다.

검색어를 집어넣었을 때 나오지 않는다면 그 단어는 없는 것입니다. 수업할 때 교탁 위에 스마트폰을 내려놓고 있으면 단어에 대한 질문이 들어왔을 때 그것을 즉시 활용할 수 있습니다. 사전에는 해당 단어의 활용에 대해서도 잘 나와 있습니다. 사전에 나오는 용례를 이용해서 학생들에게 쉽게 그 단어를 설명할 수도 있습니다. 그 단어의 품사에 대해서도 자세히 나와 있습니다. '있다'라는 단어는 동사이기도 하지만 형용사이기도 합니다. '다섯'은 수사이기도 하지만 관형사이기도 합니다. 이런 것들이 사전에는 모두 나와 있습니다.

4. 우리말에는 장음과 단음이 있습니다.

일상생활 속에서 무시되는 경우도 많지만, 규정에 맞게 길거나 짧게 발음하면 훨씬 그 문장의 느낌이 살아나게 됩니다. 예를 들어 하늘에서 내리는 눈(雪)은 길게 발음하고, 사람의 눈(眼)은 짧게 발음합니다. 실이나 국수 따위의 가늘고 긴 물체의 가락을 의미하는 발은 길게 발음하고, 사람의 발(足)은 짧게 발음합니다. 이런 것들도 사전을 보면 알 수 있습니다.

5. 우리나라 사전을 찾아도 나오지 않는 단어들이 외국 사전에 등재되는 경우가 있기는 합니다.

2021년 9월 옥스퍼드 사전에는 26개의 한국어 단어가 등재되었다고 합니다. 옥스퍼드 사전이 나온 이래로 100여 년 동안 한국어가 등재된 것이 24개였다는데, 단번에 26개가 사전에 오른 드문 사례입니다. 한류, 먹방, 치맥, 피씨방, 스킨십 등인데, 우리나라 사전에도 없는 단어가 많이 포함되어 있습니다. 이런 단어들은 국립국어원에서 제정하는 우리말 표준어에도 조만간에 올라가지 않을까 생각됩니다.

세계에서 자기들만의 언어 사전을 가지고 있는 민족은 20여 개밖에 없다고 합니다. 우리는 그런 점에서 대단한 민족일 수 있습니다. 언어는 세상을 이해하고, 세상과 소통하는 수단입니다. 학교에서 교사들과 아이들도 언어로 소통을 하고, 어떤 표현이든 언어를 통해서 이루어지게 됩니다. 그런 면에서 국어사전과 친해지는 것은 교사가 꼭 갖추어야 할 필수 요소입니다.

꿀팁 한 번 더, 이건 꼭 기억하세요.

1. 수업 중에 교탁 한쪽에 스마트폰을 올려놓고 그때그때 필요할 때 활용해도 좋습니다. 물론 무음 모드로 해놓고 사용해야 오해가 없겠죠.
2. 네이버가 만능이 아니라는 것을 아이들에게 알게 해주는 게 필요합니다.

#체벌

44

아이들을 건드리면 안 되는 현실적인 이유

- 의도치 않게 학생의 몸을 건드렸을 때
- 아동학대 등으로 인한 법적인 분쟁이 생겼을 때
- 평소 학생들과의 라포 형성에 자신이 있다고 생각할 때

학교에서의 체벌은 금지되어 있습니다. 지금은 신체를 괴롭히는 체벌을 하는 것은 물론, 욕설이나 심한 언사로 인한 언어폭력, 다른 아이와의 비교에서 비롯되는 아동학대 등 다양한 이름의 죄목이 교사들 앞에 놓여 있습니다. 물론 고의가 아니라도 누가 보더라도 심각한 교사의 행동은 문제가 됩니다. 민형사상의 책임을 질 수도 있고, 해임 등 중징계가 내려지면 은퇴 후 받는 연금에도 문제가 됩니다. 많은 경우 수사 기관의 조사 과정에서 정상이 참작되지만, 혹시라도 기소되면 그동안 쌓아놓은 교사로서의 내 삶에 큰 타격을 받을 수 있습니다. 기소 유예 처분이라도 내려지면 다행이겠지만, 그래

도 내가 한 행위에 대한 대가를 치러야 할 경우가 많습니다. 하나의 사례를 소개합니다. 어느 학교에서 일어났던 일입니다.

체육 시간에 아이들은 운동장에 모여서 체조하면서 수업을 준비합니다. 그런데 시작종이 치면서 선생님이 나와보니 한 학생이 보이지 않았습니다. 그래서 조회대 밑에 있는 준비실에 들어가 보니 누워서 자고 있는 것을 보았습니다. 선생님은 아이의 볼을 두 번 정도 가볍게 건드렸습니다. 당연히 아이는 벌떡 일어났고, 선생님께 죄송하다는 말한 후에 수업에 참여했습니다. 여기까지는 아무 일도 아닌 것처럼 보입니다. 그런데 시작은 지금부터입니다. 그 광경을 멀찌감치 바라보던 한 학생이 늦게 수업에 참여한 아이에게 다가가서 말을 걸었습니다.

"선생님이 너를 때리던데, 내가 아동학대로 고발해 줄까?"

친구가 장난처럼 하는 말이었기에 농담처럼 웃고 그 상황은 종료되었습니다. 그런데 일은 끝난 게 아니었습니다. 고발 운운하던 그 아이는 집에 돌아가서 그 사실을 어머니에게 이야기했고, 그 어머니는 정말로 경찰에 고발했습니다. 경찰이 조사했고, 결국 그 사안은 검찰로 넘어갔습니다. 경찰이나 검찰에서의 조사도 있는 그대로의 내용이 전부였기에 금방 끝났습니다. 다들 선생님을 동정했습니다. 평소에 고발한 학생의 어머니와 관계가 별로 좋지 않았던 거 아니냐, 이 정도 사안이면 아마 그냥 넘어가게 될 거다 등의 이야기를 들었습니다. 예상대로 검찰에서 선생님에 대한 기소유예 판결이 나왔습니다. '기소유예'란 검사가 형사 사건에 대하여 범죄의 혐의를 인정하나 범인의 성격, 연령, 환경, 범죄의 경중, 범행 후의 정황 등을 참작하여 공소를 제기하지 않는 일을 말합니다.* 이 정도의 일로 기소하고 법원까지 가기에는 사안이 너무 경미했기 때문입니다.

하지만 담당 검사는 이런 말을 했습니다. 사건화를 하기에는 너무 경미하고, 선생님의 잘못을 묻는다는 것도 가혹하기에 이렇게 결정을 내렸지만, 현행 법규를 위반해서 학생의 볼을 건드렸기 때문에 법적으로 아동학대 예방 교육은 8시간을 받아야 한다고. 결국 그 선생님은 별도로 하루 시간을 내서 아동학대 예방 교육을 이수해야 했습니다.

선생님이 건드린 아이의 학부모는 여기에 대해 반발했습니다. 우리 아이가 수업에 들어가지 않고 준비실에서 누워서 잠을 잔 게 잘못된 것이고, 선생님께 혼난 것은 당연하다고 선생님 편을 들어주었습니다. 그러면서 자신은 선생님에게 이의를 제기할 생각도 없고, 그저 미안하게 생각한다고 했습니다. 왜 엉뚱한 사람이 나서서 선생님을 고발하느냐고 흥분했습니다. 하지만 달라질 것은 아무것도 없었습니다.

법적인 부분과 현실적인 상식은 다릅니다. 현실적으로는 정황을 참작해서 넘어가는 경우가 많지만, 법에서는 일어난 일 자체를 따지게 됩니다. 그 일이 왜 일어났고, 어떤 식으로 마무리가 되었으

---

* 표준국어대사전

며, 어떤 의도에서 비롯되었는가의 문제는 중요하지 않습니다. 교사가 학생의 허락 없이 몸을 건드렸고, 그것이 수치심을 유발했다는 게 중요합니다. 수치심이라는 것도 너무나 주관적인 거라 본인이 그런 감정을 느꼈다면 느낀 것으로 간주됩니다. 이것 말고도 선생님이 거친 말이라도 하면 언어폭력이라고 말하고, 몸이라도 건드리면 체벌이라고 하는 아이들의 장난 같은, 하지만 결코 장난이 아닌 일은 많이 일어납니다. 아이를 지도하는 과정에서 손가락으로 아이를 지적하면 "왜 삿대질을 하냐?"는 말이 바로 튀어나오기도 합니다. 말이 많으면 많을수록 그 말이 씨가 되어 꼬투리가 잡히기도 합니다. 전후 과정을 무시하고 교사가 쓴 한 문장, 한 단어만을 놓고 따지기 때문에 교사가 피해를 볼 확률이 높습니다. 가끔은 아는 기자를 동원해서 교장실로 들이닥친 후에 교사를 문초하듯 닦달하는 경우도 있고, 그것을 이용해서 사적인 이득을 챙기려는 사이비 기자들도 있습니다. 학교에서 무슨 일이라도 있으면 안테나를 최대한 길게 늘여 흠을 내보려는 사람들도 있습니다.

교사는 외부에 노출된 사람입니다. 적게는 스물몇 명의 한 반 학생들에게 노출되어 있고, 많게는 수백 명의 학생과 학부모에게 노출되어 있습니다. 그 교사가 어떤 사람이고, 어떤 식으로 시험 문제를 내고 있으며, 어떤 성격이고, 장단점은 무엇이라는 것을 학생과 학부모는 파악합니다. 그러니 가능한 한 사이 나쁘지 않게 눈치껏 좋은 관계를 유지하는 것이 좋습니다. 앞서 말했던 사례도 선생님을 고발한 학부모와의 관계가 좋지 않았기 때문에 생긴 일일 수 있습니다. 만약 선생님에 대한 나쁜 감정이 없었다면 굳이 그런 일이 일어나지 않았을 수도 있습니다. 일이 생기면 무조건 교사는 힘들게 되어 있습니다. 수업 시간에 학생들 얼굴을 보면서 무엇을 가르친다는 것도 껄끄럽고, 이렇게 말하고 행동해야 한다는 생활 지도 교육을 하면서도 눈치를 보게 됩니다. 사건화가 된 후에 아무 일도 없었던 것처럼 일이 마무리되었을 경우라도 그것으로 인한 후련함은 없습니다. 상처뿐인 영광이 아니라 상처만이 남을 뿐입니다. 그러니 조심조심, 적을 만들지 말고, 단호함은 유지하되, 자상하고 친절해야 합니다.

꿀팁 한 번 더, 이건 꼭 기억하세요.

1. 너무 걱정은 마세요. 어떤 사안이 발생했을 때 선생님이 최대한 흥분을 가라앉히기만 하면 일이 커지지 않습니다. 냉정하게, 목소리를 낮춰서, 규정에 따라서, 객관적으로 학생과 학부모를 대한다면 거의 사건은 무난히 종료됩니다.
2. 평소에 내 생각을 학생들에게 알리는 것이 중요합니다. 이러저러한 것 때문에 화를 내서 미안하다, 몇몇 학생을 지도하느라 다른 학생들에 대해서 소홀한 것 같아서 미안하다, 너희들이 나를 좀 용서해라, 선생님이 두루두루 잘했으면 좋겠는데 나도 인간이라 좀 힘들다, 너희들이 이해해 줘서 고맙다 등의 이야기를 수시로 해두는 것도 필요합니다.

#학생 관리

45

모둠 편성할 때도 다양한 방법을 찾아야 한다

- ⋯ 야영, 수학여행, 사제동행 등의 단체활동에서 모둠을 편성해야 할 때
- ⋯ 아이들 원하는 대로 하려니, 소외된 아이들끼리 정말 허약한 모둠이 만들어질 수밖에 없을 때
- ⋯ 교사가 일방적으로 모둠을 짰을 경우, 아이들의 원망이 걱정될 때

예전에 비해서 모둠별 활동을 하는 일이 많아졌습니다. 예전의 교육이 학생 개개인을 똑똑하게 만드는 데 집중했다면 요즘 교육은 다 함께 어울려서 화합하고 최선의 방법을 찾도록 하는 경향이 있습니다. 모둠활동이 많아지다 보니 무임승차를 하는 학생들에 대해 걱정하기도 했었는데, 그것을 견제할 방법도 많이 생겨났습니다. 그래서 수행평가를 할 때도 모둠별 활동을 한두 건씩은 집어넣는 편입니다.

그런데 그럴 때마다 걱정이 있습니다. 모둠원들을 어떻게 편성해야 하느냐의 문제입니다. 일반적으로는 앉아있는 자리를 기준으로 아이들을 묶어주는 경우도 있고, 번호별로 묶는 경우도 있지만 어느 방식으로 하든 학생들의 불만은 나오게 마련입니다. 다른 과목에서도, 지난번에도 이런 식으로 했는데 이번에도 또 그렇게 하느냐는 이의 제기가 들어오기도 합니다. 자리 기준으로 할 때, 대부분의 선생님은 성취도가 높은 아이들과 낮은 아이들을 골고루 섞어서 앉히다 보니 잘하는 아이들은 자주 불만이 나옵니다. 자기들이 다 해야 한다는 부담감의 표현이라 볼 수 있습니다. 이런 경우 어떻게 해야 할까요?

사실 사안별로 달리 하는 게 정답일 수 있습니다. 교사가 모둠 편성을 주도할 때도 있고, 아니면 학생들끼리 자유롭게 짜도록 할 수도 있습니다. 하지만 중요한 것은 어느 모둠이나 최소한의 역할은 해야 하고, 잘 나가는 모둠은 아니더라도 기본은 해야 한다는 것입니다. 잘하지는 못하더라도 모둠끼리의 균형은 잘 맞아야 한다는 것이죠. 어떤 모둠은 잘하는 녀석들이 잔뜩 모여 있는데, 어떤 모둠은 정반대라 모둠 활동을 제대로 해낼지 걱정이 될 정도라면 이건 분명히 무엇인가 문제가 있는 편성입니다. 교사가 일방적으로 정하는 것도 나중에 다른 소리가 나올 수 있지만, 아이들에게 전적으로 맡겨버렸을 경우도 이런 일이 종종 일어나게 됩니다. 만약 수행평가에 들어가는 활동을 하는데 이런 일이 일어난다면 자칫 학부모의 민원 대상이 될 수도 있습니다. 우리 아이는 개인적으로 우수한데, 못하는 아이들을 챙겨주다 보니 힘은 힘대로 들고 평가는 평가대로 불이익을 받게 되었다는 말이 자주 나오게 됩니다. 대개 사람은 나를 탓하기 전에 주변의 남을 탓하는 성향이 더 강하기 때문이죠.

이럴 때 모둠장을 먼저 선발한 후 모둠장끼리 돌아가면서 한 명씩을 자기네 모둠원으로 선발하게 하는 것도 한 방법입니다. 이렇게 되면 공부 잘하는 아이들, 리더십 있는 아이들, 문제 성향이 있는 아이들, 소외되는 아이들이 비교적 골고루 편성이 됩니다. 모둠장을 선발할 때도 잘하는 아이들보다 조금은 떨어지는 아이들로 선발할 수도 있습니다. 수업에 주도적으로 참여한 적도 별로 없고 늘 따라가는 위치에 있던 아이들이 모둠장이 되면 나름대로 주도권을 갖고 최선을 다하는 경우를 자주 볼 수 있습니다. 나보다 훨씬 나은 친구라고 평소에 판단했었는데, 그 친구들을 통솔하게 되었다는 뿌듯함을 갖는 경우도 있습니다. 모둠 편성에 재미라는 요소를 삽입하는 결과를 얻을 수도 있습니다.

당연히 모둠원을 선발할 때는 아이들이 모두 있는 교실에서 하면 안 되고, 교무실 등 별도의 공간으로 모둠장들을 모아서 취지 설명을 하고 해야 합니다. 아이들이 다들 쳐다보고 있는데 누구를 먼저 선발한다는 것은 자칫 의도하지 않은 소외감을 주는 일이 될 수도 있기 때문입니다. 나는 친하고 마음이 통한다고 생각을 했었는데 현실에서는 별거 아닌 걸로 멀어지는 일이 발생할 수도 있습니다.

이렇게 편성을 하면 좋은 점이 몇 가지 있습니다.

1. 모둠장끼리 순번을 정한 후에 모둠원들을 순서대로 뽑는 것이라 나름 활동적이고 유능한 아이들이 모둠당 1명 이상은 들어가게 됩니다. 그리고 그 모둠장은 자신이 주도해서 모둠을 만들어 간다는 자신감을 더 가질 수 있습니다. 모둠장을 추천이나 희망을 받도록 해서 선정하는 것도 방법이 될 수 있습니다.

2. 아이들끼리 누구는 소외당하고, 누구는 인정받는다는 것을 잘 알고 있습니다. 그러므로 취지를 설명하고, 너희들이 좀 못하는 아이들도 잘 끌어주고 모른척해서는 안 된다는 것을 설득한다면 이게 통하는 듯한 느낌을 받을 수 있습니다. 이 과정을 통해서 모둠의 아이들이 스스로 생각을 넓히는 기회를 가질 수 있습니다. 그리고 다양한 수준의 학생들이 한 팀으로 활동한다는 의미를 모두가 공유할 수가 있습니다. 어차피 세상이란 다양한 사람들이 모여 사는 곳이고, 학교는 그런 세상에서 적응하고 잘 살아가기 위해 준비하는 곳입니다. 이에 대한 교사의 사전 교육도 교육적인 의미가 있습니다.

3. 모둠장이 스스로 선택해서 판단한 것이기에 모둠원에 대한 불평이 줄어듭니다. 혹시 친구들이 제대로 활동을 안 하더라도 자신이 선택한 친구이기에 받아들이려고 노력합니다. 그리고 이는 상호간에 화합할 수 있는 근거가 되기도 합니다.

4. 아이들이 쏠리지 않습니다. 한쪽에 인기 있는 아이들은 다른 쪽에

가도 인기를 유지합니다. 그러면 모둠 간의 균형을 맞출 수 있습니다.

모둠 편성이 다 끝난 후에 모둠원을 일대일로 바꾸고 싶어서 교사에게 요청하는 경우가 있습니다. 이런 경우는 사안에 따라서 인정할 수도 있습니다. 항상 학생들이 앞서서 궁리하고 판단하게 하는 것이 먼저입니다. 교사는 그런 의견들을 들어주고 조정해주고 합리적으로 추후에 개입하는 것만으로도 충분히 교육적입니다.

◌꿀팁◌ 한 번 더, 이건 꼭 기억하세요.

1. 전체 아이들 앞에서 이렇게 하는 것은 금물입니다. 늦게 뽑히는 아이들이 싫어합니다. 그래서 뽑힌 순서도 알려주지 않는 게 더 좋습니다.
2. 뽑기 전에 모둠장들에게 취지를 설명하면 아이들이 훨씬 어른스러워집니다. 나름 객관적인 시각에서 친구들을 바라볼 수 있는 기회가 생겨납니다.
3. 모둠장들의 어깨를 무겁게 하는 취지도 있습니다. 이 아이들이 소외된 애들을 잘 챙겨줍니다.

46

학생들을 위한 작은 배려, 선택형(객관식) 문항 작성법

⋯› 시험 문제를 애써서 만들지만 읽으면서 어색함이 느껴질 때

⋯› 매끄러운 시험 문항으로 학생들의 성적을 정확하게 평가하고 싶을 때

⋯› 시험 실시 이후 학생들의 반론에 대해 분명하게 설득하고 싶을 때

교사에게 가장 신경 쓰이는 것 중의 하나는 시험문제 출제입니다. 날이 갈수록 성적에 더 민감해지는 학생과 학부모를 볼 때 성적에 관한 것들은 무조건 민감하게 생각해야 합니다. 이놈의 성적이 뭐라고 그렇게들 목숨을 거는지 모르겠습니다. 하지만 시험 문제 하나를 맞고 틀림에 따라 진학 학교가 달라지고, 아이의 자존심 크기가 달라지니 그럴 수도 있죠. 그래서 교사들은 문제를 잘 출제해야 합니다. 5지 선다형으로 정답을 고르는 시험이 어떤 문제점이 있느냐를 따지는 것은 의미가 없습니다. 당연히 창의성을 키우는 쪽으

로 교육하고 그에 맞는 문항을 출제하는 것이 맞지만 현행 교육제도에 따라 우리는 최대한 맞춰가면서 열심히 시험 문제 출제를 고민할 뿐입니다.

그래서 교사들은 시험 문제의 오류를 최소화하기 위해 노력을 합니다. 예년에 냈던 문제와 동일한 문제가 출제되지 않도록 몇 년치 시험 문제를 인쇄해서 비교해 보기도 하고, 동 교과 교사들끼리 윤독을 하면서 잘못된 부분을 찾아내는 과정을 거치기도 합니다. 충분한 시간을 두고 며칠 동안 점검하기도 합니다. 이렇게 교사의 노력으로 오류를 최소화할 수는 있습니다. 그러나 문제가 명확하지 않다거나 어법상의 오류가 있다면 이는 시험 문제로서 잘못된 것입니다. 또한 학생들이 요령만으로 시험 문제를 풀 수 있게 하거나, 문제가 복잡해서 과도한 시간이 소요되는 경우도 잘못된 것입니다. 이는 교사들이 바람직하지 않은 문항의 특징을 알아두면 예방할 수 있습니다.

다음은 경기도교육청에서 만든 『지필평가 문항제작 길라잡이』에 나와 있는 올바르지 않은 문항의 특징입니다.

1. 정답에 대한 이의 제기, 혹은 복수 정답 가능성이 있는 문항
2. 부정확한 지식 정보가 포함되거나 모순되는 내용으로 선택지를 구성한 문항
3. 지엽적인 내용이나 특수한 이론, 특정 세계관을 강요하는 문항
4. 출제자의 개인적 가치관, 판단, 신념, 궤변 등을 바탕으로 하는 문항
5. 문제 풀이의 과정이 지나치게 복잡하여 많은 시간이 소요되는 문항

6. 문제 풀이에 불필요한 그림, 도표, 그래프, 제시문 등을 포함하여 시간을 소요하게 하는 문항
7. 어법상 어색하거나 틀린 문장이 포함된 문항
8. 언어 사용이 너무 특이하거나 부자연스럽고, 비속어를 구사한 문항
9. 지문, 발문을 읽지 않아도 답할 수 있거나, 일부분만 보고도 답을 찾을 수 있는 문항
10. 선택지의 분석만으로도 정답을 찾을 수 있는 문항
11. 시험을 치르는 기술, 훈련에 의해 기계적으로 답을 찾을 수 있는 문항
12. 원문을 과도하게 손질하여 원문의 가치가 훼손된 문항
13. 깊이 생각할 필요도 없이 단편적 지식의 암기만으로도 답을 찾을 수 있는 문항
14. 발문이 불분명하여 수험생에게 혼란을 주거나 오해를 불러일으킬 수 있는 문항

발문을 작성할 때는 아래 사항들을 유의해야 합니다.

---

1. 한 개의 문항에서 묻는 평가 문항은 하나여야 합니다.
   예) 위에 쓰인 표현 방법을 쓰고, 그 방법의 장점을 하나 쓰시오.(X)
   위에 쓰인 표현 방법이 지니는 장점을 서술하시오. (○)

---

2. 발문은 가급적 하나의 문장으로 작성하는 것이 좋습니다. 문장이 길어지거나 많아지면 생각할 내용이 많아지고 해석이 분분해질 수 있습니다. 그래서 교사의 출제 의도를 명확하게 하는 것이 좋습니다.
   예) 이 시를 읽고 친구들끼리 이야기를 나누어 보았다. 가장 적절하게 시를 해석한 친구는? (X)
   이 시를 가장 적절하게 해석한 친구는? (○)

---

3. 발문에는 평가 요소가 구체적으로 드러나야 합니다. 이유든, 현상이든, 결과든, 사례든 무엇을 묻는지를 확실하게 밝히는 것이 좋습니다.
   예) 기후 변화에 대한 설명으로 옳지 않은 것은? (X)
   기후 변화의 원인에 대한 설명으로 옳지 않은 것은? (○)

4. 선다형 문항의 발문은 불완전형의 의문문으로 끝을 맺는 형태가 좋습니다.
   예) 소리내는 방법에 따라 자음을 분류할 때 몇 가지 방법으로 나뉘는지 맞는 답을 고르시오.(X)
   소리내는 방법에 따라 자음을 분류할 때 몇 가지 방법으로 나뉘는가? (○)

5. 질문 형태는 가능하면 긍정문이 좋습니다.

6. 부정 문장의 형식을 사용하는 경우에는 부정을 나타내는 단어나 어구에 밑줄을 그어 부정 문장임을 강조해야 합니다.
   예) ~에 대한 설명으로 옳지 않은 것은? (X)
   ~에 대한 설명으로 옳지 <u>않은</u> 것은? (○)

7. 배점 표시는 발문의 마지막 해당 줄의 끝에 배치하되, 한 줄이 넘어갈 경우 다음 줄 오른쪽 끝에 배치해야 합니다.

8. 모든 선택지가 부분적으로 맞는 최선답형 문항일 경우, 발문에 '가장', '근본적인' 등의 어구를 사용합니다.
   예) 위와 같은 글의 특징으로 타당한 것은? (X)
   위와 같은 글의 특징으로 가장 타당한 것은? (○)

9. 선택지에서 계속적으로 반복되는 말은 발문에 넣는 게 좋습니다. 반복되는 말이 있으면 수험생들의 불필요한 인지 부담을 유발할 수 있습니다. 그러므로 문항은 단순하고 짧게 작성하는 것이 좋습니다.

10. 제시문이나 지문 자료를 제시한 다음 제시문과 지문에 관련된 발문을 쓸 때에는 '윗글'을 사용합니다.

11. 서술형 평가 문항은 선다형 평가 문항과 구분하여 별도로 번호를 매기는 게 좋습니다.

교사가 시험 문제를 출제한 후에 오류가 나오는 것은 당연한 일이기도 합니다. 교사는 수업의 전문가이지 출제의 전문가가 아니기 때문에 시중에 출판되는 문제집에 들어있는 문제와 같은 수준을 담보하기는 어렵기 때문입니다. 교과서를 만들거나 평가 문항 제작, 동영상 수업자료 창작 등은 교사가 아닌 다른 전문가의 영역일 수 있습니다. 그러니 시험이 끝난 후 문제 오류를 발견했다 하더라도 너무 절망할 필요는 없습니다. 다만 교사가 사전에 어느 정도까지는 문제 출제 요령을 숙지해서 그런 오류를 최소화하는 것이 필요합니다. 이런 과정이 있어야 학부모와 학생들의 민원을 줄일 수 있으며, 학교에 대한 신뢰를 더 키워나갈 수 있습니다.

꿀팁 한 번 더, 이건 꼭 기억하세요.

---

1. 항상 신경 써야 하는 것은 예년과 동일한 문제가 출제되었는지를 확인하는 것입니다. 그런데 이 경우 일부러 피해 가려 노력할 필요는 없습니다. 베낀 게 아닌 한 문제는 절대 똑같을 수가 없기 때문에 의도적으로 의식할 필요는 없습니다.
2. 문항을 출제한 후 소리 내어 읽어보는 것도 좋은 방법입니다. 읽었을 때 부드럽게 읽히지 않는 문항은 가다듬을 필요가 있습니다.

#시험

47

서술형 평가 채점 오류 최소화하기

- 서술형 문제를 채점하는데 집중이 안 돼 채점 오류가 계속 일어날 때
- 유사한 답인데 어느 것은 맞고 어느 것은 틀렸다고 채점해서 아이들 앞에서 난감할 때
- 같은 학년을 두 명 이상의 교사가 가르칠 때 채점 기준이 서로 달라 차이가 있을 때

중학생 이후에는 내신성적을 산출해서 이를 근거로 진학하게 됩니다. 객관식으로 정답을 잘 찍는 게 예전에 중요했었다면, 지금은 시험 문제도 서술형으로 출제를 하게끔 합니다. 이렇게 서술형으로 출제하고 평가하는 것은 무척 민감한 사안입니다. 똑같은 잣대로 정답과 오답을 가리는 게 시험에서 가장 중요한 일이지만, 그 많은 아이들의 답안지를 놓고 채점하는 게 늘 일정하기는 어렵습니다. 조사 하나, 수식어 하나가 들어가고 빠지는지에 따라서 결론은 전

혀 달라질 수도 있습니다. 또한 채점하는 교사가 집중력을 잃지 않고 끝까지 오류 없이 채점한다는 것도 만만한 일은 아닙니다.

시험 문제 채점은 고도의 집중력을 요구하는 일입니다. 실수임에도 곱지 않은 시선이 날아옵니다. 그리고 교사가 실수했다는 것을 학생들은 쉽게 인정하지 않습니다. 교사 개인적으로는 실수도 많고 오류투성이지만, 학생들에게는 최대한 그런 모습을 보이지 않으려 노력해야 합니다. 또한 채점 오류가 발생한다면 다음 후속 조치가 번거로워질 수도 있습니다. 학교의 평가에 대한 신뢰도 측면에서도 계속해서 확인하고 점검할 수밖에 없습니다. 그런데 선택형이야 카드 리더기로 읽어서 그 데이터를 컴퓨터가 채점하니까 상관없지만, 서술형은 또 다릅니다. 내가 직접 해야 합니다. 시간이 조금 더 걸리더라도 처음부터 확실하게 하는 방법을 찾는 게 더 편하죠. 그러기 위해서 천천히, 그렇지만 꼼꼼하게 오류를 발생시키지 않는 방식으로 채점하는 것이 좋습니다.

1. 문항별로 합니다. 예를 들어 서술형이 5개 문항이면 1번만 한 다음에, 2번, 3번 순으로 가는 것입니다. OMR 카드 넘기기는 귀찮지만 오류는 훨씬 줄어듭니다. 답안 카드나 서술형 답안지를 한 장씩 다 하고 넘기는 것이 시간은 다소 줄어들겠지만 오류가 발생할 확률이 높아지고, 작은 실수라도 발생하면 나중에 후속 처리가 어려워지고 신뢰도에도 금이 갈 수 있습니다.

2. 채점하면서 서술형 채점 기준표를 만들어 놓습니다. 그렇게 되면 똑같은 답인데 어떤 것은 정답으로 처리하고 어떤 것은 오답으로 처리하는 일이 줄어듭니다. 감사를 받을 때도 이게 정답이냐 아니냐를 보는 게 아니라 똑같은 것인데 이것은 왜 맞고, 이것은 왜 틀리게 했느냐가 문제가 됩니다. 그래서 그런 것을 예방할 수 있습니다.

3. 같은 학년인데 두 명 이상의 교사가 수업을 담당할 경우 한 명이 미리 채점하고 상세한 채점 기준표를 준비해 놓으면 문제가 생길 확률이 훨씬 줄어듭니다.

2018년 시험 후 만들었던 국어 과목 서술형 채점 기준표입니다.

1. 봄은 느리지만 반드시 올 것이라고 확신하고 있다. 확신, 믿음 등의 단어가 들어가면 정답 (오답) '봄'은 봄이 오기를 기다리고 있다. 봄은 시련과 역경을 이겨냈다. 봄은 어차피 올 거니까 기다리고 있다. 봄이 오는 것을 재촉하지 않고 기다린다. 봄이 오는 것을 기다리고 있다. 봄은 기다리지 않아도 느리게라도 올 것이다. 봄이 언젠가 오리라 믿고 막연히 기다리고만 있다. 봄이 천천히 오는 것을 인정하고 기다리고 있다. 봄이 오기를 굳건히 기다리기만 하고 있다. 봄이 올 때까지 인내를 가지고 기다리고 있다. 봄이 오기만을 애타게 기다리고 있다.	(정답) '봄'은 봄이 느리지만 꼭 올 것이라고 하고 있다. 간절하게 기다리던 것이 오고 있어 마주하고 있다. 반드시 오게 될 봄을 맞이하고 있다. '봄'은 단정적 어조를 이용해 봄을 맞이하려 한다. 봄이 결국에는 올 것이라 믿고 있다. 봄은 시련을 겪고 마침내 와서 감동하고 있다. '봄'은 소망과 의지를 나타낸다. 봄이 오는 것이 당연하다고 여기며 기다리고 있다. 봄은 고난과 시련을 극복하고 천천히 오기를 기다리고 있다. 봄은 당연히 온다고 생각하고 있다. 봄이 언젠가는 오니 참고 견디며 기다리고 있다. 봄이 꼭 올 것이라고 믿고 있다. 봄은 재촉하지 않아도 반드시 올 것이라고 생각하고 있다. 봄이 오는 것을 기다리고 감격하고 있다.

2. 참 답답한 노릇이었다. 3. 문제 해결 행위 4. 상대방에게 동의를 구하거나 요청하고 있다. (오답) 위 표현들은 모두 여성들이 쓰는 경향이 있다. 여성의 대화 방식이 나타났다. (정답) 상대방에게 어떤 대상이나 사실을 강조하거나 확인을 구하는 표현이다. 상대방에게 어떤 대상이나 사실을 강조, 확인함. 상대방에게 확인을 구하는 표현법을 사용했다. 상대방에게 동의를 구하거나 여성은 동의를 구하는 표현을 쓴다.	5. 나는 선물을 선생님께 드렸다. / 나는 선생님께 선물을 드렸다. (오답) 나는 선생님께 선물을 주었다. 선생님이 나에게 선물을 주었다. (정답) 나는 선생님께 선물을 드린다. 내가 선생님께 선물을 드린다. 나는 선생님께 선물을 드릴 것이다. 6. ㉠찾다는 동사라서 현재형을 나타낼 때 어미 '는'이 붙지만 ㉡낯익다는 형용사라서 별도의 어미가 붙지 않는다. (정답) 찾다는 동사, 낯익다는 형용사 ㉠은 동사라서 시제 표현을 쓰지만 ㉡은 형용사라서 기본형으로 써야 하기 때문이다. 동사는 어미를 쓸 수 있지만 형용사는 특별한 어미를 사용하지 않기 때문이다.

꿀팁 한 번 더, 이건 꼭 기억하세요.

1. 아이들의 상상력은 제한이 없는 법. 답안의 폭을 제한하는 출제의 요령이 필요합니다. 다양한 답안이 등장하면 교사의 머릿속은 복잡해집니다.
2. 한글 파일을 열어놓고 채점하면서 기록하면 자연스럽게 오류가 줄어듭니다. 어디까지는 정답이고 어디까지는 오답이라는 것을 교사가 기록한 후, 보면서 채점하면 됩니다.
3. 점수를 확인하고 질문 받을 때 채점 기준표를 보면서 유사 사례를 설명해 주면 아이들이 대개 수긍합니다.

#평가

48

수행평가,
채점을 이렇게 하면 나중에 수정하기 쉽다

→ 수행평가 채점을 했는데, 학급별 차이가 커서 조정을 해야 할 때

→ 상중하를 나누고 보니 학생들의 점수 분포가 균일하지 않을 때

→ 동 학년 수업을 2인 이상 하는데 영역별 수행평가 점수 차이가 클 때

살아가다 보면 만날 수 있는 일상의 최선과 최악 중에 어떤 것을 우선적으로 감안해야 할까요?

학교에서라면 최악을 피하는 것이 우선이라고 봅니다. 점점 민감할 수 있는 분야가 학교에도 많아지고 있습니다. 생활기록부, 평가, 개인정보 보호 등 그 양과 범위가 점점 늘어나고 있습니다. 간혹 사회에서 이슈화라도 된다면 생각지도 않은 형식적인 일거리가 늘어나기까지 합니다. 그중 하나가 성적입니다. 목소리 큰, 많은 학부모들이 아이의 성적에 올인하고 있기에 최대한 잡음이 없이 최악을 피하는 게 바로 성적 처리의 요령입니다.

수행평가에 대해서도 아이들의 관심은 무척 높습니다. 학기 초에 해당 학기의 수행평가에 대해 공지해야 하고, 적어도 평가 1주일 전에는 학생들에게도 알려야 합니다. 수업 시간과 연계하되 숙제로 내서 집에서 해오는 것은 지양해야 합니다. 누군가의 도움 없이 학생들 스스로 하는 과정과 결과를 모두 측정하는 게 수행평가입니다. 그런데 동일 학년 동일 교과의 수업을 담당하는 교사가 두 명 이상일 경우 수행평가를 하는데 차이가 생길 수 있습니다. 동 교과 교사들이 서로 상의한 후에 최적의 평가를 하는 게 좋겠지만, 현실은 교사들 사이에서 매번 상의하는 것을 어렵게 합니다. 그래서 평가 영역은 정해져 있지만 교사들이 따로따로 하게 되는 경우도 있습니다. 미리 공고된 대로 진행하기 때문에 문제는 되지 않습니다.

하지만 동일한 영역인데 학급별로 차이가 나면 곤란해집니다. 원칙적으로야 학급을 무시하고 절대평가로서 학생의 성취도에 따라 점수를 부여하는 게 올바르겠지요. 그러나 그렇게 되면 특정한 반에 대해 점수를 잘 주었다고, 점수가 낮은 반으로부터 불공평하다는 평가를 받을 수도 있습니다. 잡음이 없으려면 학급별로 평균을 거의 동일하게 맞추면 됩니다. 교사가 주관적으로 특정 반은 잘하니까, 어느 반은 못하니까 그걸 반영해, 학급 평균 차이를 크게 두었다면 이건 문제가 될 수 있습니다. 반별로 학생들의 수준과 성취 차이가 크더라도 평균을 비슷하게 맞춰주는 것이 최악을 피하는 길이 됩니다.

지필평가는 답이 정해진 문제를 푸는 것이라 성적 차이가 있어도 할 수 없겠지만 수행평가는 그렇지 않습니다. 그렇다고 수행평가 채점을 하면서 미리 인원을 정해서 상중하를 나누는 것도 쉽지 않습니다. 분명 이 아이와 비슷한 수준의 결과물을 다른 반에서는 이렇게 주었다면 얘도 이렇게 주어야 하기 때문입니다. 그러다 보면 상중하의 각 영역 분포가 달라서 나중에 점수 입력을 다한 후에 다시 경계선상에 있는 아이들의 평가를 다시 해서 점수를 바꿔야 하는 일이 발생하는 것이죠. 채점을 한 후에 재채점을 해야 한다는 사실은 교사를 피곤하게 합니다. 하지만 옆 반과의 평균 점수를 비슷하게 만들기 위해서라면 부득이하게 해야 할 일이기도 합니다. 이런 상황을 예측해서 경계선에 있는 학생들의 점수를 고치기 쉽게 하는 장치를 마련한다면 번거로움이 훨씬 줄어들 수 있습니다. 이럴 때 유용하게 활용할 수 있는 방법입니다.

번거로움을 방지하기 위해서 최종 점수는 상, 중, 하로 주더라도 채점할 때는 상, 중, 하로 하는 게 아니라 점수로 기록하는 것이 훨씬 좋습니다. 예를 들어 국어 읽기 영역을 채점하면서 잘 썼다 A, 보통이다 B, 못 썼다 C로 나누는 게 아니라 평가 기준을 세분화해서 1점부터 10점까지의 수치로 기록을 하는 것입니다. 내용 1부터 3점까지, 형식 1부터 3점까지, 표현법 1부터 4점까지 세분화하여 채점을 하면 결국 3점부터 10점까지의 점수 분포가 나옵니다. 수행평가의 채점 기준을 공개할 때도 기준을 세분화해서 정하기 때문에 이런 식으로 구체적인 수치로 제시하는 게 훨씬 뒤탈이 없습니다. 초반에 채점을 할 때는 이렇게 1번 학생은 7점, 2번 학생은 9번, 3번 학생은 5점. 이런 식으로 기록합니다. 학급 전체 평균을 몇 점에 맞추겠다는 생각은 미리 할 필요가 없습니다. 등급도 마찬가지입니다. 대개 A부터 C까지 나눈 등급에 따라 점수를 부여하는데, 이것도 할 필요가 없습니다. 나중에 옆 반 선생님이 채점을 마친 후에 알려주는 평균 점수와 비슷하게 맞추기만 하면 됩니다.

이럴 경우 어떤 반은 7점부터 A인 데 반해, 다른 반은 8점부터 A를 주면 됩니다. 이렇게 하면 학급별로 평균 점수가 다르더라도 얼마든지 바로바로 평균을 맞출 수 있습니다. 그리고 학생들에게 평가 결과를 보여주면서 이의 제기를 받을 때도 네가 이 점수를 받은 이유는 구체적으로 이러저러한 것 때문이야 하는 설득력 있는 설명을 할 수도 있습니다.

학생들이, "다른 반은 7점이 A인데 왜 우리 반은 7점이 B를 받아야 하나요?"와 같은 이의 제기는 하지 않습니다. 몇 점부터 몇 점까지가 동일한 등급이라는, 급간을 정해놓고 그 기준대로만 점수를 주면 절대로 문제가 되지 않습니다.

평가를 할 때 반별로 차이가 나면 교사에게는 이것이 스트레스가 됩니다. 내 선에서 끝나는 주관적인 평가인 수행평가에서도 특정 반의 점수가 높거나 낮다면 괜한 딴소리가 나올 수 있습니다. 세분화된 수치로 채점해서, 인원수에 맞게 등급을 나눠서 최종 점수를 부여하는 것. 반별 차이를 없앨 수 있는 하나의 방법이 될 수 있습니다.

또 하나, 수행평가 기준안을 만들 때 주의할 사항이 있습니다. 학생들에게 부여하는 점수 분포를 최대한 촘촘하게 해서 기준안에 넣는 것입니다. 교육지원청에서 몇 년에 한 번씩 실시하는 감사에서 빠지지 않고 보는 것이 수행평가 기준안대로 점수를 부여했는가 여부입니다. 20점짜리 수행평가 점수를 20점, 18점, 16점 순으로 주겠다고 했는데, 19점이나 17점을 부여했다면 이는 지적 사항이 됩니다. 그러므로 실제로 그 점수를 주지는 않더라도 20점, 19점, 18점, 17점, 16점을 수행평가 기준안에 명시하면 나중에 실수하더라도 전혀 문제가 되지 않습니다. 규정대로 점수를 준 것이기 때문입니다. 그리고 이렇게 촘촘하게 미리 점수를 분배하면 학급 간의 점수 차이를 조정할 때도 훨씬 좋습니다. 학생들 점수를 아래위로 조절하기가 편해져서 두 번 세 번 채점할 일이 줄어듭니다.

꿀팁 한 번 더, 이건 꼭 기억하세요.

---

1. 교사의 주관이 드러나는 수행평가에서는 나름의 원칙과 기준에 따라서 점수를 부여하면 됩니다. 학생들을 설득할 수 있으려면 원칙은 확실히 교사가 갖고 있어야 합니다.
2. 수행평가 문제를 출제할 때부터 영역별 채점 기준을 세분화해서 나누어 놓으면 큰 도움이 됩니다. 학생들은 자기 점수에만 신경을 씁니다. 1점이라도 잘 받으면 좋아합니다. 점수를 세분화하면 그런 조절이 가능해집니다.
3. 수행평가 최저점의 기준을 낮게 설정하는 것이 도움이 됩니다. 간혹 수행평가지를 받아서 아무런 답도 기재하지 않거나, 정말 무성의하게 답안을 제출하는 학생들이 있습니다. 이런 학생의 점수를 낮게 하고 그만큼 다른 학생의 점수를 올려줄 수 있다면 그걸 학생들은 더 좋아합니다.

#시험

49

시험이 끝난 후 고사 결과 분석자료 만들기

…› 학급 간의 성적 격차가 벌어졌는데, 이유를 찾기가 어려울 때

…› 수업태도 불량, 이해력 부족 등 학급 전반의 문제를 공개적으로 일반화하기 곤란할 때

…› 고사 결과 분석을 해야 하는데, 어떻게 해야 하는지 잘 모를 때

무슨 일이든 이유를 글로 풀어서 설명해야 할 때 가끔은 어려운 상황에 닥치게 됩니다. 시험을 본 후에 특정 반의 점수가 낮게 나왔을 경우에는 그 이유를 밝히고 개선을 위해 노력해야 합니다. 아이들의 시험 결과 전반적인 수준이 낮거나 높은 게 중요한 게 아니라 학급 간의 편차를 최소화하는 게 훨씬 더 중요한 일이기 때문입니다. 전체적인 평균이 낮게 나온다면 얼마든지 합리화할 수가 있습니다. 문제가 어려웠다는 말 한마디면 끝나니까요. 너한테만 시험이 어려운 게 아니라 다른 학생들도 똑같이 느꼈을 테고, 결과도 그러니까

불평하지 마라는 말이 통할 수 있습니다. 실제로도 시험이 어려우면 점수가 낮게 형성되고, 반별 점수 편차는 적게 나는 것이 일반적입니다.

그러나 학급간의 편차가 많이 나는 경우는 교사로서 생각해 볼 여지가 많이 있습니다. 사실 시험 성적이라는 게 교사가 예측했던 방향대로 나오는 경우가 많습니다. 수업을 하다보면 매끄럽게 수업이 잘 진행되는 반도 있고, 매시간마다 전쟁을 치르는 것처럼 투쟁하다가 나오는 경우도 있습니다. 당연히 수업 시간에 잔소리를 많이 하거나 수업에 방해가 되는 요인이 있음에도 모른척하고 넘어가면서 수업하면 그 학급은 성적이 떨어지게 마련입니다. 그렇다고 시험 성적의 편차를 모두 학생들에게 돌리기에는 교사로서 좀 비겁한 일이기도 합니다.

대개의 경우 점수가 낮은 학급은 점수를 아래로 깔아주는 아이들이 많이 있거나, 전반적인 수업 태도가 좋지 않았다던가, 아이들의 수업 이해도가 떨어지는 경우입니다. 하지만 이것은 고사 분석에서 구체적인 이유가 되기에는 어쩐지 부족합니다. 막연하게 아이들에게 책임을 지우는 무책임한 교사라는 평가를 받을 수도 있습니다. 어떻게 고사 분석을 하고 그 자료를 제출해야 할까요? 몇몇 참고할 만한 고사 분석 요령입니다.

1. 구체적인 정답률을 비교한 후에 편차가 나는 문항을 고릅니다. 그리고 그 문항이 이원목적 분류표상의 지식, 이해, 적용 중 어디에

해당하는지를 비교한 후에 그것에 대한 내용을 적습니다. 지식 문제가 많으면 중요한 것에 대한 반복 학습이나 추가 설명, 어휘력이나 개념 설명이 필요한 것이고, 이해 문제가 많으면 자세한 설명과 쓰면서 하는 학습법 등에 대한 방법론적인 접근이 필요한 것일 테고, 적용 문제가 많으면 사례 위주의 학습, 응용문제 풀어보기, 단원 평가와 정리 등에 대한 부분을 거론할 수 있습니다.

2. 정답률의 편차가 특정 단원에 집중된다면 그 단원의 특수한 상황에 대해 기록해서 단원별로 대책을 세울 수 있습니다. 암기해야 하는 부분이 많다거나, 배경지식이 필요하다거나, 문제 풀이가 필요한 단원이 있습니다. 그런 부분에 대해 이유를 찾고 수업 시간에 보충해줄 수 있는 방법을 구안해 볼 수 있습니다.

3. 다른 과목의 정답률 편차를 잠깐 빌려올 수도 있습니다. 대개의 경우 특정 과목만 못하는 게 아니라 대부분의 과목을 못하기 때문에 이것을 통해 수업 분위기와 학생들의 수준을 결부 지을 수 있습니다.

4. 핑계 대기 방법도 있습니다. 수업이 오후에 집중되어 있다거나 앞 시간에 유독 예체능과 같이 비교적 자유롭거나 체력적으로 힘들어 하는 과목이 있다는 것을 이유로 들 수도 있습니다. 대개 선생님들이 오전 수업을 선호합니다. 왜냐하면 오후에 비해 아이들이 덜 나

대고 차분하게 수업받기 때문입니다.

5. 수업 분위기를 해치는 아이들에 대한 것을 기록할 수도 있습니다. 그런 아이들이 다른 반보다 많이 있거나, 아니면 교실의 특정한 위치에 이 아이들이 몰려 있으면 자리 배치를 통해서 이를 개선할 수도 있습니다.

많은 학교에서는 시험이 끝난 후에 고사 분석을 하고 결과물을 제출하는 것이 단순히 서류상으로만 그치고 있습니다. 개별 학교에서 시험을 친 후에 학생들의 수준이 높다, 낮다는 것은 판단할 수가 없습니다. 비교 대상이 없기 때문입니다. 일제고사를 치른 후에 학교나 학급별로 성적 차이를 비교해 본다면 한눈에 알 수 있겠지만, 학교 시험 결과 모든 반이 비슷한 평균을 보였다면 이것을 놓고 학생들의 수준 판별을 하는 것은 불가능합니다. 그러니 반별 차이가 없는 상태를 만드는 게 가장 잡음이 없고 뒤끝이 없는 교사의 능력일 수 있습니다.

예전에는 노력하는 담임 교사들의 경우, 자신의 과목이 아닌데도 특정 암기과목 공부를 별도로 시켜 그 반만 시험 성적이 무척 높게 나오는 경우도 있었습니다. 그 학급 담임 선생님은 뒤로 지탄의 대상이 되기도 했지만, 사실 교사가 학생들 학업을 위해서 노력한다는 것은 흉이 아니라 칭찬받아야 마땅한 일일 수 있습니다. 지금은 이런 고사 분석에 대해 신경 쓰는 관리자나 교사들도 별로 없겠지만 기본을 알고 있는 것과 모르고 있는 것의 차이는 교사 생활을 하는데 의외로 엄청난 능력 차이를 유발할 수도 있습니다.

항상 사소한 것이 나를 힘들게 만듭니다. 중요한 것은 이를 사전에 방지하는 것. 평가지나 활동지를 공유함으로써 학급 간의 성적 차이를 최소화하는 방법도 현실적인 민원 방지를 위해 필요할 수 있습니다. 결과를 분석하고 이를 고칠 수 있는 능력을 기르는 것도 교사에게는 중요할 수 있습니다.

꿀팁 한 번 더, 이건 꼭 기억하세요.

---

1. 학급 간의 격차 발생 이유를 쓰는 것에 스트레스를 받을 필요는 없습니다. 어찌 보면 정상적인 것입니다.
2. NEIS에서 제공되는 분석 자료를 최대한 활용해야 합니다. 그것은 객관적인 근거입니다. 의외로 좋은 기능들이 많이 있어서 손쉽게 이용할 수 있습니다.
3. 다 좋은 의도에서 하는 것입니다. 이를 통해 자신의 수업을 바꾸어 보는 좋은 계기를 만들 수 있습니다. 누가 감시를 해서가 아니라 나를 위한 것일 수 있습니다.
4. 교과서 단원을 마치고 실시하는 단원평가 문제를 이용해서 정기 고사에 일부 활용할 경우 학급별 편차가 일어나는 것을 줄일 수 있습니다. 학생들의 수업 참여 의욕을 높이는 데에도 도움이 됩니다.

#시험

50

OMR 카드 작성법 지도, 처음이 가장 중요하다

- 집중하는 시험 분위기를 만들고 싶을 때,
- 수시로 OMR 카드를 바꿔 달라는 아이들의 요구에 정신이 없을 때
- 준비한 OMR 카드가 부족해서 도움을 요청하는 상황이 벌어질지 모를 때

시험을 처음 보는 학생들에게는 시험에 관계된 모든 것들이 낯선 법입니다. 당연히 모든 것은 시행착오의 대상이 됩니다. 아이들에게는 이런 것들도 다 고민거리입니다.

1. OMR 카드에 있는 모든 공간에 다 표시를 해야 되는가?
2. 잘못 표시했을 경우는 수정테이프를 써서 수정해도 되는가?
3. 글자를 쓸 때는 무엇으로 써야 하는가?
4. OMR 카드 마킹이 밖으로까지 나와도 괜찮은가?

5. 주관식 답은 연필이나 볼펜 등 아무 거로나 적어도 되는가?

6. 카드 마킹은 어느 정도의 농도로 해야 하는가?

7. 카드에 뭐가 묻어 있는데 이것을 그냥 써도 되는가?

8. 문제를 다 풀고 나서 한꺼번에 마킹을 해야 하는가?

아무리 단순한 것이라도 안 해보면 궁금해지고 당황하게 됩니다. 그래서 만약 시험에 임하기 전에 하나하나 꼼꼼하게 짚어주고 가르쳐주지 않았다면 아마도 그 시험 시간에 선생님은 한 시간 내내 정신이 없을 것입니다. OMR 카드를 바꿔 달라는 아이들이 워낙 많아서 제대로 된 시험 감독을 못할 수도 있습니다. 교실의 이쪽저쪽에서 서로 앞다투어 카드를 바꿔 달라고 학생들이 손을 들게 되면 자칫 시험 감독이 소홀해질 수도 있습니다. 그러다가 사고가 나면 참 복잡한 일이 생겨날 수도 있습니다.

그래서 중학교 1학년처럼 학생들이 처음 시험을 볼 경우 사전에 충분한 시간을 내어 미리 하나하나 짚어주고 알려줄 필요가 있습니다. 사전 교육이 이루어지면 학생들의 오류는 줄어듭니다. 사전 교육을 하고 안 하고는 확연한 차이가 있습니다. 학생들이 수시로 OMR 카드를 교체해달라고 한다면 교사로서는 짜증이 나기도 합니다. 실제로 10장 이상 카드를 바꿔 달라고 하는 학생도 있습니다. 그렇다고 교사가 그 학생을 닦달하거나 싫은 내색을 한다면 그로 인한 문제가 나중에 발생할 수도 있습니다. 모든 것은 사전 예방이 중요한 법. 그러므로 10분 정도의 사전 교육 시간을 갖는 게 시행착오를 줄이는 좋은 방법이 될 수 있습니다.

아래의 사항들을 알려주면 좋습니다.

1. OMR 카드의 모든 글자는 볼펜으로 기록하되, 마킹하는 것만 컴퓨터용 사인펜을 쓰도록 합니다. 사인펜에 '컴퓨터용'이라는 표시가 되어 있어야 합니다. 요즘 학교에서는 사인펜을 학교에서 준비해서 나눠주기도 하기 때문에 이런 경우는 확인이 불필요합니다.

2. 카드 맨 위에 기재 사항을 기록하는 난은 아는 것만 적도록 합니다. 그리고 그것도 적기 싫다면 안 적어도 됩니다. 학년, 반, 번호, 이름 등은 적지 않더라도 마킹만 제대로 되어 있다면 처리하는 게 전혀 문제가 되지 않습니다. 설령 마킹이 잘못되었더라도 리더기에서 카드를 읽을 때 수작업으로 처리할 수 있습니다.

3. 카드에 마킹하는 것은 컴퓨터용 사인펜으로 하되, 농도와 두께는 그리 중요하지 않습니다. 한 줄로 얇게 칠해도 되고 밖으로 살짝 번져 나와도 됩니다. 다른 칸에 마킹이 넘어가지만 않으면 상관없습니다.

4. 카드의 맨 아래쪽에 검은색으로 칠해진 부분이 있습니다. '타이밍 마크'라고 하는데, 카드 리더기는 이 마크를 기준으로 카드를 인식합니다. 그래서 절대로 이 마크에 사인펜 등이 묻으면 안 됩니다.

5. 중학생이 되어서 처음으로 OMR 카드를 사용하는 시험은 영어듣기평가일 가능성이 높습니다. 이 시험을 볼 때는 한 문제 한 문제를 풀면서 답안을 마킹하게 하면 무척 많은 오류가 발생합니다. 마킹이 잘못되어서 OMR 카드를 바꿔주느라 교사가 시험 감독으로서 정위치를 지키지 못하면 부정행위가 발생할 수도 있습니다. 그러므로 모든 문제를 다 푼 다음에 나중에 한꺼번에 마킹하도록 하는 게 오류 발생 가능성을 줄일 수 있고, 번잡스러운 시험장 분위기를 만들지 않을 수 있습니다.

6. 정기 고사도 마찬가지입니다. 문제를 다 풀고 나서 검토하면서 한 번에 마킹을 하도록 하는 게 답안 카드 교체를 적게 하는 방법입니다.

7. 성적에 민감한 아이들은 시험이 끝나고 이의제기를 하는 경우가 있습니다. 교사가 말해주는 성적과 자신이 생각하는 성적 간의 차이가 있기 때문입니다. 대개의 경우 학생이 마킹을 엉뚱한 곳에 했다거나 답란을 빈 공간으로 두어서 발생합니다. 그러니까 확인하면 이상이 없다는 결과가 대부분입니다. 하지만 가끔은 학생의 실수가 아닐 때가 있습니다. 간혹 OMR 카드에 이물질이 묻어서 채점의 오류가 발생할 수도 있습니다. 그러니 너무나 당연하게, 컴퓨터는 실수하지 않는다는 생각으로 학생들의 실수임을 너무 당연하게 생각하지 않는 게 좋습니다.

◌ 꿀팁 ◌ 한 번 더, 이건 꼭 기억하세요.

1. 누구나 처음 해보는 것은 낯선 일입니다. OMR 카드를 처음 써보는 학생들이 당황하는 것도 당연합니다. 그러니 충분히 시간을 내서 하나하나 차근차근 설명해 나가는 게 필요합니다. 물론 대부분의 학생은 한두 번 설명해 주면 잘 해냅니다. 하지만 학교에서 교사를 괴롭히는 것은 예측에서 벗어나는 한두 명입니다. 이를 방지하는 것이 좋습니다.
2. OMR 카드를 바꿔주고 수거하고 하다 보면 간혹 섞일 때가 있습니다. 그러니 수거한 카드는 반드시 빨간펜으로 X 표시를 해서 구분해야 합니다. 사고를 방지하기 위해서 수거하는 즉시 찢어서 혼란의 여지를 남기지 않는 것도 좋은 방법입니다.

4장.

함께 가는 파트너
— 학생과 학부모 편

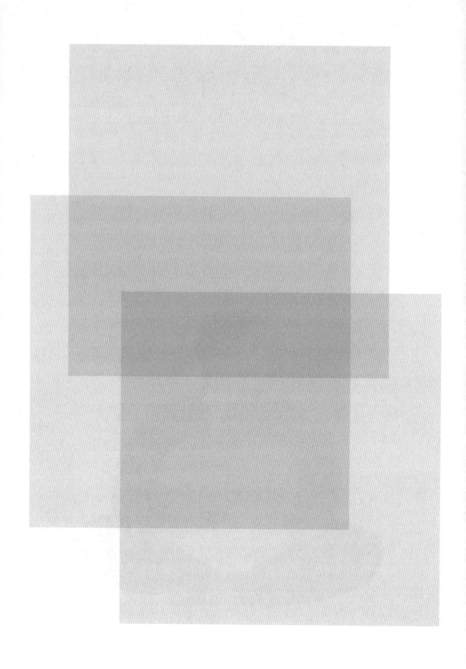

4장. 함께 가는 파트너 — 학생과 학부모 편

#대화

51

어떻게 학생들을 설득해야 나의 의도대로 따라올까?

- 나름 객관적으로 중재한다고 했는데도 아이들의 표정에 불만이 그득할 때
- 아이들에 대한 방치와 수용 사이에서 나의 중심 잡기가 어려울 때
- 교사는 이끄는 자? 아니면 따라가는 자? 어떻게 설득하면 아이들이 넘어올지 헷갈릴 때

일방적인 소통의 시대는 지나가고 있습니다. 누구에게든 '나를 따르라'는 식의 지시를 내리기도 어렵고, '이게 옳으니 내 말만 믿으면 된다'는 이야기도 너무 막연하고 근거 없는 이야기일 수밖에 없습니다. 품 안의 자식들한테도 나의 생각을 강요할 수 없는 시대가 되었습니다. 마음에 들지 않더라도, 더 빠르고 쉬운 길이 있다고 하더라도 그 판단이 나 혼자 내린 것이라면 차라리 돌아가는 편이 낫습니다. 어렵긴 해도 설득을 해야 하고 상대방의 마음을 변화시키기

위해 사전 준비 작업을 많이 해야만 내가 원하는 결과 쪽으로 더 근접하게 됩니다.

아이들에게도 마찬가지입니다. 교사가 지시하기 전에 충분히 설명하고 아이들이 납득할 수 있도록 설득하는 과정이 필요합니다. 수업뿐 아니라 학교 내외에서 일어나는 모든 일들은 근거를 등에 업은 채 행해져야 합니다. 학급에서 당번을 정하는 일, 청소 구역을 배분하는 일, 교통봉사 활동 인원을 편성하는 일, 학급 간부를 뽑는 일, 모둠 편성하는 일, 선효행상을 추천하는 일, 사제동행 활동 장소를 정하는 일, 성적통지표를 나눠주는 일, 생활기록부에 세부 사항을 기록하는 일 등 모든 일에 합당한 근거가 있어야 합니다. 학교에서 교사는 사람을 대하는 일을 합니다. 당연히 내 생각과는 다르고, 별것 아닌 걸로 상심하거나 갈등이 일어나게 됩니다. 예전에는 그렇지 않았는데, 이걸 꼭 이렇게 반응해야 하는가 등 의구심이 들 때도 많지만 다른 사람을 대할 때는 그의 입장을 존중하고 받아들이려는 자세가 필요합니다. 가능한 한 최대한 설득력 있게 타인을 대해야 합니다.

날이 더우면 더운 대로, 추우면 추운 대로 학생들은 불만을 토로합니다. 추운데 히터를 틀면 안 되나? 더운데 에어컨을 틀어주면? TV 화면이 잘 보이지 않는데 내 쪽으로 돌려주면? 선생님 말이 잘 들리지 않는데 나를 보고 더 크게 이야기해주면? 자신을 가리키는 손짓을 삿대질한다고 따지는 아이도 있습니다. 화를 낼만한 상황을 만들고 교사의 평정심을 흐트러뜨리면서도 교사가 먼저 소리 지르고 짜증낸다고 그것을 불만으로 이의 제기하는 아이들도 있습니다.

그래서 창문이 열린 채로 여름에 냉방기를 틀고, 겨울에 난방기를 가동하기도 합니다. 모두를 이해시킨다는 것은 그래서 어렵습니다. 다행히 아이들이 선생님을 좋아하면 괜찮은데, 집에서 불만을 이야기하면 요즘 부모님들은 다들 아이의 편에서 학교와 각을 세우는 경우도 많이 있습니다. 그러므로 설득하고, 설명하고, 외면하지 않고 끝까지 들어주어야 합니다. 아주 가까운 곳에 누구나 다 아는 지름길이 있고 굳이 돌아가야 할 번거로움이 필요할까 하더라도 정답은 정해져 있습니다. 알 때까지, 납득할 때까지 돌아가야 합니다.

심지어는 수업 중 특정 활동을 할 때도 왜 하는지를 학생들이 알아야 하고, 시험이 끝난 후 동영상을 수업에 활용할 때도, 창문을 가리는 블라인드를 내릴 때도 왜 그래야 하는지를 충분히 학생들에게 이야기해 줄 수 있어야 합니다. 교사가 수업 시간에, 혹은 수업 외 시간에 학생들에게 뭔가를 하도록 하는 모든 것은 다 이유가 있어야 하고, 그것을 학생들이 알도록 해야 합니다. 갑자기 급한 일로 학부모님이 찾아왔을 때 수업을 하지 못한다면 그 이유에 대해서 알도록 해야 하고, 수업 분위기가 갖춰지지 않아 한 시간 내내 훈계를 하더라도 그럴 수밖에 없는 교육적인 이유에 대해 알려줘야 합니다. 그게 바로 설득의 기본입니다. 이런 과정이 있으면 학생들은 대부분 학교에서 벌어지는 상황을 받아들이고 납득할 수 있습니다. 교사의 손짓 하나, 기침 하나까지 모두 의도된 것이라는 사실을 알도록 해야 합니다.

설득을 하고 이유를 설명할 때는 나름의 근거를 들어야 합니다.

원래 주장에 대한 근거라는 것이 지극히 주관적인 것이라 그게 곧 정답을 의미하는 것은 아닙니다. 그냥 내가 볼 때 정당하면 합당한 근거가 될 수 있습니다. 내가 비상식적인 인물이거나, 남들이 하는 것과 대부분 정반대로 가는 사람이 아니라면 내 주장과 근거에 대한 확신을 가져야 합니다. 그 확신으로 학생들을 이끌면 뒤탈이 훨씬 줄어듭니다. 몇몇 구체적인 사례입니다.

1. 시험이 끝나고 학생들이 동영상을 틀어달라고 요구할 때도 그냥 아무 이유 없이 "그건 안 돼."라고 잘라서 말하는 것도 문제입니다. 이 시간은 수업이고, 그건 수업과 관련이 없고, 애초에 무엇을 할 계획이었고 등등 나름의 이유를 들어 학생들을 설득해야 합니다. 틀어줄 경우라도 이러저러해서 이 동영상을 볼 필요가 있고, 이 활동을 통해 어떤 성과를 거두어야 한다는 것을 알려준 후에 너그럽게(?) 학생들의 의견을 받아주면 됩니다. 그리고 사전에 조건을 제시하고 이 조건을 충족하지 못한다면 바로 활동을 중지시키겠다는 것도 분명히 알려야 합니다. 그래야 학생들의 바람직한 자세 유지가 가능합니다.

2. 수업 시간에 졸거나 자는 학생을 지도하면 받아들이지 않고 반항기를 보이는 학생이 있습니다. 이럴 때 "네가 졸 수도 있고 잘 수도 있다. 충분히 인정하고 이해한다. 밤에 늦게 잤을 수도 있고. 하지만 너희들이 자는 것을 보고 선생님이 아무런 행동도 하지 않고 그

냥 둔다는 것은 선생님으로서 옳은 일이 아니라고 생각한다. 어떻게 생각하냐? 너희들은 아이들이 자더라도 선생님이 그냥 바라보고 모른척하고 있는 게 당연하다고 생각하냐?" 이런 식으로 학생들의 답변을 유도하면서 대화의 형식을 통해 상황을 받아들이도록 할 필요가 있습니다.

3. 학생들을 혼내거나 훈계할 때 그것을 많은 학생이 지켜보게 됩니다. 가급적이면 다른 학생들이 보는 앞에서 나무라는 일은 하지 않는 게 좋겠지만, 수업 중에 벌어진 일이라면 그럴 수가 없습니다. 이럴 때도 지켜보는 아이들이 단순한 방관자에 머무는 게 아니라, 그 일에 대해 나름의 생각을 할 수 있도록 해야 합니다. 그래야 자기 행동의 옳고 그름에 대해서 생각해 보게 됩니다. 이런 것이 교육입니다.

꿀팁 한 번 더, 이건 꼭 기억하세요.

1. 아이들에 대한 설득 작업은 아이들에게 '선생님이 우리를 대화 상대로 인정하고 있구나.' 하는 느낌이 들도록 해야 합니다. 이 과정을 거치면 선생님과 학생들의 관계가 훨씬 더 가까워집니다.
2. 항상 이유를 구체적으로 설명해 줘야 학생 지도에 신뢰성을 갖게 됩니다. 그래서 교사는 언제나 학생들보다 논리적이어야 하고 설득적이어야 합니다. 감정을 내세우면서 학생들에게 말하는 것은 향후 신뢰성 부족이라는 더 큰 문제를 만들 수 있습니다.

#성장

52

학생 스스로 행동하게 하기, 결론은 학생이 내려야 한다

- 내가 학생을 어디까지 만들 수 있을까 고민될 때
- 충분히 설득되었다 싶었는데, 그게 아니라는 걸 알았을 때
- 교사의 역할을 어디까지로 봐야 할지 선을 찾기 힘들 때

어렸을 적을 생각해 보면 친구들이랑 함께 뛰어놀 때가 가장 재미있었습니다. 시간이 어떻게 가는지도 모를 정도로 그 상황에 전념했고, 정말 별거 아닌 것에도 그렇게 즐거울 수가 없었습니다. 저녁밥을 먹어야 하니 집에 들어가지 않을 수가 없었지만, 발걸음을 돌리는 그 시간이 아쉽기만 했습니다. 만약 누가 등을 떠밀어서 저 친구들하고 언제까지 무엇을 하면서 놀라고 했다면 아마도 달랐을 겁니다. 내가 좋아서, 내가 그들과 같이 있고 싶었기 때문에 노는 것도 힘들다는 걸 몰랐을 뿐입니다. 자발적이라는 것은 이렇게 큰 힘을 갖습니다. 학교에서도 자발성이 무척 중요합니다. 누가 시켜서 한

다면 제한된 범위 내에서만 잘하게 됩니다. 스스로 자신의 범위를 넓히고 더 커나갈 수도 있겠지만, 그러기에는 많은 시간과 노력이 필요합니다. 교사가 학생들의 자발성을 적절히 유도해 준다면 아이들을 멋지게 키워낼 수 있습니다. 물론 초반에는 일일이 교사의 손이 가야 하지만 나중에는 자기네들이 알아서 하기 때문에 길게 본다면 훨씬 더 편할 수 있습니다.

학교생활에서 선생님들은 학생들에게 지시를 많이 합니다. 자리 배치를 짜주고, 청소 당번을 정해줍니다. 모둠원을 정해주고, 언제까지 어떤 활동을 하게 합니다. 학생들과 길게 대화할 시간이 없기 때문이지만, 이렇게 하는 게 훨씬 더 효율적이기 때문입니다. 대부분 학생들은 선생님이 하라고 한 일을 별말 없이 수행하기에 선생님으로서는 더 간편한 것을 찾을 수밖에 없습니다. 일단 시킨 다음에 꼼꼼하게 하는 방법을 알려주고, 작은 것부터 점검하면 선생님들이 원하는 결과를 만날 확률이 높습니다. 수업 시간에도 일방적으로 알려주는 것이 습관이 되었기에 학생들도 교사의 의도대로 따라갑니다. 그래야 시험 성적도 잘 나오고 모범적인 학생으로 칭찬을 받으니 그럴 수밖에 없습니다.

하지만 언제까지 교사가 일일이 지도하고 가르쳐야 할까요? 우리가 좋아하는 말이 있습니다. 바로 '알아서'라는 말입니다. 이 말에는 커다란 힘이 있습니다. 알아서 공부하고, 알아서 운동하고, 알아서 활동하고, 알아서 친구들을 챙기고, 알아서 준비를 합니다. 만약 이런 학생들을 만날 수 있다면 교사로서는 큰 축복이겠지요. 선생님이 가르치는 대로 받아들이고 알아서 자신의 행동을 할 수 있다면 사실 더 배울 게 없는 경지입니다. 그런데 이 '알아서'는 갑자기 이루어지는 것도 아니고, 타고나는 것도 아닙니다. 선생님의 지속적인 시도에 의해서 조금씩 달라지게 됩니다. 이를 위해 다음 몇 가지를 꾸준히 실천할 필요가 있습니다. 그것을 위해 교사의 말 몇 가지를 소개합니다.

1. "너는 어떻게 생각하니?"

수업 시간이든 다른 활동 시간이든 항상 이런 말로 학생들의 속마음을 끄집어내야 합니다. 수업 시간에 내용 설명을 다 끝낸 후에는 확인을 해야 합니다. 많은 학생이 알고 모르는 것에 대해 직접적인 표현을 하지 않습니다. 그러니 교사 입장에서는 대부분 내가 설명한 것을 다 알아들은 것 같아서 기분이 좋아집니다. 그러나 단원평가나 시험을 보고 난 후에야 알게 됩니다. 많은 아이들이 교사가 설명한 것을 모른다는 것을. 교사가 가르친 내용을 학생 전원에게 일일이 물어본다는 것은 힘이 드는 일입니다. 그걸 확인할 시간도 없고, 확인을 한들 그 아이들만 핀셋으로 골라서 다시 설명하기도 어렵기 때문입니다. 그러니 손을 들게 하는 것도 방법입니다. 모른다는 학생들이 많으면 다시 설명하고 더 천천히 진도를 나가면 됩니다. 아무도 손을 들지 않는다면 한두 명을 골라서 물어본 후에 진행해도 됩니다. 의외로 많은 학생들이 교사의 말에 집중을 안 하기도 하고, 설명을 알아듣지 못합니다. 그 사실을 알아야 합니다.

친구들의 잘못된 행동을 목격했을 때, 수업 분위기를 망가뜨리는 아이가 있다면 일단은 그 아이를 나무라고 혼내야 합니다. 그리고 그 행동에 대해 다른 아이들에게 물어보는 것도 필요합니다. 너희들은 어떻게 생각하느냐고. 누군가를 몰아세우는 일은 바람직하지 않지만, 아이들의 행동이 꼭 선과 악으로 나누어지는 것은 아닙니다. 그래서 어떤 일을 보고 그것에 대한 아이들의 생각을 끌어내는 것도 아이들의 성장에는 도움이 됩니다. 자발적인 생각을 이끌어내고 그것을 표현하게 하는 것은 자기 표현력이나 설득 능력을 키우는 데에도 좋습니다.

2. "누가 선생님 좀 도와줄래?"

선생님이 아이들의 도움을 요청해야 할 때가 많습니다. 학교에서 나눠준 청소 용구가 많거나, 방학 유인물이 많거나, 수업 도구를 나눠 들어야 하거나, 짐을 날라야 하거나 할 경우입니다. 다른 선생님을 불러오거나, 분필이 떨어져서 가져오게 하거나, 마우스나 시계 건전지를 바꿔야 해서 심부름을 시키는 경우도 있습니다. 종례 후에 창문을 닫아줄 학생이 필요할 때도 있습니다. 요즘은 학생들에게 거의 수업 외적으로는 일을 시키지 않습니다만, 아이들을 둔 채로 선생님이 교실을 비우는 것보다는 일부 아이들을 시키는 것이 더 나을 수도 있습니다. 이럴 때 누구누구를 지목해서 일을 시키면 학생들은 별로 좋아하지 않습니다. 이럴 때도 교사가 먼저 아쉬운 얘기를 한 다음에 도움을 요청하면 됩니다. 아이들의 반응이 신통치 않을 때 "하기 싫으면 안 되겠다. 선생님이 직접 해야지."라고 말하면 많은 천사들이 나타나서 선생님을 구제해 줍니다. 한두 명이 나서면 덩달아 따라 하는 아이들이 나타나게 됩니다. 결국 선생님이 시켜서가 아니라, 학생들 스스로 자발적으로 움직이도록 해야 좋습니다. 자기가 알아서 수고로움을 감수하겠다고 나선 학생들은 나중에도 불평불만을 훨씬 덜 하게 됩니다. 자발적으로 하는 일에 대해서는 어느 정도는 접고 가는 것입니다.

3. "선생님한테 직접 와서 신청해라."

견학에 참가할 학생들을 모집하거나, 공연을 보러 갈 아이들을 구하거나, 동아리 구성원을 뽑거나, 봉사활동 희망자를 선발하거나, 실장이나 부실장 등 학급 간부 학생을 발탁하거나, 축제 도우미를 필요로 할 때 선생님들은 대개 교실에서 열심히 그 일에 대해 설명합니다. 그리고 활동에 참가하는 학생에게 돌아갈 혜택에 대해 조금은 과장되게 알려주면서 많은 아이들이 참여하도록 유도합니다. 선생님의 말을 들은 학생들은 별로 뜸을 들이지 않습니다. 바로 손을 들어서 자신이 참가하겠다고 합니다. 많은 학생이 몰리는 경우라면, 내가 평소에도 관심이 많았고, 그와 관련된 상급학교에 진학을 생각하고 있고, 꼭 하고 싶다는 식으로 적극적인 의견을 표명합니다. 그러면 선생님들은 내 말이 바로 먹혔다고 생각하고 그 아이들의 명단을 적고, 언제까지 어떻게 준비하라고 이야기합니다. 그런데 막상 당일이 되면 약속과는 달리 오지 않는 아이들이 생겨납니다. 아이의 전화번호를 모르는 경우도 많고, 전화해도 아예 전화를 받지도 않습니다. 기껏 차량을 수배해서 인원 예약까지 해 두었는데 이렇게 되면 나중에 복잡한 행정 절차를 밟아야 할 수도 있습니다. 신청에서 떨어진 다른 아이들의 원성도 들어야 하고, 깜빡해서 참가하지 못했다는 아이의 실수를 엄청난 죄인 양 재단할 수도 없습니다. 그러니 아이들을 선발할 때 교사의 설명 후 바로 결정하게 하는 것은 바람직하지 않습니다. 차라리 손을 드는 학생들에게 이렇게 말하는 것이 좋습니다.

"지금 말고, 생각해 두었다가 언제부터 언제까지 선생님한테 와서 직접 신청해라."

정말로 참가하고 싶은 학생들은 나중에 직접 선생님을 찾아옵니다. 그 수고로움을 참아내는 아이들은 나중에 변심하지 않습니다. 변심하더라도 정말 미안해합니다. 그리고 다음에는 더 조심합니다. 자발성은 옆의 친구들을 보고 생겨나는 순간 경쟁심에서 출발하지 않습니다. 학생 스스로 생각하고 움직이는 과정에서 생겨납니다. 자발적인 참여자가 많으면 그 행사는 훨씬 풍요로워집니다.

4. "이제 네가 판단해. 어떻게 할래?"

선생님이 학생에게 이렇게 하라고 하는 일이 과거에 비해 훨씬 줄어들고 있습니다. 잘못한 아이들을 지도할 때도 항상 그 아이가 자기 잘못을 인정하고 받아들이게 해야 합니다. 예전처럼 선생님이 검사이자 판사처럼 조사하고 결론을 내리는 시대가 아닙니다. 선생님의 일방적인 지시나 결론은 자칫 학생들의 불신을 키워낼 수 있습니다. 또한 학교에 대한, 선생님에 대한 학부모의 오해를 불러올 수도 있습니다. 그러니 어떤 사안을 처리할 때 학생이 그것을 어떻게 받아들이는지를 확인하고 스스로 결정하게 해야 합니다. 상급학교 진학을 준비하거나 원서를 쓸 때도 선생님은 상황을 설명하고 충분히 안내하는 역할에 머물러야 합니다. 결론은 학생이나 학부모가 내립니다. 선택 과목을 고를 때도, 내가 활동할 동아리를 선택할 때도, 체육대회에 나갈 학급 대표선수를 선발할 때도 그렇습니다. 선생님의 의도와 계획, 그리고 목표를 분명히 알려주고 방향을 유도할 수는 있지만 최종적으로는 학생이 결정하게 해야 합니다. 학생의 의견을 반영하지 않은 결론은 늘 선생님을 향한 화살이 됩니다. 학교에서의 모든 활동은 위험성을 안고 있습니다. 신체적인 위험뿐 아니라 그것을 선택함으로써 다른 기회를 잃어버릴 수도 있기 때문입니다. 선생님은 학교를 떠나면 끝이지만, 학생은 학교를 떠나도 그다음 학교에서 성장해야 합니다. 그러니 마지막 결론은 학생의 입으로 내리게 하고, 학생이 기꺼이 행동하도록 해야 합니다. 자발성은 그래서 중요합니다.

선생님은 결론을 내리는 사람이 아닙니다. 과정을 설명하고 최적의 결론을 내릴 수 있게 도와주는 사람입니다. 학교는 선생님을 크게도 하지만 더 큰 목적은 학생들을 키우는 것입니다. 우리 아이들이 맞닥뜨릴 세상은 거의 처음 만나는 일들의 연속일 것입니다. 대학을 가거나 취업을 하면 새로운 사람들을 만나서 적응해야 하고,

낯선 일을 수행해야 하고, 갑자기 닥친 일은 순간적으로 판단하고 결정해야 합니다. 기존에 경험했던 것은 거의 없습니다. 다 처한 상황이 다르고 결정 후의 현실이 달라집니다. 우리 아이들은 이런 상황에서 스스로 생각하고 결론을 내려야 합니다. 결국 중요한 건 자발성이죠. 내가 기꺼이 받아들인 후에 주관적 판단을 한다면 결과까지도 순수하게 인정할 수 있는 사람이 됩니다. 누가 시켜서 하는 일은 그렇지 못합니다. 수동적인 사람이 되느냐, 능동적인 사람이 되느냐는 것은 학생 안에 숨어 있는 자발성을 어떻게 끌어내느냐에 달려 있습니다.

꿀팁 한 번 더, 이건 꼭 기억하세요.

1. 선생님 덕분에 잘되었다는 졸업생들의 이야기를 들어보면, 대개는 선생님의 판단과 결정 덕분에 이렇게 성공할 수 있었다고 이야기합니다. 이건 선생님의 지휘 통솔이 절대적이었던 시절의 이야기입니다. 시대가 달라졌습니다. 선생님이 뒷감당을 해야 할 시대이기도 합니다. 학생의 자발성을 유도해야 합니다. 그리고 그 책임에서 선생님은 벗어나야 합니다.
2. 후회 없는 결정이라는 것은 자발성을 전제로 합니다. 남들은 그 결정 과정에서 도움을 주거나 확신을 줄 수 있지만 그 일의 당사자가 될 수 없습니다. 선생님은 아이가 독자적으로 성장하도록 도와주는 존재입니다. 그 아이의 삶을 대신 살아줄 사람이 아닙니다.

#학생 관리

53

내 아이? 우리 아이?
나랑 상관없는 우리 학교 아이?

- 내가 가르치지 않는 아이가 복도에서 인사를 하지 않을 때
- 하교 시간에 슬리퍼를 신고 집에 가는 아이를 발견했을 때
- 집 근처에서 불량스러워 보이는 아이들과 어울리는 우리 학교 아이를 만났을 때

어느 조직이든 번성하기는 어려워도 망가지기는 쉽습니다. 그리고 번성함과 망가짐은 대개 주변 사람들로부터의 평판으로 판단할 수 있습니다. 내가 내 얼굴의 티를 보지 못하는 것처럼 '우리는 잘하고 있어.', '이렇게 하면 되지.' 등의 판단은 전혀 근거 없는 자신감의 표현일 수 있습니다. 이렇게 근거가 확보되지 않은 자신감은 교사를 독단으로 흐르게 합니다. 보다 구체적으로, 보다 직접적인 근거를 확보해야 합니다.

지역 사회에서 학교에 대한 평판은 여러 방식으로 이루어집니

다. 상위권의 학교를 얼마나 보냈느냐, 아이들이 사고를 쳐서 언론에 오르내리지 않느냐, 길거리에서 보는 그 학교 아이들이 얼마나 깔끔하고 단정한가, 대외 수상을 얼마나 많이, 그리고 자주 하는가 등 해당 학교의 긍정적인 면이 얼마나 많이 보이느냐가 평판을 좌우하는 요소일 수 있습니다. 학교폭력 등이 없는 안전한 학교인가, 다양한 체험학습 등을 통해 학부모의 부담을 얼마나 덜어줄 수 있는가, 급식이 맛있는가, 비용 부담 없이 아이에게 여러 경험을 할 수 있도록 해주는가, 선생님이 우리 아이에 대한 정보를 얼마나 많이 학부모에게 제공하는가, 생활기록부에는 얼마나 좋은 이야기를 많이 써주는가 등도 중요한 요소 중의 하나입니다.

하지만 아이들의 수준을 훌륭하게 유지하더라도 내부적인 학생 단속이 안 된다면 그 평판은 오래갈 수가 없습니다. 내부적인 학생 단속이란 것은 학생들 스스로 자신을 관리하고 제어하는 이유를 만들어 줍니다. 그럼 어떻게 해야 할까요? 자잘하고 별거 아닌 것부터 점검하고 다른 교사들과 함께 보조를 맞춰야 합니다. 다소 귀찮고 사소하더라도, 개인적으로는 민망하더라도 그렇게 해야 합니다. 더 구체적으로 말하자면, 지적하고 일러주고 기록해 두어야 한다는 것입니다.

1. (교내)

- 선생님을 보고 인사하지 않을 때 불러세워서 인사를 시켜야 합니다.
- 실내에서 실외화를 신고 있는 아이를 보면 지적해야 합니다.

- 바닥에 떨어진 쓰레기를 보고 그냥 지나가는 아이에게 지도를 해야 합니다.
- 핸드폰을 규정 외 시간에 사용하고 있는 경우를 발견했을 때, 담임에게 알려주어야 합니다.
- 실내화를 신고 외부로 나간 아이도 그래서는 안 된다는 것을 교육해야 합니다.

2. (교외)

- 허가되지 않는 장소의 드나듦을 본 경우 담임에게 은밀히라도 알려주어야 합니다.
- 담임 선생님께 이야기하지 말아 달라는 간곡한 학생의 눈빛을 목격했을 때는 그것을 이용해서 그 아이의 행동을 교정하는 계기로 삼을 수 있습니다.
- 걱정되는 분위기나 행동을 발견할 경우 학교에 돌아와서, 혹은 다른 교사의 힘을 통해서라도 지적하고 후속적인 조치(상담, 구두 경고 등)를 취해야 합니다.

아주 사소한 것이라도 담임과의 정보 공유가 필요합니다. 그래서 아이들이 매사에 행동과 말을 조심해야 한다는 것을 알게 해야 합니다. 처음에는 지적당하고 혼나기 싫어서 행동을 제어할 수도 있겠지만 이러한 것들이 반복되면 습관이 됩니다. 그리고 그 습관은 개인의 성격을 형성합니다. 우리 아이들이 좋은 성격을 가질 수 있도록 하는 데 조금이라도 도움이 된다면 교사는 그 분야에 더욱 신경을 써야 마땅합니다. 그리고 아이들에게도 우리 선생님들이 똘똘 뭉쳐서 한 방향으로 가고 있구나 하는 생각이 들게 되면 그것이 바로 학교의 문화가 됩니다. 이 문화는 좋은 평판으로 세상에 퍼지게 마련입니다. 기왕이면 평판 좋은 곳에서 근무하는 교사가 되는 것이 좋겠죠. 아니, 그 평판을 내가 만들고 있다는 자부심이 더 좋은 게 될 수 있습니다.

좋은 학교에서 교사로 일한다는 것은 유리한 것이 많습니다. 다른 사람들에게 존재감을 줄 수 있습니다. 그리고 실질적으로도 더 우대한다거나 일하는 데에도 더 긍정적인 효과를 얻을 수도 있습니다. 실제로 지역의 어떤 행사에 학생들을 데리고 참여했을 때, 특별히 인사할 수 있는 기회를 준다거나 높은 지위에 있는 분들이 일부러 말을 걸어 올 때가 있었습니다. 그런 것들이 결국은 학생들에게도 좋은 기회를 줄 수 있습니다. 지역사회와 연계되는 활동을 할 때 특별히 불러준다거나, 상이나 장학금을 줄 때도 혜택을 받은 적이 있습니다. 팔은 안으로 굽게 마련입니다. 잘하는 사람이 실수할 때는 잘못 본 게 아닌가 하고 한번 되돌아보지만, 못하는 사람이 실수할 때는 당연한 것으로 매도당하기 쉽습니다. 학교에 대한 지역의 판단도 그렇습니다. 그러니 그 점을 늘 염두에 두고 교사는 언행을 주의해야 합니다. 나뿐 아니라 우리 학교도 그 영향을 크게 받을 수 있기 때문입니다.

◌ 꿀팁 ◌ 한 번 더, 이건 꼭 기억하세요.

1. 학생들과 체험학습을 가게 되면 전세버스를 이용할 때가 많습니다. 학생들에게 늘 쓰레기는 치우도록 하고, 될 수 있는 한 주변을 깨끗하게 만들도록 하면 버스 기사분을 통해 학교에 대한 긍정적인 소문이 나게 됩니다. 이런 것들도 평판 좋은 학교를 만들 수 있는 방법입니다.

2. 학생들과 함께 외부 행사에 참여했을 때 교사는 늘 학생들 언저리에 머물러 있어야 합니다. 학생들의 예쁜 행동도 중요하지만, 교사가 늘 학생들을 위하고 아이들의 성장을 위해 곁에서 함께 참여한다는 것을 행동으로 보여주면 좋습니다.

3. 말이나 행동의 실수가 있으면 다른 사람들에 앞서, 교사가 먼저 지적하고 훈육하는 모습을 보여야 합니다. 학생들은 교사의 말에는 비교적 순응하고 받아들이기 때문입니다.

#학부모

54

학부모 무장해제 시키기, 한마디의 문장

···› 단순한 내용 전달을 넘어 교사와 학교에 대한 믿음을 주고 싶을 때

···› 학부모에게 문자를 보내려는데 밋밋한 문장으로는 별 감동을 주지 못할 때

···› 문자를 통해 인간적이고 배려심 많은 교사라는 사실을 은근히 강조하고 싶을 때

학부모는 우리 아이에 대한 정보를 잘 제공해 주는 학교를 좋아합니다. 내가 미처 보지 못한 우리 아이의 모습을 선생님을 통해 발견하면서 교사에 대한 신뢰를 쌓게 되고, 내가 우리 아이에게 해주지 못한 것을 학교에서 해주는 걸 보면서 학교를 좋아하게 됩니다. 학교에서 정보를 제공해 주는 방법은 여러 가지가 있습니다. 학부모가 직접 학교 홈페이지에 접속해서 확인하기도 하고 관련 어플을 깔아서 실시간으로 안내받기도 합니다. 물론 이런 걸 이용하지

않고 수동적으로 기다리기만 하는 학부모님이 더 많습니다. 혹은 SNS 등을 통해서 실시간으로 소통을 하는 선생님들도 많이 있습니다. 일부 학생과 학부모들이 퇴근시간 이후에까지 무분별하게 연락을 하는 것 때문에 힘들어하는 선생님들도 있지만, 이 또한 선생님과의 소통을 학부모들이 원하는 것을 의미한다고 볼 수 있습니다.

그래서 많은 선생님들이 문자 메시지를 보냅니다. 학급 홈페이지가 있기는 하지만 이것은 거의 전달 사항 알림 위주이고, 내 손 안에 넣어주는 것과 같은 느낌을 주기에는 문자 메시지가 훨씬 간편하죠. 예전에는 문자 메시지를 보내기 위해 문자 쿠폰을 사서 단체 문자를 보내기도 했었습니다. 그러던 것이 지금은 별다른 비용을 들이지 않고 문자를 보낼 수 있게 되었습니다. 대부분 문자 메시지는 무료니 조금의 관심과 시간만 들이면 됩니다.

다른 사람들에게 알리지 않고 일대일로 말하는 것이라 다른 사람들 보기에 창피할 것도 없습니다. 실제로도 문자 메시지를 자주 보내면 학부모들은 선생님이 자상하고 꼼꼼하다고 말합니다. 일정, 준비물 등 전체 알림뿐 아니라 학생 개인에 대한 것들까지 보내게 되면 그런 느낌을 더 강하게 갖게 됩니다. 학생들과 활동하는 사진을 보내거나 학생 개개인에 대한 교사의 의견을 적어서 보내면 더 좋겠지만, 현실 여건에 따라 선별적으로 활용해도 괜찮습니다.

그런데 이런 유용한 문자를 보낼 때 밋밋하게, 사무적인 어투로 보낸다면 그 효과가 반감이 됩니다. 기계를 이용하지만 그 속에 내 감정을 담아서 글을 통해 교사라는 한 인간의 따뜻함을 느끼게 된다면 더 효과적입니다. 학부모가 처음 교사를 대할 때는 어려움을 느낍니다. 자식을 맡겨놓았다는 전통적 관념이 조심성을 더 키웁니다. 그런데 선생님이 부드럽고 자상하게 접근한다면 그 거리가 좁혀지는 것을 느낄 수 있을 것입니다. 글을 통해 선생님이 우리 아이들을 배려한다는 것, 학부모님의 고민을 이해하고 있다는 것, 평소에도 지속적으로 아이들의 성장을 위해 노력하고 있다는 것을 알려주면 서로의 믿음이 강화되는 것을 볼 수 있습니다. 교사와 학부모의 관계가 좋아지면 간혹 불미스러운 일이 생기거나 학생 사안이 발생했을 때도 부드럽게 넘어갈 수 있습니다. 별것 아닌 것처럼 보이는 문자 메시지라도 사람의 마음을 움직이는 데는 무척 큰 효과를 만들어 낼 수 있습니다.

문자 메시지를 보낼 때 이런 식으로 한두 문장을 집어넣으면 좋습니다. 실제로 활용했던 사례입니다.

방학

- 아이들한테는 방학이지만 부모님들은 개학입니다. 그래도 힘내세요.
- 더운 여름, 천방지축 아이들과 부대끼시느라 고생 많으셨습니다.
- 내일은 개학. 그동안 아이와 함께 즐거우셨으리라(?) 생각합니다.
- 이제 제가 개학을 했습니다. 제가 다시 아빠(엄마)가 되겠습니다.

입학

- 저의 도움이 필요할 경우 언제라도 연락주시면 달려가도록 하겠습니다.

- 상식선에서 최선을 다해서 힘껏 가르치겠습니다.
- 입학을 진심으로 환영합니다. 기다리고 있었습니다.
- 한번 맺은 사제관계는 영원하다는 생각을 갖고 있습니다.

학기

- 언제라도 문자나 카톡으로 연락주세요. 항상 전화기 열어놓고 대기하겠습니다.
- 아이들은 별 신경 안 쓰는 시험, 어른들은 신경 쓰시느라 고생 많으셨습니다.
- 시험 범위 알려드립니다. 그렇다고 하나하나 체크하며 애를 잡지는 마시구요.
- 아이들이 복인데, 너무 멀리에서 복을 찾지는 마세요.

졸업

- 컸다고 말 안 들으면 제게 보내 주세요. 평생 A/S 하겠습니다.
- 부족한 학교, 준비 안 된 교사. 그래도 애정을 가져주신 것에 감사드립니다.
- 새로운 한 해, 엉뚱한 길로 빠지지 않고 잘 클 수 있게 되기를 기원합니다.
- 아드님(따님)은 영원히 제 가슴 속에 남아있을 것입니다. 졸업을 축하합니다.

꿀팁 한 번 더, 이건 꼭 기억하세요.

1. 말로는 뭐든 가능합니다. 아무리 뭐라 해도 학부모들은 선생님을 어려워합니다. 그리고 선생님의 노력은 학부모들 사이에서 소문이 나게 되어 있습니다. 그게 또 다른 효과를 낳습니다.
2. 부드럽고 인간적인 문장이 훨씬 오래 남고 효과적입니다. 믿음을 준다는 것은 마음을 나눌 수 있다는 의미입니다.

#자세

55

교사와 학생 사이, 안전거리 확보하기

- ···› 선생님이 지나갈 때 슬쩍슬쩍 몸을 건드리는 학생들이 있을 때
- ···› 학생이 선생님이 좋다고 안기거나 손목을 잡아끌 때
- ···› 선생님과 친하고 싶어 하는 아이들을 어떻게 대해야 할까 고민될 때

요즘 아이들은 옛날과 많이 다릅니다. 스승의 그림자도 밟지 않는다는 말이 있을 정도로 예전에는 아이들이 선생님과 멀리 자리했습니다. 제가 학교를 다녔을 때에는 심지어 멀리까지 소풍을 가도 선생님들과 학생들의 구역이 따로따로 있었습니다. 그러던 것이 점점 더 가까워졌습니다. 요즘에는 소풍을 가서 선생님들이 밥이라도 펼쳐놓고 먹으려면 아이들이 모여들곤 합니다. 그러면서 맛있겠다고 노골적으로 부러워하기도 하고, 그 음식은 뭐냐, 선생님은 왜 이걸 먹냐, 주문한 거냐 등 별걸 다 묻곤 합니다. 선생님들 주변을 기웃거

리다가 뭐라도 하나 얻어먹으면 그것을 친구들에게 이야기하고, 친구들이 잔뜩 몰려오기도 합니다.

먹고 싶으니까, 돈이 없으니까 그런 행동을 하는 시절은 다 지났습니다. 이는 다 학생들이 선생님에게 관심이 있어서 하는 행동입니다. 친구들 사이에서 어울리지 못하니까 선생님 근처를 어슬렁거리는 학생도 있고, 나는 어느 선생님과 이만큼 친하다는 것을 보여주기 위한 과시용일 수도 있습니다. 학교에서의 행동도 마찬가지입니다. 쉬는 시간이나 점심시간에 복도나 학교 곳곳에서 학생들을 만났을 때 착착 달라붙는다고 표현할 만큼 선생님에게 격의 없이 대하며 가까이 다가오는 학생이 있고, 교사가 다가가려고 해도 일정한 만큼의 거리를 유지하는 학생들도 있습니다. 이는 성향의 차이일 수도 있지만 적어도 교사의 입장에서 멀어지는 학생들이 적을수록 더 깊은 교감을 나눌 가능성은 커집니다. 가까이 다가오는 만큼 관계가 더 좋아질 확률이 높다는 것이지요. 전문가들이 말하기를 상호 작용이 적을수록 쌍방향의 사회적 거리가 멀어진다고 합니다. 어떤 사회학자들은 그 거리와 사회적 유대감을 동일시하기도 합니다.

이렇듯 학생들이 다가올 경우에 어느 정도까지 허용을 해야 할까요?

1. 과하게 다가오는 아이들이 있습니다. 교사가 어깨를 두드리거나 머리를 쓰다듬는 경우 교사의 몸 일부를 건드리는 학생들입니다.

처음 한두 번은 더 친해지기 위한 과정이라고 볼 수 있습니다. 하지만 이런 과정이 반복되면 학생들이 교사를 접촉하는 강도가 세지거나 빈도가 높아질 수 있습니다. 괜히 지나가는데도 손가락으로 찌른다거나 몸을 살짝 만지는 경우가 있을 수도 있습니다. 이런 경우 단호하게 대처할 필요가 있습니다. 상대방의 허락 없이 몸을 건드리는 것은 실례에 가까운 것이고 그것이 상대방의 마음을 상하게 할 수 있다. 그러니 선생님을 네 마음대로 건드리는 것은 안 된다고 해야 합니다. 또한 선생님이 너를 도닥도닥하는 것은 너랑 친해서 격려하기 위해서인데, 이것이 싫다면 나도 하지 않겠다는 의사를 분명히 전할 필요가 있습니다. 누구는 되고 누구는 안 된다는 식으로 결론이 나서는 안 되기 때문입니다. 이럴 경우 대부분의 학생은 교사가 자신에게 다가오는 것을 거부하지는 않습니다. 그리고 교사의 몸을 건드리는 것은 주의하게 됩니다. 학생과 교사뿐만 아니라 학생과 학생 사이에서도 남의 허락 없이 만지는 것은 과하면 학교폭력에 해당할 수도 있다는 것을 주지시켜야 합니다. 서로 일정한 거리를 유지하는 것이 학생들 사이에서 꼭 필요한 이유입니다.

2. 선생님과 친해지고 싶어서 가까이 다가오는 아이들이 있습니다. 대개 소심한 아이들입니다. 이 아이들에게는 교사가 먼저 가까이 다가가야 합니다. 하이파이브를 하거나, 손목을 잡고 반갑다는, 혹은 학교생활 잘하라는 의사를 전하면 더 좋습니다. 이런 과정이 통

하게 되면 이 아이를 내 편으로 만들 수 있습니다. 그리고 자칫 학교에 적응하기 힘들어 할 때도 내가 힘이 되어줄 수 있습니다. 누군가에게 의지가 되어줄 수 있는 사람이 있다는 것, 학교에서 내가 믿고 따를 수 있는 선생님이 있다는 것은 학교생활을 즐겁게 할 수 있는 큰 버팀목이 될 수 있습니다.

학생들과 거리를 좁히는 것은 상호 소통을 위해서 꼭 필요한 일입니다. 하지만 과하지 않게, 가까우면서도 예의를 지킬 수 있는 범위를 유지하는 것은 아주 중요한 일입니다. 이 아이들은 학교를 떠나서 더 큰 세상을 만나게 됩니다. 사회에서 만나게 될 많은 사람과의 관계를 어떻게 가져갈 것인가는 학교에서 미리 연습하는 것입니다. 이 연습의 과정에 교사가 기꺼이 스파링 파트너가 되어준다면 이는 학생들에게 유의미한 경험이 됩니다.

◌꿀팁◌ 한 번 더, 이건 꼭 기억하세요.

1. 간혹 뛰어와서 선생님께 안기는 학생들도 있습니다. 몇 번은 받아 주고 그 친함을 인정하고 맞장구쳐 주는 것이 필요합니다. 하지만 지속적으로 이런 일이 반복된다면 어디까지만 하라고 가르칠 필요가 있습니다. 그 학생뿐 아니라 다른 학생들에게도 미치는 영향이 클 수 있기 때문입니다.
2. 사람들과 친하게 지내는 것도 학습을 통해서 이루어 낼 수 있습니다. 그것을 시범으로 보여주는 이가 교사입니다. 학생의 장점 하나를 발견하고 그것을 통해서 가까이 가면 좋습니다. 옷을 깔끔하게 입어서 보기 좋다. 등등 학생들이 좋아할 말을 건네며 가까이 가십시오.
3. 선생님 멋있어요, 잘 생겼어요, 최고예요 등의 칭찬을 들었을 경우 반드시 고맙다는 의사를 표현하는 것이 필요합니다. 한 걸음 더 나아가서 너도 그렇다는 맞장구를 치면 더욱 좋겠지요.

56

끝까지 설득하고 설득해라. 아이들은 결국 내 편이 된다

- ⋯▸ 수행평가 결과에 대해 납득하지 못하는 학생이 있을 때
- ⋯▸ 시험 문제에 대해 학생들의 이의 제기가 심각할 때
- ⋯▸ 수업 중의 지적에 대해 학생이 수긍하지 않을 때

우리 학생들은 가끔 까다로울 때가 있습니다. 대부분의 경우에는 선생님의 말이 받아들여지지만 그렇지 않을 때 힘겹습니다. 특히 성적에 민감한 학생들이 이의 제기를 할 때는 정신 바짝 차려야 합니다. 수행평가를 한다고 해도, 여기에서 시험 문제가 난다고 강조해도 별 신경 안 쓰던 아이들이 막상 결과가 나오면 기를 쓰고 달려드는 모습을 볼 때가 있습니다. 우리는 교사의 시각에서 말합니다. 이건 수업 시간에 말해줬던 것이고, 교과서에 나와 있고, 단원평가 문제를 풀 때도 비슷한 사례를 제시했던 것이고, 수업 시간의 학습 요소에 포함된 거라 안 배운 게 아니라고 얘기해줘도 막무가내입니다. 다른

몇몇 친구들과 함께 따지러 오기도 하고, 심지어는 학부모의 민원을 제기 받을 수도 있습니다. 선생님 말씀이 다 옳다는 것은 예전에나 통용되던 말입니다. 요즘은 정확한 근거와 논리로 학생들을 하나하나 설득하지 않으면 교사 생활이 쉽지 않을 수도 있습니다.

예전에 수행평가 점수를 따지러 온 학생이 있었습니다. 교사의 주관적인 판단이 들어가는 평가였습니다. 채점 기준이 명확하게 제시되기는 했지만 그 기준에 따라 항목을 구분해서 채점하지는 않았습니다. 종합적으로 판단해서 등급을 나눠 점수를 부여했습니다. 그런데 학생이 만족할 만한 점수가 아니었나 봅니다. 그래서 작정을 하고 온 것이었습니다. 한 시간을 이야기해도 평행선이었습니다. 그래서 한 시간 뒤에 다시 오라고 해서 또 이야기하고, 그다음 날도 또 이야기했습니다. 역시 마찬가지였습니다. 대개 서로 부딪힐 때 무수히 많은 근거를 대면서 치열하게 싸우지는 않습니다. 단순하게 자신만의 논리를 주장하니 논리와 논리가 서로 충돌하면서 도돌이표처럼 상황은 똑같아지는 경우가 많습니다. 그래서 항목을 하나하나 짚으면서 이렇게 말했습니다.

"다시 보니까 내가 실수한 것 같다. 미안하다. 고쳐야겠다."

학생은 반색했습니다.

"채점 기준에 못 미친 부분이 있는데 이걸 그냥 넘어갔다. 점수를 더 깎아야겠다."

이렇게 말하면서 원래는 B인데 C를 주어야겠다고 했습니다. 뜻밖의 상황에 학생은 당황했고, 결국은 그냥 그 점수를 주면 안 되겠느냐고 했습니다. 그렇게 할 수는 없다는 말을 한두 번 더 했지만 결국 상황은 이렇게 종료되었습니다.

물론 이것을 일반화할 수는 없습니다. 선생님이 감정적으로 대응한다고 발끈할 수도 있고, 무조건 안 된다고 거부할 수도 있습니다. 다만 몇 시간이고 들어주고 설득하려고 노력한 것이 통한 사례입니다. 똑같은 말이 되풀이되더라도 선생님이 학생의 말을 끊지 않고, 대화를 이어나가려는 노력을 한다면 학생은 수긍하는 경우가 많습니다. 그러니 끝까지 설득하고, 또 설득해야 합니다. 그런 선생님의 말을 인정할 수도 있고, 질려서 포기할 수도 있습니다. 하지만 이런 일련의 과정을 거친다면 학생은 선생님이 자신의 이야기를 끝까지 들어주고 설득하려 했다는 것을 인정하기 쉽습니다. 그러면 그다음부터 선생님을 신뢰하게 됩니다. 사실 다른 선생님들께 이의 제기를 자주 했던 이 학생이 그 이후 저에게는 아무런 이의 제기를 하지 않았습니다. 그리고 무척 고분고분해졌습니다. 당연히 갈등은 일어나지 않았습니다.

선생님이 아이들을 설득하기 위해 가져야 할 태도를 말씀드립니다.

1. 아이들의 이야기를 끝까지 들어주어야 합니다.

선생님에게 이의 제기를 하는 학생들은 큰 각오를 하고 선생님 앞으로 옵니다. 교실에서 아무렇게나 행동하고 막 나가는 학생들이 종종 있지만, 그 아이들이 어떤 사안에 대해 교사를 설득하겠다고 생각하는 경우는 거의 없습니다. 단지 자신들의 마음을 나타내기 위해서 거친 언행을 씁니다. 내가 화가 났다는 것을 알리고, 아이들 앞에서 조금의 폼을 잡고 싶고, 선생님이 내 이야기를 들어주면 좋겠다는 생각을 품고 있습니다. 그러니 선생님이 바쁘다는 이유로, 혹은 말도 안 되는 이야기를 한다는 이유로 단칼에 해답을 내리고 통보하는 것은 옳지 않습니다. 차분하게 말을 꺼내든, 흥분한 상태에서 말하든 말을 끊지 말아야 합니다. 선생님이 끝까지 고개를 끄덕이면서 들어주면 말하는 아이도 차분해지게 됩니다. 내 이야기를 누군가가 들어준다는 것은 누구든 힘이 나고 기분 좋아지게 합니다. 그리고 하나하나를 따져서 대답을 해주면 됩니다. 선생님의 의도는 이런 것이고, 그런 상황 맥락에서는 이렇게 판단할 수밖에 없었고, 네가 말하는 것은 알겠으나 이러저러한 이유로 그것을 받아들일 수 없다는 것을 명확하게 해야 합니다. 차분한 어조의 끝에 단호함이 있으면 학생은 대개 선생님의 말을 인정하게 됩니다. 그리고 대화의 과정을 끝까지 이어 나갔다는 사실에 기쁜 마음을 갖게 됩니다.

2. 선생님으로서 내 생각이 틀릴 수도 있다는 것을 전제해야 합니다.

시험 문제에 대한 항의를 하든, 수행평가 결과에 대해 항의를 하든 아이들의 말에 넘어가면 안 된다는 생각을 하는 선생님이 의외로 많이 있습니다. 아이들에게 우리 교사들은 이렇게 말합니다. 누구나 상황을 보는 시각이 다르다고, 입장을 고려해서 판단해야 한다고, 대화를 통해서 절충하고 조율하는 과정이 꼭 필요한 것이라고. 이러는 교사들이 내 잘못을 인정하지 않고 학생들을 내 뜻대로 조종하려는 것은 바람직하지 않습니다. 교사가 잘못한 경우가 있으면 인정하고 솔직하게 이야기하면 됩니다. 채점을 잘못한 경우 점수를 고쳐주면 되고, 시험 문제의 치명적 오류가 있다면 다시 시험을 보면 됩니다. 교사의 의도적인 잘못이 아니라면 그것은 큰 문제가 되지 않습니다. 오히려 인정하고 받아들이는 교사의 태도는 학생들과의 소통을 강화하는 면이 있습니다. 선생님이 내 말을 들어주었고, 내 말이 먹혔다는 것에서 학생들은 대화와 설득의 요령을 배웁니다. 그리고 선생님을 더 신뢰하게 됩니다.

3. 결과보다는 과정이 중요합니다.

신뢰는 결과에서 만들어지지 않습니다. 선생님과의 대화가 제대로 이루어지는 것에서 아이들은 더 보람을 느낍니다. 정말로 선생님이 바쁠 때 학생이 와서 이의 제기를 할 때는 솔직하게 상황을 말하고 약속 시간을 별도로 잡으면 됩니다. 점심시간이든 방과후 시간이든, 학생이 원하는 가장 적당한 시간대를 골라서 다음 약속을 잡으면 됩니다. 만약 당일에 시간이 없더라도 상관없습니다. 그다음 날로 정하면 됩니다. 그래서 선생님은 학생들의 말을 끝까지 들어주려 한다, 적극적으로 학생들과 대화하려 한다는 인식을 심어주면 아이들은 쉽게 교사를 버리지 않습니다. 그리고 그런 경험을 한 학생들은 결국 교사의 편이 됩니다. 실제로 시험 문제 오류를 들고 와서 따지는 학생의 이야기를 삼십 분 정도 들어준 적이 있습니다. 학생보다는 교사가 아무래도 문제를 보는 시야가 넓을 수밖에 없습니다. 수업 시간에 이야기한 것이고, 교과서에 비슷한 개념이 나와 있고, 단원평가 문제에서도 이런 내용을 유추할 수 있다는 식으로 주변적인 이야기들을 많이 해주었습니다. 다 듣고 난 학생이 이렇게 얘기하더군요.

"감사합니다. 이제 전 선생님 팬이 된 것 같아요."

팬은 어지간한 일로 스타를 괴롭히지 않습니다. 그냥 믿고 따라 줍니다. 이런 팬들이 한 반에 한두 명만 되더라도 교실 분위기는 선생님을 따라 갑니다. 어쩌면 팬들이 선생님에 앞서 주변을 정리해 줄 수도 있습니다.

꿀팁 한 번 더, 이건 꼭 기억하세요.

---

1. 아이들과의 대화에서 가장 중요한 것은 일대일의, 동등한 관계로 이야기한다고 느끼게 하는 것입니다. 선생님과 학생의 관계가 아니라, 계급장 떼고 평등한 입장에서 대화를 나누고 있다는 분위기를 조성하면 됩니다. 내용에서도 이기고 앞으로의 관계에서도 이겨야 합니다. 지금 당장 아이의 불만을 잠재웠다고 끝나는 게 아닙니다. 교사와 학생은 앞으로도 계속 만나야 합니다.
2. 선생님으로부터 설득당한 아이들을 이용해서 다른 아이들의 불만을 잠재우는 것도 좋은 방법입니다. 한번 선생님과 기분 좋게 대화의 과정을 거쳐서 넘어온 아이들은 훌륭한 내 편이 됩니다. 선생님은 가만있더라도 이 아이들이 나서서 선생님처럼 친구들을 설득합니다.
3. 아이들은 선생님이 완벽하다고 생각하지 않습니다. 과정에서의 진심과 진정성이 학생들에게 전해진다면 그것으로 충분합니다.

#감정

57

교사의 감정 과몰입, 아이들은 틈을 찾는다

···› 진심을 다해 챙겨준 학생에게 배신감을 느낄 때

···› 내가 아이들에게 어디까지 정성을 쏟아야 할지 고민될 때

···› 학생들이 내 마음을 몰라주는 것 같아서 서러운 마음이 밀려올 때

몸을 앞으로 숙이는 만큼 뒤로 빼기는 힘듭니다. 축구나 농구할 때 한쪽으로 무게중심이 쏠려 있는 상태에서 반대 방향으로 공이 오면 몸이 반응하지 못합니다. 속수무책으로 당할 수밖에 없지요. 축구의 승부차기에서 골키퍼가 얼음이 되어 있는 것을 보면 알 수 있습니다. 학생들과의 관계도 이런 게 적용됩니다. 어떻게 생각해 보면 아이들은 수렁입니다. 한 번 빠지면 계속 빠져들게 되고, 교사를 한 발 한 발 자기에게 다가오게 합니다. 아이에게 내가 필요하다는 것을 아는 순간, 교사는 자기의 모든 것을 아이에게 바칩니다. 조금 더 해줄 수 있는 것이 없을까를 찾아보고 힘이 되는 무언가라도 해보

려 합니다. 그러고 어려운 상황이 사라지면 그것으로 끝일 뿐, 앞에 벌어졌던 일에 대해서는 다 잊어버리게 됩니다.

말 한마디 없던 아이가 가끔은 말을 섞고, 거짓말을 밥 먹듯 하던 아이가 진실된 언어를 구사하고, 책을 보면 1분도 앉아 있지 못하던 아이가 책을 보면서 웃음을 짓습니다. 교사의 노력이 서서히 이루어지고 있는 것이죠. 그러면 뿌듯해지고 기분이 좋아집니다. 그래서 다음에는 새로운 시도를 하게 됩니다. 조금 좋아진 것에 힘을 얻어 더 많이 좋아질 수 있도록 몸과 마음을 아이에게 더 쏟아붓습니다. 문제는 여기에서 발생할 수 있습니다. 변한 것 같던 아이가 갑자기 돌변하기도 하기 때문입니다. 교사의 손을 꼭 잡으면서 잘못했다고 실수한 거라고, 다시는 그러지 않겠노라고 했었던 아이입니다. 자신은 절대 그것만은 하지 않았다고 눈물 콧물 범벅이 되어 선생님께 결백을 주장했던 아이입니다. 당장 흉기라도 옆에 있으면 자해라도 할 것만 같은 그런 상태입니다. 당연히 아이의 변화를 지켜보던 교사는 말합니다.

"얘가 안 그랬다고 하잖아요."

"저는 우리 아이를 믿습니다."

"눈을 보면 알 수 있어요. 얘는 억울할 거예요."

"제가 책임질게요."

슬픈 예감은 틀리지 않는다는 노래 가사처럼 사실은 나중에 밝혀집니다. 아이의 눈물은 악어의 눈물이었고, 수시로 이 아이는 선생님을 속여 왔던 것입니다. 선생님은 아이의 잔머리에 놀아난 어리석은 사람이 되어 버렸습니다. 자존심이 무척 상합니다. "내가 너한테 한 게 얼마인데 어떻게 넌 그럴 수가 있니?"라고 하면서 절망에 빠집니다.

이렇게 되면 위험합니다. 선생님은 아이들을 믿어야 합니다. 진심이 진심으로 통할 수 있도록, 멋진 말로 감화 받게 해야 합니다. 이런 과정에서 인간은 변하는 법이니까요. 하지만 한 가지는 알고 믿어야 합니다. 아이들은 거짓말을 잘합니다. 애가 못돼서가 아니라 상황을 모면해야 하고, 친구들끼리의 의리를 지켜야 하고, 엄마 아빠 눈치도 봐야 하기 때문에 그렇습니다. 선생님을 무시하거나 이용하려고 한 게 아닙니다. 너무나 간절했었으니까, 아직 분별할 수 있는 전두엽이 발달하지 않았으니까 그랬을 뿐입니다. 절박한 상황이라 눈물이 흘러나왔을 뿐이고, 자신도 자신이 거짓을 말하고 있다고 생각하지 않았을 것입니다. 단지 벌어진 상황을 철석같이 믿고 있던 교사만이 충격을 받을 뿐입니다. 주변 동료들을 보기도 민망하고, 학부모에게도 할 말이 없을 뿐입니다. 최선을 다해 나의 모든 것을 아이에게 주었을 지라도, 정반대의 진실이 밝혀져 몸 둘 바를 모를지언정 교사는 무너지면 안 됩니다. 그래서 마음의 병이 들고 교사라는 직업이 지긋지긋해진다면 그 원인은 학생이 아닌, 교사 자신에게서 비롯된 것입니다. 마음은 주고 아이들은 믿되, 끝까지는 가지 말아야 합니다. 아닐 수도 있고, 바뀔 수도 있다는 가능성을 늘 품고 있어야 하는 게 교사입니다.

별일이 다 일어납니다. 수학여행을 갔을 때 버스 안에서 대변을 지린 아이가 있었습니다. 다른 아이들의 웅성거림과 비릿한 냄새로 인해 감은 잡았습니다. 얼른 다음 휴게소에 내린 다음 남들이 보지 못하는 건물 뒤 수돗가로 가서 아이를 씻겼습니다. 당장 갈아입힐 옷이 없길래 얼른 가서 제 옷을 가지고 와서 학생에게 입혔습니다. 그리고 상황은 무마되었습니다. 학부모에게 연락은 했지만 그것으로 끝이었습니다. 제 옷도 받을 수 없었고, 고맙다는 한마디도 없었습니다. 이뿐 아닙니다. 학교에서 수업료를 받던 시절, 졸업 사정회에서 수업료를 내지 않은 학생의 이야기가 나왔습니다. 수업료를 다 내지 않으면 졸업을 못 하도록 하는 규정이 있었습니다. 학생의 처지도 딱하고 부모도 연락이 안 되기에 교사가 대납했습니다. 그날 이후 학생은 학교에 나오지 않았고 그렇게 그렇게 시간이 흘러 졸업식까지 끝났습니다. 대신 내준 수업료 내놓으라고 할 수도 없는 노릇이었습니다. 결국 그 수업료는 학생의 졸업 선물이 된 셈입니다. 산에 오르는 체험학습을 단체로 한 적이 있었습니다. 산에서 내려오던 중 한 아이가 까불다가 아래로 굴렀고, 결국 119를 불러서 산을 내려와야 했습니다. 병원에 입원한 아이의 학부모에게 말했습니다. 학교안전공제회에 가입되어 있기 때문에 병원비 정도는 나올 거니까 돈 걱정은 안 해도 된다고. 그런데 아이가 너무 아파하기에 무통 주사를 몇 번 맞았던 모양입니다. 나중에 학교안전공제회에서는 모든 치료비를 다 줄 수 없다고 했습니다. 비급여 항목은 개인이 부담해야 한다는 이유에서였습니다. 그랬더니 학부모는 기분이 나빴던지 등록된 계좌를 막아 버렸습니다. 공제회에서는 할 수 없이 치료비를 학교 계좌로 넣어 주었습니다. 찾아가지 않은 이 돈은 무려 2년 동안 학교 계좌에 묶여 있었습니다. 2년 내내 이건 잘못된 사례로 지적당했고, 담임 교사는 힘들어야 했습니다. 2년 뒤 학부모가 돈을 찾아갔습니다. 마치 아무 일도 없었다는 듯이 학교는 그냥 돌아갔습니다.

내가 아이들을 위해서 어떤 일을 했다고 거기에 너무 감정 과몰입을 하면 교사가 힘들어집니다. '나는 이만큼을 했는데, 너는 이 정도는 해줘야 하지 않겠니?' 하는 것은 교사로서 남겨놓아야 할 여지까지 꽉 차게 내 마음을 집어넣었기 때문입니다. 하면 안 되는 일이 있고, 상식적이지 않은 일도 많이 일어나는 곳이 학교입니다. 가정에서 엄마가 읍소하면서 자식을 달래보지만 자식은 돌아서서 비웃는 일이 많습니다. 그렇다고 그 자식이 완전히 망가지지는 않습니다. 언젠가는 돌아옵니다. 학교에서 내가 가르치는 이 아이들도 교사의 감정 과몰입을 뒤로는 비웃을지 모릅니다. '선생님이 왜 저러지' 하면서 말입니다. 내가 절망의 구덩이에 빠지지 않을 정도로 교사가 스스로 자기 기준을 만들어야 합니다.

◌ 꿀팁 ◌ 한 번 더, 이건 꼭 기억하세요.

1. 학생과 학부모에게 당했다고 느낄 때가 있습니다. 당연히 대부분은 그렇지 않습니다. 이럴 때는 "나도 이런 적이 있었지." 하고 대범하게 과거를 회상할 수 있는 에피소드 한두 개를 갖게 되었다고 생각하면 됩니다. 그런 걸로 교사가 모자란다고 비웃을 사람은 아무도 없습니다.
2. 아이들과의 줄다리기는 일방적이 아닙니다. 줄을 당겼다가 놓았다가를 해야 합니다. 한쪽에만 힘이 실리면 아이들은 줄에 끌려가는 게 안정적인 상태가 됩니다. 그러면 편안한 마음으로 자기 궁리를 하게 됩니다. 한쪽만을 바라보는 교사와 양쪽을 바라보는 아이의 싸움은? 아이가 승자가 됩니다.

58

학생과 대화할 때 서로의 위치는 어떻게 해야 할까?

- 학생들을 불러서 지도할 때 어떻게 앉아서 얘기해야 할지 모를 때
- 칭찬할 때와 나무랄 때의 분위기가 달라야 할 텐데, 자리 배치로 효과를 보고 싶을 때
- 학생을 서 있게 하고 교사가 앉아서 훈육하는 모습이 권위적으로 보일 때

교사가 학생을 불러서 지도하는 것은 교내의 여러 장소에서, 여러 경우에 이루어집니다. 수업 시간에 교탁에서 서서 큰 소리로 말할 수도 있고, 그 학생만 불러내서 선 채로 마주 보고 할 수도 있습니다. 은밀하게 선생님의 자리로 학생을 오게 한 다음에 함께 앉아서 이야기할 수도 있고, 아이들을 앉혀놓은 채로 교사는 서서 이야기할 수도 있습니다. 그런데 요즘은 학생들의 인권(인권이 무엇을 의미하는지는 잘 모르겠으나) 보호 차원에서 자칫 대화의 위치 때문에 교

사가 곤경에 처할 수도 있습니다. 한 번은 교사의 교육활동에 대해 경찰에 아동학대라고 고발한 경우가 있었습니다. 정황을 따지고 교사의 행동 하나하나를 따지더군요. 그중에 학생을 앉혀놓고 이야기했느냐, 아니면 세워놓고 이야기했느냐는 것도 중요하다는 말을 들었습니다. 교사만 앉은 채 학생을 훈육하는 것은 아동학대로 볼 수도 있다는 것이었습니다. 교사가 자신의 권위를 이용하여 학생을 서 있게 하는 일종의 벌을 부과했다는 것입니다. 시대가 바뀌어서 이렇게 볼 수도 있겠구나, 작은 것 하나하나까지 신경을 써야겠구나 하는 것을 느꼈습니다.

대개 상대방과 이야기할 때는 눈을 마주보고 하는 게 가장 효과적입니다. 설득할 때도 그렇고 항의할 때도 그렇습니다. 상대의 눈을 보면 지금 어떤 생각을 하고 있는지를 대충은 짐작할 수가 있습니다. 동양인과 서양인 사이의 차이와도 같다는 연구 결과가 있습니다. 동양인은 감정을 전달하는 게 '눈'이고, 서양인은 '입'이라고 합니다. 눈이 더 커진다거나 입꼬리가 올라가는 행동이 전하는 메시지가 분명히 있는 것이죠.

아이들과 대화할 때도 눈을 바라보는 게 정석입니다. 수업 시간에 되도록 모든 아이들과 눈을 마주치려고 노력하고, 눈을 바라보면서 이야기해야 합니다. 그런데 눈을 마주치면서 이야기하더라도 눈의 위치에 따라서 차이가 있게 됩니다. 그래서 상황에 따라서 어떻게 앉느냐에 따라서 이야기의 분위기가 달라질 수 있습니다.

1. 혼낼 때는 학생보다 내 눈의 위치가 더 높아야 합니다.

상대방을 내려다보면서 이야기하는 것과 올려다보면서 이야기하는 게 분명히 다릅니다. 아무래도 나보다 높은 위치에 있는 사람을 올려다보면서 이야기하면 나의 권위가 덜하게 됩니다. 그래서 학생들을 따로 불러서 혼낼 때는 가급적 나보다 눈의 높이가 낮게 한 상태에서 말하는 것이 더 효과적입니다. 교사는 서 있고 학생은 앉아 있는 형식이 이런 상황에서는 적절합니다.

2. 학생이 심각하고 치명적인 잘못을 했을 경우에는 무릎을 꿇게 하고 훈시하고 지적하는 게 더 바람직할 수도 있습니다.

학교에서 행하는 학생들의 행동이 분명 잘못된 것이고 그 잘못이 객관적인 기준으로 볼 때도 확실한 잘못이라면 무릎을 꿇리는 것도 학교에서 가능한 훈육의 방법이라고 생각합니다. 물론 조심해야겠죠. 학생에게 무릎을 꿇게 하는 그 자체가 문제가 될 만한 것이기 때문에 가급적이면 하지 않는 게 좋겠지만, 사람과 사람 사이의 상황이라는 게 이성적으로 하나하나 따져볼 수 없을 때도 있는 법이죠. 상황의 분위기에 맞게 적절히 활용할 수 있다면 효과를 볼 수 있지 않을까 합니다. 감정 자제가 되지 않고 막 나가는 아이일 지라도 일단 무릎 꿇리기가 성공하면 그다음부터는 훨씬 온순해집니다. 잠깐이라도 아이의 기를 꺾은 다음 훈육을 하면 더 큰 효과를 볼 수가 있습니다. 물론 짧은 시간에 학생이 자기 행동을 인정하고 반성한 다음에는 바로 일으켜 세우는 것이 좋겠죠. 그리고 다독거리면서 아이의 마음을 풀어주고 함께 잘해보자는 격려의 말을 해주고, 그것이 먹힌다면 아이와의 관계는 더 좋아질 수 있을 것입니다.

3. 학생의 행동을 격려할 때는 함께 일어서서 이야기하거나, 아니면 함께 의자에 앉아서 이야기하는 게 더 좋습니다.

눈의 높이가 비슷해지면 감정 이입이 더 잘 되는 법입니다. 격려와 위로가 필요한 경우에 학생의 눈을 보면서 손이라도 잡아준다면, 그리고 어깨라도 도닥거려 준다면 선생님의 생각과 감정이 더 잘 들어가게 됩니다. 같은 높이에 있으면 마음이 편해지는 법, 인간적인 교감을 나눈다거나 정담을 하는 자리에서는 가벼운 다독거림과 함께 같은 높이에 자리 잡는 것을 권해 드립니다.

4. 피해야 할 것은 학생을 올려다보면서 훈육하는 것입니다.

가르친다는 행위가 원래부터 불평등한 관계임을 말하는 것이기에, 그 가르침이 더 바람직해지려면 가르침을 받는 학생이 교사를 윗사람으로 올려다볼 수 있게 해야 더 효과적입니다. 그래서 이런 자세는 피하는 것이 좋습니다. 서 있는 학생이 짝다리를 짚거나 팔을 공손하지 못하게 움직인다거나 하는 모습은 교사를 화나게 할 수 있습니다. 학생이 자신의 불쾌한 마음을 다리나 팔 동작 등을 통해 간접적으로 나타낼 수 있도록 하는 것은 자제할 필요가 있습니다.

학생 지도를 위해 교사는 이런 사소한 것까지 계산할 필요가 있습니다. 목적은 다 학생들을 제대로 지도하고 올바른 인성을 가진 사람으로 키우고자 하는 것입니다. 당당한 이유가 있으니 최선을 다해서 이런 사소한 방법까지 신경 쓰는 것이 좋습니다. 교사와 학생이 서로 의지하고 믿음을 나눌 수 있다면 어떤 자리든, 어떤 위치든 상관이 없겠지요. 하지만 학교에서는 정말로 다양한 대화 상황이 벌어집니다. 최대한 교사의 의도가 잘 반영될 수 있도록 하는 게 최선입니다.

꿀팁 한 번 더, 이건 꼭 기억하세요.

---

1. 상황마다 더 큰 효과를 보기 위해서는 일단 눈을 마주치는 것이 꼭 필요합니다. 그리고 추임새를 넣어주면 공감한다는 신호로는 최고입니다. 맞장구를 쳐주고 너의 말을 내가 유심히 듣고 있다, 너의 마음을 이해한다 등을 알려주어야 합니다.
2. 상대방이 나보다 크면 위압적인 느낌을 갖게 마련입니다. 부드럽게 조언할 때 그런 느낌을 주면 역효과가 나는 것처럼, 상황에 따라서 적절히 활용할 필요가 있습니다.

#대화법

59

학부모에게 마음 전달하기, 사소한 것으로도 감동은 크게

···› 학부모와의 관계를 좋게 하고 싶을 때

···› 학부모에게 아이의 칭찬을 해주고 싶을 때

···› 내가 세심하고 배려심 많은 선생님임을 보여줄 필요가 있을 때

교육은 이제 서비스 업종으로 바뀌었습니다. 그래서 요즘 학부모님들은 아이들을 학교에 보내는 것을 당연한 권리로 생각하기도 합니다. 자녀가 학교에서 다른 아이들을 괴롭히거나 수업 시간에 분위기를 흐려서 민폐를 끼칠지라도 학교에서 잘 키워야 한다는 것만을 강조하기도 합니다. 그래서 교사가 아이의 문제점에 대해 말하면 "못하니까 학교에 보낸 것 아니냐."면서 미안한 내색 하나 없이 당연한 것처럼 요구만을 하기도 합니다. 내 아이 하나가 너무 유별나서 담임 선생님이 유독 이 아이에게만 신경을 쓸 수가 없다는 말에도 기분 나빠합니다. 그래서 수학여행을 갈 때 한 아이만을 전담으

로 돌보고 동행하는 별도의 교사가 등장하기도 합니다. 어느 체험지를 학생이 가고 싶다고 하면 함께 들어가고, 안 들어가겠다고 하면 밖에서 함께 있어 주는 역할입니다. 이런 것을 너무나 당연하게 서비스 측면에서 요구하니 학교 현장의 스트레스는 점점 늘어날 수밖에 없습니다.

사실 서비스의 특징은 정당한 대가를 지불하고 나의 필요를 충족시키는 것이죠. 그런데 그 정당한 대가라는 게 일반적인 재화나 서비스의 경우 수치화된 돈으로 표시가 됩니다. 껌 한 통을 사는 데 천 원을 내면 그걸 받아야 하고, 그런 거래가 가능합니다. 학교에 대해서도 외부의 시선은 이렇습니다. 아이가 못할 수도 있지, 실수를 감싸주는 게 교사지, 그래서 학교 보내는 거 아닌가, 어른이 참아야지, 학교에서 못 키우면 애는 어디로 가라는 얘기야 등 그래도 학교에서, 교사가 감당해야 한다는 것을 강조합니다. 국가에 세금을 낸다는 것의 의미가 어디까지 미칠 수 있는 걸까 하는 고민이 듭니다.

그런데 학교는 다른 경우입니다. 국민으로서 살아가기에 세금을 내야하고 이걸 국가가 받아 가니까 국가에서 국민을 위해 많은 것들을 해야 하는 것이고, 교육도 여기에 포함이 됩니다. 그래서 요즘 학부모들은 요구조건이 많을 뿐 아니라 무척 다양화되었습니다. 잘못된 것에 대한 항의와 이의 제기는 당연히 받아들여야 합니다. 그러나 문제는 일방적으로 아이의 말만 듣고 아이와 똑같이 행동하고 쉽게 흥분하는 경우가 많다는 것입니다. 그래서 교사와 학부모 관계는 '不可近不可遠(불가근불가원)'입니다. 어차피 아이를 중간에 놓고 맺어진 관계라 아이가 나를 좋아하면 대개 학부모도 나를 좋아합니다. 그 반대인 경우는 나를 좋아하지 않습니다. 초반에는 아이를 키운다는 공통분모가 있어서 많은 부분 교사를 이해하려고 하지만, 아이와 교사의 갈등이 반복적으로 일어나면 결국은 아이의 편으로 기울게 됩니다. 아무리 교사가 좋아도 우리 아이가 학교를 싫어하고 그 교사를 싫어한다면 학부모도 그렇게 마음을 정하게 마련입니다. 그래서 서로의 감정 속으로 깊이 들어가는 것은 가급적 자제할 일입니다.

하지만 아이를 가르치는 입장에서 학부모와 어떻게 관계를 맺어 놓느냐에 따라서 많은 게 달라집니다. 학부모와의 좋은 관계가 학생을 지도하는 데 좋은 입지를 만들어 주기도 합니다. 불미스러운 일이 일어났을 때 그것을 쉽게 해결하는 데에도 학부모와의 좋은 관계가 일익을 담당할 수 있습니다. 교사로서의 자존심과 신념은 지키되, 기왕이면 학부모와 좋은 관계를 유지하는 게 좋습니다. 아이가 학교에서 다쳤을 때도 학부모와의 평소 관계가 좋으면 그냥 넘어가는 경우가 대부분입니다. 운동하다가 다른 친구를 다치게 했을 때도 물어내라, 책임지라 하는 이야기를 듣게 되면 그때부터 교사의 스트레스는 점점 커져만 갑니다. 학부모와의 관계를 잘 맺기 위한 문자 메시지 이용 방법 몇 가지를 소개합니다.

1. 요즘 학교에서는 상을 무척 많이 줍니다. 상을 줄 때 그 상장을 찍어서 학부모에게 문자메시지로 보내면 됩니다. 축하한다, 아이가 참 똑똑하다, 잘 키우셨다 등의 말을 함께 보내준다면 금상첨화입

니다. 우리 아이 잘한다는 것을 싫어하는 학부모는 이 세상에 아무도 없습니다.

2. 사제동행 등 단체 활동 등을 할 때 인물 위주로 사진을 찍어서 그 사진을 개인적으로 보내주면 무척 좋아합니다. 우리 아이가 선생님에게 개인적으로 예쁨을 받는다는 느낌이 들어서겠죠. '편애'라는 말은 그 대상이 '남'이 되면 불쾌하지만 '나'가 되면 유쾌해 집니다. 단체활동 후에는 전체에 보내는 문자 메시지에 단체 사진을 첨부하는 것이 좋습니다.

3. 학교톡톡 앱을 이용하여 수시로 사진을 올리면 유용합니다. 전체에게 알리는 공지 글보다는 우리 아이의 얼굴이 나오는 사진이 학부모의 마음을 움직이게 합니다.

4. 학급 소식지를 만들어서 한 달이나 두 달에 한 번 정도 보내주면 좋습니다. 학교마다 월중 행사표를 만들어서 미리미리 준비합니다. 이런 내용을 첨부해서 앞으로 벌어질 학교 행사를 알려주면 신뢰감을 줄 수 있습니다.

5. 상급학교에 대해 가정에서는 의외로 많은 것을 모르고 있습니다. 진학 방법과 다양한 학교 현황 등을 소개해주는 것도 괜찮은 방법입니다.

◌ 꿀팁 ◌ 한 번 더, 이건 꼭 기억하세요.

1. 사진을 찍고 올리느라 시간이 좀 걸릴 수는 있습니다. 그래도 투자 대비 효과가 상당합니다. 여기에 경제성의 원리와 보험의 원리가 적용됩니다. 사진 몇 장으로 신뢰를 쌓으면 일일이 설명하는 것보다 훨씬 큰 효과를 볼 수 있습니다. 또한 이런 것들을 보험이라고 생각한다면 나중을 위해서 충분히 시간 투자할 가치가 있습니다.
2. 우리 학교는 시원찮아도 우리 애만 괜찮으면 대부분 학부모는 좋아합니다. 우리 아이의 반이 1등을 했든 꼴등을 했든 그건 중요하지 않습니다. 학급 분위기는 시원찮더라도 우리 애만 잘하면 그게 최고라고 생각합니다. 그걸 잊지 말아야 합니다.
3. 고맙다고 답장이 왔을 경우 집에서 잘 키워 주셔서 감사하다고 다시 답장을 보내면 금상첨화입니다. 어차피 뻔한 이야기지만 서로 덕담을 주고받으면서 관계가 돈독해지는 법입니다.

60
바른 인성 교육의 시작은 인사 지도부터

···› 복도에서 마주치는 아이들이 인사도 하지 않고 그냥 나를 지나칠 때

···› 분명 나를 알 텐데, 길을 가다가 만나면 외면할 때

···› 인사를 하기는 하는데 자라목처럼 고개만 앞으로 내밀며 건성으로 인사할 때

학생들의 인성 지도 방법은 여러 가지가 있습니다. 선생님과 함께 하는 체험학습에서 마땅히 해야 할 소양을 배울 수도 있고, 봉사활동을 하면서 더불어 살아가야 하는 세상살이의 미덕을 배울 수도 있습니다. 작물을 심고 함께 가꾸면서 그 과정에서 땀의 소중함과 농부들에 대한 감사를 느낄 수도 있고, 동아리 활동이나 수업을 하면서 다양한 사람들의 사례를 접하고 내가 어떻게 처신해야 하는가를 고민해 볼 수도 있습니다. 대부분 학생들의 행동이 평소의 태도

를 반영하기 때문에 한 가지를 잘하는 아이들은 다른 것들도 잘할 확률이 높습니다. 친구들의 이야기를 잘 들어주는 아이는 참을성 있고 봉사정신이 강할 가능성이 큽니다. 축구를 잘하는 아이가 다른 운동도 잘하는 경우가 많고, 국어를 잘하는 아이가 다른 과목도 잘하기가 쉽습니다. 부모에게 공손한 아이가 이웃에게도 공손할 확률이 높습니다. 그래서 하나를 보면 열을 안다는 말이 그 반대의 경우보다는 더 일반화할 수 있는 말인지도 모르겠습니다.

인성 지도의 방법 중 가장 흔하게 할 수 있는 것 중의 하나가 인사 지도입니다. 낯선 곳을 방문했을 때, 다른 집에 초대받아서 갔을 때, 아침에 나오면서 엘리베이터에서 아랫집 아주머니를 만났을 때, 계단을 올라오면서 다른 동료 교사를 만났을 때 등 사람과 사람의 마주침이 있는 한 늘 인사는 필요한 법입니다. 그리고 아주 사소해 보이는 이 행동이 사람의 기분과 첫인상을 좌우할 때가 많습니다. 다른 학교에 일이 있어서 갔을 때, 그 학교 학생들이 처음 보는 나를 보고 공손하게 인사하면 무척 기분이 좋아집니다. 그리고 이 학교는 아이들이 괜찮구나, 이런 아이들을 교육하는 선생님들도 성의가 있겠구나, 정말 괜찮은 학교이겠구나 하는 생각을 갖게 됩니다.

만나는 이에게 밝게 인사하는 아이들이 많은 학교는 보다 적극적이고 긍정적일 수밖에 없고, 그 인사 태도는 아이들끼리의 밝은 분위기를 만들게 됩니다. 아이들이 인사하는 것 하나만 봐도 그 학교 분위기는 대충 알 수 있습니다. 이건 간단하게 가르쳐서 되는 문제가 아니라 오랫동안 습관화된 것이 겉으로 나타나는 것입니다. 그러기에 인사 지도는 사람을 대하는 최초의, 기본적인 예절을 가르친다는 면에서 꼭 필요한 교육 내용입니다.

하지만 내가 직접 수업을 담당하지 않는다는 이유로, 직접적인 교류가 없다는 이유로 나를 만나면 슬슬 꽁무니를 빼는 학생들을 가끔 볼 때가 있습니다. 학교 밖이라면 어느 정도 이해가 가지만 학교 복도를 지나치면서도 인사를 안 한다거나, 하더라도 건성으로 마지못해서 시늉만 한다는 느낌을 강하게 받을 때가 있습니다. 이런 경우 어떻게 해야 할까 고민할 때가 많습니다. 이런 것까지 직접적으로 지적하면서 꼭 인사를 받아야 할까? 아이가 나를 못 봤을 수도 있고, 무언가 다른 중요한 일 때문에 마주 오는 선생님을 의식하지 못하지 않았을까? 원래 내성적이라서 쉽게 먼저 아는 척하지 못하는 것은 아닐까? 등등 여러 생각을 하게 됩니다.

이럴 때 어떻게 해야 할까요? 의외로 "너 왜 인사 안 하니?", "선생님을 봤으면 인사를 해야지.", "인사가 그게 뭐냐. 똑바로 다시 해봐." 등의 지적을 하면 학생이 오히려 미안해하고 다음에는 태도를 바꾸는 경우가 많습니다. 상대 교사에 대한 반감이 있거나 일부러 하기 싫어서 인사를 안 하는 거라면 좀 경우가 다르겠지만, 대개 아이는 직접적으로 마주치지 않았을 때 귀찮기도 하고 낯설기도 해서 인사를 안 하는 경우가 많습니다. 이럴 때 가볍게 지적해주면 자기 행동을 민망하게 생각하고 잘못에 대해 쉽게 인정합니다. 다소 멋

쩍은 웃음을 지으면서 죄송하다는 말과 함께 정중하게 인사하곤 합니다. 교사인 나를 존중해야 하기에 인사하라고 하는 것이 아니라 어른을 보면 먼저 인사하는 것은 기본 예의이기 때문에 인사하라고 시키는 것입니다. 그리고 이런 교육은 교사이기에 가능한 것입니다. 누군가의 잘못을 지적하고 올바른 말을 하는 것이 이 사회에서는 다소 어색해진 시대입니다. 내가 교사라고 지하철에서 큰소리로 전화 통화하는 아이들을 나무라기도 어렵고, 길거리에서 담배를 피우는 청소년들을 제재하기도 어려운 것이 현실입니다. 하지만 내 말이 통할 수 있고, 충분히 그것을 받아들일 준비가 되어 있는 우리 학교 학생의 경우라면 다릅니다. 교사가 말을 해줘야 하고 가르쳐주어야 합니다.

자라목처럼 목을 앞으로 빼면서 대충 인사하는 학생도 불러 세워서 다시 인사하게 하면 앞으로 그런 일들은 확실히 줄어들게 됩니다. 나한테 제대로 인사하라고 하는 게 민망할 수도 있지만 아이들의 올바른 교육을 위해서라면 교사로서 그 정도 잔소리는 해야 마땅합니다. 학생들에게 지적을 하면서, "선생님은 별로 기분 나쁘지 않은데, 다른 분들은 그렇지 않을 수도 있어. 기왕 인사하는 거 제대로 하면 서로 기분 좋지 않을까?" 하는 부드러운 말을 해주는 것도 상황을 어색하지 않게 해줄 수 있습니다. 당연히 네가 학생이니까 선생님한테는 예의를 갖춰야 한다고 말하는 것은 자칫 강요가 될 수 있기에 별로 권장하고 싶지 않을뿐더러, 교육적인 효과도 떨어집니다.

가끔은 교사가 학생에게 먼저 인사를 하는 방법도 꽤 효과적입니다. 멀찌감치 나를 피해(?) 돌아가려는 아이에게 길게 인사할 필요 없이 "안녕."만 해주면 됩니다. 그러면 대부분 바로 "안녕하세요."가 이어지게 됩니다. 때로는 학생 자신이 교사와 좀 친하다는 이유로 거수경례를 하거나 심지어는 바닥에 엎드려 절을 하는 경우도 있었습니다. 이런 경우들도 분위기를 봐서 허용할 수 있습니다. 오히려 인사 잘하는 착실한 아이라는 덕담을 해주면 더 효과가 커질 수도 있습니다.

코로나가 유행이던 시절에 모든 학교는 등교 시 발열 체크를 했습니다. 현관에 발열 카메라를 설치하고 학생들이 그 앞으로 지나가도록 했습니다. 교사는 옆에 서서 체온이 높은 학생들을 가려내고 별도의 정밀 검사를 받도록 했습니다. 카메라 옆에 서 있는 교사를 보면서 그냥 지나가는 학생들도 있었지만, 대부분의 학생은 "안녕하세요."란 인사를 하거나 적어도 고개를 끄덕이고 지나갔습니다. 하지만 모른 척하고 그냥 지나치는 학생들도 있었습니다. 그래서 이런 애들한테는 먼저 인사를 해주었습니다. 그랬더니 한두 번 선생님의 인사를 먼저 받은 학생들이 나중에는 자연스럽게 인사를 해오는 것을 볼 수 있었습니다. 아이들이 원래부터 의도적으로 인사를 하지 않는 것은 아닙니다. 다만 하지 않았던 것이라 자연스럽지 않은 것이고, 몸에 맞지 않는 옷처럼 어색하게 느꼈을 뿐입니다. 그 어색함을 없애기 위해 선생님이 먼저 다가가려는 노력이 필요합니다. 그러면 조금이라도 달라질 수 있습니다.

인사는 결국 행동을 통해 마음을 나타내는 한 수단입니다. 자연스럽게 몸으로 습득해야 확실하게 내 것이 되기에 반복 학습이 중요할 수 있습니다. 가벼운 지적이 더 큰 반향을 불러올 수도 있습니다. 인사 지도, 처음에는 귀찮고 민망하지만 더 큰 교육을 이끌어내는 밑거름이 됩니다.

◌꿀팁◌ 한 번 더, 이건 꼭 기억하세요.

---

1. 아주 내성적인 아이에게 교사가 먼저 다가가서 인사해주는 것도 좋은 방법입니다. 선생님께 먼저 다가오지 못하는 아이들에게는 교사가 먼저 접근하는 게 중요합니다. 지나가는 아이의 머리를 쓰다듬거나 어깨를 도닥거려 주는 것도 효과적입니다. 더 친근하게 다가갈 수 있는 방법입니다.
2. 교사는 학생들 앞에서 조금은 뻔뻔해도 됩니다. 우리 학교의 선생님이 하는 얘기라면 아이들은 대놓고 불쾌함을 표시하지 않습니다. 우리 아이들의 성장을 위해서라면 어떤 가면이든 한두 번쯤은 써볼 수 있겠죠. 돌직구가 바로 통할 때가 많이 있습니다.

61

매일매일을 기록으로 남기기, 단 무겁지 않게

- ···› 학생의 평소 행적을 기록한 상담 일지를 쓰려는데 쓸 게 없을 때
- ···› 생활기록부를 쓰려는데 근거 기록이 없어서 구체적인 내용을 쓰기 어려울 때
- ···› 학부모가 학생의 학교생활을 물어보는데 머릿속에는 있는데 꺼내놓기 힘들 때

난감한 상황입니다. 머릿속으로는 아이에 대해서 거의 모든 것을 알고 이 아이가 어떤 문제가 있다는 것도 알지만 근거 자료가 있어야 주장이 가능한 법. 막연하게 성실하지 않고, 다소 폭력적이고, 친구 간에 배려심이 없고, 약속을 잘 안 지키고 등을 이야기할 수는 없습니다. 그 반대도 마찬가지입니다. 어떤 상황에서 어떻게 행동했고, 무엇을 잘하고 어떤 칭찬을 받았는지, 교사는 어떻게 생각했는지 등에 대한 구체적인 기록이 없으면 나중에 활용하기 어려운 법

입니다. 문제 성향이 있는 학생들은 학부모에게 이런저런 말과 행동이 걱정스럽다는 것을 구체적으로 이야기해 주어야 하고, 착실하게 학교생활을 하는 학생들은 어떤 식으로 학교생활을 하기에 걱정할 필요가 없다는 것을 알려주어야 합니다. 이런 기록은 상이나 장학금 지급 등의 사유로 학생들을 추천할 때도 유용하고 학교생활기록부에 남길 근거를 확보하기에도 용이합니다. 또한 수업 시간에 벌어지는 일이라면, 서술형의 평가에도 활용할 수 있는 소중한 사례가 됩니다.

구슬이 서 말이라도 꿰어야 보배입니다. 그리고 구슬을 꿰려면 일단은 구슬이 많이 있어야 합니다. 그래서 매일매일 짧은 학생 일지를 기록하는 것도 하나의 팁입니다. 한 줄로 가볍게만 기록하면 됩니다. 엑셀 파일을 하나 만들어서 퇴근 전에 3분만 투자하면 유사시에 무척 마음이 편해집니다. 유능한 교사 티 내기도 좋습니다. 학급의 학생 명렬표에 그날의 특이사항이 있던 학생들에 대한 기록을 짧게만 해두어도 됩니다. 나중에 필요한 경우 해당 학생 이름으로 정렬한다면 한눈에 학교생활 전반에 대한 것을 파악할 수 있습니다.

2016년에 기록했던 자료입니다. 나중에 누가 묻든, 기록을 하든, 이 자료면 충분합니다. 학부모와의 상담 때도 아주 유용하게 활용할 수 있습니다.

날짜	성명	내용
3.22	김**	상담 전문교사와의 학부모 상담 신청
4.07	김**	화장실에서 비타민스틱을 피운 것이 적발됨. 여러 차례 아이들과 함께 함. 반성문 받아둠.
4.08	김**	우산 꼭 가져가라고 했는데, 비가 안 온다고 우산 가져가지 않고 교실에 방치함.
4.11	김**	인터넷 스마트폰 과다 사용에 대한 상담 치료 지원 가정통신문 배부. 모 문자 연락.
4.26	김**	8시 11분 이후에 등교. 지각. 경고함.
4.28	김**	아침에 책도 안 펴놓고 두리번거리고 멍하니 있어서 혼냄.
5.13	김**	지각
5.18	김**	교실 청소 시 의자를 안 올려서 지적당함.
6.01	김**	야영 첫날 점심시간에 밥을 안 해 먹고 친구들 것을 빼앗아 먹음. 나중에 걸려서 별도로 교육함.
6.15	김**	학급 내 설문조사 결과 분위기를 해친다는 의견이 많이 나와서 경고하고 반성문과 각오 받음.
6.17	김**	수학 선생님으로부터 걱정을 들음. 남겨서 지도. 아무 생각 없음. 모 전화 통화
6.20	김**	생활 태도 관련하여 남겨서 스스로 잘못을 반성하게 하고 과제 제시. 모 전화 통화
6.21	김**	생활 국어 시간에 벨트 풀어서 돌리는 등 수업 방해로 지적당함. 모 전화 연락.
6.21	김**	사회 수행평가 과제를 안 해서 제출하지 못함. 모 문자 연락.
6.27	김**	수학 시간에 떠들다가 걸려서 뒤로 나감.
6.27	김**	슬리퍼 신고 매점 갔다가 걸려서 벌점 받음.
6.28	김**	실내화를 안 가지고 옴.
6.29	김**	과학 시간 이상한 소리 내서 쫓겨난 후 떠들어서 밖으로 나가게 됨. 모 전화 통화.
6.30	김**	반성문, 계획서 써오라고 했는데, 엄마, 아빠 사인 없이 옴. 다시 지도하고 받아오게 함.
7.01	김**	알림장에 써오기는 했는데, 아빠 사인이 없음. 다시 이야기해 보고 월요일에 받아오라고 함.

7.01	김**	예방접종 개인정보 동의서를 내지 않음. 가정통신문 전달 미비, 모문자 연락. 시험 끝나고 남기기로 함.
8.23	김**	주번 활동 미흡, 아침에 시키지 않으면 하지 않음. 경고 후 청소시킴.
9.02	김**	주번 활동 미흡

간혹 특별히 신경을 써야 하는 학생들도 등장합니다. 학교에 있는 대부분의 학생들은 교사의 속을 끓이지 않고 잘 따라오지만 존재감(?) 있는 학생들은 언제라도 교사를 혼란에 빠뜨릴 수 있기 때문에 유사시를 대비해 준비해야 합니다. 교사가 이런 근거 자료를 준비하고 있다는 사실만으로도 학부모의 민원에 적극 대처가 가능합니다. 아래는 2020년도에 작성했던 한 학생의 수업 태도에 대한 기록입니다. 나중에 학부모를 학교로 소환해서 학생에 대한 이야기할 때 학부모를 설득할 수 있었던 주요 근거이기도 했습니다.

날짜	성명	내용
4.02(금) 1교시	김**	- 교과서 준비함. - 필기하는 모습도 보임. 좋아지려고 노력함.
4.05(월) 1교시	김**	- 교과서 준비함. - 형성평가를 보는데, 문제를 풀지 못함. - 모르는 것이 대부분인데 이를 극복하기는 어려워 보임. - 자꾸 돌아서서 뒤의 친구들 문제 풀이를 방해하는 것 같아 지적함. - 문제 풀이 후 진도를 나가는데 엎드려 있고 집중을 못 함. - 종이 치자마자 책 넣고 일어서길래 지적함. 태도가 불손함.
4.06(화) 5교시	김**	- 종이 친 후에 책 가지러 간다고 나갔다 옴. - 책은 폈지만 계속해서 뒤로 돌아서 아이들에게 집적댐 - 수업 내내 욕을 섞으면서 소리를 크게 내서 거슬림. - 수업 중 교사가 제시하는 활동을 전혀 하지 않고 책만 꺼내놓음. - 화장실을 갔다 온대서 최**과 교대시킴. 내내 투덜대고 불평함.

4.08(목) 7교시	김**	- 책은 준비했지만 펴놓지를 않음. - 문제 풀이를 하는데 전혀 따라오지 않고 뒤의 아이들에게 집적댐. - 뒤 아이들을 방해하는 것 같아서 책상과 의자를 앞으로 당기게 함. - 그래도 계속 떠들어서 맨 뒤로 나가게 함. - 뒤에 앉아서 수업 끝날 때까지 있었음.
4.09(금) 1교시	김**	- 수업 시작 때부터 엎드려 있음. - 10분 경과 후 왜 그러느냐고 했더니 머리 아프다고 말함. - 엎드려 있기 전에 사전 허락을 받아야 한다는 기본 원칙을 모름. - 보건실에 보냈더니 5분 뒤에 돌아와서 말없이 엎드림. - 엎드린 채로 수업을 마침.
4.19(월) 1교시	김**	- 수업 종이 쳤는데 맨발에, 출입문 밖으로 나가고 있음. - 실내화 빌리고 교과서 가지고 오겠다고 함. - 그냥 들어옴. 교과서가 없다고 함. - 그냥 멍하니 아무것도 없이 앉아 있다고 엎드려 잠. - 뒤로 가서 서 있으라고 내보냄. - 어느 순간 보니 앉아 있길래 다시 수업 끝까지 서 있으라고 시킴.
4.20(화) 2교시	김**	- 전 시간에 싸움이 있어서 늦게 들어옴. - 책은 있으나 수업 끝까지 펴놓지 않음. - 그냥 앉아만 있음. - 수업 종료 후 여러 차례 욕을 하길래 나오라고 함. - 싫어요, 안 나가요 큰 소리로 말함. - 담임 선생님께 같이 가자고 하니 지우개를 패대기치고 따라 나옴. - 담임 선생님께 인계함.
4.22(목) 7교시	김**	- 담임 샘 상담 이후 늦게 들어와서 책도 없이 앉아 있음. - 이** 물을 좀 얻어먹겠다고 해서 그러라고 함. - 물병을 통째로 가지고 와서 자리에 앉아 물을 마심. - 물을 다 마신 후 소리를 내면서 플라스틱병을 10초 정도 구김. - 수업에 방해가 되어 뒤로 나가서 서 있으라고 함. - 수업 끝날 때까지 뒤쪽에서 돌아다니며 창밖을 구경함.
4.27(화) 5교시	김**	- 교과서 준비 안 함. 수학 교과서만 뒤집혀져 있음. - 책이 없다고 하니 전 시간 수학책이 그대로 올려져 있는 거라 말함. - 단원평가 문제지를 나눠주었으나 전혀 거들떠보지 않음. - 뒷자리 친구들에게 집적거리면서 수업과 전혀 상관없이 떠듦. - 으악 소리도 내고 돌발적으로 소리를 지르기도 함. - 지적하니 왜 자기한테만 그러느냐고 따짐. - 공부는 왜 안 하냐고 하니까 싫어서 안 하는 건 자기 맘이라고 함. - 수업 종이 치니까 "수업 끝났다.", "아, 신난다"라고 크게 말함.

5.24(화) 1교시	김**	- 뒤쪽에 가서 떠들고 놀다가 앉으라고 하니 자리로 옴. - 남북한 언어 차이를 얘기하는데 중간에 말 끊으며 화장실 요청함. - 수업 시작 5분 뒤에 화장실 가서 끝까지 돌아오지 않음.
5.26(목) 7교시	김**	- 수업 시작했으나 몸을 뒤로 돌리고 박**과 떠들고 있음. - 지적하니 큰 소리로 반항기를 실어 "네"라고 답함. - 수업 시간 내내 책상 위에 아무것도 꺼내놓지 않은 채 앉아 있음. - 가죽지갑 같은 것만 수시로 만지작거리고 있음. - 20분 경과 후 화장실 다녀오겠다고 해서 보냄. 10분 만에 들어옴.
5.31(월) 5교시	김**	- 아무것도 꺼내놓지 않고 멍하니 앉아 있음. - 뒤의 아이들에게 말을 거는 것을 보고 하지 못하게 함. - 10분 뒤 화장실 다녀오겠다고 해서 보냄. - 수업 끝날 때까지 교실에 들어오지 않음.
6.08(화) 5교시	김**	- 교과서 준비하지 않음. - 단원평가 유인물 나눠주니 아랫부분을 접어서 찢고 있음. - 다른 종이를 꺼내서 개구리를 접은 후 튕기면서 놀고 있음. - 화장실 다녀오겠다고 해서 보냄. - 뒤의 아이(박**)와 떠들길래 똑바로 앞을 보라고 지적함. - 또다시 박**와 떠들어서 뒤로 내보냄. 수업 끝날 때까지.
6.09(수) 5교시	김**	- 교과서 갖고 옴. - 여전히 수업에는 참여하지 않음. - 계속 뒤를 돌아보고 앉아 있길래 지적하고 앞을 보라고 함. - 중간에 20분 동안 화장실 다녀옴. - 불손한 태도에 대한 반성문을 써서 종례 이전에 제출하라고 함. - (담임 출장으로 조회) 버릇없는 대답이 이어져서 별도로 불러서 지도.
6.11(금) 1교시	김**	- 교과서 갖고 옴. - 의자를 45도 각도로 젖히고 앉아 있길래 똑바로 앉으라고 지적함. - 의자 고장 나면 변상해야 한다고 말하니 "돈 내면 되죠"라고 함. - 말하는 태도가 잘못되었다고 하니 불손하게 "네" 하고 대답함. - 뒤로 나가서 서 있으라고 함. 수업 내내 서 있게 함. - 수업 이후에 담임 선생님께 자초지종을 말하고 학생을 넘김.

◌ 꿀팁 ◌ 한 번 더, 이건 꼭 기억하세요.

1. 거창하게 기록하려고 하면 무거운 일이 됩니다. 처음부터 부담을 가지면 지속하기 힘들어집니다.
2. 컴퓨터 바탕화면의 잘 보이는 곳에 엑셀 파일로 저장해 놓으면 활용하기 좋습니다.
3. 첫 번째 시트에는 기록만 하고, 필요시 학생별로 정렬해서 한눈에 보면 편합니다.
4. 사소한 것도 기록하면 유리합니다. 지나가다가 한마디 한 것까지.

#희망

62

대박 나세요? 덕담에도 교훈을 심어라

⋯› 노력도 없이 높은 시험 성적을 바라는 학생에게 말을 해줄 때

⋯› 무심코 하는 말이 교사의 언어일까 의문점이 들 때

⋯› 교사의 말이 학생에게 전달되면 어떻게 증폭되나 생각해 볼 때

요즘 학생과 학부모들은 시험 성적에 민감합니다. 자신의 노력이 시험 성적으로 나타나고, 이 성적이 상급 학교에 진학하는 척도가 되기 때문에 그럴 수밖에 없기는 합니다. 그래서 아이들은 이번 시험을 잘 볼 수 있을까 하는 걱정에 선생님에게 위로받고 싶어 합니다. 이번 시험이 쉽게 출제되었는지, 교과서만 보면 다 풀 수 있는지, 단원평가 했던 것을 다시 풀어봐야 하는지, 어느 단원에서 문제가 많이 나왔는지 등에 대해 질문하곤 합니다. 서술형이나 단답형의 문제가 있는지, 문항 개수는 몇 개인지, 최고 배점은 몇 점짜리인지, 예상 평균은 몇 점이나 나올지 등을 물어봅니다. 이런 것을 물어

본다고 해서 점수가 잘 나올 것도 아니고, 답을 해준들 그것에 대해서 미리 대비할 것도 아니면서 시험 전의 수업 시간에 별의별 질문을 다합니다. 이럴 때 좋은 말을 해줄 필요가 있습니다.

"너한테 어려운 문제가 어디 있겠니?"
"열심히 하면 누구나 100점 맞을 수 있어."
"걱정하지 마라. 내가 너의 실력을 알잖아."
"성적 올라가면 한턱내라."
"꼼꼼하게 문제를 읽으면 답이 보일 거야."

이런 말을 하면서 아이들이 시험을 잘 치르기를 기원합니다. 말에는 힘이 있기 때문에 기왕이면 아이들이 좋아하는 말을 해주면서 기를 세워주려고 노력합니다. 그러면서 선생님이 너희들의 좋은 성적을 간절히 바라고 있다는 식으로 분위기를 만들어 줍니다. 물론 결과는 예상대로 나오지 않는 경우가 많습니다. 그래도 미리부터 풀이 죽게 만들 수는 없는 노릇입니다. 있는 실력 없는 실력 최대한 발휘해서 학생들이 좋은 결과를 맛보는 것이 교사로서는 즐거움일 수 있으니까요.

하지만 무작정 잘할 거야, 당연하지, 걱정 마라는 식의 이야기가 늘 반복된다면 그건 살아있는 말이 아니라 죽은 말에 불과합니다. 준비를 철저히 하고 노력해야 좋은 결실을 맺을 수 있는 것이지, 대충 해도 좋은 결과가 나온다면 그건 공정하지 않습니다. 그래서 시험을 치르기 전의 마지막에는 이런 말을 합니다.

"노력한 만큼 좋은 결과가 나왔으면 좋겠다."

성적 지상주의 세상에서 좋은 성적을 거두기 위해 스스로 열심히 노력하는 것은 당연합니다. 그래서 좋은 결과가 나오면 그건 손뼉을 칠 일입니다. 공정한 세상은 한 만큼의 결실을 맺는 것입니다. 무조건 투자를 하면 대박이 나야 하고, 수단과 방법을 가리지 말고 높은 성적을 내야 하고, 모르는 문제를 잘 찍어서 맞히는 것은 오히려 불공정합니다. 찍는 것도 실력이라고 말하지만 그것도 어느 정도 수준까지는 도달해야 가능한 것이지, 무조건적인 요행을 바랄 수는 없는 노릇이고, 그렇게 되어서도 안 됩니다. 때로는 냉정하고 객관적으로 현실적인 이야기를 해주어야 합니다. 공부 안 한 학생들은 높은 성적을 거두면 안 되고, 낮은 성적을 보면서 자신의 태도를 반성하도록 해야 합니다. 그런 과정을 거치면서 아이들은 발전합니다. 이렇게 살아가야 한다는 것을 알게 됩니다.

평소에도 교사의 말에는 힘이 있습니다. 학부모님들이 흔히 이런 이야기를 합니다. 집에서는 그렇게 말을 안 듣고 제멋대로 하는데, 그래도 선생님의 말은 잘 듣는다고. 그래서 아이에게 힘이 되고 응원이 되는 말을 좀 해달라고 합니다. 그래서 잘할 수 있다고 용기를 주는 말을 자주 하게 됩니다. 의례적인 말은 아이들이 귀담아듣지 않습니다. 그러니 희망을 주더라도 현실을 바로 알게 해주어야 합니다. 능력이 되지 않는 아이에게 상을 준다면 그 상은 아이에게 오히려 독이 됩니다. 자격이 안 되는데도 교사가 무리해서 상을 '챙겨' 준다면 그 아이와 학부모는 현실을 바로 보지 못하는 상태가 될 수 있습니다. 그러니 못하면 못하는 대로, 잘하면 잘하는 대로 현실을 분명히 밝히는 말을 해줄 필요가 있습니다. 괜히 학생과 학부모와의 관계를 생각해서 좋은 게 좋은 거라고, 잘하고 있다고 한다면 나중에 문제가 생겼을 때 교사가 했던 말이 학교나 선생님을 불신하는 빌미가 될 수도 있습니다. 아픈 아이는 조퇴를 하고 병원을 가야 하는 것이지, 꾹 눌러 참고 버티면서 수업을 마쳐야 하는 게 아닙니다. 잘난 척하는 아이는 눌러줘야 하는 것이지, 그 잘난 척을 증폭시켜서는 안 됩니다. 못하는 아이에게는 못한다는 사실을 알게 한 후에 이렇게 노력하면 잘하게 될 수 있다고 말해줘야 합니다. 그러니 교사의 말은 중요합니다. 무심코 하는 말, 하나 마나 한 말은 가려서 해야 합니다.

관찰을 해야 합니다. 아이들의 말속에 숨어 있는 심리를 파악하고, 이 아이의 성향이 어떤지, 자극적인 말에 주저앉는 아이인지 아니면 그것을 극복하기 위해 힘을 내는 아이인지를 파악해야 합니다. 선생님이 혼내고 강하게 대한 덕분에 그나마 인간이 되었다고 나중에 선생님을 찾아와 고마움을 표현하는 학생이 있습니다. 하지만 선생님이 혼내서 그것이 가슴에 남아 나중에 선생님을 괴롭히고 스토킹한 사례도 있습니다. 모든 말은 그 자체로서 존재하는 게 아니라 사람에 따라서, 맥락에 따라서 존재합니다. 그래서 기왕이면 학생 하나하나에 맞게 말을 해주는 것이 좋습니다. 쉬는 시간에 복도에서, 점심을 먹는 급식소에서, 청소 구역에서 그 아이에 대한 맞춤형의 말을 준비하면 좋습니다. 결론을 내리는 말도 좋고, 그냥 질문만으로도 충분할 수 있습니다. 어깨를 가볍게 감싸 안거나 이름을 불러주면서 요즘 수업 시간에 조는 일이 많아져서 걱정이다, 표정이 안 좋은데 무슨 일 있냐, 친구 누구와 잘 지내던데 왜 요즘은 혼자 다니니, 선생님 보면 피하는 거 같은데 갑자기 내가 싫어졌냐 등 아무 말이나 해도 됩니다. 그 아이에게 다가갈 수 있는 말이면 됩니다. 이런 말이 학생의 귀를 뚫고 마음을 뚫습니다. 냉정하게 말할 때와 무심한 듯 격려의 말을 할 때는 달라야 합니다. 그게 선생님과 학생과의 소통입니다.

◌ 꿀팁 ◌ 한 번 더, 이건 꼭 기억하세요.

---

1. 선생님과 아이들의 관계는 서로 주고받는 말을 들으면 알 수 있습니다. 선생님을 놀리는 말이든 칭찬하는 말이든 그 속에 숨어 있는 의미가 있습니다. 이를 찾아내서 활용해야 합니다.
2. 선생님에게는 크게 두 가지의 말이 필요합니다. 하나는 단호한 말이고, 하나는 따뜻한 말입니다. 단호한 말은 아이의 현실을 일깨워주고, 따뜻한 말은 아이의 마음이 일어나게 합니다. 둘 중 하나라도 소홀하면 균형이 맞지 않게 됩니다.

63

학교폭력 가해자와 피해자의 관계

…› 가해자와 피해자가 어릴 적부터 친하던 사이라는데 어떻게 이런 일이 일어났을까 싶을 때

…› 가해자와 피해자를 서로 떨어뜨려 놓는 게 어렵다는 것을 알게 될 때

…› 왜 피해 학생이 가해 학생을 따라다니고 함께 있는지가 이상하게 여겨질 때

아마 학교에서 가장 신경 쓰는 게 학교폭력에 대한 일일 것입니다. 강자가 약자를 자기 임의로 괴롭히는 이 학교폭력은 사회 정의 구현 차원에서라도 절대 일어나서는 안 되는 일이죠. 힘의 우열 관계에 따라 갑이 을의 의사에 반하는 행동을 하는 것이니 정상적인 사회에서라면 용납할 수 없고, 당연히 없어져야 할 구시대적인 유물입니다. 동물의 세계에서도 집단의 우두머리가 되기 위해 피 터지

게 싸우는 맹수들을 본 적이 있습니다. 누구를 지배하고 권력을 쟁취하려는 건 동물이 가진 기본 특성이라고 했습니다. 다만 인간이 동물과 다른 점은 이성과 도덕이 있고, 인격이 있다는 것입니다. 약육강식의 세계를 만들면 인간 사회는 결국 멸망할 수밖에 없다는 것을 알기 때문입니다. 강자와 약자의 공존이 중요함을 알려주어야 합니다. 이 세상 누구나 자신만의 장점이 있다는 것을 인정받는 세상이 바람직하다는 걸 아이들이 자연스럽게 익히도록 해야 합니다.

그런데 대개 학교폭력이라고 하면 이런 공식을 떠올리기 쉽습니다. 가해자는 공부에는 관심이 없고 가정이 안정되지 않은, 심성이 불량스러운 학생일 테고, 피해자는 자기 표현력이 떨어지고 유순한, 공부도 잘 못하는 존재감 없는 아이 정도겠지요. 피해를 봐도 당했다고 말하지 못하는 소극적인 아이들이 폭력을 당하고 있으니 이게 문제라는 공식입니다. 물론 이런 공식이 적용되기도 합니다. 전혀 상관없는, 노는 물이 다른 아이를 괴롭히고 못살게 구는 못된 가해자가 있기는 합니다. 하지만 많은 경우는 그렇지 않습니다. 가해 학생과 피해 학생은 같은 물에서 노는 경우가 많습니다. 그래서 우리 아이가 학교폭력 피해자가 되고, 누가 우리 아이를 괴롭히는 가해자라는 이야기를 들었을 때 놀라는 학부모들이 많습니다. 늘 같이 다니고 어울리는 친구인데 그 아이가 우리 아이를 괴롭힌다는 사실을 받아들이지 못하기도 합니다. 학교폭력 문제가 터졌을 때 학부모들은 대개 충격을 받습니다. 친구들 사이에서 우리 아이가 그럭저럭 잘 지내고 있는 줄 알았는데 그렇지 않다는 것과, 문제가 되는 아이들이 우리 아이 주변에서 함께 노는, 내가 잘 아는 아이들이라는 것 때문입니다. 그로 인한 정신적인 충격과 상실감이 부모를 더욱 화나게 합니다.

중학교 1학년 가해 학생과 피해 학생이 있었습니다. 피해 학생의 집은 부모님이 맞벌이하느라 집을 비운 시간이 많았고, 가해 학생이 수시로 피해 학생의 집에 드나들면서 음식도 먹고, 돈도 뺏고, 심지어 안방에 있는 물건들까지도 손을 대는 일이 발생했습니다. 이를 안 교사는 당연히 사건 조사를 했고 피해 보상에 대해서 합의했습니다. 그리고 양쪽 학부모와 학교에 모여서 재발 방지를 위한 만남을 가졌습니다. 특히 피해 학생의 경우 가해 학생과 떨어뜨려 놓는 것이 우선이므로, 양쪽 부모에게 이와 같은 사실을 알리고 그분들도 그것에 대해서 수긍하고 조치를 취하기로 했습니다. 피해 학생이 조금은 얌전하고 착실한 친구들 틈에 끼게 되면 서서히 안정적으로 학교생활을 하게 될 거라고 생각했습니다.

하지만 시간이 지나면서 이 두 학생이 다시 어울려 노는 모습이 보였습니다. 심지어는 가해 학생이 놀고 있는 곳으로 피해 학생이 알아서 찾아가기까지 하는 것이었습니다. 그 이유는 다른 친구들 무리로 가서 어울리고자 했으나 다른 친구들이 잘 받아주지 않고, 자신도 재미가 없으니 겉돌 수밖에 없다는 것이었습니다. 가끔은 한 대씩 맞고 돈을 주더라도 자신과 놀아주고 함께 끼워주는 아이들 곁이 더 좋은 것이죠. 외톨이로서 의지하거나 대화할 수 있는 친구가 없는 것보다는 차라리 나를 괴롭히지만 친구로 대해주고 놀아주는 친구가 있는 게 더 좋을 수 있구나 하는 생각을 해보게 되었습니다. 사실 놀던 물이 다르던 아이가 또 다른 물로 들어간다는 것은 무척 어렵습니다. 아이들이 친해진다는 것은 말과 행동, 취향, 성격, 느낌 등을 공유한다는 것입니다. 그래서 이 모든 것에서 무리가 없는 친구들과 친해지는 것인데, 이것을 하루아침에 바꿀 수는 없습니다. 피해 학생이 다른 부류로 들어가기 위해 노력하는 것도 보았고, 다른 학생들에게 함께 놀라고 권유한 적도 있었습니다. 하지만 인위적인 노력이 현실로 구현되는 것은 참 어려웠습니다. 결국 이 학생은 다시 돌아갔습니다.

애를 만나지 않으면 다른 애들과 어울리겠지, 괜찮은 친구들과 같이 있으면 괜찮아지겠지 하는 생각이 반은 맞고 반은 틀린 셈입니다. 이 피해 학생은 다른 애들과 어울릴 능력이 없었던 것이고 그나마 코드를 가해 학생과 맞출 수밖에 없었던 것입니다. 다시 어울리게 되면 또다시 그런 일이 일어날 거라는 예상이 충분히 가능하지만 아이들의 어울림이 인간과 인간의 만남인데, 이것을 강제로 통제할 수는 없는 거라 안타까울 수밖에 없었습니다. 혼자 있을 수 있는 아이는 옆에서 누가 뭐라 하든 쉽게 흔들리지 않는 자존감이 강한 아이입니다. 이런 아이들은 오히려 괜찮습니다. 그런데 혼자 있는 것을 어려워하면서 친구들 사이에서도 자신의 존재감을 보이지 못하는 아이가 문제입니다. 강한 아이들과 함께하면서 자신의 의지와는 전혀 무관한 일에 휩쓸리고 행동대장의 역할을 하는 것도 이런 아이들이기 때문입니다.

또래집단 사이에서 같이 노는 아이들 사이에서 학교폭력은 많이 일어납니다. 적어도 교실 내에서는 그렇습니다. 그중 센 녀석이 좀 덜 센 녀석을 건드리고, 그 녀석은 다시 약한 녀석을 건드리게 됩니다. 그러면서도 함께 어울리는 것이죠. 센 녀석은 약한 녀석을 데리고 놀면서, 보살펴 주기도 하면서 자기들만의 세력을 만듭니다. 이런 부류들은 섞이기도 하지만 다른 집단을 이루면서 서로 견제하면서 조직 폭력배들의 모습을 따라가기도 합니다. 그래서 함께 노는 아이들을 보면 그 아이의 많은 부분을 알 수 있습니다.

학교폭력 피해 학생을 인위적으로 다른 그룹에 넣어 주려는 것은 실패할 확률이 높습니다. 그보다 다른 아이들과의 공통분모가 뭔지 파악하고 어울릴 환경을 만들어 주는 게 더 중요합니다. 이 아이가 다른 부류에 섞일 수 있으려면 다른 부류에서 좋아하는 특성을 가지고 있어야 하는데, 그것을 갑자기 만들어 내기는 쉽지 않습니다. 그래서 최선의 방법은 처음부터 강한 자존감과 자신감이 있는 아이로 키우는 것입니다. 어떤 한 가지라도 잘하는 학생은 집단 밖에서든, 안에서든 건강하게 자라납니다.

◌ 꿀팁 ◌ 한 번 더, 이건 꼭 기억하세요.

1. 같이 노는 친구들은 성향도 비슷한 법. 아이들의 시너지가 다양한 호기심을 만들어 내고, 결국은 좋지 않은 쪽으로 흐를 확률이 높습니다. 초반부터 그룹의 아이들에 대해서는 신경을 써야 합니다.
2. 학교폭력에 대한 뾰족한 대책이 있었다면, 학교는 아주 즐거운 곳이 되겠죠. 교사가 아이들의 특성을 알고 접근한다면 상심하는 일이 덜하지 않을까 합니다.

64
사소한 것은 없다. 반성문 이용법

··· 체벌 불가의 시대, 학생들의 잘못을 고치고 싶을 때

··· 거듭되는 품행 불량 시 학부모의 도움을 요청하고 싶을 때

··· 더 큰 일이 일어났을 때 서류에 작성할 내용이 필요할 때

학교 현장에서 교사가 훈육의 수단을 쓸 수가 없다는 것 때문에 요즘 세상이 시끄럽습니다. 학생들의 잘못된 행동에 대해 나무라는 것조차 아동학대, 정서 학대로 치부될 정도이니 선생님들이 조심해야 할 것들이 무척 많습니다. 이러니 학부모의 갑질에 시달리던 선생님이 세상을 등지는 일까지 발생했습니다. 다양한 학부모들의 요구에 일일이 대응하는 것도 어렵고 전문적인 분야의 학부모들이 자신들의 장기를 최대한 활용하여 학교에 이의를 제기하게 되면 이를 교사들이 감당하기는 거의 불가능해집니다. 교사 집단이 단체로 어떤 행동을 하고 집단으로 움직이는 것이 아직 습관화되지 않았고,

이에 대해 세상의 시선도 우호적이지 않기 때문에 결국은 해당 교사 스스로 해결해야 한다는 게 슬픈 현실입니다. 이런 교사들이 학생들을 지도할 수단으로는 무엇이 있을까요?

훈육의 수단으로서 체벌 금지가 법제화되고, 이제는 전과 다른 방법으로 학생들의 잘못을 지도해야 합니다. 체벌이란 바로 그 자리에서 빠른 시간에 지적하고 행동을 고칠 수 있는 경제적인 훈육의 도구입니다. 즉석에서 바로 이루어지기에 학생들의 행동을 교정하는 효과도 뛰어납니다. 하지만 인간을 가르치고 키워내는 학교와는 잘 어울리지 않는 수단인 것만은 분명합니다. 학생의 권리와 의무보다 인간의 기본적인 권리와 의무가 더 앞서야 하는 것이죠. 어찌 보면 학교에서의 체벌은 예전에 행해지던 범죄자에 대한 고문과도 비슷합니다. 당연히 없어져야 할 구시대적인 유물입니다.

체벌이 금지된 지금, 아이들에 대한 훈육 수단의 하나로 쓰이는 것이 반성문입니다. 육체적인 고통은 바로 티가 나지만 정신적인 고통은 별로 티가 나지 않아서 그런지 반성문 쓰기는 아직 거부감이 별로 없는 편입니다. 일반 직장에서 사유서나 시말서를 쓰기도 하고, 이 경우 정신적으로 상처를 받기도 하고 자존심이 상하는 경험이기도 합니다. 아이들에게 쓰게 하는 반성문도 마찬가지입니다. 요즘은 '반성문'이란 이름 대신에 '경위서'라는 이름을 붙이기도 하고, 행동을 바로잡기 위해 '깜지'라고 불리는 반성 문구를 쓰게 시키기도 합니다. 평소 글을 읽고 쓰는 것을 좋아하지 않는 학생들에게 반성의 마음을 글에 담아서 써내라고 하는 것은 사실 엄청난 압박인 셈입니다. 반성문을 쓰면서 자기 행동에 대한 생각뿐 아니라 문장력도 기르고, 생각을 정확한 단어로 표현하는 능력과 논리력까지 기를 수 있다면 이 또한 교육적으로 큰 의미를 지니고 있지 않나 하는 생각도 해보게 됩니다.

반성문을 받는 이유는 글을 쓰면서 잘못된 행동에 대해서 반성하고 스스로를 돌아보는 계기를 만들라는 것입니다. 흥분되고 들떠 있던 기분을 가라앉히고, 조금은 객관적으로 나의 행동을 돌아보는 시간을 갖는 것이죠. 그러다 보면 잘못된 행동뿐 아니라 그 행동이 나오게 된 내적 원인도 발굴해 내고, 요즘 자신의 감정 상태도 보입니다. 또한 평소 잘못한 것들까지 줄줄이 떠오르게 됩니다. 그리고 앞으로의 각오가 나옵니다. 더 나아가 또다시 이런 일이 벌어지면 어떤 것들까지 감수하겠다는 비장함까지 등장합니다. 당장 남아서 창피하게 반성문을 쓴다는 그 자체가 정신적으로 위축감을 주고 이런 일이 재발되는 것을 막는 효과를 낼 수도 있습니다. 지켜보고 있는 다른 친구들에게도 경고의 메시지가 될 수 있으니 일거양득이라고 할 수 있습니다.

1. 학생들이 담임 선생님 선을 벗어나는 사고를 쳤을 때, 대개 담임 소견서 같은 것을 제출해야 합니다. 이 아이가 평소에 어떻게 행동했고, 성격은 어떻고, 교우관계는 어떻고 등등 아이가 이 사고를 친 것과 연결하여 평소 담임 교사의 관찰이 들어가 있는 조사 자료를

만들게 됩니다. 학교에서 열리는 징계 위원회에도 이것이 필요하고, 아이들이 사고 쳐서 경찰서에 갔을 때도 담임 교사들에게 이런 것을 써달라고 요구합니다. 가끔은 선생님이 쓰는 반성문이구나 하는 생각이 들기도 합니다. 이 경우 반성문을 활용하면 편리합니다. 반성문에는 단일 사건뿐 아니라 그 반성문을 쓸 때 즈음하여 벌어진 주변 상황까지 나타나기 때문에 폭넓게 활용할 수 있습니다.

2. 수업 시간에 지속적으로 태도가 불량한 경우(잠을 자고, 준비를 안 하고, 태도가 불량하고 등) 학부모에게 연락해서 자초지종을 이야기하고 반성문을 받을 테니까 집에서도 함께 지도해달라고 하면 대개 학부모가 수긍하게 됩니다. 부모님의 사인을 받아오라고 하면 이것이 학생을 앞으로 바로잡는 데 큰 도움이 되는 경우가 많습니다. 학생이 개선이 필요한 행동을 학교에서 자주 한다는 것을 부모에게 알려주는 효과도 있습니다. 물론 모든 학부모에게 이런 게 통하지는 않습니다. 내 아이의 잘못을 인정하지 않는 학부모들은 아예 사인하기를 거부하기도 하고, 반성문을 쓰라고 하는 교사의 지시가 부당하다고 다른 곳에 민원을 제출하기도 합니다. 그러니 반성문 숙제는 학부모가 충분히 납득한 경우에 내주는 게 바람직할 수 있습니다.

3. 새로운 학년으로 올라갈 때 마지막으로 성적 통지표를 배부하고 아이들을 새로운 선생님께 인계합니다. 이때 그간 걷었던 반성문

을 함께 나누어주면서 그럼에도 불구하고 이렇게 1년을 무사히 마치게 된 것에 감사한다, 앞으로는 이런 지적 받지 않고 예쁘게 행동하고 잘 컸으면 좋겠다 등의 덕담을 해주면 학생들도 수긍하고 받아들입니다. 아이들도 자신이 그동안 썼던 반성문을 다시 받아 읽어보면서 자신의 행동을 돌아보고, 앞으로 더 나아진 모습을 그려보게 됩니다. 친구들과 반성문의 장수를 비교해 보면서 웃고 떠드는, 긍정적인 분위기가 만들어지기도 하지요. 이런 자리가 필요할 수 있습니다.

꿀팁 한 번 더, 이건 꼭 기억하세요.

---

1. 반성문을 쓰게 할 때 절대로 흥분하지 않고 차분하게 그 이유를 설명하면 대개 수긍합니다. 그리고 반성문을 써오면 처음에는 내용과 분량을 따지지 않고 앞으로 잘하라는 말과 함께 넘어가는 게 좋습니다. 반성문을 쓰는 능력을 키워주는 게 목적이 아니기 때문입니다.
2. 반성문을 제출하면 날짜와 시간, 대상 학생 이름 등을 즉석에서 기록하는 것이 좋습니다. 문서에 자신의 이름이 기록되는 순간 아이들은 긴장하게 됩니다. 이 긴장감이 나중에는 행동을 제어하는 요인이 될 수 있습니다.

65

자기소개서 쓰기는 어떻게 지도해야 할까?

⋯▸ 자기소개서를 봐달라고 오는 학생에게 무슨 말을 해줄지 고민될 때

⋯▸ 구체적으로 지적하고 고쳐주어야 할 텐데, 아무래도 자신이 없을 때

⋯▸ 누구에게나 통용되는 자기소개서 쓰기의 기본에 대해서 나도 잘 모르고 있을 때

입시를 준비하는 학생들은 가끔 자기소개서를 쓰게 됩니다. 나름 잘나간다는 학교에서도 자기소개서를 제출하라고 하고, 마이스터고, 특성화고 특별전형 등에서도 이를 요구하는 경우가 많습니다. 물론 요즘은 사교육에서 이런 부분까지 해냅니다. 돈만 주면 자기소개서를 첨삭해 줄 뿐만 아니라, 심지어는 자기소개서를 대신 써 주기도 합니다. 이런 비정상적인 일들이 현장에서 벌어지는 것에 대해 교사는 책임의식을 가질 필요가 있습니다. 하루의 많은 시간

을 학교에서 생활하는 아이들의 일거수일투족에 대해 가장 많이 알고 있는 사람이 교사입니다. 학생들의 성격을 파악하는 MBTI 검사를 교사와 학부모가 각각 진행했을 때, 아이와 가장 근접한 유형을 알아내는 것은 학부모가 아닌 교사라고 합니다. 평소에 말과 행동을 어떻게 하고 다른 친구들과 어떻게 생활하는지를 보는 사람은 교사이기 때문에 아이에 대해 교사는 무척 많은 것을 알 수 있습니다. 게다가 주변 친구들의 말까지도 참고할 수 있기에 교사는 훨씬 정확한 아이의 정보를 알고 있습니다. 그러니 자기소개서를 쓰고 선생님한테 가지고 오라는 말은 훨씬 더 믿음을 줄 수 있습니다.

조금이라도 성의가 있고 열의가 있는 학생들은 교사에게 찾아와서 자기소개서를 봐달라고 하는 경우가 많이 있습니다. 저 역시도 자기소개서를 읽어보고 이렇게 하는 것이 좋겠다고 조언을 많이 합니다. 학생들이 미처 기록하지 못한 학교생활의 단면들에 대해 구체적으로 조언하고 지도해주어 좋은 결과를 얻은 적도 꽤 있습니다. 국어 교사가 아닌 경우 글을 봐준다는 자체가 부담이 갈 수도 있겠지만, 학생들의 자기소개서라는 게 사실을 근거로 자신을 보여주는 것이기에 글쓰기 능력과는 직접적인 연관이 없습니다. 그러므로 충분히 어떤 선생님이라도 아이들에게 도움을 줄 수 있습니다. 이럴 때 자기소개서 쓰기의 기본 원칙이라도 안다면 도움이 되는 지도를 해줄 수 있을 것입니다. 하지만 사실 이런 글쓰기를 별로 해본 경험이 없기에 난처해지는 게 사실입니다. 그렇다고 나를 믿고 찾아온 학생에게 솔직하게 "나도 잘 몰라. 미안하다."라는 말을 하면서 돌려보낼 수도 없는 노릇입니다. 알아두면 편리한 자기소개서 쓰기의 방법입니다.

1. 전문가들이 말하는 3必(필)이 있습니다.

- 자신의 구체적인 경험을 집어넣어야 합니다. 봉사활동, 여행, 학생회 대의원, 나만의 공부법 등 구체적인 내용이 들어가야 합니다. 그리고 그것을 바탕으로 그 활동에서 어떤 것을 배우고 무슨 생각을 하게 되었는가를 연결 지어야 합니다. 학교에서 벌어지는 많은 행사에도 학생들이 주인공이 되어 참여합니다. 과학의 날 행사, 진로 행사, 퀴즈대회, 인성주간 행사, 한글날 행사, 사제동행 활동, 동아리 활동 등에 아이들의 흔적이 묻어 있습니다. 구체적으로 어떤 역할을 했고, 어떤 말을 했고, 어떤 표정을 지었는지 교사가 관찰한 모든 것들이 자기소개서에 들어가는 내용이 될 수 있습니다.

- 이 학교에 지원하는 이유, 특정 학과를 쓰는 이유가 분명해야 합니다. 그러기 위해서 과거와 미래를 연결해야 합니다. 미리 예전부터 이 학교(학과) 지원을 위해서 이러저러한 준비를 해왔다. 독서나 방문, 전문가와의 상담 등을 했었다가 과거입니다. 미래는 여기에서 이러저러한 활동을 해서 나중에 어떻게 살아가고 싶다는 장기적인 계획인 거죠. 이 세 가지의 연결이 자연스러우면 자기소개서가 매끄러워집니다.

- 학교생활기록부에 있는 내용을 근거로 해야 합니다. 근거도 없이 쓰는 자기소개서는 소설과 마찬가지입니다. 신뢰성을 확보할 수가 없으니 읽는 이로 하여금 마음이 안 가게 합니다. 생기부에 있는 모든 단어와 문장이 자기소개서의 바탕이 될 수 있습니다. 생기부에 기록된 활동을 나열해 보고 비슷한 것끼리 묶어서 자기소개서의 근거로 삼아야 합니다. 그러니 이것은 외부에 있는 어느 누구도 할 수 없는 일입니다. 교사가 생각하는 핵심 역량과 학생의 활동이 함께 어우러져서 표현될 때 진실에 근거한 탄탄한 자기소개서가 탄생합니다.

2. 전문가들이 말하는 3不(불)이 있습니다.

- 남의 것을 베끼거나 과장을 해서는 안 됩니다. 베꼈다는 것이 확인되는 순간, 바로 그 자기소개서는 끝이 납니다. 또한 어느 정도의 과장은 가능하겠지만, 오히려 겸손하게 자신을 보여주는 것만 못합니다. 요즘은 검증하는 프로그램이 많이 나와 있기에 표절을 하게 되면 바로 들통이 날 수 있습니다. 그러면 그 학생뿐 아니라 향후 같은 학교를 지원하는 후배들에게도 좋지 않은 영향을 줄 수 있습니다.

- 학생답지 못한 어투나 문장의 사용을 피해야 합니다. 자기소개서의 기본은 학생 스스로 쓰는 것입니다. 요즘은 사교육 업체를 통해 돈으로 해결하는 경우가 많아서 이런 것에 대한 문제는 대부분의 선생님이 인식하고 있습니다. 어른이나 전문가가 대신 써준 느낌이 들 경우 이 자기소개서가 좋은 평가를 받기는 어렵습니다.

- 단순한 경험을 나열하는 소개서는 옳지 않습니다. 무슨 경험을 했는가보다 사소한 경험이라도 그것을 통해서 무엇을 배우고 느꼈고, 나를 변화시킬 수 있는 소중한 기회가 되었다는 것을 보여주어야 합니다. 아무리 사소한 경험을 했다 하더라도 그 안에서 의미를 만들어 내는 게 중요합니다. 사실 같은 또래의 학생들이 무슨 엄청난 경험을 하고 대단한 성취를 이루기는 쉽지 않습니다. 대개 비슷한 경험과 생각을 합니다. 중요한 것은 경험의 크기가 아니라 그 안에서 갖게 된 느낌의 크기입니다. 내가 나서지 않고 듣기만 했더라도, 어떤 사건을 옆에서 지켜보기만 했더라도 상관없습니다. 그런 경험을 통해서 학생이 어떤 생각을 했고, 그 생각이 미치는 영향이 서로 연관성만 있으면 그것으로 충분합니다.

꿀팁 한 번 더, 이건 꼭 기억하세요.

1. 자기소개서의 전체적인 흐름이 중요합니다. 짜인 각본대로 부드럽게 흘러가야 합니다. 문장력으로 승부하는 것이 아니라 내용으로 승부해야 합니다. 아무리 글을 잘 쓰더라도 그 안에 구체적인 실체가 없으면 껍데기에 불과한 글이 됩니다.
2. 주어와 서술어의 호응, 같은 단어 사용 줄이기, 문장 짧게 쓰기 등 글의 완성도 또한 생각해야 합니다. 글은 말하듯이 쓰는 게 가장 좋다고 합니다. 부딪힘 없이 부드럽게 읽히면 좋은 글입니다.

66

어느 곳에서든
학생들과의 대화는 이루어진다

…› 학생 상담을 해야 하는데, 어떻게 시작해야 할지를 모를 때

…› 가정환경을 알고 싶은데 직접적으로 질문하기가 어려울 때

…› 가볍게 아이들과 대화를 나누는 게 어려워서 이야기가 늘 충고로 흐를 때

학생들과의 활동 중 일 년 내내 이루어지는 것이 상담입니다. 학년 초에 학생들의 개인 신상을 파악하고, 가정환경에 대해 안다면 그 학생을 맞춤형으로 지도할 수 있는 자료를 확보할 수 있습니다. 일부 선생님들은 이전 학년의 선생님들로부터 해당 학생과 관련된 정보를 얻기도 하지만, 그것에 대해 선입견을 갖게 된다면서 거부하는 분도 있습니다. 내가 보는 관점에서 아이들을 제대로 이해하기 위한 모든 방법은 다 의미가 있습니다. 사람이 갑자기 변하는 게 아니기에 예전의 말과 행동을 통해 사람을 판단할 수도 있지만, 원점

에서 시작해서 아이를 파악하고 내 나름의 방법으로 가르치는 것도 괜찮습니다. 이렇게 여러 가지 방법이 있지만, 중요한 건 늘 대화를 통해 변해가는 것을 파악해야 교사로서 학생 지도가 수월해진다는 것입니다.

반 편성을 마치면 학생에 대한 기본 정보를 알게 됩니다. 학교마다 서류의 기본 양식은 다르겠지만, 주소, 가족 관계, 친한 친구, 취미나 특기, 알레르기나 성향 등 참고사항 등이 기록된 학생 정보를 교사가 습득하게 됩니다. 예전에 비해 개인정보 노출에 대한 가정의 거부감이 더 커졌기에 많은 정보가 교사에게 제공되지는 않습니다. 전에는 가정의 경제적인 수준, 학부모의 직업 등까지도 미리 알 수 있었지만 지금은 그렇지 않습니다. 학부모와의 전화 통화에서도 그런 것을 묻는 것에 대해 거부감을 갖는 이들도 많다는 것을 확인할 수 있습니다. 그러니 학생들과의 대화를 통해서 이 학생이 어떤 환경에서 자랐으며, 어떤 성향이고, 평소에 어떤 스트레스를 받고 있으며, 교사가 지원해 주어야 할 부분은 어디까지라는 것을 알아내려면 나름의 노하우를 이용하여 학생과의 대화에서 이를 파악해야 합니다. 대화를 통해서 상대방을 파악하는 것은 일반 직장에서도 마찬가지로 중요합니다. 나와 함께 일하며 업무 시간을 공유해야 하는 입장에 있는 사람들의 성향을 알고 맞춰 나가는 것은 직장 생활에서도 기본일 테니까요.

상담이 어렵거나 복잡하지는 않습니다. 사전에 나와 있는 대로 문제를 해결하거나 궁금증을 풀기 위하여 서로 의논하는 것이 상담입니다. 공식적으로 학생들의 순번을 정해서 교사와 상담할 수도 있지만 평소에 수시로 대화하면서 상담을 대신할 수도 있습니다. 꼭 학생에게 "너와 내가 상담을 하는 거야."라는 인식을 심어주지 않아도 됩니다. 자연스럽게 대화하는 것을 통해 서로에 대해서 더 잘 이해할 수 있습니다. 학생들의 성향에 따라서 대화의 방식도 차별화해야 하고, 그에 따라 수용되는 정도가 달라집니다. 그러니 상담은 이래야 한다는 생각에서 벗어날 필요가 있습니다. 학생을 파악할 수 있는 상담 방법을 소개합니다.

1. 학년 초에 기본 신상을 파악한 후에 공식적으로 진행하는 방법입니다. 대개는 번호 순서대로 점심시간이나 방과후 시간을 이용합니다. 하루에 서너 명씩 하면 1~2주 정도의 기간이 소요됩니다. 대부분의 교사가 하고 있는 일이기도 합니다. 이렇게 상담할 때는 교사가 알고 있는 기본 신상 카드를 기반으로 하게 되는데요, 여기에 추가로 짧은 설문지를 먼저 작성하게 하면 더 깊이 있는 내용을 파악할 수 있습니다. 설문지는 쉽게 대답할 수 있는 것으로 미리 마련하고, 가족 관계, 친구 관계, 장래 희망, 특기나 취미, 하루 일과 등과 관련된 것을 미리 작성하도록 합니다. 아래와 같은 내용이 들어갈 수 있습니다. 그러면 학생들도 별 고민 없이 자신의 생각을 설문지에 털어놓게 됩니다. 여기에서 학생을 파악할 단서를 찾아낼 수 있습니다.

- 가족과 함께했던 여행 중에서 가장 기억에 남는 것은?

- 남는 시간에 가장 많이 하는 것은? 누구와, 어디에서, 무엇을 하는가?
- 오늘 아침 식사로 먹은 것은? 누구랑 같이?
- 가장 좋아하는 과목은? 왜 그 과목이 좋지?
- 나중에 무슨 일을 하고 싶니? 그것을 위해서 평소에 하고 있는 것은?
- 무인도에 남겨진다면 누구랑 같이 있으면 좋을까?
- 기억에 남는 책은? 어떤 부분이 생각나지?
- 학원 끝나고 나면 저녁은 어디에서 먹니?
- 가족이 한 달에 몇 번이나 외식을 하니? 가장 많이 가는 곳은?
- 절친은? 왜 그 친구가 좋지?

2. 점심시간을 이용해서 자연스럽게 대화하는 것도 괜찮습니다. 교사의 근무 시간은 하루 8시간입니다. 다른 직장과 동일하지만, 학교는 점심 시간이 근무 시간에 포함되기 때문에 실질적으로 퇴근 시간은 1시간이 빠릅니다. 점심 시간이 공식적인 근무 시간이기 때문에 많은 학교에서는 학생들과 함께 밥을 먹고, 순번을 정해서 식사 지도를 하거나 교내외 순찰을 하기도 합니다. 점심시간에 상담하거나 학생들을 불러서 함께 별도의 교육활동을 하는 경우도 있습니다. 그래서 교사는 점심시간에 외출하거나 밖에서 식사하고 들어올 경우에는 외출 신청을 하고 허가를 받은 다음에 다녀와야 합니다. 물론 이 외출 시간은 교사에게 주어진 1년 동안의 연가 일수에서 그만큼 줄어들게 됩니다.

   코로나가 유행이었던 시절, 온라인 개학을 했을 때 학생들이 학교에 나오지 않은 때도 있었습니다. 교사들만이 출근을 했을 때 점심 시간에 학교 운동장을 산책하던 교사들이 지적을 받기도 했습니다. 근무 시간에 개인적인 행동을 했다는 이유에서였습니다. 외부에서 볼 때 학생들도 없는데, 교사가 놀고 있다는 생각이 들었던 모양입니다. 원칙적으로 따지면 근무시간이니까, 50분 업무에 10분 휴식 정도야 이해할 수 있지만 그 범위를 넘어서는 행동이기 때문에 지적을 당하는 것도 일리는 있습니다. 그래서 상담할 때 이 시간을 이용해서 학생들과 함께하는 것도 고려해볼 만합니다. 점심을 먹고 나서 학생 한두 명과 함께 운동장을 걸으면서 자연스럽게 이야기를 주고받는 것입니다. 자연스러운 자리에서 바깥 공기를 마시면서 대화를 나누면 마음속에 있는 생각들이 밖으로 나올 수 있습니다. 이 기회를 이용해서 학생들을 파악하는 것이 꽤 괜찮은 방법입니다. 다만 학년 초에 바쁠 때 점심시간을 할애한다는 것이 부담 갈 수 있지만 한 달이면 충분합니다. 교사가 학생들과 더 친해지는 계기를 만들 수 있습니다. 이 시간은 소비하는 시간이 아니라 생산하는 시간이 될 수도 있습니다.

3. 간혹 학부모들이 아이에 대한 상담을 요청하기도 합니다. 우리 아이가 요즘 들어서 좀 고민이 많은 것 같다, 사춘기가 일찍 오는 것 같다, 집에서 말을 잘 듣지 않는다, 자기가 어른이 된 것처럼 알아서 한다고만 하고 대화를 하려 하지 않는다 등 여러 이유가 있습니다. 이럴 때 이 아이만 따로 불러서 이야기하는 것은 그다지 권하지

않습니다. 사람들은 여럿이 함께 있는 자리에서는 대개 안정감을 느끼지만 혼자 있을 때는 그렇지 않은 경우가 많습니다. 선생님이 특별히 나만 불러서 이야기를 한다는 것에 거부감을 느낄 수 있습니다. 마치 내가 문제가 있는 아이인 양, 다른 아이들과 다르게 특별하게 대우받는 게 아닌가 하는 생각을 할 수 있습니다. 그래서 이럴 때는 그 아이와 가까워 보이는 두세 명 정도를 골라서 상담하는 것도 한 방법입니다. 상담할 때도 여러 이유를 대면서 부드럽게 시작할 수 있습니다. 선생님의 눈에 자주 띄는 것 같아서, 수업 시간에 눈에 들어와서, 내가 해줄 말이 있을 것 같아서, 이런 것을 알면 도움이 될 것 같아서 등의 말을 하면서 대화할 수 있습니다. 본인 하나만 부른 게 아니라 친한 친구 몇 명도 그 대상이 되는 것이기에 거부감도 거의 갖지 않습니다.

실제로 이런 경우 아이는 선생님이 특별히 생각해 준다는 좋은 감정을 갖는 경우가 많습니다. 그럼으로써 교사와 가까워지게 되면 그 다음부터는 학업이든 생활지도든 이전보다 더 수월해지게 됩니다.

4. 수업이나 조회를 마치고 복도를 걸어가면서 가볍게 말 한두 마디를 던지는 것도 괜찮은 방법입니다. 상담은 상담처럼 하지 않는 게 부담이 덜 갑니다. 수업 시간에 태도가 좋던데, 아이디어가 많은 것 같던데, 친구들이 너를 참 좋아하는 것 같던데, 수업 태도가 좋아서 선생님이 늘 너를 보고 힘을 낼 수 있어 등 긍정적인 말을 해주면 나중에도 열심히 하려는 모습을 보이게 됩니다. 이런 식의 대

화는 담임 반 학생들뿐 아니라 내가 수업을 담당하는 학급의 모든 학생들에게 먹힐 수 있습니다. 긍정적인 멘트 하나는 학생을 교사의 페이스로 따라오게 하는 결정적인 시도로 작용할 수 있습니다. 자연스러운 방법이라 이런 게 가능합니다. 평소에 학생들과 나누는 모든 대화는 상담의 범주에 포함됩니다. 상담이라는 이름을 걸지 않고도 아이들을 파악하고, 교육적인 효과를 나타낼 수 있는 것은 늘 교사 주변에 존재합니다.

꿀팁 한 번 더, 이건 꼭 기억하세요.

1. 교사와 학생이 교실에서 벗어나, 상담이 아니라, 대화를 하면 더 가까워집니다. 복도를 걸으면서, 운동장 주변을 서성대면서 주고받는 한두 마디의 대화를 통해 저 선생님은 말이 통하는 사람이라는 믿음을 줄 수 있지요.
2. 친한 친구가 누구인지, 가족이 함께 밥을 먹는지, 스마트폰을 얼마나 사용하는지를 통해서 학생을 파악할 수 있습니다. 자연스럽게 말하면서 사람을 알아간다는 것은 교사 개인에게도 세상살이의 요령을 제공해 줍니다.
3. 학생들은 누구나 특별한 대우를 원합니다. 자신의 잘못은 그냥 넘어가기를 원하고, 선생님이 자신을 한 번 더 봐주기를 원합니다. 다만 그것이 특별하게 튀지 않는다는 게 전제조건입니다. 남들의 시선을 의식하지 않을 수 없으니까요. 교사는 이 부분을 잘 유념해야 합니다.

#학부모

67

학부모는 파트너다. 같은 곳을 바라보는 사람이다

…› 선을 넘어서는 학부모로 인해 스트레스를 받을 때

…› 학부모와 좋은 관계를 유지하고 싶을 때

…› 아이의 올바른 교육을 위해 학부모에게 부탁해야 할 때

교권 추락의 문제로 세상이 시끄럽습니다. 온 나라가 교육 문제에 대해 걱정하고 있습니다. 법을 개정하거나 교사의 권리를 강화하는 대책이 나오고 있지만 그것으로 망가진 공교육이 얼마나 좋아질지는 모르겠습니다. 많은 선생님이 교실 분위기를 망치는 일부 학생들로 인해 어려움을 겪고 있습니다. 수업 시간에 잠을 자거나 학원 숙제를 하는 정도는 그냥 봐줄만 합니다. 적어도 다른 학생들에게 피해는 주지 않으니까요. 그런데 이상한 소리를 내거나 물건을 던지고 수업과는 전혀 상관없는 이야기를 하면서 수업 분위기를 흐트러뜨립니다. 물론 일부 학생들에 해당합니다. 대부분의 학생은

착실하게 교사의 지도에 따릅니다. 몰지각하고 예의 없는 학생들을 보면서 교사들은 내가 감당해야 할 몫으로 생각합니다. 아직 어리니까 잘못할 수도 있고 실수할 수도 있다고 여깁니다. 학교라는 곳이 배우기 위해서, 더 나아지기 위해서 오는 곳이니까요. 그런데 문제는 제 아이만을 위하는 학부모의 과도한 자식 사랑입니다. 내 아이만 잘하면 되고, 다른 아이들의 피해는 아랑곳하지 않습니다. 자기 자식으로 인해서 피해를 보거나 힘들어하는 친구들이 있다는 것을 모른척하는 학부모들을 보면 교사로서 안타까움을 가질 수밖에 없습니다.

학생들의 문제 성향이 지속적으로 나타나면 선생님들은 부모에게 연락을 합니다. 많은 학부모는 선생님의 의견에 공감하고 가정에서도 신경 쓰겠다고 하면서 선생님께 아이를 잘 부탁한다고 말합니다. 처음부터 교사를 막 대하는 학부모는 없습니다. 자식을 맡긴 게 죄라고, 선생님의 영향력을 알고 있기 때문에 최대한의 예의를 표합니다. 그런데 이런 일이 지속적으로 일어나고 아이의 잘못이 개선되지 않으면 그때부터 학부모의 태도는 달라집니다. 교사의 걱정에 수긍하고 자기 자식의 문제를 잘 알던 학부모가 아이의 편이 됩니다. 그러면서 아이의 잘못을 고쳐주지 못하는 교사나 학교를 탓하게 됩니다. 교사가 했던 말을 빌미로 제 아이가 그런 행동을 하는 원인이 교사에게 있다는 식으로 몰고 가기도 합니다. 주변 친구들을 탓하고, 제대로 관리를 못한다고 교사에게 원망을 돌리기도 합니다. 그러면 교사는 힘들어집니다. 내 능력이 부족한 것일까, 혹은 내가 이 자리에 어울리는 사람이 아닌가 하는 생각을 하면서 자괴감에 빠지기도 합니다.

그러니 학부모와 상담하고 아이 걱정을 하더라도 어느 정도의 거리감은 두어야 합니다. 적정한 선에서 긴장 상태를 유지해야 합니다. 아무리 교사에게 우호적인 학부모라도 결국 아이를 닮아 갑니다. 아이가 중1이면 학부모도 중1이고, 아이가 사춘기면 학부모도 사춘기라고 봐야 합니다. 충분히 이 정도의 말은 해도 될 거라고 생각하고 아주 깊은 이야기까지 하는 경우가 있습니다. 그러나 어떤 이야기든 내 마음이 돌아섰다면 공격의 빌미가 될 수 있습니다. 그러니 아이에 대해 말할 때 객관성을 유지하고 교사의 감정 상태를 어느 정도는 제어해야 합니다. 아이의 잘못된 것을 꼭 고쳐주고 싶고, 인간적으로도 학부모와 소통하려 하는 의도는 충분히 이해가 되지만 교사로서의 과도한 욕심은 화를 부를 수 있습니다. 선생님으로서 한번 추락한 자존심과 권위는 좀처럼 회복하기 어렵습니다. 노출된 존재이기 때문에 학부모들 사이에서 좋지 않은 이야기가 돌기 시작하면 그건 교사에게 상처가 됩니다.

일반적인 교사를 규정할 수 없듯이 일반적인 학부모를 규정하기도 어렵습니다. 하지만 항간에 떠드는 얘기처럼 학부모를 악마화하거나, 자칫 교사와 학부모의 대결 구도를 만드는 것은 더더욱 잘못된 일입니다. 미꾸라지 한 마리가 물을 흐린다고 모든 물고기가 미꾸라지는 아닙니다. 교사와 학부모는 학생과 자녀 교육을 위한 파트너입니다. 동일한 목표인 아이의 성장을 위해서 한 곳을 바라보는 사람들입니다. 뿔 달린 괴물을 보듯 경계심을 갖는 것은 잘못된 생각입니다. 어느 정도의 거리는 두되, 적당한 선에서 이해와 타협이 필요합니다. 서로가 서로에게 상처를 입힐 수 있는 독을 품고 있는 사람들이 교사와 학부모입니다. 서로가 독을 뿜을 수 있는 여지를 주지 않는 게 최선이라고 봅니다. 일반적인 학부모의 특성은 이렇습니다.

1. **대부분의 학부모는 학교에 우호적입니다.**

   자기 자식 공부를 알아서 시키더라도 학교에서의 기본이 갖춰지지 않으면 안 된다는 것을 알고 있습니다. 자기 자식의 성장을 위해서 교사가 큰 역할을 할 수 있다는 것을 알고 있습니다. 그러니 학부모를 믿어도 됩니다. 솔직하게 이야기하고, 함께 대화하고, 같이 머리를 쓰면 좋은 관계를 유지할 수 있습니다. 과거에 만났던 다양한 학부모들이 교사에게 사적인 도움을 주는 경우도 많습니다. 그러니 미리 색안경을 끼고 바라볼 필요는 없습니다. 학부모와 커피를 마셔도 되고, 학교로 호출을 하든, 교사가 학부모를 찾아가든 가능한 한 많은 인간적인 접촉을 할 필요가 있습니다. 그런 것들이 학생 지도에 매우 큰 효과를 발휘할 수 있습니다. 전에 한번 이런 일이 있었습니다. 어느 과목 선생님이 수업 중 학생의 잘못을 지적하는 과정에서 안테나 모양의 스테인리스 가르침대로 아이의 머리를 톡톡 건드렸습니다. 아이가 피하는 바람에 날카로운 끝부분에 긁

혀서 머리에 상처가 났고 피가 흘렀습니다. 병원으로 데려가 지혈과 소독을 했습니다. 사고를 친 선생님은 좌불안석이었습니다. 학생의 어머니가 병원으로 왔습니다. 오히려 수업 시간에 제대로 안 한 게 잘못이라고, 괜찮다고, 이렇게 병원까지 오게 되어서 선생님께 미안하다고 했습니다. 당연히 아무런 이의 제기도 없이 상황은 종료되었습니다. 이런 일이 어떻게 가능했을까요? 학부모와 교사 간에, 특히 담임 교사와의 평소 관계가 돈독했기 때문입니다. 친한 사이라면 넘어갈 수 있지만, 불편한 사이라면 그냥 지나가지 않습니다. 인간관계의 기본이 교사와 학부모에게도 적용됩니다.

2. 아이들의 수준과 학부모의 수준은 똑같습니다.

학부모의 말과 행동을 보면 아이가 왜 저렇게 하는지를 알 수 있는 경우가 허다합니다. 교사들끼리는 이야기합니다. 아이가 중1이면 엄마도 중1이고, 아이가 사춘기면 엄마도 사춘기라고. 아이의 질풍노도가 자연스러운 현상이지만 엄마의 질풍노도는 아이로 인해서 만들어지게 됩니다. 그래서 질풍노도끼리 부딪치면 세상이 다 시끄러워집니다. 그래서 선생님께 도움을 요청하지만 선생님의 노력으로도 아이가 변하지 않는 경우가 대부분입니다. 이럴 때 학부모에게 연락하고 도와달라고 말씀드리는 것이 통하지 않을 때가 많습니다. 왜냐하면 학부모도 아이와 똑같기 때문입니다. 사고 치는 아이의 행동이 반복되면 자신의 행동에 스스로 당위성을 부여합니다. 학부모도 그렇습니다. 초반에는 부실하고 시원찮은 자식을 둔 것에 대해 미안함을 갖지만 비슷한 일이 거듭 일어나면서 그것을 당연하게 생각합니다. "그래서 어쩌라는 거냐, 나도 할 방법이 없다."는 식의 감정 표출이 교사에게 향합니다. 그러면 교사는 힘들어집니다. 어쩔 수 없습니다. 아이를 달래듯 학부모도 달래야 합니다. 또 다른 중1 학생이, 또 다른 질풍노도의 청소년이 저기에 있다고 생각하고 맞장구도 쳐주고 달래기도 하면서 대화해야 합니다. 사람을 가르치는 것은 교사의 몫입니다. 아이를 둘러싸고 벌어지는 학부모의 좌절을 아무래도 교사가 더 안아주는 것이 필요합니다.

3. 잘난척하는 학부모에게는 단호해야 합니다.

자기가 많이 배웠고, 사회적으로 높은 명성을 누리거나 고위직에 지인들이 많다는 것을 내세우는 사람들이 많습니다. 자신이 얕잡아 보이지 않기 위해서, 선생님이 조금이라도 자기 자식을 더 신경써 달라는 의미에서 은근히 그런 것을 과시하는 사람들입니다. 교사들은 별 신경 쓰지 않아도 됩니다. 국가공무원법상 교원은 엄격하게 신분 보장이 되어 있습니다. 법에 정해진 항목에 따라서 신분상의 불이익을 받는 것이지, 어느 누가 이래라저래라 할 수 있는 직업이 아닙니다. 아무리 똑똑하고 잘난 학부모라도 교사보다 아이들을 더 잘 가르치지 못합니다. 교사가 주는 수행평가 점수를 건드릴 수 없습니다. 학교생활의 모든 부분에서 관여할 수 없습니다. 교사의 자리를 파고들어 오는 학부모에 대해서는 싫은 내색을 하고, 정색하면서 말해야 합니다. 가끔 신규 선생님이나 젊은 선생님에게 애들에 대해 뭘 아느냐, 애를 키워봐야 힘든 것을 안다 등의 말을 하면서 자기 생각만을 늘어놓고 가는 학부모들도 있습니다. 교사의 권한과 자격에 대해 언급할 필요가 있습니다. 학교생활기록부를 좌우하는 교사의 권리 하나만으로도 잘난척하는 학부모 발언의 모든 것을 압도할 수 있습니다. 시험 문제를 어렵게 내든 쉽게 내든 학교 안에서 벌어지는 것을 조절할 수 있는 능력은 교사에게 있습니다.

4. 학부모는 기본적으로 '이기적'입니다.

자기 애를 우선적으로 생각하는 사람들입니다. 그러니 자기 아이가 불이익을 당하거나 손해보고 있다는 느낌이 든다면 돌변합니다. 바로 교사의 적이 됩니다. 여기에서 말하는 이기적이라는 것은 부정적인, 나쁘다는 의미가 아닙니다. 누구나 이기적입니다. 더 높은 자리에 오르고 싶고, 더 많은 부와 명예를 누리고 싶은 게 인간의 기본적인 욕망인 것처럼 제 아이를 잘 키우고 싶은 게 학부모의 마음입니다. 교사에게 가장 중요한 능력 중 하나는 학부모의 이기적인 마음을 학급 전체, 또는 학교 전체를 향할 수 있도록 하는 것입니다. 학교는 혼자서만 공부하는 곳이 아니고, 혼자서 튀어 나가는 아이를 우호적으로 봐줄 수 없다는 것을 학부모가 알도록 해야 합니다. 친구들과 함께하는 생활 속에서 자연스럽게 아이의 성취가 이루어지고, 좋은 평가를 받을 수 있다는 것을 지속적으로 강조해야 합니다. 시험 성적이든, 품행에 대한 기록이든, 외부 추천이든 집단 속에서의 행동 하나하나가 바탕이 된다는 것을 알려주어야 합니다.

5. 많은 교사가 학부모입니다.

그러니 학부모와 교사는 동일한 존재입니다. 교사가 자식을 학교에 보냈을 때도 속상한 일이 발생합니다. 자식이 왕따를 당하거나, 학교생활에서 스트레스를 많이 받거나, 학업 성적이 떨어질 때 교사도 학부모로 돌변합니다. 그래서 그 순간부터는 내 자식의 교사에게 각을 세웁니다. 학교 교육의 문제점을 밝히려고 하고, 담임선생님의 부당한 언행을 기록하거나 나중에 이의 제기를 위한 근거로 삼습니다. 심한 경우는 직접 학교로 찾아가서 막말을 하면서 싸우기도 합니다. 학부모 입장에서는 자기 자식만을 보게 됩니다. 교사로서는 절대 그러지 않았을 것인데, 학부모니까 그렇습니다. 실제로 "저 어머니가 교사라는데, 어떻게 교사가 그럴 수 있지?"라는 말이 주위에서 심심찮게 들려옵니다. 누구라도 그 입장에서는 그럴 수 있습니다. 그러니 교사와 학부모가 따로따로의 별개 집단으로 존재하지 않는다는 사실을 알아야 합니다.

특이한 교사들은 많습니다. 공감할 수는 없지만 이해할 수는 있습니다. 학부모도 마찬가지입니다. 특이한 학부모들은 많습니다. 그들의 마음을 있는 그대로 받아들일 수는 없지만, 자식을 위한 과다한 사랑으로 이해할 수는 있습니다. 다행인 점은, 그런 학부모들이 아직은 많지 않다는 것입니다. 일반적인, 많은 학부모가 교사를 지지하고 응원합니다. 그런 것을 보면서 위안을 삼고 교사의 하루를 보내는 게 어떨까 합니다.

꿀팁 한 번 더, 이건 꼭 기억하세요.

1. 시대가 변하면서 학부모도 많이 변했습니다. 아이들의 기본예절이 없다고 하는 말이 자주 들여옵니다. 그런데 학부모도 똑같습니다. 체험학습을 가는 아이를 내려주면서 인사 한마디 없는 학부모가 훨씬 많습니다. 현재의 학생을 맞는 교사들은 현재의 학부모를 만납니다. 과거와 달라진 학부모의 모습에 교사가 흔들려서는 안 됩니다.
2. 세상에는 별사람들이 많습니다. 상식이라는 게 점점 넓어지면서 이해 가능한 행동도 더 넓어지고 있습니다. 이상한 사람들도 일반적인 범주 안에 들어옵니다. 교사들의 가르침도 다양한 측면에서의 시도가 가능해졌습니다. 그러므로 현재 학부모의 특성은 모든 교사의 특성이기도 합니다.

68

신경 안 써도 되는 사람들, 학교의 각종 위원님들

···› 교사에게 공정함이 가장 중요하다는 믿음을 갖고 있을 때

···› 누구 아빠라는 말을 듣고 그 아이가 떠오르지 않아 미안한 마음이 들 때

···› 학부모와의 관계를 어떻게 해야 하나 다소 고민이 될 때

학교에 자주 얼굴을 비추는 학부모님들이 있습니다. 수시로 열리는 학교운영위원회와 학부모회 임원들입니다. 학교운영위원회는 학교의 교육과정부터 체험학습, 예산 등에 대해서 심의하거나 의결하는 기구입니다. 학부모 위원, 교사 위원, 지역 위원 등이 운영 위원으로 학교 행정에 참여하고 있습니다. 예전의 학교는 운영위원들과 함께하는 자리를 많이 가졌습니다. 수시로 단체 회식도 했고, 그분들께 도움을 요청해서 아이들에게 혜택이 갈 수 있도록 한 적도 있습니다. 당연히 운영위원장의 자식이 누구이고, 저 분은 누구의 아

빠라는 것이 자연스럽게 교사들 사이에 알려졌습니다. 그런데 이런 풍경이 사라졌습니다. 김영란 법 덕분입니다. 과거에는 운영위원회의 위원들이 별도의 회비를 걷었고, 이 회비가 교사들의 회식비로 쓰이기도 했습니다. 특정 학부모들이 교사들을 위해 지갑을 열어도 되는 시절이었습니다. 그런데 김영란 법 이후로 학교운영위원들과 회식하더라도 학교 예산에서 지출을 해야 하기에 자연스럽게 이런 만남이 줄었습니다. 그래서 많은 선생님들은 지금 우리 학교의 운영위원장이 누구인지를 모릅니다. 몰라도 됩니다. 아이들의 아빠나 엄마가 누구인지를 몰라도 됩니다. 신경 쓸 일이 줄어든 셈입니다. 예전에도 누구 딸이니까, 누구 아들이니까 특별히 신경을 쓴 것은 아니었지만, 그래도 밥이라도 한번 얻어먹었다는 건 마음속에서 빚을 지고 있다는 것이니까 이런 게 교사들을 불편하게 했던 게 사실입니다.

학부모회도 이제는 학교의 공식 기구가 되었습니다. 학부모회에 정식으로 가입 신청을 한 어머니(아버지도 가능하지만)들이 회비를 냈고, 학년별로 임원을 선출해서 그분들이 따로 기금을 거두었습니다. 체육대회나 소풍 등의 행사에는 그 돈으로 학생들 간식을 사주고, 선생님들 도시락까지 제공해 주었는데, 그런 풍경이 이제는 과거의 것이 되었습니다. 그래서 요즘 선생님들은 소풍을 가더라도 개인적으로 돈을 걷어서 점심을 해결합니다. 수학여행에서 인솔 교사를 대상으로 무료 티켓이 나오더라도 이 티켓은 도움이 필요한 학생들에게 주고, 교사들은 학교 예산이나 개인 돈으로 입장하고 식사를 합니다. 공짜로 먹고 자고 한다는 삐딱한 시선에서 해방이 되었으니 그만큼 당당해지기도 했습니다. 얻어먹는 게 없다는 게 이토록 교사들을 자유로워지게 합니다. 관리자들도 예전에는 특정한 위원들의 자식들을 따로 불러서 격려하기도 했고, 교사들에게 특정한 아이들의 성적을 가져오게 하거나, 특별히 신경 좀 쓰라는 무언의 압력을 넣기도 했습니다. 부모의 사회적 성취에 따라서 학생들이 차별받을 수도 있는 분위기였습니다. 지금은 그렇지 않으니 좋아진 세상임은 분명합니다. 교사가 더 당당할 수 있는 세상이 된 것도 맞습니다. 공정하게, 나도 모르게 차별하지 않고 학생들을 대할 수 있기 때문입니다.

예전에는 함께하는 회식이 술자리로 이어지고, 노래방까지 동행하면서 외부에서도 좋지 않은 시선으로 바라보기도 했습니다. 일부 사람들의 일탈 행동이 교사 집단의 일반적인 성향인 양 오해받기도 했습니다. 학부모는 학부모대로 일이 있을 때마다 교사들을 챙겨야 했고, 그 와중에 엉뚱한 소문이 퍼지면서 지역 사회의 문제가 되기도 했습니다. 지역 언론에 불명예스러운 일이 유포되기도 했고, 그로 인해 크고 작은 징계를 받는 교사들도 있었습니다. 누군가를 의식하면서 교사로서 살아가야 한다는 건 때로 내 자존감을 떨어뜨릴 수도 있습니다. 그러나 이제는 달라졌습니다. 과거보다 교사들은 더 높이 자존감을 세울 수 있다는 것입니다.

위원회의 위원으로 활동하는 분들의 특징이 있습니다. 학교 교육에 관심이 많고, 학교의 잘못된 관행을 고칠 수 있도록 조언하기도 합니다. 고여 있는 물은 썩는다고, 이런 분들의 조언들이 교육의 방향을 올바르게 만드는 데 크게 기여합니다. 지역사회의 가용자원을 학교로 확대한다는 측면에서도, 다양한 경험과 재주를 지닌 분들이 학교 교육에 함께 임한다는 것은 큰 의미를 지닙니다. 이분들이 제안해 주신 것들이 현실화되면서 새로운 시도가 학교에 긍정적인 변화를 주기도 했습니다. 법적으로도 상설기구화를 한 이유가 분명히 있다고 봅니다. 교육에 적극적인 분들이라 기꺼이 자기 주머니를 열 준비가 되어 있기도 합니다. 실제로 이분들이 도와주셔서 교사의 교육 활동이 잘 이루어진 경우가 꽤 있습니다. 문화예술체험 프로그램을 유치해서 서울의 큰 공연장에서 열리는 괜찮은 뮤지컬 티켓을 무료로 구했습니다. 그런데 티켓은 확보되었지만 다른 예산은 전혀 없었습니다. 버스를 대절하고, 학생들에게 식사도 제공해야 했습니다. 이 사실을 학교운영위원회 임원 한 분에게 알렸고, 그분들이 십시일반으로 도와주셔서 무사히 교육활동을 마칠 수 있었습니다.

하지만 우려스러운 것들도 많이 있습니다. 지역 사회에서 자기 얼굴을 내세우고, 명함에 이력 한 줄을 추가하기 위한 도구로서 이 자리를 이용하는 사람들도 있습니다. 학교의 전반적인 교육활동 활성화보다는 자기 자식이 조금이라도 혜택을 보았으면 하는 마음에서 활동에 참여하기도 합니다. 졸업식 때 대표로 상을 받는 학생이 자기 자식이 아니어서 선생님에게 불만을 토로한 적도 있었고, 선생님이 상을 챙겨주지 않아서 내신성적에서 불이익(?)을 받았다고 공개적으로 이의를 제기하는 이들도 있었습니다. 자기네들이 학교 활동을 열심히 하는데, 선생님이 지원해 주지 않는다고 학교에 대한 불평을 외부에 퍼뜨리기도 했습니다. 학교폭력 사태에서 가해자로 징계를 받아야 할 자식을 위해 다른 위원들에게 사적으로 부탁하는 이도 있었습니다. 학교 행사와 관련한 봉사를 할 때는 고학년 어머니들은 비교적 덜 힘든 일을 맡고, 저학년 어머니들은 힘든 일을 맡는 것을 보면서 아이들의 위계가 어머니들에게도 유지되고 있다는 것에 놀라기도 했습니다.

그래도 이분들 덕분에 교사의 업무 처리가 편해지는 경우도 많이 있습니다. 교육청에서 주관하는 연수나 강연에 참가할 학부모님들을 모집해야 할 때, 학부모회를 통해서 요청하면 흔쾌히 순번을 정해서 참가해 주시기도 하고, 학교에서 행하는 여러 행사에도 도움을 받곤 합니다. 교사와의 갈등만 일어나지 않는다면 함께 가도 좋을 분들입니다. 다만 어느 조직이나 그렇듯이 일부 사람들이 문제를 일으키고 많은 사람들을 힘들게 할 뿐이죠.

교사로서 이분들 눈치를 봐야 할 건 사실 전혀 없습니다. 학교교육의 내실화라는 큰 명제를 품고 학교 일을 도와주시는 분들이라 생각하면 됩니다. 이분들의 자식이 누구인지 몰라도 상관없고, 수행평가 채점을 할 때 아이들의 이름이 도드라져 보이지 않아도 됩니다. 학부모가 누구든, 어떤 지위에 있으며, 학교 재정에 얼마나 큰 기여를 하든 교사는 신경 쓰지 않아도 됩니다. 교사는 아이들을 키우는 사람이고, 교사에게는 아이들만 보이면 되니까요. 학교 일을 도와주시는 학부모님들도 교사들처럼 큰 뜻을 품고, 내가 아닌 우리 아이들을 위해서, 대한민국의 공교육이 바로 서기를 바라고 있는 분들이라고 믿으면 됩니다.

◌ 꿀팁 ◌ 한 번 더, 이건 꼭 기억하세요.

---

1. 학교를 위해 일해 주시는 분들은 대개 자식 교육에도 관심이 큰 분들입니다. 이분들이 내 아이만을 보지 않을 수 있도록 교사들이 도와주어야 할 필요가 있습니다. 교실 분위기가 살아나고, 학교의 올바른 전통이 세워지는 데 도움을 주실 수 있는 분들입니다.
2. 교사를 유혹하는 사람들은 없습니다. 유혹에 넘어가는 교사들도 없습니다. 학교를 오가시는 분들께 당당해져도 됩니다. 교사는 교사로서, 학부모 임원들은 임원으로서 각자의 역할을 하면 되니까요.

#학생

69

무척 다른 아이들, 교사는 다양한 아이들을 좋아할 줄 알아야 한다

…› 어떤 학생이 좋냐는 질문을 받고 대답을 고민해 볼 때

…› 학생을 어떤 사람으로 키워야 할지 답을 찾기 어려울 때

…› 내가 생각하는 학생상이 잘못되거나 편협되어 있지 않은가 자기반성에 빠질 때

선생님은 누구나 내가 가르치는 학생을 괜찮은 학생으로 키우고 싶어 합니다. 내가 학생들을 가르치는 게 내 밥벌이로서의 일이지만, 월급을 받는 만큼의 일만 하겠다고 생각하지는 않습니다. 월급만큼의 일이라는 게 측정할 수 없기도 하지만, 내가 가르치는 아이들이 잘되는 걸 보면 언제나 뿌듯해지기 때문입니다. 학생들은 주로 괜찮고 존경하는 선생님을 '착하다'는 단어로 표현합니다. 그 선생님이 착하다고 한다면 학생들을 사랑하고, 관심이 많고, 이야기를 들어주려 하고, 느낌이 통하는 사람이란 걸 뜻합니다. '착하다'는 말은

거창한 말은 아니지만 혀와 잇몸이 부딪히는 마찰음이 주는 어린아이다운 어감이 있습니다. 이런 말을 들으면 학생들이 나를 좋아하는구나 하고 생각하시면 됩니다.

그럼 괜찮은 학생은 어떤 학생일까요? 만약 '괜찮은'이라는 말 대신 '좋은', '바람직한', '착한', '올바른', '착실한', '앞날이 밝은', '훌륭한' 같은 말을 대신하더라도 뜻은 비슷합니다. 우리 아이들이 그런 수식어에 적합하게 커나갈 수만 있다면 모든 교사는 행복에 겨워서 즐겁게 학교생활을 할 수 있을 것입니다. 성실하고, 부지런하고, 모범적인, 이타적인, 리더십 있는 등의 말들은 모든 사람에게 적용되는 것이라 딱히 학생들에게는 한정짓기가 어렵습니다. 게다가 지금은 게으르고, 즉흥적이고, 이기적인 학생이라도 어떤 계기가 제공된다면 얼마든지 달라질 수 있기에 학생의 지금 현재를 놓고 판단할 수는 없습니다. 어떤 가능성이라도 가지고 있고, 이 세상 위인 어느 누구라도 닮아갈 수 있는 게 지금 내 앞에 있는 학생들입니다. 우리가 하는 평가는 결과가 나온 후에야 가능합니다. 시험을 본 뒤에 수준을 평가하고, 산출물을 보면서 점수를 매기고 그 사람의 노력을 가늠합니다. 그러니 아직 커가는 과정 중에 있는 학생들은 애초부터 평가가 불가능합니다. 교사의 역할은 학생들을 평가하는 게 아니라 평가에서 좋은 성취를 거둘 수 있도록 과정을 돌봐주는 것입니다. 그러니 이래야 괜찮은 학생이라고 말할 수가 없습니다. 괜찮은 학생이란 게 아예 없다는 것이죠.

부모는 자식을 키우면서 이 아이를 어떻게 키우고 싶다는 생각을 합니다. 주로 특정 직업을 염두에 두고 미래를 꿈꾼다는 게 다소 아쉽기는 합니다. 의사로, 교사로, 과학자로, 법조인으로, 학자로 키우고 싶다는 건 그런 일을 하는 사람으로 컸으면 좋겠다는 부모의 생각을 반영한 것입니다. 특정 직업에서 요구되는 삶의 가치와 아이가 어울릴 수 있다고 생각해서, 혹은 그런 직업이 부모가 못다 이룬 꿈일 수도 있고, 막연하게 이런 일을 하면서 살았으면 좋겠다고 생각하는 것입니다. 그러나 교사의 입장에서 볼 때 다소 걱정되는 부분이 있습니다. 특정 직업이 목표가 되기보다는 어떻게 살 것인가가 목표가 되면 더 좋지 않을까 하는 생각을 갖습니다. 그 목표가 나를 위한 것을 넘어서 타인의 건강과, 웃음과, 행복을 위해줄 수 있다면 더 좋을 것 같습니다. 내가 가르친 아이가 이 세상을 위해서 꼭 필요한 사람으로서, 가치 있게 살아갈 수 있다면 일단은 교사로서 내가 할 수 있는 일을 다한 셈이니까 그렇습니다. 그러니 보다 도덕적으로, 착하고 이타적으로 내가 맡은 아이들을 키워낼 수 있도록 해야 할 것입니다.

그런데 교사에게도 아이와 맞는 코드라는 게 있습니다. 반듯하고, 수업 시간에 똘망똘망한 눈으로 교사를 응시하고, 시키는 것을 척척 해내고, 언제나 해맑게 웃는 학생들을 좋아하는 것은 기본입니다. 하지만 교사 생활을 하다 보면 종종 아이가 변하는 것을 느끼게 될 것입니다. 말도 지지리 안 듣고 말썽만 부리던 아이가 조금씩 변해가고, 제 이름 글자도 제대로 쓰지 못하던 아이가 글자를 쓰게 되고, 칼날이 선 말투로 항상 세상에 대항하던 아이가 부드러운 어조로 선생님을 부를 때면 당황스럽지만 기분 좋은 느낌이 자연스럽게 생겨납니다. 게다가 가끔은 그렇게 속을 썩이던 아이가 진심을 담아서 선생님께 이제부터는 정신 차려서 잘하겠다고 한다면 그간 쌓아왔던 불신의 벽이 하루아침에 무너져 내리는 걸 느낄 수도 있습니다. 물론 그런 일들은 반복되고, 속는 것으로부터 실망의 크기도 점점 줄어들게 됩니다. 교사로서의 시간은 그렇게 만들어지게 됩니다.

어떤 선생님들은 학생들이 따지는 것을 싫어합니다. 늘 고분고분한 것을 원합니다. 아이들이 따져 묻고 민감하게 대하는 것을 두려워합니다. 그래서 시험이 있는 전날 아주 경건한 마음으로 일찍 잠에 들고 맑은 정신으로 하루를 맞이하려 노력하는 선생님도 있습니다. 아이들이 따져 묻는 과정에서의 불손함과 거친 말에 정신적인 충격을 받을 수도 있기 때문입니다. 하지만 교사의 일이라는 게 늘 나와 코드가 맞는 학생들만을 만나지는 않습니다. 고분고분하지만 의욕이 없는 아이, 늘 수업 시간에 고개를 숙이고 조는 아이, 의욕이 넘치지만 아는 게 없어서 수업과 따로 노는 아이, 따지기 좋아하고 도전적인 아이, 환상 속에서 사는 것처럼 마치 동화 속 공주인 양 취해 있는 아이 등 아주 다양합니다. 이런 아이들의 다른 성향은 문제가 될 수 없습니다. 각각의 성향마다 장점이 존재합니다. 까부는 아이들은 밝습니다. 엉뚱한 이야기를 하는 아이들은 창의적입니다. 말이 없는 아이들은 차분하고, 모둠 활동을 망가뜨리는 아이들은 리더가 되기를 꿈꿉니다. 가만히 있지 못하는 아이들은 에너지가 넘치고, 사소한 일에 눈물을 보이는 아이들은 보호 본능을 자극합니다. 다양한 성향의 아이들을 내 페이스대로 끌고 가면 교사의 성취도와 직업 만족도는 커집니다. 내 능력에 대한 만족은 교사를 살아있는 사람으로 만들어 주고, 모든 아이들을 품을 수 있는 큰 그릇으로 나를 바꾸어 줍니다.

그러니 아이들의 특정한 성격과 서로 다른 표현 방식을 인정해야 합니다. 그 아이들의 가능성을 믿고, 현실의 문제점은 얼마든지 변할 수 있다는 생각을 해야 합니다. 실제로도 그렇습니다. 사람들의 성향은 달라집니다. 그리고 그건 너무나 자연스럽습니다. 그러니 다양한 아이들을 대하고, 그 안에서 평정심을 찾을 수 있는 교사의 태도는 학교생활을 오래 지탱할 수 있게 하는 길이 됩니다. 장점을 찾으려 노력하면 나를 바꿀 수 있습니다.

저는 개인적으로 따지고 묻는 아이들을 좋아합니다. 그런 아이들과는 전쟁을 치러야 합니다. 쉽게 납득하지 않고 고분고분하지도 않습니다. 가끔 툭툭 던지는 단어가 교사를 거슬리게 할 때도 있습니다. 그렇다고 말꼬리를 잡는 태도 문제를 부각시키면 대화는 이어지지 않을 테고, 함께 이야기하는 과정의 어려움을 극복해야 합니다. 그래도 집요하게, 교사로서 내 온 정성을 다해서 아이를 설득하면 그 아이는 완전히 달라집니다. 야생마가 순한 양이 되는 것이죠. 그 쾌감을 느껴보면 중독될 정도의 매력을 알게 됩니다. 저는 그래서 한번 해보자는 식으로 끝까지 최대한의 참을성을 발휘합니다.

아무리 말해도 대답이 없는 아이도 있고, 돌아서면서 앞의 지도 내용을 까먹는 아이도 있습니다. 그래도 모든 아이는 사랑스러운 데가 있습니다. 아이들이 이래야 한다는 것은 적어도 옳지 않은 명제입니다. 모든 아이는 옳습니다.

꿀팁 한 번 더, 이건 꼭 기억하세요.

---

1. 선생님으로서 생각하지 못했던 아이들을 늘 만나게 됩니다. 수업 시간도 그렇지만 담임 교사를 하면 더합니다. 아이에 대한 고정관념을 지니고 있으면 교사로서 힘들어집니다. 마치 럭비공처럼, 어디로 튀어갈지 모르는 게 아이들입니다. 교사로서 품을 넓게 갖고 팔을 최대한 벌려야 합니다.
2. 교사 생활 초반에 가졌던 생각은 당연히 변합니다. 나는 시끄러운 아이는 질색인데, 따지는 애들은 싫은데, 대답 안 하면 무시당하는 것 같아서 힘든데 등의 생각은 나도 모르는 사이에 바뀝니다. 의도적으로라도 바꿀 필요가 있습니다. 아이의 내일은 오늘과 다를 수 있습니다. 그것이 좋은 선생님으로서 기분 좋게 바라보는 아이의 성장입니다.

70

교사가 좋아하는 학부모, 교사가 닮고 싶은 학부모가 있다

…› 내 아이를 어떻게 키워야 하나 교사이지만 학부모로서 생각할 때

…› 나와 갈등하는 학부모 때문에 학생이 자꾸만 눈에 들어올 때

…› 사적인 자리에서 지인들에게 이렇게 하면 좋겠다고 알려주고 싶을 때

갑질을 하는 학부모로 인한 갈등이 불거지고 있습니다. 그런 학부모에게도 이유는 있습니다. 내 자식이 앞서갔으면 좋겠고, 잘 적응했으면 좋겠고, 선생님이 조금이라도 더 신경을 써주었으면 좋겠다고 생각합니다. 어딘지 모르게 내 아이는 어설프고, 모자란 것 같고, 하나하나 챙겨줘야 할 것만 같습니다. 내가 낳거나 기르고 있는 아이지만 내가 전적으로 이 아이를 훌륭하게 키울 수 있다는 생각은 하지 않습니다. 그래서 학교에 보내고 선생님께 맡기지만 뜻대로 되지 않아서 속이 상합니다. 그러다 보니 본의 아니게 선생님과 갈

등을 빚기도 합니다. 처음부터 선생님을 감시의 대상으로 보고, 대립각을 세우려는 의도를 가진 학부모는 없습니다. 시작은 선생님과 학부모가 모두 동일합니다. 내가 아닌, 내 아이를 바라보는 것이죠. 다만 선생님은 짧으면 일 년 안에 이 관계가 끝나지만 학부모는 계속 책임을 지는 위치에 있어야 한다는 사실만 다릅니다.

선생님도 닮고 싶은 학부모가 있습니다. 이 얘기는 이런 학부모들을 만나면 배울 게 있다는 것이고, 교사로서 아이를 더 챙겨주고 싶어진다는 것입니다. 교사도 감정이 있는 인간인 이상, 더 마음이 가는 아이들이 있습니다. 어깨도 다독거려 주고 싶고, 발언 기회도 한 번 더 주고 싶고, 기왕이면 이런 아이들이 반장이 되면 좋겠다고 속으로 생각하기도 합니다. 다만 모든 아이들을 공정하게 대해야 하기에 티를 내지 않으려고 노력할 뿐이지요. 누구는 예뻐하고 누구는 예뻐하지 않는다는 걸 티 내는 순간, 교사에 대한 신뢰도는 저 밑바닥으로 추락할 것이고 학생들도 그 사실을 알기 때문에 매번 조심하면서 살아갑니다. 괜한 오해나 구설에 오르지 않으려고 언행도 균형을 맞추고 지속적으로 나는 그렇게 하지 않는다는 것을 아이들에게 각인시키려고도 노력합니다. 그래도 더 기다려 주고, 기회를 한 번 더 주는 게 자연스러울 수 있다면 그렇게 하려고 합니다. 어렵게 발표 기회를 얻은 아이가 긴장해서 처음부터 실수했다면 잠깐 쉬었다가 다시 한 번 시도하도록 하는 기회 부여 정도는 당연히 교사가 할 수 있으니까요. 눈에 보이지 않는 이런 교육활동의 배려가 사실은 학부모로부터도 영향을 받습니다. 학생이 교사의 사랑을 받기 위해서는 99%가 학생의 태도와 노력에 달려 있지만, 1%는 학부모에게도 달려 있기 때문입니다. 그렇다고 학생을 대하기 전에 학부모에 대한 선입견을 가져야 한다는 것은 아닙니다. 학부모의 지위나 역량 등 외부적인 요인은 교사에게 전혀 고려 대상이 아닙니다. 교사는 이런 학부모를 좋아합니다.

1. 교사에 대해 무한대의 신뢰를 보여주는 학부모입니다.

학년 초가 되면 선생님들은 학부모님께 연락을 합니다. 문자 메시지를 보내고, 단톡방을 만들어서 운영하기도 하고, 학급 안내문을 만들어서 배포하기도 합니다. 직접 만나서 별도의 상담을 하거나 수업을 참관하기 전후에 만남이 이루어지기도 합니다. 선생님으로서도 아이 교육을 위해 다양한 정보를 알아야 하니 이런 대화를 거부하지는 않습니다. 개인적인 만남에서는 대개 선생님께 우리 아이를 맡기니 잘 부탁한다고 합니다. 그리고 선생님의 지도 방법을 잘 따르겠으며 가정에서도 노력하겠다고 합니다. 우리 아이가 이러저러한 성향이니까 이런 것을 감안해달라는 식의 부탁을 하더라도 시작부터 그렇게 하지는 않습니다. 최대한 선생님의 권위를 존중해 주고 무조건적으로 신뢰한다고 말한 후, 그런 부탁을 합니다. 선생님은 내가 존중받고 있다는 느낌, 교사로서의 나를 믿고 있다는 느낌에 세상이 환해지는 것만 같아집니다. 그러면 무척 우호적으로 됩니다. 학부모가 나를 인정해 준다는데 무슨 말이 더 필요할까요? 나중에 아이에 대해 신경 쓸 것을 듣더라도 하나하나 메모해 가면서 잘 챙기려고 노력합니다. 사람과 사람의 관계는 마음을 사로잡는 것에서부터 출발합니다. 교사와 학부모의 관계도 그렇습니다.

2. 예의 바른 학부모입니다.

간혹 예의를 갖추지 않는 학부모들이 있습니다. 교사의 나이나 경력이 어리다고 얕잡아보는 듯한 어투로 말씀하시는 분들입니다. 때로는 자신에 대해 은근히 과시하기도 합니다. 내가 이런 학교에서 이런 것을 배웠고, 지금도 대외활동을 하고 있다면서 똑똑한 사람처럼 보이려고 노력합니다. 겸손을 기반으로 이야기하고 있는지, 아니면 내가 그런 사람이니까 알고 행동하라는 스스로 설정한 위계를 바탕으로 이야기하고 있는지는 들으면 알 수 있습니다. 대놓고 선생님의 출신 학교를 묻기도 합니다. 한번은 아이에게 문학작품을 읽으라고 권한 적이 있습니다. 나중에 보니 고사성어를 공부하는 책을 보고 있었습니다. 그래서 이런 책도 좋지만 선생님은 독서의 재미를 느낄 수 있는 책을 읽었으면 좋겠다고 했습니다. 그 아이가 아마 집에 가서 불평불만을 얘기한 것 같습니다. 아마 엄마가 하라는 대로 했더니 선생님한테 한소리를 들었다고 했을 것입니다. 나중에 그 학부모님이 이렇게 얘기하더군요. 명문대인 A대에서 국어를 전공했다고. 학부모가 아무리 똑똑해도 아이를 학교에 보내는 이상, 공부는 선생님이 시키는 것입니다. 아이를 학교에 보내는 것은 국민 누구나의 권리이지만 권리를 누리기 위해서는 지켜야 할 예의와 도리라는 게 있습니다.

3. 솔직한 학부모입니다.

말썽을 부리거나 학생들이 사고를 치면 학부모와 상담을 합니다. 학교에서 하는 행동을 예로 들어가면서 고쳐야 할 부분에 대해서 말합니다. 그리고 현재 부족한 부분이 있으니 이를 가정에서 더 신경 써달라고 합니다. 그 과정에서 학생이 집에서는 어떻게 생활하고 있는지, 무슨 갈등을 겪고 있는지, 밥은 엄마가 차려주는지, 평소 같이 있는 시간은 얼마나 되는지, 하루에 게임은 얼마나 하는지, 아이를 때리거나 폭언을 하지는 않는지 등을 묻습니다. 학교에서 하는 행동과 가정에서의 행동이 전혀 다를 수 없다는 것을 알기 때문에 문제 해결을 위해 이런저런 정보를 얻고자 함입니다. 그럴 때 벽을 쌓는 학부모가 있습니다. 자신이 바빠서 아이에 대한 신경을 못 쓰고 있는 것이 들통날까봐 그러는지, 학부모로서 아이에 대한 미안함 때문인지 모르겠습니다. 그런데 이렇게 되면 학생의 걱정스러운 행동에 대한 대책을 세울 수가 없습니다. 학부모로서 못하는 부분에 대한 이야기를 솔직하게 해줘도 상관없습니다. 선생님은 학부모를 가르치는 게 아니라 학생을 가르칩니다. 학부모의 이야기를 듣고 제대로 못한다고 타박하지 않습니다. 제공받는 모든 자료는 학생을 위한 소중한 정보가 됩니다. 그러니 못하면 못하는 대로, 잘하면 잘하는 대로 솔직하게 마음을 털어놓고 선생님께 도움을 요청하는 편이 훨씬 좋습니다. 학부모의 자존심이 우선이 아니라 아이의 올바른 성장이 먼저입니다. 일부러 감추고 감싸고 든다면 감싼 부분만큼은 선생님의 사랑이 들어갈 수가 없습니다.

4. 평판이 좋은 학부모입니다.

학생보다 성적에 더 관심을 가지는 학부모들이 많습니다. 어떤 분들은 평소 선생님이 어떤 식으로 가르치고, 시험 문제는 어떻게 내고, 아이들을 어떻게 대하는지 정보를 파악하고 있습니다. 소위 맘카페라고 불리는 곳에서 학교나 선생님에 대한 정보가 많이 떠돌고 있습니다. 학급 배정이 발표되면 학부모들 사이에서 부러움의 대상이 되거나 위로를 받는 분들이 생겨나기도 합니다. 선생님에 대한 많은 부분이 공유되고 있기 때문입니다. 하지만 교사들도 학부모들에 대한 정보를 공유합니다. 이전의 학교에서는, 혹은 이전 학년에서는 이런 일이 있었고, 그 아이의 엄마는 어떤 분이니 걱정하지 말라는 이야기들을 합니다. 혹은 누구누구는 괜히 꼬투리 잡힐 수 있으니까 말을 조심해서 해야 한다는 당부성의 이야기도 들려옵니다. 사람이 사람을 보는 눈은 크게 다르지 않습니다. 개인적인 친분이 오래 이어져 온 사람들이라면 모를까, 그렇지 않다면 언행의 차이는 거의 없습니다. 그러니 교사들 사이에서 돌고 있는 학부모의 정보는 어지간하면 무시되지 않습니다. 교사든 학부모든 평소의 언행에 대한 책임을 스스로 져야 하는 것이죠.

닮고 싶은 학부모를 만나면 교사들은 기분이 좋아집니다. 이런 학부모가 키워온 아이에 대해서 한 번 더 보게 되고 유심히 관찰합니다. 자식을 키우는 교사들이라면 의도적으로 어떻게 하면 좋을지에 대해 직접적으로 물어보기까지 합니다. 아이들은 엉뚱한 짓을 하고 교사의 속을 끓이더라도 교사들이 감당을 합니다. 아직 어리기 때문입니다. 하지만 학부모는 다릅니다. 가운데에 아이를 놓고 교사와 학부모가 얼굴 붉히는 일이 일어나면 불미스럽습니다. 그리고 그 일에 대한 피해는 결국 아이에게 돌아갈 수 있습니다. 교사와 학부모가 서로 갈등하고 있고 그걸 학생이 알고 있는데, 교사와 살갑게 지낼 수는 없습니다. 그러니 학부모 입장에서도 아이를 먼저 생각할 필요가 있습니다. 학교를 다니는 동안만큼은 최대한 선생님의 사랑을 받고 배려를 받으면서 자라는 게 좋지 않을까요? 학교에서 자라는 동안에 아이가 맞이하는 분위기는 의외로 큰 영향을 줍니다. 학부모와 교사는 같은 곳을 바라보는 사람이어야 합니다.

꿀팁 한 번 더, 이건 꼭 기억하세요.

1. 교사와 학부모는 파트너입니다. 오직 아이만을 바라봅니다. 우리 아이가 얼마나 올바른 사람으로 성장하는지는 둘 간의 협업에 달려 있습니다. 서로가 서로를 존중하고, 입장을 충분히 이해하려 노력한다면 충분히 내 아이로 키울 수 있습니다.
2. 늘 걱정스러운 아이에게도 교사는 일말의 가능성을 갖고 바라봅니다. 그 가능성을 현실로 바꾸는 것에는 학부모의 노력이 필수적입니다. 친해지면 이해가 되고, 이해하면 그 입장에서 바라보려 하는 게 성숙한 어른들의 자세입니다.

에필로그

아직은 괜찮은 교실, 나는 대한민국의 선생님입니다

선생님으로서 살아간다는 건 쉽지는 않지만 어렵지도 않습니다. 그냥 하면 되고, 힘들면 거기에서 멈추어 섰다가 다시 가도 됩니다. 내가 가는 방향에서 새로운 길이 만들어지고, 그 길은 이 세상에서 하나밖에 없는 고귀한 길이 될 수도 있습니다. 우리가 돌보는 아이들 각자에게 어울리는 맞춤형의 길을 모든 선생님은 품에 품고 있습니다. 그 길을 계속 달려가기만 하면 됩니다. 가다가 힘들면 잠깐 쉬면서 동료들과의 대화 속에서 충전을 하고, 너무 빨리 달려가면 뒤로 돌아서서 숨을 고르고 다시 가면 됩니다. 이래도 괜찮고 저래도 괜찮습니다. 사명감으로 똘똘 뭉쳐도 괜찮고, 직장인으로서 힘들게 하루하루를 버텨내도 괜찮습니다. 선생님이란 존재 하나만으로도 충분히 선한 영향을 받을 아이들이 우리 곁에 있습니다.

그래도 우리 곁에는 좋은 학생들과 좋은 학부모님들이 훨씬 많이 있습니다. 우리가 문제를 일으키고 걱정스러운 아이들을 어떻게든 바로잡으려고 하는 이유는 바로 이들 때문입니다. 반짝반짝

빛나는 샛별처럼 선생님을 바라보는 학생들과, 선생님에게 무한대의 신뢰를 주는 많은 학부모님들이 아직 교사들을 살아있게 만듭니다. 행복한 학교의 기준이라는 건 의외로 단순합니다. 오늘 점심 메뉴가 치즈 불닭이라는 말에 아이들의 눈에는 빛이 나고 목소리는 한 음계를 뛰어넘습니다. 아이들은 교사를 살아있는 사람으로 만들어 줍니다. 옆자리 선생님이 아침마다 내려주는 그윽한 커피의 향이 사람을 기분 좋게 취하게 합니다. 이런 공간이 학교입니다. 여기에 학부모님의 신뢰와 사랑까지 받을 수 있다면 교사의 매일매일은 하늘을 날 수 있을 겁니다. 법과 규정으로 재단할 수 없는 것이 학교교육입니다. 그 틈새에서 희망을 갖고 우리 선생님들이 힘을 내기를 바랍니다. 그리고 이 책이 우리 아이들의 꿈을 이루기 위한 선생님들의 마중물이 되면 좋겠습니다.

25년째 교사 생활을 하면서 저로서도 사명감의 크기는 줄어들었습니다. 하지만 교사로서 제가 할 수 있는 범위는 무척 크다는 것을 매일같이 느낍니다. 수업이 끝나고 선생님을 졸졸 따라오면서 재잘거리는 아이들을 보면서, 선생님을 만나서 참 다행이라는 학부모님의 격려 말씀을 들으면서 힘을 내고 있습니다. 모든 선생님들이 같을 거라고 생각합니다. 학교는 아직도 착한 사람들이 모여 사는 아름다운 곳입니다. 그러기에 이곳에서 큰 축을 담당하는 교사는 행복해야 합니다. 나는 대한민국의 교사이니까요.

교사로서 할 만큼 했다고 생각하고 있지만 늘 많은 분들의 은덕을 받으며 살아왔고, 지금도 살고 있습니다. 재미없는 선생님의 수업에 눈과 귀를 기울이며 즐거움을 주고 있는 우리 아이들 덕분에 저는 늘 재미있게 살아갑니다. 아이들의 즐거움을 제가 빼앗고 있는 것 같아 늘 미안하고 고마운 마음입니다. 교사로서 해를 거듭하면서 요령은 생겨나고 있지만 그 과정에서 허름한 교사를 예쁘게 봐주시고, 늘 용기를 부여해 주신 학부모님들께도 감사하고 있습니다. 여러분들 덕분에 그래도 뒤처지지 않고 어떻게든 현실을 버틸 수 있는 교사가 되고 있습니다. 매년 하는 일이지만 할 때마다 허둥대고 민폐를 끼치는 저를 위해 지켜봐 주고 이야기를 들어주면서 같은 길을 가주는 동료들 덕분에 늘 행복한 교사로서 지낼 수 있었습니다.

이 책을 쓸 수 있었던 것도 그분들의 지지 덕분입니다. 한 곳을 바라보고 함께하는 대제 공동체의 모든 분들께 감사드립니다. 특히 교사 동아리 '따로또같이'에서 함께 고민을 이야기하며 서로를 도닥거려주는 분들이 있어 큰 힘을 얻습니다. 권나경, 권진영, 김민경, 김세진, 신복희, 유윤상, 이승호, 이현도, 장학재, 전수린, 정우진, 조승재 선생님께 감사드립니다. 또한 지금은 다른 곳에서 꿈을 펼치고 계신 신재길, 안윤상, 윤소정, 지미환 선생님이 좋은 모델이 되어 주셨습니다. 우리의 이런 나눔 활동에 의미를 부여해 주셔서 좌절하지 않고 이 공동체를 이어갈 수 있었습니다. 집에서도 선생님 같은 아빠 때문에 힘들었을 우리 아이들 주영이와 서영이에게, 갑갑했을 아내에게도 이 자리를 빌려 미안하다는 말과 함께 고맙다는 말을 전하고 싶습니다. 대를 이어 교사로서의 삶을 살아갈 수 있도록 교직 이수의 길을 채근해 주신 우리 아버지와 늘 따뜻한 시선으로 세상에서 가장 큰 빛이 되어주시는 어머니에 대한 고마움도 빠뜨릴 수 없습니다. 저의 경험을 책으로 펴낼 수 있게 물심양면으로 도와주신 충청북도 교육도서관의 김용결 연구사님, 글에 대한 자신감을 불어넣어주신 책장속북스의 신호정 대표님도 책의 공동저자나 마찬가지입니다. 지난달 세상을 떠나신 장인어른께서도 교사 사위에게 무한한 믿음을 보내 주셨습니다. 하늘에서도 늘 행복하시길 바랄 뿐입니다. 참 많은 분들이 고맙습니다. 늘 빚지고 사는 게 사람의 삶인 것 같습니다. 그 빚을 조금씩이라도 갚아 나가는 게 제가 앞으로 살아갈 이유가 되리라 생각합니다.

힘든 교직 생활로 인해 세상을 등진 선생님들께 동료 교사로서 함께 해주지 못한 것에 대해 미안한 마음을 갖고 있습니다. 선배 교사로서 먼저 손을 내밀고 동료로서의 최선을 다하지 못한 것에 대해 부끄럽기도 합니다. 이 부채를 조금씩 갚아야 할 것 같은 생각입니다. 이분들의 슬픔이 더 나은 세상을 만들어 가기 위한 계기가 되었다는 것은 부인할 수 없습니다. 앞으로 이런 슬픈 일이 다시는 없었으면 좋겠습니다. 그분들의 명복을 빕니다.

당신은 제법 괜찮은 교사입니다

흔들리는 선생님을 위한 70개의 길라잡이

초판 1쇄 발행 2023년 10월 30일

지은이 엄재민

펴낸이 신호정
기획 백혜연
편집 이미정
마케팅 홍세영
디자인 김태양

펴낸곳 책장속북스
신고번호 제 2020-000111호

주소 서울시 송파구 양재대로 71길 16-28 원당빌딩 4층
대표번호 02)2088-2887
팩스 02)6008-9050
인스타그램 @chaegjang_books
이메일 chaeg_jang@naver.com

ISBN 979-11-91836-25-7 03370

이 도서는 충청북도 교육도서관의
〈교직원 책 출판 지원 프로그램〉
지원을 받았습니다.